D1753908

Schriftenreihe Geschichte & Frieden – Bd. 47
Hg. von Dieter Riesenberger und Wolfram Wette

In der *Schriftenreihe Geschichte & Frieden* erscheinen Darstellungen, Biografien, Dokumentationen, Streitschriften und Abhandlungen, die mit dem Problemfeld Krieg und Frieden zusammenhängen. Gegenstand der Veröffentlichungen sind bedeutende Pazifist/Innen, Friedensgruppen und -organisationen sowie übernationale Institutionen, deren Ziel es war, Krieg zu verhindern und Frieden zu fördern. Das Interesse gilt zugleich Kriegsursachen, Erscheinungsformen der Gewalt und des Militarismus, der Rolle des Militärs, den Problemen von Rüstung und Abrüstung in der Geschichte und innergesellschaftlichen Konflikten. *Geschichte & Frieden* möchte einen Beitrag zur historisch-politischen Aufklärungs- und Bildungsarbeit leisten und Autoren und Lesern ein Forum bieten, die eine wichtige Aufgabe darin sehen, die Probleme des Friedens in ihrer historischen Dimension begreifen zu lernen.

Helmut Kurz

Unter Mitwirkung
von Helmut Donat

In Gottes Wahrheit leben

Religiöse Kriegsdienstverweigerer
im Zweiten Weltkrieg

Herausgegeben von der Internationalen
katholischen Friedensbewegung pax christi,
Deutsche Sektion e.V., sowie von pax christi,
Diözesanverband Rottenburg-Stuttgart

Donat Verlag

Bibliografische Information der Deutschen Bibliothek
Die Deutsche Bibliothek verzeichnet diese Publikation
in der Deutschen Nationalbibliografie; detaillierte
bibliografische Daten sind im Internet über
http://dnb.ddb.de abrufbar.
ISBN 978-3-943425-98-7

Gedruckt mit freundlicher Unterstützung der Internationalen
katholischen Friedensbewegung pax christi, Deutsche Sektion e.V.,
sowie von pax christi, Diözesanverband Rottenburg-Stuttgart.

© 2021 by Donat Verlag
Borgfelder Heerstr. 29 D-28357 Bremen
Telefon: (0421) 1733107
E-Mail: info@donat-verlag.de
www.donat-verlag.de
Alle Rechte vorbehalten
Lektorat und Layout: Helmut Donat, Bremen
Umschlaggestaltung: Toni Horndasch, Bremen
Druck: Dardedze holografija GmbH, LV-1073-Riga

Inhalt

Vorwort der Herausgeber	8
Einleitung	10

Teil 1 – Kriegsdienstverweigerung im „Dritten Reich" — 12

Kapitel I – Hitlers Kriegspläne und sein Hass auf Deserteure und Verweigerer — 12
1. Neue Lebensräume erschließen — 12
2. Das Urteil muss vollstreckt werden — 12

Kapitel II – Die NS-Militärjustiz – Instrument der Herrschaftssicherung und des Unrechts — 14
1. Gesetze und Verordnungen — 14
2. Das Reichskriegsgericht — 18
3. Weitere Militärgerichte — 20

Kapitel III – Religiöse Stimmen zu Krieg und Kriegsdienstverweigerung im Dritten Reich — 21
1. Christentum und Krieg — 21
2. Die Haltung der katholischen Kirche zum Zweiten Weltkrieg — 22
3. Die evangelische Kirche zu Krieg und Kriegsdienstverweigerung — 27

Kapitel IV – Widerstand und Verweigerung — 35
1. Unterschiedliche Verweigerungshandlungen und -absichten — 35
2. Vorläufige Bilanz: Namen und Anzahl der Verweigerer — 43
3. Verurteilte der Militärjustiz wegen Kriegsdienstverweigerung — 43

Teil 2 – Lebensbilder von religiösen Verweigerern des Kriegsdienstes aus dem Zweiten Weltkrieg – Ausgewählte Beispiele — 48

1. August Dickmann (1910-1939) – Opfer nationalsozialistischer „Polizei-Justiz" — 48
2. Bernhard Fleischer (1915-1983) — 52
3. Dr. Josef Fleischer (1912-1998) – Verweigert Beamten- und Fahneneid — 54

4. Martin Gauger (1905-1941) – „Ganz und gar und unheilbar vereinsamt" ... 61
5. Wilhelm Gleßner (1918-1940) – „Sein Wille geschehe" ... 68
6. Bernhard Grimm (1923-1942) – „Für Christus Jesus alles gegeben" ... 73
7. Alfred Andreas Heiß (1904-1940) – „Haltet fest an Christus und seiner Kirche" ... 81
8. Alfred Herbst (1906-1943) – Glaubensgehorsam zu Jesus Christus ... 85
9. Franz Jägerstätter (1907-1943) – „Christus immer ähnlicher werden" ... 95
10. Wilhelm Paul Kempa (1906-1940) – Gottesstreiter für die Sache Christi ... 107
11. Michael Lerpscher (1905-1940) – Treu in der Liebe Christi ... 113
12. Josef Mayr-Nusser (1910-1945) – Zeugnis geben vom Licht ... 123
13. Bargil Pixner (1921-2002) – Bekenntnis zu Jesus, dem Juden ... 133
14. Franz Dionysius Reinisch (1903-1942) – Diesem Verbrecher keinen Eid, niemals ... 141
15. Richard Reitsamer (1901-1944) – Mit dem Krieg ist alles zu verlieren ... 152
16. Theodor Roller (1915-2008) – Kreuz oder Hakenkreuz ... 158
17. Josef Ruf (1905-1940) – Dem Willen Gottes gerecht werden ... 167
18. Vinzenz Schaller (1907-2003) – „Niemals beugen, lieber sterben" ... 179
19. Josef Scheuer (1900-1982) – Nur dem Glauben verpflichtet ... 191
20. Hermann Stöhr (1898-1940) – „Gottes Geist Gehorsam geschworen" ... 199
21. Ernst Volkmann (1902-1941) – „Unerschütterlich in seiner Überzeugung" ... 211
22. Leander Josef Zrenner (1905-1941) – Sterben für die Wahrheit ... 220

Teil 3 – Nach Kriegsende: Unterwegs zum gerechten Frieden ... 231
  Kapitel I – Stationen eines „exemplarischen Meinungswandels" ... 231
    1. Gesetzlicher Schutz für Kriegsdienstverweigerer ... 232
    2. Nach langem Verschweigen: erste Nachrichten
       über Kriegsdienstverweigerer ... 236
    3. Der „Fall Filbinger" und die Folgen ... 237
    4. Durchbruch in der Rechtsprechung: Anerkennung
       für die Opfer der Militärjustiz ... 242
    5. Die Amnestiegesetze des deutschen Bundestages ... 243
  Kapitel II – Beiträge aus Kirchen und Theologie ... 249
    1. Impulse aus der Evangelischen Kirche ... 249
    2. Aufbrüche in der Katholischen Kirche ... 259
  Kapitel III – Kriegsdienstverweigerer als Märtyrer und
  Selige einer ökumenischen Christenheit ... 268
    1. Zeugen für Christus – die Märtyrer ... 268
    2. Widerspiegelungen des Geistes Gottes – die Seligen ... 276
       Wozu Kriegsdienstverweigerer? ... 279

Anmerkungen ... 281
Dank ... 308
Häufig benutzte Literatur in Auswahl ... 309
Bildnachweis ... 310
Personenregister ... 312
Die Autoren ... 319

Vorwort der Herausgeber

Helmut Kurz, ehemals Professor am Staatlichen Seminar für Didaktik und Lehrerbildung (Gymnasium) in Tübingen, ist ein hochinformatives und sehr gut lesbares Buch über die Kriegsdienstverweigerung im Zweiten Weltkrieg gelungen. Die spannenden, aufs Wesentliche reduzierten Kurzbiografien über manche bislang noch unbekannte Widerständige, die es ablehnten, sich an Eroberungskriegen und Verbrechen zu beteiligen, haben mich erschüttert. Welche Folgen musste ihre Entscheidung für die Ehefrau, Kinder, Verwandte und Freunde zeitigen?

Erst Jahrzehnte nach dem Krieg sind die zumeist Hingerichteten rehabilitiert worden. Ganz auf sich allein gestellt, mussten sie ihren schweren Weg ohne kirchliche Unterstützung gehen. Und selbst noch das Zweite Vaticanum, das viele kluge Neuerungen beschloss, ließ die Kriegsdienstverweigerung nahezu unerwähnt. Erst die Würzburger Synode im Frühjahr 1974 hat die Gewissensentscheidung der Kriegsdienstverweigerer hervorgehoben. Der Autor legt den Finger auf eine längst nicht geschlossene Wunde: Was haben wir, was hat die Kirche aus dem Zeugnis der Wehrdienstgegner gelernt? Werden wir „Nein!" sagen, wenn eine Regierung uns für einen Krieg zu den Waffen ruft?

Um die Probleme der Gegenwart zu meistern, ist es unabdingbar, sich mit der Vergangenheit auseinanderzusetzen und Lehren aus ihr zu ziehen. Die Grundlage dafür ist Erinnern. Helmut Kurz ist diesen Weg gegangen. Indem er uns die dunklen Punkte einer überaus grausigen Epoche deutscher Geschichte aufzeigt, trägt er dazu bei, uns kritikfähiger zu machen. Zudem wendet er sich mit seinem Buch gegen das dumpfe Vergessen, das Nicht-wahr-haben-wollen, und führt uns vor Augen, wohin Nationalismus und Militarismus führen, wenn ihnen nicht rechtzeitig und kraftvoll Einhalt geboten wird. Weder die Gesellschaft insgesamt noch die beiden großen Kirchen können vor der Geschichte und der Verantwortung davonlaufen.

Helmut Kurz bringt uns die innere Stärke von Menschen vor Augen, die aus tiefer religiöser Überzeugung „Nein!" zu Krieg und Gewalt sagten und sich der Forderung, einem Verbrecher zu dienen und „Feinde" zu töten, widersetzten. Ihr Schicksal belegt, dass nicht alle sich auf das System von Befehl und Gehorsam einschwören ließen, sondern dem Gebot der Nächstenliebe treu blieben. Sie bewahrten sich und den nachkommenden Generationen eine Menschlichkeit, die in ihrem breiten Umfeld mit Füßen getreten wurde. Sie befreiten sich von dem „Zwang" zu töten, stellten sich gegen das Verführtwerden und erlangten damit wahre Unabhängigkeit. Die Konsequenzen ihrer Weigerung fest im Blick, verloren sie nie die Zuversicht und kamen in ihrer Wahrnehmung heim – zu

Gott. Es spricht Bände, dass viele Angehörigen noch lange nach dem Ende des Krieges nichts von der Kriegsdienstverweigerung ihrer Verwandten wissen wollten. Im gesellschaftlichen Klima wurde schon bald nach 1945 die Gewissens- und Glaubensentscheidung, sich gegen Verbrecher zu stellen, weiterhin als „Drückebergerei", Feigheit und Verrat verurteilt. Umso mehr ist es – und gerade heute – an der Zeit, sich von jeder Tätermentalität und ihrer Rechtfertigung zu verabschieden. Wenden wir die Aufmerksamkeit jenen zu, die sich in einer weitreichenden moralischen Verwilderung bewährt haben. Sie sind zu ehren, die sich von Beginn an und ohne Wenn und Aber gegen Krieg und Gewalt, Ungerechtigkeit und Unmenschlichkeit gewandt haben.

Familienverhältnisse, Lebensumstände, tiefe Überzeugungen – durch die im Buch von Helmut Kurz verarbeiteten persönlichen Dokumente (Briefe, Zeugnisse, Notizen etc.) kommen wir diesen außergewöhnlichen Menschen sehr nahe. Darüber hinaus spiegelt sich in der Ermordung der Kriegsdienstverweigerer wie in einem Brennglas die Ermordung anderer Verfolgter, von politisch Andersdenkenden bis zu Zwangsarbeiter*innen, Jüdinnen und Juden, Sinti und Roma und vielen anderen Gruppen.

Wenn es so etwas wie eine „deutsche Identität" gibt, dann gehört dazu heute nicht nur, dass sehr viele Deutsche damals Täter*innen waren, sondern auch anzuerkennen, dass es Menschen gab, die sich widersetzten, im Kleinen wie im Großen. Dies möge auch für uns heute Ansporn sein, friedlich für Freiheit, Demokratie und Menschenrechte zu kämpfen.

Frieden – auch heute – entsteht nicht automatisch. Die Kriegsdienstverweigerer von damals können der heutigen Friedensbewegung in Deutschland und darüber hinaus trotz völlig anderer Situation und Umständen ein Vorbild sein: Es geht um einen mutigen und wahrhaftigen Einsatz für eine Kultur des Friedens, in der Gewalt keinen Platz hat und die Gerechtigkeit und Solidarität zwischen allen Menschen im Mittelpunkt stehen.

Das Buch „In Gottes Wahrheit leben" beruht auf einer akribisch-ambitionierten Recherche, zeichnet sich durch eine gelungene Darstellung von außergewöhnlichen Widerstandsbiographien aus und stellt einen Beitrag zur Erneuerung der christlichen Friedensbotschaft dar. Zudem ist es als ein Plädoyer für Gewaltlosigkeit und einen gerechten Frieden zu verstehen und erinnert an das Lebenszeugnis von zu Unrecht vergessenen Persönlichkeiten. Dafür danken wir dem Autor herzlich.

Reinhold Gieringer, Vorsitzender des pax christi-Diözesanverbandes Rottenburg-Stuttgart 2010-2019, und Wiltrud Rösch-Metzler, pax christi-Diözesanverband Rottenburg-Stuttgart, pax christi-Bundesvorsitzende 2009-2018

Einleitung

Verweigerung des Kriegsdienstes galt während der Zeit des Nationalsozialismus als todeswürdiges Verbrechen. Ein Deutscher, der den Fahneneid auf Adolf Hitler und damit den Kriegsdienst in der Wehrmacht ablehnte, machte sich der „Zersetzung der Wehrkraft schuldig". Die propagandistisch-ideologische Überhöhung des soldatischen Daseins als „Ehrendienst am deutschen Volk" brandmarkte Verweigerer zugleich als „Schwächlinge" und „ehrlose und feige Drückeberger". Die Gerichte bedachten sie mit der härtesten Strafe, der Todesstrafe, sowie der Aberkennung der bürgerlichen Ehrenrechte auf Lebenszeit samt Einziehung des Vermögens. Die Schwere ihrer Schuld, so hieß es in vielen der schematisch formulierten Urteile, ließe sich nur durch ihren Tod sühnen.

Allein die Gewissheit, dass der Weg der Eid- und Kriegsdienstverweigerer in den sicheren Tod führte, war Grund dafür, dass nur wenige „wehrfähige" Männer ihn zu gehen wagten. Doch welche Motive veranlassten sie, den Soldatenrock beiseitezuschieben und nicht mitzumachen? Warum hielten sie es für unumgänglich, selbst ihr Leben aufs Spiel zu setzen? Öffentlich über ihre Beweggründe zu sprechen, war höchst gefährlich, ließ sich doch jede Aussage zu ihrer Verweigerung als Widerstand gegen das diktatorische NS-Regime deuten. Selbst kritische Äußerungen im familiären Umfeld galten als Verstoß gegen das sogenannte „Heimtückegesetz" und ahndeten die Gerichte mit drastischen Strafen.

Aus inzwischen bekannt gewordenen privaten Aufzeichnungen und Briefen geht hervor, dass es sich bei vielen Verweigerern um überzeugte Christen handelt. Sie wussten sich dem Tötungsverbot der Bibel sowie der Aufforderung Jesu zum Gewaltverzicht und zur Feindesliebe verpflichtet. Trotz vielerlei Anfechtungen folgten sie unbeirrt der Stimme ihres Gewissens und benannten religiöse Gründe und Motive für ihre Haltung, die jedoch vor Gericht weder Anerkennung noch Berücksichtigung fanden.

Das vorliegende Buch erinnert an die Namen und Lebensgeschichten von 22 Verweigerern. Es will damit dem allmählichen Vergessen einer zahlenmäßig sehr kleinen Opfergruppe des NS-Terrors entgegenwirken und betont dabei besonders die religiöse Dimension ihres Widerstandes.

Eine umfassende wissenschaftliche Erörterung der Kriegsdienstverweigerung im Dritten Reich steht trotz zahlreicher Einzeluntersuchungen noch aus, und auch die vorliegende Arbeit liefert dazu bestenfalls weitere Bausteine. Sie versteht sich als Gedenkliteratur und verfolgt in Aufbau und Darstellung pädagogische Absichten. Vor allem für Schulen und Institutionen der Erwachsenenbildung möchte sie leicht zugängliches Material bereitstellen. Es entspricht einer alten pädagogischen Erfahrung, dass es letztlich die persönlichen Schicksale und Lebensgeschichten einzelner Menschen sind, die unser Interesse an einem historischen Thema wecken und unser Mitgefühl besonders ansprechen.

Das Buch ist in drei Abschnitte gegliedert. Das erste Kapitel führt in die Thematik ein, indem es die Bedingungen, Umstände und Schwierigkeiten bzw. Aussichtslosigkeit einer Kriegsdienstverweigerung im Nationalsozialismus kurz vorstellt. Im umfangreichen Hauptteil folgen 22 Lebensbilder von mehr oder minder bekannten Widerständigen und einem bisher eher unbekannten Verweigerer. Sie werden in Wort und Bild vorgestellt und bieten, soweit es die Quellen erlauben, dem Leser aufgrund von Selbstzeugnissen und weiteren Dokumenten eine möglichst authentische Begegnung. Der abschließende dritte Teil geht auf die Situation in der Nachkriegszeit ein und berücksichtigt dabei vor allem den „exemplarischen Meinungswandel" (Wolfram Wette) gegenüber Verweigerern und Deserteuren, der sich in der Gesellschaft wie in den Kirchen vollzogen hat.

Eine besondere Schwierigkeit war mit der Suche nach geeignetem Bildmaterial verbunden. Teilweise genügten die Abbildungen nicht den drucktechnischen Anforderungen. Gravierender ist die Tatsache, dass nicht von allen Verweigerern überhaupt noch Bilder aufzufinden sind. Auch dies mag als ein Indiz für das jahrzehntelange Schweigen und Vergessen sein.

Mein Buch widme ich den Freundinnen und Freunden von pax christi.

Teil 1 – Kriegsdienstverweigerung im „Dritten Reich"

Kapitel I: Hitlers Kriegspläne und sein Hass auf Deserteure und Verweigerer

1. Neue „Lebensräume erschließen"

Dass Adolf Hitler schon vor seiner Regierungszeit Kriegsabsichten hegte, ist zumindest den aufmerksamen Lesern seines Buches „Mein Kampf" nicht verborgen geblieben. Nach seiner Weltanschauung[1] ist die Geschichte eine Abfolge von Kriegen: Land gegen Land und Volk gegen Volk. Und immer geht es dabei um Herrschaft und die Eroberung von Lebensraum. Der Sieg des Stärkeren schließt jeweils die Vernichtung des Schwachen ein oder seine bedingungslose Unterwerfung. Hitler strebte zunächst die Vorherrschaft in Europa an und daraufhin die direkte Herrschaft über Russland. Der von ihm ersehnte Krieg gegen Russland, den er am 22. Juni 1941 begann, sollte sein Hauptkrieg werden, ein Lebensraum- sowie ein Vernichtungskrieg. Am 11. Dezember dieses Jahres erklärte er außerdem Amerika den Krieg.

Auch die Politik stellte für ihn nichts Anderes als Krieg und Kriegsvorbereitung dar. Krieg galt ihm als der Normalfall, Frieden hingegen als Ausnahmezustand. Bevorzugte Mittel zur Durchsetzung seiner Ziele waren Krieg und Mord. Freilich hat Hitler seine Absichten nicht von Anfang an öffentlich bekanntgegeben, sondern unaufhörlich seine Friedensabsichten und seinen Friedenswillen beteuert. Auch hierin erwies er sich als ein Meister der Lüge und Verdrehung. „Unter Hitler und in seinem Krieg ist das Böse in einer zuvor unvorstellbaren Weise Wirklichkeit geworden."[2] Dies gilt noch in einem weiteren Umfang, wenn Hitlers Kriege im engen Zusammenhang mit seinen wahnhaften Rassegedanken betrachtet werden. Als Judenhasser war er überzeugt von einer jüdischen Weltverschwörung und zur Ausrottung aller Juden entschlossen. Er verfolgte sie mit mörderischem Hass und Vernichtungswillen und ließ so viele wie irgend möglich von ihnen umbringen.

2. Das Urteil muss vollstreckt werden

Doch welche Absichten hegte der Diktator gegenüber jenen, die es wagen sollten, sich seinen Plänen zu widersetzen, und die Nein zum Kriegsdienst sagten? Auch dazu äußerte sich der ehemalige Weltkriegsteilnehmer ausführlich unter dem Stichwort ‚Deserteure' in seinem Buch „Mein Kampf": „Will man schwache, schwankende oder gar feige Burschen nichtsdestoweniger zu ihrer Pflicht anhalten, dann gibt es von jeher nur eine Möglichkeit: Es muss der Deserteur wissen, dass seine Desertion gerade das mit sich bringt, was er fliehen will. An der Front *kann* man sterben, als Deserteur *muss* man sterben. Nur durch solch eine drakonische Bedrohung jedes Versuches zur Fahnenflucht kann eine abschreckende Wirkung nicht nur für den einzelnen, sondern auch für die Gesamtheit erzielt werden."[3]

Damit war klar, wie Hitler, sollte er an die Macht kommen, gegen Deserteure vorgehen würde. Zwar befanden sich die Eid- und Kriegsdienstverweigerer zu diesem Zeitpunkt noch nicht in seinem Blickfeld, doch sollte der Fortgang der Geschichte zeigen, dass er auch ihnen gegenüber unerbittlich forderte: Soldaten können sterben, Verweigerer müssen sterben!

Im Dezember 1939 – nach Deutschlands Überfall auf Polen – hat das Reichskriegsgericht zahlreiche Angehörige der „Ernsten Bibelforscher"[4], die den Kriegsdienst verweigerten, zum Tod verurteilt. Hitler, von besorgten Militärs und Juristen wiederholt befragt, wie künftig mit den Kriegsdienstverweigerern umzugehen sei, erklärte dazu: „Allein in Polen seien mehr als zehntausend anständige Soldaten gefallen, viele tausend Soldaten seien schwer verwundet worden. Wenn er von jedem deutschen Mann, der wehrfähig ist, dieses Opfer fordern müsse, sehe er sich nicht in der Lage, bei ernsthafter Wehrdienstverweigerung Gnade walten zu lassen. Dabei könne kein Unterschied danach gemacht werden, aus welchen Beweggründen der einzelne den Wehrdienst verweigere. Auch Umstände, die sonst strafmildernd in Betracht gezogen würden oder die bei einer Gnadenentscheidung eine Rolle spielten, könnten hier keine Berücksichtigung finden. Wenn also der Wille des Mannes, der den Wehrdienst verweigere, nicht gebrochen werden könne, müsse das Urteil vollstreckt werden."[5]

Auch dieses „Führerwort" galt den Militärrichtern künftig als Handlungsmaxime, so dass sie in den meisten Fällen von Kriegsdienstverweigerung Todesurteile fällten. Niemals machte Hitler im Anschluss daran von seinem Gnadenrecht Gebrauch. Bei einem Tischgespräch in der Wolfsschanze am 7. Juni 1942 soll er sich zu den religiösen Kriegsdienstverweigerern folgendermaßen geäußert haben:

„Diesen Elementen, die aus religiöser Überzeugung nicht kämpfen wollten, müsse man aber entgegenhalten, dass sie offenbar aber essen wollten, was andere erkämpfen, dass das im Sinne einer höheren Gerechtigkeit aber nicht angehe und man sie deshalb verhungern lassen müsse. Wenn man davon Abstand genommen und sie, die sogenannten Bibelforscher, 130 an der Zahl, erschossen habe, so sei das seiner besonderen Milde zu verdanken. Übrigens hätten sich diese 130 Erschießungen wie ein die Atmosphäre reinigendes Gewitter ausgewirkt. Tausenden ähnlich Gesinnter sei bei der Nachricht von den Erschießungen der Mut vergangen, sich unter Hinweis auf irgendwelche Bibelstellen ebenfalls um den Kriegsdienst herumzudrücken zu suchen. Wer einen Krieg erfolgreich führen wolle und wer überhaupt ein Volk über schwere Zeiten hinwegbringen wolle, dürfe über eines keinen Zweifel aufkommen lassen, dass in diesen Zeiten jeder, der sich aktiv oder passiv aus der Volksgemeinschaft ausschließe, von der Volksgemeinschaft liquidiert werde."[6]

Auch wenn Hitler sich auf die „Volksgemeinschaft" beruft und als Subjekt vorschiebt, ist doch seine persönliche Tötungsabsicht gegenüber religiösen Verweigerern deutlich erkennbar. Davon abgesehen, enthält seine Äußerung zwei sachliche Unrichtigkeiten, denn zu diesem Zeitpunkt waren bereits mehr als 130 Verweigerer hingerichtet und zumeist nicht erschossen, sondern enthauptet worden.

In einer weiteren Bekundung soll Hitler sogar davon gesprochen haben, dass man die Zeugen Jehovas „ausrotten"[7] müsse. Die letztgenannten Ausführungen Hitlers gelangten zwar nicht an die Öffentlichkeit, doch zumindest seinen Vertrauten war seine Einstellung als Oberbefehlshabers der Wehrmacht, zugleich oberster Gerichtsherr der Wehrmachtsjustiz, bekannt. Bemerkenswert ist auch der Umstand, dass Hitler beim Stichwort Verweigerer stets nur die Zeugen Jehovas vor Augen hatte, obwohl sich unter den Verweigerern bereits auch Katholiken und Angehörige anderer religiöser Gemeinschaften befanden.

Kapitel II: Die NS-Militärjustiz – Instrument der Herrschaftssicherung und des Unrechts

1. Gesetze und Verordnungen

An vielen Gesetzen und Verordnungen, die Hitler und seine Schergen schon bald nach seiner Machtübertragung auf den Weg brachten, lassen sich sowohl seine künftigen Militarisierungs- und Kriegsabsichten erkennen wie auch seine Entschlossenheit, jeglichen Widerstand Einzelner gegen seine Kriegspläne durch drakonische Maßnahmen zu verhindern. In unserem Zusammenhang genügt es, einige wichtige Stationen der sich zunehmend verschärfenden NS-Gesetzgebung zur Wehrmachtsjustiz hervorzuheben:

– Zunächst ließ ein Erlass vom 12. Mai 1933 die nach dem Ersten Weltkrieg abgeschaffte Militärgerichtsbarkeit wieder aufleben, so dass die Kriegsgerichte ihre Tätigkeit bereits am 1. Januar 1934 aufnahmen. Dabei knüpfte man an das alte Militärstrafgesetzbuch von 1872 an, um es jedoch, den neuen Erfordernissen Rechnung tragend, zu verschärfen. Vor allem ging es darum, das neue Militärrecht den „Vorgaben der NS-Rechtsauffassung anzupassen". Es sollte nicht dem Recht, sondern zuerst der „Volks- und Wehrgemeinschaft dienen".[8]

– Am 21. Mai 1935 führte die NS-Regierung – damit den Versailler Vertrag brechend – die allgemeine Wehrpflicht in Deutschland wieder ein. Betroffen waren alle Männer vom 18. bis zum 45. Lebensjahr. Der nationalsozialistischen Ideologie folgend, proklamierte man die Wehrpflicht als „Ehren- und Treuepflicht am deutschen Volk". Spätere Kriegsdienstverweigerer galten daher öffentlich und von Gerichts wegen als „Versager", „Schädlinge", „Minderwertige" oder als „Volksverräter". Kamen sie – was nur in ganz wenigen Fällen geschah – mit dem Leben und einer Zuchthausstrafe davon, so sprach man ihnen die „Wehrwürdigkeit" und die bürgerlichen Ehrenrechte ab. Sogar das persönliche Vermögen zog man, soweit vorhanden, bei den Meisten ein. Ausnahmeregelungen für religiöse Verweigerer aus Gewissensgründen gab es grundsätzlich nicht.

Zu den Neuerungen der Jahre 1934/1935 gehörte zudem eine ganz auf Hitler zugeschnittene Formulierung des Fahneneides; sie lautete: „Ich schwöre bei Gott diesen heiligen Eid, dass ich dem Führer des Deutschen Reiches und Volkes Adolf Hitler, dem Obersten Befehlshaber der Wehrmacht, unbedingten Gehorsam leisten und als tapferer Soldat bereit sein will, jederzeit für diesen Eid mein Leben einzusetzen."[9]

Der seit dem 20. Juli 1935 vorgeschriebene Text verband die Anrufung Gottes mit einer Gehorsamsverpflichtung gegenüber der Person Adolf Hitlers. Nahezu alle Kriegsdienstverweigerer lehnten den Eid auf den NS-Führer als gotteslästerliches Unterfangen ab. Sie sahen darin eine Instrumentalisierung ihres Glaubens und verwiesen auf das Wort der Heiligen Schrift: „Man muss Gott mehr gehorchen als den Menschen."[10] Vor allem den Zeugen Jehovas bereitete der Eid unüberwindliche Schwierigkeiten. Kritische Stimmen kamen auch aus der Bekennenden Kirche.

Der Erlass vom 5. September 1936 führte als höchste Instanz der Wehrmachtjustiz das Reichskriegsgericht ein, das bereits wenige Wochen später, am 1. Oktober, mit seiner Arbeit begann (vgl. unten Abschnitt b).

Am 26. August 1939, also kurz vor Kriegsbeginn, traten die neue Kriegssonderstrafrechtsverordnung (KSSVO) und die Kriegsstrafverfahrensordnung (KStVO) in Kraft. Für Verweigerer sollte sich besonders § 5 der KSSVO als bedeutsam erweisen:

„§ 5 Zersetzung der Wehrkraft

(1) Wegen Zersetzung der Wehrkraft wird mit dem Tode bestraft:

1. wer öffentlich dazu auffordert oder anreizt, die Erfüllung der Dienstpflicht in der deutschen oder einer verbündeten Wehrmacht zu verweigern, oder sonst öffentlich den Willen des deutschen oder verbündeten Volkes zur wehrhaften Selbstbehauptung zu lähmen oder zu zersetzen sucht;

2. wer es unternimmt, einen Soldaten oder Wehrpflichtigen des Beurlaubungsstandes zum Ungehorsam, zur Widersetzung oder zur Tätlichkeit gegen einen Vorgesetzten oder zur Fahnenflucht oder unerlaubten Entfernung zu verleiten oder sonst die Manneszucht in der deutschen oder einer verbündeten Wehrmacht zu untergraben;

3. wer es unternimmt, sich oder einen anderen durch Selbstverstümmelung, durch ein auf Täuschung berechnetes Mittel oder auf andere Weise der Erfüllung des Wehrdienstes ganz, teilweise oder zeitweise zu entziehen.

(2) In minder schweren Fällen kann auf Zuchthaus oder Gefängnis erkannt werden.

(3) Neben der Todes- und der Zuchthausstrafe ist die Einziehung des Vermögens zulässig."[11]

Der hier erstmals eingeführte Straftatbestand der „Zersetzung der Wehrkraft" folgte unverkennbar der nationalsozialistischen Ideologie. Jedoch blieb er ebenso wie die genannten Straftaten bewusst ungenau umschrieben, so dass der Willkür der Richter Tür und Tor geöffnet waren. Die Kriegsdienstverweigerung ist in der Verordnung nicht ausdrücklich genannt, gleichwohl sind die Verweigerer stets auf Grund dieses Paragraphen verurteilt worden. Außerdem fand er auch auf Zivilisten Anwendung, wie es beispielsweise bei den Mitgliedern der „Weißen Rose" der Fall war. Was als „öffentlich" galt, bestimmten ebenfalls die Richter. Regimekritische Worte, im Kreis der Familie gegenüber einer einzelnen Person geäußert, betrachtete man ebenfalls als „öffentlich" und konnte ein Todesurteil zur Folge haben. So diente die verhängnisvolle Verordnung im Dritten Reich nicht zuletzt der weitgehenden Verfolgung von Oppositionellen. Gerade an diesem Beispiel lässt sich zeigen, in welcher Weise die NS-Militärjustiz eine Willkür- und Terrorjustiz war. Sie sollte politische Konformität und Disziplin („Manneszucht") innerhalb der Wehrmacht und weit darüber hinaus gewährleisten.

Der „minder schwere Fall", vom Gesetz immerhin eingeräumt, ist den religiösen Verweigerern meist nicht zuerkannt worden, so dass bei ihnen die Todesstrafe die Regel war. Die Richter fürchteten zudem die „gefährliche Werbekraft" bei Verweigerung aus religiösen Gründen. Eine weitere Verschärfung bedeutete die am 31. März 1943 verfügte Ergänzung der (KStVO):

„§ 5 a Überschreitung des regelmäßigen Strafrahmens

(1) Gegen Personen, die dem Kriegsverfahren unterliegen, kann wegen strafbarer Handlungen gegen die Mannszucht oder das Gebot soldatischen Mutes unter Überschreitung des regelmäßigen Strafrahmens die Strafe bis zur Höchstgrenze der angedrohten Strafart erhöht oder auf zeitiges oder lebenslanges Zuchthaus oder auf Todesstrafe erkannt werden, wenn es die Aufrechterhaltung der Mannszucht oder die Sicherheit der Truppe erfordert.

(2) Das Gleiche gilt für strafbare Handlungen, durch die der Täter einen besonders schweren Nachteil für die Kriegsführung oder die Sicherheit des Reichs verschuldet hat, wenn der regelmäßige Strafrahmen nach gesundem Volksempfinden zur Sühne nicht ausreicht."[12]

Der Militärhistoriker Manfred Messerschmidt hat darauf hingewiesen, dass sich nach dieser Bestimmung die Todesstrafe bei allen Delikten anwenden ließ, „wenn es die „Aufrechterhaltung der Mannszucht" erforderte. „So konnten u. a. Todesurteile wegen Feldpostpäckchen-Diebstahl verhängt werden."[13] Mit dem neuen Paragraphen 5a öffnete sich richterlicher Willkür Tor und Tür, und dabei zeigte sich immer deutlicher, was die Militärjustiz in ihrem Kern war: ein Herrschaftsinstrument der politischen und militärischen Führung.

Was in der deutschen Wehrmacht schließlich an Grausamkeiten aus ideologischen Gründen geschehen ist, offenbarten während des Vernichtungskrieges gegen die Sowjetunion, dem „Unternehmen Barbarossa", diverse Armeebefehle und Erlasse von Oberbefehlshabern wie etwa von Walther von Brauchitsch (1881-1948), Erich von Manstein (1887-1973), Walther von Reichenau (1884-1942) u.a. Für die Soldaten besaßen deren Befehle Gesetzeskraft, gegen die bei Missachtung mit schweren Strafen zu rechnen war. So forderte Generalfeldmarschall von Reichenau, seit Juni 1941 Oberbefehlshaber der 6. Armee, am 10. Oktober 1941, zehn Tage nach dem Massaker vom 29./30. September 1941 an 33771 Juden in Babi Jar bei Kiew: „Der Soldat ist im Ostraum nicht nur ein Kämpfer nach den Regeln der Kriegskunst, sondern auch Träger einer unerbittlichen völkischen Idee. Deshalb muss der Soldat für die Notwendigkeit der harten, aber gerechten Sühne am jüdischen Untermenschentum volles Verständnis haben."[14]

Doch der Soldat hatte nicht nur der „Träger einer unerbittlichen völkischen Idee" zu sein, sondern zugleich auch „Rächer für alle Bestialitäten, die deutschem und artverwandtem Volkstum [jemals] zugefügt wurden."[15] Manfred Messerschmidt resümiert: „Mordete er [der Soldat, H.K.] aus eigenem Antrieb, so durfte im Krieg gegen die Sowjetunion gegen ihn gerichtlich nur eingeschritten werden, wenn er die Disziplin oder Sicherheit der Truppe gefährdet hatte … Bei Vergehen gegen die „Gemeinschaft" selbst geringfügiger Art lief der „Täter" Gefahr, mit der Todesstrafe belegt zu werden; agierte er als Mörder gegen Russen, Juden, Polen und Serben waren allenfalls, wenn überhaupt, Disziplinarmaßnahmen fällig".[16]

Das vollständige Versagen der Militärjustiz – ein überaus dunkles Kapitel der deutschen Rechtsgeschichte – zeigte sich in ihrem verheerenden Ausmaß darin, dass während des Krieges für Mord an der Zivilbevölkerung Straffreiheit garantiert war. So fielen den sogenannten „Sühneaktionen" der Wehrmacht allein in Italien „9 000 italienische Zivilisten, darunter etwa 580 Kinder"[17] zum Opfer. Nach der Kapitulation 1945 versuchte die Militärjustiz unter Berufung auf die Maxime „Führerbefehl ist Gesetz", sogar noch sich selber und allen Militärs die Absolution zu erteilen.[18]

2. Das Reichskriegsgericht

Das Reichskriegsgericht als höchster Gerichtshof der NS-Militärjustiz zuständig für Fälle von Hoch-, Landes- und Kriegsverrat war zudem erste und zugleich letzte Instanz für die Kriegsdienstverweigerer. Doch nicht nur Militärs, sondern auch Zivilisten sind von dem Gericht verfolgt worden. Seiner Intention entsprach nicht die Wahrung des Rechts, sondern die Erhaltung der Wehrkraft des NS-Regimes und die Stabilisierung des nationalsozialistischen Unrechtsstaats.

Das Reichskriegsgericht tagte von September 1939 bis etwa Herbst 1943 im Gebäude an der Berliner Witzlebenstraße. Wegen zunehmender Fliegerangriffe wurde es vorübergehend nach Potsdam und später in die Zietenkaserne nach Torgau verlegt. Damit befand sich das höchste Militärgericht unweit des Forts Zinna, des größten Wehrmachtsgefängnisses des Deutschen Reichs.

Von September 1939 bis Oktober 1944 amtierte Admiral Max Bastian (1883-1958) als Präsident des Reichskriegsgerichts, ihm folgte General Hans-Karl von Scheele. Unter Bastians Ägide verhängte das Gericht auch die „Todesstrafe bei ‚zersetzenden' Äußerungen selbst im Familienkreis."[19] Er gab seinen Richtern die Richtlinien vor, zeigte auf, welche Urteile er erwartete, und besaß die Vollmacht, die ergangenen Todesurteile, an deren Fragwürdigkeit er keinen Zweifel hegte, zu bestätigen oder aufzuheben. Einer Hauptverhandlung gehörten an: ein Wehrmachtrichter, zwei militärische Beisitzer, die als sogenannte „Laienrichter" fungierten, sowie, als Vertreter der Anklage, ein vom Gerichtsherrn bestellter Kriegsrichter. „Dieser Gerichtsherr... war die Zentralfigur des Prozesses außerhalb der Hauptverhandlung. Von ihm, und nicht vom erkennenden Gericht, hing die Bestätigung der Rechtskraft des Urteilsspruchs ab."[20] Die Mili-

Reichsmilitärgericht (links) am Lietzensee in Berlin-Charlottenburg – Postkarte, 1915

tärrichter sind also an ein System gebunden gewesen, in dem das Gericht sich der militärischen Befehlsgewalt unterwarf.

Als erster Gerichtsherr des Reichskriegsgerichts vermochte Hitler, dem auch das Gnadenrecht zustand, selbst jedes Verfahren an sich zu ziehen. Dem Lenkungsstab des Gerichts gehörten neben Bastian der Oberreichskriegsanwalt und Generalstabsrichter Dr. Alexander Kraell[21] sowie der Chef des Oberkommandos der Wehrmacht, Wilhelm Keitel (1882-1946), dem die militärische Aufsicht oblag.

Als stabilisierendes Element für die Wehrmacht wirkten die Kriegsgerichte vor allem durch die inhaltliche Ausrichtung „am Führerwillen" sowie an einer postulierten „Kriegsnotwendigkeit". Zur Erläuterung des Begriffs schrieb der Wehrrechtler Martin Rittau 1940/41: „Nur das ist für die Truppe recht, was ihr nützt und ihre Schlagkraft erhält ... Stets daran denken, dass die Rechtsprechung der Wehrmachtsgerichte auch ein Mittel, und zwar ein sehr wichtiges, zur Erringung des Sieges ist."[22] Weitaus die meisten Kriegsdienstverweigerer kamen vor einen der insgesamt vier Senate des Reichskriegsgerichts, deren Urteile, sämtlich in stereotypen Formeln abgefasst, im Grunde schon vor der Verhandlung feststanden. Eine am Gebäude des Reichskriegsgerichts in Berlin angebrachte ehemalige Gedenktafel erinnert an 260 hier gefällte Todesurteile gegen Kriegsdienstverweigerer sowie an die „zahllosen Frauen und Männer des Widerstands gegen [den] Nationalsozialismus und Krieg", ebenfalls hier zum Tode verurteilt und hingerichtet. Die Militärjustiz ist, wie eine von Messerschmidt erarbeitete Statistik zeigt, gegen Kriegsende immer härter und zahlreicher gegen die Angeklagten vorgegangen, wobei zu berücksichtigen ist, dass die Wehrmachtskriminalstatistik nicht über Mitte 1944 hinausgeht. Außerdem sind die Zahlenangaben der Militärjustiz wegen der beträchtlichen Aktenverluste nicht vollständig. Die drastische Erhöhung der Urteile im vorletzten Kriegsjahr dürfte mit der zunehmenden Kriegsmüdigkeit der Soldaten einerseits und der immer rigoroser werdenden Rechtsprechung zusammenhängen. Die bei Messerschmidt veröffentlichte statistische Übersicht nennt folgende Zahlen:

	Urteile wegen Eigentumsdelikten	Urteile wegen unerl. Entfernung	Urteile wegen Fahnenflucht	Urteile wegen Zersetzung
Jan. – Dez. 1941	18 989	16 473	1 378	1 386
Jan. – Jun. 1944	23 624	23 732	3 644	3 720

	Fahnenflucht		Zersetzung	
	Verurteilungen	Todesurteile	Verurteilungen	Todesurteile
2. Quartal 1943	1 020	606	1 367	211
4. Quartal 1943	1 289	728	1 355	309
2. Quartal 1944	2 131	1 033	2 188	343

Wehrmachtkriminalstatistik[23]

3. Weitere Militärgerichte

Während des Krieges ließ Hitler auch Standgerichte in der Wehrmacht einrichten. Im Allgemeinen waren sie nicht zuständig für Fälle der Wehrkraftzersetzung bzw. der Kriegsdienstverweigerung, die weiterhin dem Reichskriegsgericht vorbehalten blieben, jedoch nahmen sich die Standgerichte auch der Fahnenflüchtigen an. Das 1943 eingerichtete Sonder-Standgericht des Heeres wurde dem Reichskriegsgericht angegliedert. Bedeutsam war, dass ab Februar 1945 nicht nur Militärs, sondern auch Zivilpersonen von Standgerichten abgeurteilt werden konnten. Die Zahl der Opfer unter den Zivilisten lässt sich bislang bestenfalls schätzen.

Vom 11. April bis zum 20. September 1944 existierte außer den schon bestehenden Einrichtungen das „Zentralgericht des Heeres". Es fungierte als eine Art Sondergericht innerhalb der Militärjustiz, musste seine Kompetenzen dann jedoch an den Volksgerichtshof von Roland Freisler (1893-1945) abtreten. Gegen Ende des Zweiten Weltkriegs ließ Hitler noch sogenannte „Fliegende Stand- oder Kriegsgerichte" ins Leben rufen. Sie behandelten meist Verdachtsfälle von Fahnenflucht und waren nicht an die bisherigen Verfahrensbestimmungen gebunden.

Die Gesamtzahl der Kriegsgerichte beziffert Messerschmidt mit etwa 1000. In der NS-Militärjustiz waren 2400-3000 Juristen tätig. Die Kriegsgerichte fällten 25000 bis 30000 Todesurteile, wovon etwa 22000 vollstreckt worden sind. Insgesamt fielen bei der Militärjustiz etwa drei Millionen Strafverfahren an.[24]

Kapitel III: Religiöse Stimmen zu Krieg und Kriegsdienstverweigerung im Dritten Reich

1. Christentum und Krieg

Feindesliebe und Gewaltverzicht gehören zum zentralen Inhalt der Botschaft Jesu vom nahen Gottesreich, das in seinem Wirken bereits angebrochen sei. Daher verstand sich „das frühe Christentum ... als Religion der Feindesliebe und des Gewaltverzichts".[25] Zumindest für Christen bleibt es daher eine beunruhigende Frage, warum sich gerade diese Forderungen Jesu in der zweitausendjährigen Geschichte des Christentums bis heute nicht durchgesetzt haben.

Was geschieht, wenn sich die Naherwartung Jesu von der endgültigen Gottesherrschaft nicht erfüllt und wenn sich die Kirchengeschichte über Jahrhunderte hinzieht? Der Exeget Ulrich Luz fragt sich, ob es nicht im Hinblick auf gerade diese „steilen" Forderungen Jesu „unumgänglich"[26] gewesen sei, Abstriche zu machen. Betrachtet man die über 2 000jährige Geschichte des Christentums mit ihren Höhen und Tiefen, so ist auffällig, dass gerade die pazifistischen Aspekte des Evangeliums nicht nur angepasst und abgemildert, sondern oft genug verdunkelt, ausgeblendet oder gar in ihr direktes Gegenteil verkehrt wurden. Der Kirchenhistoriker Andreas Holzem nennt es ein Problem der theoretisch-theologischen Durchdringung des Kriegs- und Gewaltproblems im Christentum, dass die ... Friedens- und Gewaltperspektiven des Neuen Testaments angesichts selektiver Rezeption des Gesamtkanons keine dauerhafte Dominanz gewinnen konnten gegenüber jenen Teilen, die sich interessengeleitet für die Legitimierung des Krieges einsetzen ließen. Und er konstatiert: „Wenn das Christentum auf der einen Seite den Krieg kultisch zu begleiten, auf der anderen Seite ethisch zu kommentieren, schließlich drittens in Predigt, Buße und Sterbebegleitung wie Weiterleben mit Bedeutung zu versehen hatte, konnte die Selektivität der Aneignung kaum anders als extrem mehrschichtig ausfallen."[27] Doch ist es hier weder möglich, die höchst differenzierte Darstellung christlicher Kriegsdeutungen und -erfahrungen wiederzugeben noch eine kurzgefasste Geschichte des Zweiten Weltkriegs darzubieten. Auch die Haltung der Kirchen zu Krieg und Kriegsdienstverweigerung im Dritten Reich lässt sich nur in einem gerafften Überblick und ohne Anspruch auf Vollständigkeit behandeln.[28]

2. Die Haltung der katholischen Kirche zum Zweiten Weltkrieg

Zu Beginn des Zweiten Weltkriegs gab es in Deutschland weder eine Kriegseuphorie noch eine allgemeine Zustimmung in der Bevölkerung, wie es beim Ersten Weltkrieg der Fall gewesen ist. Dennoch wurde auch der Zweite Weltkrieg „aus der Mitte der Gesellschaft mitgetragen."[29] Hitler und seiner Propaganda gelang es, den von ihm entfesselten Krieg lügnerisch als Verteidigungskrieg zu proklamieren, obwohl von ihm von Beginn an als Angriffs- und Vernichtungskrieg geplant. Außerdem ist bald deutlich geworden, dass den Krieg „unübersehbar Verbrechen gegen die Menschlichkeit kennzeichneten".[30] Dennoch darf es als Tatsache gelten, dass „weder vor noch während noch nach dem Krieg... die katholische Kirche die Unerlaubtheit des Mittuns der Christen in diesem Krieg als solchem ... erklärte."[31] Noch pointierter formuliert der katholische Theologe und Kriegsteilnehmer Heinrich Missalla seine „schmerzliche Erinnerung daran, dass die katholische Kirche zweimal in unserem Jahrhundert dem Staat allzu bereitwillig Soldaten für seine Kriege zugeführt hat."[32] Welche Gründe waren dafür ausschlaggebend?

a) Die Lehre vom „gerechten Krieg"

Über 1500 Jahre lang und in erstaunlicher Kontinuität galt in der katholischen Kirche die Lehre vom „gerechten Krieg"[33], die in ihrem Kern auf den Theologen und Kirchenlehrer Aurelius Augustinus († 430) zurückgeht. Augustinus sah im Krieg nichts grundsätzlich Böses, da Kriege, ebenso wie alles andere, aus Gottes Hand kämen. Nach Augustin sei es Gott selbst, der Kriege anordne oder sie geschehen lasse. Als „gerecht", d.h. für Christen erlaubt, sei ein Krieg zu betrachten, wenn er

1. dem Frieden als Ziel diene,
2. sich gegen ein begangenes Unrecht richte (das der Gegner nicht zurücknehmen bzw. wiedergutmachen wolle),
3. von der legitimen Autorität angeordnet werde und
4. in der Art der Kriegführung nicht gegen Gottes Weisung verstoße.[34]

Nach Augustin darf ein christlicher Soldat mit Waffen kämpfen, wenn der Krieg die staatliche Friedensordnung schütze. Entlastet ist sein Gewissen dadurch, dass er aus allgemeiner Gehorsamspflicht gegenüber der rechtmäßigen Obrigkeit handelt und handeln muss. Thomas von Aquin (1225-1275), der bedeutendste Theologe des Mittelalters, systematisierte die Lehre vom „gerechten Krieg und hob dabei drei Merkmale hervor:

- einen fürstlichen Befehl,
- einen gerechten Grund
- und die Wiederherstellung des Friedens als Kriegsziel.

Dabei ist zu beachten, dass für die Erlaubtheit eines Krieges alle drei Bedingungen zugleich erfüllt sein müssen. Streng genommen hätte es demnach gar keine gewalttätigen Auseinandersetzungen mehr geben dürfen, zumal in keinem der geführten Kriege die genannten Merkmale gleichzeitig erfüllt waren.[35]

Die entscheidende Frage, ob der Zweite Weltkrieg ein „gerechter Krieg" war, wurde damals allerdings von den Verantwortlichen der Kirchen kaum gestellt. Jedoch wagten es die deutschen katholischen Bischöfe nicht mehr, ihn „gerecht" zu nennen – im Unterschied zu bischöflichen Äußerungen im Ersten Weltkrieg. Dennoch dürften die meisten von ihnen den Krieg als „gerecht" angesehen haben, da er von einer als legal anerkannten Obrigkeit befohlen worden war.[36] Allein das Kriterium einer obrigkeitlichen Anordnung genügte. Die für die Gläubigen notwendige Erörterung, ob Hitlers Kriege „gerecht" gewesen seien, unterblieb bzw. ist allein der staatlichen Obrigkeit überlassen worden.

b) Vom Dilemma katholischer Bischöfe

Am 28. März 1933, fünf Tage nach Hitlers Regierungserklärung, gaben die katholischen Bischöfe in einer gemeinsamen Kundgebung, deren maßgeblicher Entwurf auf den Breslauer Erzbischof und Kardinal Adolf Bertram (1859-1945) zurückgeht, bekannt, dass im Vertrauen auf Hitlers jetzt gegebene Zusicherungen gegenüber den Kirchen ihre „allgemeinen Verbote und Warnungen" [gegenüber dem Nationalsozialismus, H.K.] nicht mehr als notwendig"[37] zu betrachten seien. Im selben Text anerkannten die Bischöfe zudem das NS-Regime als „rechtmäßige Obrigkeit": „Für die katholischen Christen, denen die Stimme ihrer Kirche heilig ist, bedarf es auch im gegenwärtigen Zeitpunkte keiner besonderen Mahnung zur Treue gegenüber der rechtmäßigen Obrigkeit und zur gewissenhaften Erfüllung der staatsbürgerlichen Pflichten unter grundsätzlicher Ablehnung allen rechtswidrigen oder umstürzlerischen Verhaltens".[38]

Die nach vorheriger Ablehnung jetzt eingenommene Haltung – Gehorsam und Loyalität der Bischöfe gegenüber Hitlers NS-Regierung und gleichzeitige

Aufforderung an die Katholiken zu Gehorsam und treuer Erfüllung ihrer staatsbürgerlichen Pflichten – behielten die Bischöfe bis zum Kriegsende bei. Daher überrascht es auch sechs Jahre später nicht, dass sie zum Kriegsbeginn kein deutliches Nein aussprachen, sondern die Katholiken erneut zum Gehorsam aufriefen und eine Leitlinie formulierten, die sich fortan in zahlreichen Hirtenbriefen fast stereotyp wiederholte: „In dieser entscheidungsvollen Stunde ermuntern und ermahnen wir unsere katholischen Soldaten, in Gehorsam gegen den Führer, opferwillig, unter Hingabe ihrer Persönlichkeit ihre Pflicht zu tun. Das gläubige Volk rufen wir auf zu heißem Gebet, dass Gottes Vorsehung den ausgebrochenen Krieg zu einem für Vaterland und Volk segensreichen Erfolg und Frieden führen möge."[39]

Grundlage des Verständnisses der Bischöfe war die aus dem Naturrecht abgeleitete Staatslehre, wonach Katholiken jeder als rechtmäßig anerkannten Regierung gegenüber zu Gehorsam und Loyalität verpflichtet seien. Dabei ließ man eine Betrachtungsweise, die sich an der geschichtlichen Wirklichkeit orientiert hätte, völlig außer Acht. Zudem stützte man sich auf eine ebenfalls ahistorisch abgeleitete Mahnung aus dem Römerbrief des Apostels Paulus.[40]

Durch ihre Haltung war für die Bischöfe ein unüberwindliches Dilemma entstanden: Als verantwortliche Vertreter der Kirche forderten sie die Gläubigen zum Gehorsam und zur opferbereiten Erfüllung der Kriegspflicht gegenüber einer Regierung auf, die sie zugleich weltanschaulich ablehnten und bekämpften. Der Theologe Rupert Feneberg stellt fest: „Die Kirche hatte zum größten Teil im 20. Jahrhundert in der Beurteilung eines Krieges ein zweites Mal versagt. Zwar geschah die Billigung und Rechtfertigung des Zweiten Weltkriegs vorsichtiger als beim Ersten Weltkrieg. Aber am grundsätzlichen Ja der Kirche zum Krieg gibt es auch 1939 und besonders 1941 nichts zu deuteln."[41]

c) Theologische Interpretationen des Krieges

Im Gemeinsamen Hirtenbrief des deutschen Episkopats vom 26. Juni 1941, verfasst vier Tage nach dem deutschen Überfall auf die Sowjetunion, sprachen die Bischöfe nicht nur von den Pflichten, Anstrengungen und Opfern, die in dieser „schwersten Zeit des Vaterslandes" zu ertragen seien, sondern sie verstanden es auch als „trostvolle Gewissheit", dass die Soldaten mit ihrem Einsatz „nicht bloß dem Vaterland dient[en], sondern zugleich dem heiligen Willen Gottes folgt[en]."[42]

Gerade im deutschen Angriffskrieg gegen die Sowjetunion spielte das religiöse Motiv, als kämpfe das christliche, kulturell hochstehende Abendland gegen einen gottlosen Bolschewismus, eine große Rolle. Es behielt seine Geltung bei katholischen Frontsoldaten zum Teil bis zum Kriegsende, wie aus zahlreichen Feldpostbriefen hervorgeht. Der theologischen Tradition folgend, wurde auch dieser Krieg in Hirtenbriefen und Predigten häufig als Zorn- oder Strafgericht Gottes für Gottlosigkeit, Unglauben und Sittenlosigkeit und gleichzeitig als gottgewollte Bewährungsprobe interpretiert. Trost für die Leiden der Soldaten wie der Zivilbevölkerung sollte das Motiv der freiwilligen Sühneleistung spenden, das die Gläubigen als Glieder am Leib Christi in die Nähe der freiwilligen Passion Christi rückte. Der Kirchenhistoriker Wilhelm Damberg fasst die theologischen Interpretationen, die vor allem der Münsteraner Bischof Galen in Hirtenbriefen äußerte, wie folgt zusammen: „Auch die Katholiken hatten sich diesem Strafgericht [Gottes, H.K.] zu unterziehen, und zwar in freier Annahme in der Nachfolge Christi. Dies war ein Gedanke, der sich sogar zur ‚modernen' Theologie des ‚Corpus Christi Mysticum' fügte, in der die Identität von Kirche und Katholiken mit dem lebendigen Christus so stark hervorgehoben wurde. Stellvertretende Sühne sollte den Weg zur Wiedererlangung der göttlichen Gnade bereiten. Dieses theologische Deutungsmuster ermöglichte es den Katholiken, in einen Krieg zu ziehen und ihn zu erleiden, ohne ihn – dem Selbstverständnis nach – für den Nationalsozialismus zu führen, sondern für das bessere Deutschland, das nur Christus als den einzigen Führer anerkannte."[43]

Am weitesten in seinen den Krieg unterstützenden Formulierungen ging der damalige katholische Feldbischof Franz Justus Rarkowski (1873-1950), der die Diktion des NS-Regimes in seinen Hirtenbriefen wiederholt übernahm und der Hitler als „leuchtendes Vorbild"[44] in den Himmel hob. Hinter allem Kriegsgeschehen sah Rarkowski Gott selbst mit seinem Willen und seinen Geboten am Werk. Den Krieg an der Ostfront, „im Lande der primitivsten Gottlosigkeit, im bolschewistischen Russland", interpretierte er als „Auseinandersetzung mit dem bolschewistischen Untermenschentum."[45] Allerdings ist anzumerken, dass Rarkowski vom deutschen Episkopat nicht geschätzt wurde und folglich zu den Sitzungen der Fuldaer Bischofskonferenz keine Einladungen erhielt.

Ein umfassenderes Bild über Kriegserfahrungen und -deutungen ist nur zu gewinnen, wenn man auch die Situation an der „Heimatfront" und vor allem briefliche Äußerungen von Soldaten gegenüber ihren Angehörigen und Freundeskreisen einbezieht. Dabei wird deutlich, dass sich Front und Heimat in der Sprache zunehmend entfremdeten.[46] In der Erlebniswelt der Soldaten, die in einem modernen Krieg zu kämpfen hatten, zerbrachen die traditionellen theologischen Deutungsmuster nur allzu schnell. Das „Ende der ‚klassischen' Kriegserfahrung"[47] war erreicht, „die lange gültigen Kategorien der Orientierung verflüssigten[48] sich.

Der Historiker Dietmar Süß resümiert im Hinblick auf die Haltung der katholischen Kirche: „Die Kirche war Teil der mobilisierten Kriegsgesellschaft. Sie stellte Personal und institutionelle Unterstützung für den Kampf an der ‚Front' und ‚Heimat', und lieferte eine religiöse Sinndeutung des Kriegsgeschehens als nationale Pflichterfüllung. Gleichzeitig zielte das Regime aber darauf ab, das öffentliche Leben immer weiter zu entkonfessionalisieren, den Einfluss kirchlicher Entscheidungen zurückzudrängen und die religiösen Deutungsangebote der Utopie der Volksgemeinschaft unterzuordnen – und das notfalls auch mit den Mitteln der Gewalt."[49]

d) *Katholische Kirche und Kriegsdienstverweigerung*

Wehrdienstverweigerung stellte für die katholische Kirche im Zweiten Weltkrieg kein Thema dar, vielmehr galt die Erfüllung des Waffendienstes auch aus der Sicht der katholischen Kirche als eine selbstverständliche nationale und auch christliche Pflicht.[50] Dieses Resümee der Historikerin Annette Mertens gibt die grundsätzliche Haltung der katholischen Kirche wieder. Es wird gestützt durch beachtenswerte Einzelaussagen von Bischöfen und Theologen. Bereits 1935 schrieb Conrad Gröber (1872-1948), Erzbischof von Freiburg, in einem damals viel beachteten Buch: „Die Kirche hat in ihrem fast zweitausendjährigen Bestand noch nie wie einzelne Sekten ihre Gläubigen von der Heerespflicht entbunden. Sie hat vielmehr den übertriebenen und kraftlosen Pazifismus abgelehnt, der im Krieg als solchem etwas Unerlaubtes und Widerchristliches erblickt und dem Unrecht die Herrschaft überlässt. Die katholischen Theologen haben immer den gerechten Krieg vom ungerechten Krieg unterschieden und es niemals in den Urteilsbereich des einzelnen mit seinen Kurzsichtigkeiten und Gefühlsstimmungen gelegt, im Kriegsfalle die Erlaubtheit oder das Unerlaubtsein zu erörtern, sondern die letzte Entscheidung der rechtmäßigen Obrigkeit überlassen."[51] Gröbers heute noch peinlich anmutende Sätze mit ihrer Geringschätzung gegenüber Sekten und pazifistischen Haltungen bedeuten zugleich eine Entmündigung der Laien. Und gerade dadurch, dass die Bischöfe die Entscheidung über die Beurteilung des Krieges der rechtmäßigen Obrigkeit – d.h. der NS-Regierung – überließen, versäumten sie ihre Hirtenpflicht. Dass in solchem Denken kein Platz für eine positive Würdigung der Kriegsdienstverweigerung aus Gewissensgründen zu finden ist, kann daher nicht mehr überraschen.

Matthias Laros (1882-1965), Priester und Kirchenreformer, damals ein einflussreicher theologischer Autor und entschiedener Gegner des Nationalsozialismus, verfasste im Kriegsjahr 1939 in der Zeitschrift „Kirche und Kanzel" einen umfangreichen Aufsatz mit dem Titel „Der Christ und der Krieg". Die Hirtenpflicht aufgebend, forderte er darin: „Wenn die gesetzmäßige Obrigkeit zum Einsatz des Lebens aufruft, dann darf sich dem niemand entziehen, und sein Einsatz ist auf Grund des guten Glaubens und des besten Willens auf alle Fälle vor Gott wertvoll und pflichtmäßig."⁵² Im soeben von Hitler begonnenen Zweiten Weltkrieg sah Laros einen „Aufbruch heroischen Geistes". Wer sich dieser Bewährung an der Front wie in der Heimat entziehe, sei als „Versager", „Drückeberger" oder „Selbstling" zu betrachten.⁵³

Wie stark tatsächlich innerhalb der katholischen Kirche die Ablehnung der Kriegsdienstverweigerung sein konnte, berichtet der Autor Christian Feldmann, indem er auf einem Vorfall aus dem Freiburger Konvikt hinweist: „Emil Fieger aus Freiburg, ... Theologiestudent, wurde aus dem Erzbischöflichen Konvikt entlassen, weil er erklärt hatte, den Soldateneid nicht leisten zu wollen; mit einer solchen Haltung sei er der Verantwortung eines Priesters nicht gewachsen, stellte der Konviktsdirektor fest."⁵⁴

Hält man solche Maßnahmen und Äußerungen aus Theologie und Kirche für repräsentativ, woran es keinen Zweifel gibt, so wird verständlich, weshalb sich katholische Verweigerer in der Wehrmacht in einer mehr oder weniger aussichtslosen Lage befanden: Die staatlichen Behörden verfolgten sie wegen eines todeswürdigen Verbrechens, die Verantwortlichen der Kirche lehnten ihr Verhalten grundsätzlich ab und in der Bevölkerung galten sie oft als Feiglinge und Drückeberger, um nicht schlimmere Ausdrücke zu zitieren. Die Gewissensentscheidung der Verweigerer, die sie, ihrem Glauben an Gott folgend, zu treffen bereit waren, wollten die Verantwortlichen der Kirche weder billigen noch unterstützen. Dass es dennoch einige Katholiken wagten, den Kriegsdienst mit der Waffe in der Wehrmacht zu verweigern, ist daher als ebenso überraschende wie erstaunliche Tatsache anzusehen. Es war offenkundig, dass ihre Verweigerung des Kriegsdienstes im Widerspruch zur offiziellen Haltung der Kirche und des von ihr gepredigten Gottesbildes stand.

3. Die evangelische Kirche zu Krieg und Kriegsdienstverweigerung⁵⁵

a) Aufrufe zu Krieg und Kriegsbereitschaft

Auch die evangelische Kirche rief zu Beginn des Zweiten Weltkriegs die Christen zu tapferer und treuer Pflichterfüllung im Kampf ums Vaterland auf, und unbestritten war auch hier die „Überzeugung, dass die Obrigkeit das Recht habe, Männer zum Kriegsdienst heranzuziehen."⁵⁶ „So sieht das Jahr 1939 auch die evangelischen Christen und Kirchen Deutschlands – auch die *Bekennende Kirche!* – wehr- und kriegsbereit."⁵⁷ Am eindrücklichsten für diese Kriegsbereitschaft steht der Aufruf des „Geistlichen Vertrauensrates der Deutschen Evangelischen Kirche" vom 2. September 1939, der vier Tage später im „Gesetzblatt der Deutschen Evangelischen Kirche" erschien und lautete:

„Aufruf der Deutschen Evangelischen Kirche"

Seit dem gestrigen Tage steht unser deutsches Volk im Kampf für das Land seiner Väter, damit deutsches Blut zu deutschem Blute heimkehren darf. Die deutsche evangelische Kirche stand immer in treuer Verbundenheit zum Schicksal des deutschen Volkes. Zu den Waffen aus Stahl hat sie unüberwindliche Kräfte aus dem Worte Gottes gereicht: die Zuversicht des Glaubens, dass unser Volk und jeder einzelne in Gottes Hand steht, und die Kraft des Gebetes, die uns in guten und bösen Tagen stark macht. So vereinigen wir uns auch in dieser Stunde mit unserem Volk in der Fürbitte für Führer und Reich, für die gesamte Wehrmacht und alle, die in der Heimat ihren Dienst für das Vaterland tun. Gott helfe uns, daß wir treu erfunden werden, und schenke uns einen Frieden der Gerechtigkeit!"[58]

Wenige Tage später lag auch der Aufruf von Kirchenrat Fritz Klingler, Nürnberg, vor, dem Reichsbundesführer der Deutschen Evangelischen Pfarrervereine:

„An die Deutschen Evangelischen Pfarrer!

Grossdeutschland ruft zum Dienst. Es ruft jedermann, Alt und Jung, Mann und Weib – es ruft auch uns. Die einen zum Dienst draussen im Feld, die andern daheim als Diener dessen, der gesagt hat: „Kommet her zu mir alle, die ihr mühselig und beladen seid; ich will euch erquicken." Lasst uns, lieben Brüder, wo wir auch stehen, diesen Dienst tun in heiliger Verantwortung als treue Haushalter über den Reichtum des göttlichen Lichts, das mit seinem getrosten Schein die müden Seelen erquickt!

Es ist Kampf. Im Kampf verstummt jeder Missklang im eigenen Lager. Jetzt stehen wir alle in einer Reihe und tragen alle dieselbe Rüstung: ‚Ist Gott für uns, wer mag wider uns sein?'

Gott segne uns in dieser Verbundenheit des Glaubens zu Dienst und Kampf für unser deutsches Volk und Vaterland."[59]

b) Zur Situation der evangelischen Kirche

Aus den zitierten Aufrufen geht nicht nur die traditionell enge Verbundenheit und gewünschte Einheit von Volk, Vaterland und Christentum hervor, sondern es ist auch die Rede vom „Missklang im eigenen Lager" der evangelischen Kirche – ein Hinweis auf ihre „innere Zersplitterung", „so dass man sowohl für die Friedensjahre und erst recht im Krieg kaum von dem deutschen Protestantismus sprechen kann".[60] Nach evangelischem Verständnis ist die Kirche als Gemeindekirche konzipiert und nicht wie die katholische als Bischofskirche, und schon allein das hat eine größere Vielfalt und Vielstimmigkeit kirchlicher Äußerungen zur Folge.[61]

Die zwei großen protestantischen Richtungen, die Lutheraner und die Reformierten, in 28 selbstständigen Landeskirchen organisiert, sahen sich nach 1933, in den schweren Jahren des Kirchenkampfes, einer rasanten Entwicklung ausgesetzt, die sich hier nur stichwortartig darbieten lässt:
– 1932/33 Entstehung und Machtergreifung einer „Reichskirche", die sogenannten „Deutschen Christen",[62] seit 1934 unter Leitung des Reichsbischofs Ludwig Müller.
– 1934 als Reaktion darauf die Entstehung der „Bekennenden Kirche", die im Kern eine Pastoren- und Gemeindebewegung war.
– 1935 durch das NS-Regime veranlasste Einsetzung eines Reichskirchenministeriums.[63]
– 1936 Konflikte innerhalb der Bekennenden Kirche über das rechte Verhältnis der Kirche zum NS-Staat.
– 1939 die von Kirchenminister Hanns Kerrl vorgelegten neuen Grundsätze zur Ordnung der Kirche vertiefen noch die Konfrontationen; nach Kriegsbeginn möchte Hitler die Auseinandersetzungen und staatlichen Schikanen zurücknehmen und die letzte Abrechnung mit der Kirche erst in der Nachkriegszeit führen.

c) Lehraussagen und Stimmen zum Krieg

An der Lehre vom „gerechten Krieg" hat auch Martin Luther festgehalten. Allerdings wollte er nur noch den Verteidigungskrieg als solchen gelten lassen. „Wer einen Krieg anfange, sei immer im Unrecht".[64] Dass die Lehre vom gerechten Krieg „mindestens als Hintergrundfolie"[65] bis ins 20. Jahrhundert hinein Geltung besaß, zeigt noch die fünfte der „Barmer Thesen" aus dem Jahr 1934: „Fürchtet Gott, ehret den König! (1. Petrus 2, 17) – Die Schrift sagt uns, dass der Staat nach göttlicher Anordnung die Aufgabe hat, in der noch nicht erlösten Welt, in der auch die Kirche steht, nach dem Maß menschlicher Einsicht und menschlichen Vermögens unter Androhung und Ausübung von Gewalt für Recht und Frieden zu sorgen.– Die Kirche erkennt in Dank und Ehrfurcht gegen Gott die Wohltat dieser seiner Anordnungen an. Sie erinnert an Gottes Reich, an Gottes Gebot und Gerechtigkeit und damit an die Verantwortung der Regierungen und Regierten. Sie vertraut und gehorcht der Kraft des Wortes, durch das Gott alle Dinge trägt."[66]

Es fällt auf, dass in den zitierten Aufrufen überhaupt nicht nach den Kriegsursachen und -zielen gefragt wird. Ebenso wie in der katholischen Kirche genügte im Protestantismus die Anordnung eines Krieges durch die als legal anerkannte Regierung. Und ebenso wie bei den Katholiken finden sich auch in den Äußerungen der evangelischen Kirche in den 1930er Jahren „nationalistisch-bellizistische Denkmuster und -strukturen"⁶⁷ sowie zahlreiche Kampf- und Kriegsmetaphern in der religiösen Literatur und in den Liedern.⁶⁸ Kriegerische Wehrhaftigkeit wurde bejaht, pazifistisches Gedankengut jedoch dezidiert abgelehnt. So heißt es in den sog. „Hossenfelderschen Richtlinien"⁶⁹ der Deutschen Christen: „Wir wollen eine evangelische Kirche, die im Volkstum wurzelt, und lehnen den Geist eines christlichen Weltbürgertums ab. Wir wollen die aus diesem Geist entspringenden verderblichen Erscheinungen wie Pazifismus, Internationale, Freimaurertum usw. durch den Glauben an unsere von Gott befohlene völkische Sendung überwinden."⁷⁰

Als Initiative, die im Hinblick auf den Krieg nachdenkliche Töne anschlug und die sich den Zeitströmungen widersetzte, darf ein Liturgieentwurf der Bekennenden Kirche vom September 1938 gelten, der während der sogenannten Tschechenkrise entstand. In ihm findet sich die Bitte um Bewahrung vor einem Krieg, den die Verfasser als Strafe und Gericht Gottes für unsere und des Volkes Sünden verstehen. Erinnert wird daran, welche Nöte ein Krieg für diejenigen mit sich bringt, die zu den Waffen gerufen haben, die verwundet vor dem Feind liegen, in Gefangenschaft geraten oder getötet werden. Und gedacht ist der in der Heimat um ihre Angehörigen bangenden Frauen und Männer. Zum Abschluss spricht das Fürbittgebet auch jene Soldaten an, „die in Versuchung stehen, grausame Rache zu üben und vom Hass überwältigt zu werden."⁷¹

Der hier ausgedrückte Verzicht auf jede Verherrlichung des Krieges ist allenthalben als defätistischer Angriff auf das NS-Regime verstanden worden. Da es 1938 nicht zum Krieg kam, gab es auch keinen Gottesdienst nach dieser Liturgie. 1939 nahm man den Entwurf nicht mehr auf. Eine Folge für die Bekennende Kirche war jedoch, dass sie sich von da an dem Vorwurf mangelnder Vaterlandstreue ausgesetzt sah und sich gegen ihn erwehren musste.⁷²

d) Kriegsdienstverweigerung kontrovers

Im Hinblick auf die Kriegsdienstverweigerung ist zunächst eine Initiative des Theologen Karl Barth (1886-1968) vom August 1939 von Bedeutung. Barth regte im Kreis seiner Freunde an, „die Ökumene möge ein Wort verfassen, das Hitlers Krieg als ungerechten Krieg kennzeichnen und die Christen in Deutschland auffordern sollte, sich nicht zu den Waffen rufen zu lassen."⁷³ Darüber berichtet hat der Theologe Helmut Gollwitzer (1908-1993), der allerdings zu dem Schluss gelangte, „die Deutschen hätten auf diesen Vorschlag ablehnend reagiert, obwohl sie sachlich ähnlich geurteilt hätten. Als Motive nennt er Angst – vor den realen Folgen, aber auch vor dem mentalen Wagnis ... ein solcher Schritt [war ihnen] zu ungewohnt, zu neuartig, zu kühn."⁷⁴ Der junge Theologe Karl Barth jedoch war schon beim Ersten Weltkrieg und noch mehr beim Zweiten darüber entsetzt, wie sich theologisch argumentierende Kollegen und Kolleginnen für Krieg und Faschismus begeisterten, wie sie Gott heranzogen, um das Blutvergießen zu rechtfertigen, und wie sie Hitler zum neuen Messias stilisierten.[75] Barth, ein erklärter Gegner des Nationalsozialismus, erkannte, dass ihr theologisches Denken völlig in die Irre führte und dass er in anderer und ganz neuer Weise nach Gott und der Offenbarung fragen musste.

Karl Barth, 1955

Der 1934 ordinierte Pfarrer Ernst Friedrich[76] (1909-1985) war von Beginn an Mitglied der Bekennenden Kirche. Als er jedoch seine Absicht äußerte, den Kriegsdienst zu verweigern, kam es zu intensiven Auseinandersetzungen mit dem Bruderrat (Nassau-Hessen), der einem Brief vom 28. Oktober 1937 an Pfarrer Friedrich eine grundsätzliche Erklärung beilegte:

„1. Von Schrift und Bekenntnis aus kann die Verweigerung des Kriegsdienstes nicht begründet werden.

2. Die Bekenntnisse der Reformation weisen gegenüber jedem schwärmerischen Verständnis des Krieges daraufhin, dass ein Christ in der Regel genauso Kriegsdienst leisten kann, wie er auch als Christ im Amte der Obrigkeit das Schwert führen kann (z.B. Richter sein u.ä.).

3. Die Kirche ist sich darüber klar, dass in der Gegenwart das Kriegsproblem durch eine Reihe von Umständen außerordentlich kompliziert worden ist. Trotzdem gilt es nach wie vor als communis opinio, dass auch heute noch, trotz dieser Komplizierung, die Teilnahme am Kriegsdienst in keiner Weise im Widerspruch steht zu Schrift und Bekenntnis, dass vielmehr auch heute noch die Erfüllung des Militärdienstes als das Gebotene erscheint. Die Kirche muß sich aber die Freiheit wahren, gegenüber einem Missbrauch der Obrigkeit verliehenen Gewalt u.U. protestierend Zeugnis abzulegen.

4. Da sich die Kirche z.Zt. zu diesem Protest nicht aufgerufen weiß, verstößt heute der Einzelne, der den Kriegsdienst verweigert, gegen die Unterweisung, die die Kirche heute nach dem ihr geschenkten Maß an Erkenntnis ihren Gliedern zuteilwerden lässt. Wir sind der Überzeugung, dass der Einzelne, der glaubt, den oben genannten Protest anmelden zu müssen, dies auf eigene Verantwortung tut, aber kein Amt in der Kirche ausüben kann, falls er nach brüderlicher Beratung bei seiner vorgefassten Meinung beharrt."[77]

Die grundsätzliche Erklärung des Bruderrats muss für Ernst Friedrich von doppelter Härte gewesen sein: Die höchste kirchliche Autorität bedeutete ihm, dass seine auf dem Gewissen begründete Verweigerung des Kriegsdienstes weder schriftgemäß sei noch dem Bekenntnis entspreche. Zudem dürfe er mit dieser Haltung auch kein Amt in der Kirche ausüben. Rüstung und Krieg jedoch begriff Friedrich als Zeichen für den Abfall der Menschen von Gott, von Christus. Wo Krieg herrsche, seien die „Friedensworte der Bergpredigt ungehört verhallt"[78]. Schon die Rüstung galt Friedrich als „Zeichen des Misstrauens gegen Gott", als „Zeichen der Sünde."[79]

Bei seiner Verhandlung vor dem Reichskriegsgericht am 1. April 1940 bekräftigte Friedrich seinen Standpunkt, zeigte sich aber bereit, „in der Tat" nachzugeben. Grund dafür war die Rücksicht auf seine sonst leidenden Eltern. Ihm stand vor Augen, dass er sich in einer Situation befand, in der seine Entscheidung mit schuldhaften Folgen einhergehe, und er wählte den „Sanitätsdienst ... [als] das kleinere Übel im Widerspruch zu Gott."[80]

Nach Friedrichs Einlenken ließ das Gericht die Anklage wegen „Zersetzung der Wehrkraft" fallen. Er wurde nachgemustert und vereidigt,[81] rückte ein und kam, wie versprochen, zu einer Sanitätsabteilung. Friedrich geriet in englische Kriegsgefangenschaft. 1948 entlassen, hob der Landesbruderrat nach einer Intervention von Martin Niemöller Friedrichs Amtsenthebung auf. Bis zu seiner Pensionierung im Jahr 1980 war er wieder als Pfarrer tätig.

Auffallend bei der Verweigerung Friedrichs ist, dass ihn sowohl der Landesbruderrat als auch das Wehrmeldeamt auf die Möglichkeit des Sanitätsdienstes als ausdrücklichem Ersatz für den Waffendienst hingewiesen haben. Offenbar machte man in seinem Fall feine Unterschiede. Die beiden katholischen Verweigerer Lerpscher und Ruf, beide zum Sanitätsdienst bereit, erhielten diese Möglichkeit nicht eingeräumt. Ihr Status als Angehörige bzw. Mitarbeiter der Christkönigsgesellschaft gewährte ihnen nicht den für Geistliche üblichen Schutz vor dem Waffendienst. In einem vorerst geheim gehaltenen Zusatz zum Reichskonkordat von 1933 war festgelegt, dass „im Fall der Mobilisierung" Gemeindepfarrer und in der Diözesanverwaltung tätige Geistliche nicht einzuziehen seien. Hingegen nahm man Theologiestudierende, Alumnen und Ordensgeistliche in die Truppe auf und setzte sie in der Seelsorge oder als Sanitäter ein. „Ein Dienst mit der Waffe war für Geistliche nicht vorgesehen."[82]

Ernst Friedrichs zweifache Begründung fasst der Theologe Karsten Bredemeier folgendermaßen zusammen: Er „verweigerte deshalb einerseits (weltlich begründet) Eid und Kriegsdienst, weil die Folgen des totalen Krieges unabsehbare Folgen zeitigen würden, nachdem er sich schon mitschuldig geworden fühlte an der Kriegsvorbereitung, andererseits verweigerte er (christlich begründet), weil ein Partizipieren am Krieg gegen Gottes Wille gerichtet sei und ein Schuldigwerden vor Gott nach sich zieht, indem die Herrschaft Gottes durch die ‚Selbstverherrlichung der Menschengötter' abgelöst wird".[83] In seiner Traueransprache für den Pfarrer (1985) bekannte Oberkirchenrat D. Karl Herbert: „Wir, die wir damals in der Bekennenden Kirche Verantwortung trugen, wir mussten uns hinterher schämen vor diesem unserem Bruder Friedrich. Da haben wir 1937 im Landesbruderrat kühn den Satz formuliert und ihm geschrieben: ‚Von Schrift und Bekenntnis aus kann die Verweigerung des Kriegsdienstes nicht begründet werden.' Und nun hat er gegen uns alle Recht behalten. Nicht, dass wir jetzt seine Entscheidung zum Gesetz machen für alle. Aber das ist uns doch aufgegangen: dass die Verweigerung auch ein legitimes christliches Zeugnis und eine echte christliche Entscheidung darstellt, ja vielleicht das deutlichere Zeichen."[84]

Neben Ernst Friedrich ist, wie bereits oben vermerkt, auf dessen Kollegen im Pfarramt, Dr. Wilhelm Schümer (* 1909, 1943 vermisst), hinzuweisen. Der aus Magdeburg stammende Theologe war ein Sohn des Gymnasiallehrers Dr. Georg Schümer (1884-1945), der nach dem Erlebnis des Ersten Weltkriegs Pazifist und zu einer führenden Persönlichkeit der Friedensbewegung geworden war. Nach 1933 verlor er in Magdeburg seine Stelle als Oberstudiendirektor. Ungeachtet seiner Zwangspensionierung hielt er an den christlichen und ethischen Motiven seines Pazifismus fest und arbeitete während der NS-Diktatur an der von Wilhelm Mensching herausgegebenen Sammlung „Aus deutschem Erbgut" mit, einer Dokumentation, die gegen den NS-Rassismus gerichtet war.[85]

Wilhelm Schümer galt bei seinen Studienfreunden als äußerst gewissenhaft. Schon früh distanzierte er sich von den nationalsozialistischen Auffassungen. Wegen seiner Mitgliedschaft in der Bekennenden Kirche entließ ihn ein Konsistorium der Deutschen Christen aus dem Pfarramt. Da er zudem den von Pfarrern zu leistenden Eid auf Hitler verweigerte, erhielt er auch keine Vakanzstelle mehr. Der Eid sollte lauten: „Ich werde dem Führer des Deutschen Reiches und Volkes, Adolf Hitler, treu und gehorsam sein, die Gesetze beachten und meine Amtspflichten gewissenhaft erfüllen, so wahr mir Gott helfe."[86]

Allen Befehlen des NS-Regimes zu folgen, war Schümer ebenso unmöglich wie dem katholischen Verweigerer Dr. Josef Fleischer. Die „Vergöttlichung des Führers", die absoluten Gehorsam und Vertrauen einschließe, lehnte Schümer ebenso ab wie das „absolute Lebensziel", das der totale Staat propagierte: „die Ehre und Größe unseres Volkes". Für den Christen dagegen, so Schümers Überzeugung, gelte das von Christus verkündete Reich Gottes als oberster Wert. Nicht dem Führer, sondern Gott sei die höchste Ehre zu geben. Das erste Gebot verstand Schümer als „Begrenzung des Totalitätsanspruchs des Staates"[87]. Chri-

33

stentum und Nationalsozialismus stünden daher in einem unauflöslichen Gegensatz, und eine christliche Kirche vernachlässige ihre wichtigste Aufgabe und mache sich schuldig, wenn sie nicht klar Position gegen den totalen Staat beziehe. In seinen Entscheidungen räumte Schümer dem christlichen Liebesgebot den höchsten Wert ein, das nach den Worten der Bergpredigt Jesu, die Feindesliebe einschließe. Bei einer ersten Musterung im Jahr 1940 ist Schümer wegen körperlicher Schwäche zurückgestellt worden. Als er zwei Jahre später den Einberufungsbescheid erhielt, erklärte er zum geforderten Fahneneid, dass „er unbedingten militärischen Gehorsam in dem Sinne, dass er jeden Befehl, auch zum Töten oder Schädigung eines Menschen, völlig ablehnen müsse um seines christlichen Gewissens willen."[88]

Nach seiner Inhaftierung rief ihn der militärische Vorgesetzte, ein Arzt, wieder zu sich „und sicherte ihm aufs Bestimmteste zu, dass er unter keinen Umständen zu anderen als helfenden Sanitätsdiensten verwandt werden würde". So war Schümer schließlich zum Fahneneid und anschließendem Sanitätsdienst bereit. Eine wichtige Rolle dürfte dabei sein Bruder Gerhard gespielt haben, der um Rücksicht auf den vom Nationalsozialismus verfolgten Vater gebeten hatte. Am 15. Juli 1943 wurde Schümer an der Ostfront als vermisst gemeldet.

Wie groß die Ausnahmestellung der beiden verweigernden Pfarrer Ernst Friedrich und Wilhelm Schümer innerhalb der evangelischen Kirche tatsächlich war, verdeutlicht ein Blick auf die protestantische Geistlichkeit und deren hohe Verluste während des Zweiten Weltkriegs. Viele Pfarrer leisteten damals Militärdienst als Stabs- bzw. Frontoffiziere, wozu auch Pfarrer der Bekennenden Kirche gehörten. Die hohe Zahl der Frontoffiziere auf protestantischer Seite war darauf zurückzuführen, dass ein großer Teil der Pfarrer bereits im Ersten Weltkrieg Soldat gewesen war; auf sie griff man im Zweiten Weltkrieg nochmals zurück. Neben katholischen Geistlichen gingen aber auch viele evangelische Pfarrer in die Sanitätseinheiten. In Württemberg wurden 745 protestantische Geistliche, 61,5 % der evangelischen Pfarrer eingezogen, von diesen fielen 183 im Krieg, ebenso eine große Zahl von Theologiestudierenden. So bedeutete der Zweite Weltkrieg für die protestantische Pfarrerschaft einen extrem „hohen Blutzoll".[89]

Zusammenfassung

Auch nach dem Ersten Weltkrieg wirkten in Deutschland die nationalistisch-bellizistischen Denkmuster fort. Die Weimarer Republik selbst erkannte die nach 1918 geschaffenen Friedensgrundlagen und Realitäten, insbesondere die Unantastbarkeit der polnischen Westgrenze, nicht an. Die Demagogie von der Unschuld des kaiserlichen Regimes am Ersten Weltkrieg und die Revisionskampagne gegen den Versailler Vertrag förderten die Wehrhaftmachung des deutschen Volkes. Statt die Köpfe abzurüsten, strebten die machthabenden Kreise, insbesondere die Reichswehr, nach Rüstungsgleichheit und nach Abrüstung der anderen Staaten – bei gleichzeitig geheimen Vorbereitungen auf einen neuen Waffengang. Die Nationalsozialisten unterstützen als Teil der deutschvölkischen Bewegung das Ziel der Wiederherstellung der europäischen Großmachtstellung Deutschlands. Nach 1933 forcierten Hitler und die Nazis ihr Bemühen, die ohnehin weit verbreiteten militaristisch-nationalistischen Traditionen und Anschauungen noch weiter zu vertiefen. Um jede Form des Widerstandes in der Wehrmacht von vornherein im Keim zu ersticken, ließ Hitler die Verweigerung von Fahneneid und Kriegsdienst mit der höchsten Sanktion belegen, der Todesstrafe. Auch die beiden großen christlichen Kirchen, die Teil der Gesellschaft waren, lehnten die Kriegsdienstverweigerung ab und forderten von den Gläubigen Gehorsam gegenüber der als legal verstandenen Obrigkeit sowie treue Pflichterfüllung und Opferbereitschaft. Verweigerung des Kriegsdienstes geriet so für die meisten Deutschen noch mehr in den Bereich des Un-Denkbaren, als es ohnehin schon der Fall gewesen ist. Die wenigen Männer, die aus religiöser Überzeugung ihrem Gewissen folgten und den Kriegsdienst unter Hitler verweigerten, fanden, von wenigen Ausnahmen abgesehen, weder in der Bevölkerung noch von Seiten ihrer Kirche Verständnis oder gar Unterstützung.

Kapitel IV: Widerstand und Verweigerung

1. Unterschiedliche Verweigerungshandlungen und -absichten

Wer ist als Kriegsdienstverweigerer der deutschen Wehrmacht im Zweiten Weltkrieg anzusehen? Und ist es möglich, den Begriff abzugrenzen gegenüber ähnlichen Bezeichnungen wie Wehrdienstentziehung, Fahnen- oder Wehrflucht, Desertion und Befehlsverweigerung?

1986 legten die Autoren Albrecht und Heidi Hartmann in ihrem schmalen, aber wichtigen Band über die „Kriegsdienstverweigerung im Dritten Reich" folgende Definition vor: „Kriegsdienstverweigerung ist die dem Staat gegenüber offen ausgesprochene oder auf andere Weise offen zum Ausdruck gebrachte Verweigerung aller militärischen Handlungen oder der Ausbildung zu diesen Handlungen. Voraussetzung ist dabei, dass der Staat diese Militärdienste gefordert hat."[90] Einfache Befehlsverweigerung oder Desertion sind demnach nicht als Wehrdienstverweigerung zu betrachten, denn das Nichtbefolgen eines Befehls schließt nicht alle militärischen Handlungen aus, und der Deserteur spricht sein Verlassen der Truppe zumeist nicht offen aus. So prägnant die Definition klingen mag, so entschieden die Kritik an ihr. Karsten Bredemeier bemängelt in

seiner 1991 erschienenen Dissertation über die Kriegsdienstverweigerung im Dritten Reich, bei den Hartmanns werde nicht bedacht, dass der damalige gesetzliche Rahmen drei Formen von Verweigerung berücksichtige:
– die konkrete Verweigerung. Hierbei wird die Teilnahme an einem bestimmten Krieg abgelehnt, ohne dass eine prinzipielle Anti-Haltung besteht;
– die abstrakte oder auch absolute Verweigerung. Sie bestreitet einem Staat generell das Recht, Kriege zu führen;
– die präventive oder vorbeugende Verweigerung. Dabei ist das Vorhandensein eines Gestellungsbefehls nicht notwendige Voraussetzung einer Verweigerungshaltung.

Bredemeiers Fazit lautet: „Eine Ausgrenzung von einer bestimmten Art der Kriegsdienstverweigerung, wie das exemplarisch A. Hartmann ... mit der präventiven Verweigerungsform tut, wird der Gesetzgebung des nationalsozialistischen Staates nicht gerecht und ist deshalb illegitim."[91]

Der Historiker Detlef Garbe hebt zunächst „um der definitorischen Klarheit willen" auf das eingrenzende Verständnis von Kriegsdienstverweigerung ab, verweist jedoch darauf, „dass unter diesen Begriff in einem weiteren Sinne sämtliche Handlungen zu fassen sind, die eine Verweigerung von Leistungen darstellten, die der Kriegführung dienten". Als Beispiel führt Garbe „die von den Bibelforschern und Bibelforscherinnen praktizierte Ablehnung von Rüstungsarbeiten" an. Auch diese wäre, von einem „weiter gefassten Verständnis ausgehend, ... ebenfalls als Kriegsdienstverweigerung zu bezeichnen."[92]

Ein „Systematisierungsschema militärischer Ungehorsamsformen" legte Günter Fahle[93] seinen Untersuchungen zugrunde, das Gerhard Paul übernahm, um das Interesse auf die ganze Bandbreite soldatischen Ungehorsams zu richten."[94] Das Modell differenziert das Problem „nach dem Verhältnis der Soldaten zum militärischen Apparat des NS-Staates"[95]: „Zunächst waren da jene, die bereits vor dem Eintritt in die Wehrmacht den Kriegsdienst verweigerten (Musterungs-, Einberufungs- und Eidverweigerung) oder sich durch illegale Auswanderung und aktive Wehrunwürdigkeit eher latent dem Kriegsdienst zu entziehen hofften. Dieser Gruppe folgten nach Fahle jene, die aus dem militärischen Apparat der Wehrmacht flüchteten (,unerlaubte Entfernung' von der Truppe. Fahnenflucht, Überlaufen zum Feind, Selbstmord, Selbstverstümmelung, Simulation). Eine weitere Form des Ungehorsams war die Wehrkraftzersetzung innerhalb der Wehrmacht in der Form einer auf Kameraden und auf Zivilisten gerichteten Gesprächs- und Verhaltenspropaganda. Schließlich gab es Formen passiver Befehlsverweigerung und die aktive Gegengewalt im Apparat, wozu der tätliche Angriff auf Vorgesetzte oder deren Tötung, aber auch Sabotage, Meuterei und Aufruhr zählten."[96]

Folgt man diesen Ausführungen, so ist ein weit größerer Personenkreis mit ganz unterschiedlichen Handlungsweisen in die Verweigerung des Kriegsdienstes einzubeziehen. Wie das vorliegende Buch u.a. zu zeigen versucht, hätten die Lebensgeschichten und das Verhalten der ausgewählten Verweigerer unterschiedlicher kaum sein können, so dass bei aller sinnvollen Bemühung um klare Begriffe und Differenzierungen der Eindruck bestehen bleibt, die Wirklichkeit der Soldaten im Zweiten Weltkrieg greife weiter aus, als dass sie einem eindeutigen Begriffsschema zuzuordnen wäre.

Manche haben weder einen Gestellungsbefehl erhalten, noch standen sie vor dem Reichskriegsgericht oder einem anderen Kriegsgericht. Auch erlaubten es die persönlichen Lebensumstände einzelner Verweigerer nicht, ihre Gewissensentscheidung öffentlich auszudrücken. Neben den bisher genannten äußeren bzw. justitiablen Kriterien einer Verweigerung des Kriegsdienstes scheint es daher sinnvoll und notwendig, auch stärker die persönliche Motivation und die grundsätzliche politische und religiöse Einstellung der Betroffenen zu berücksichtigen. Die folgenden Beispiele, die einen ersten Blick auf einige Ausgewählte werfen, mögen das Gesagte verdeutlichen.

Gleich der erste Kriegsdienstverweigerer des Zweiten Weltkriegs, *August Dickmann*, ein Zeuge Jehovas, wird als damaliger KZ-Häftling ohne Gerichtsverhandlung, nur auf Anordnung des Lagerleiters und mit Zustimmung von SS-Chef Heinrich Himmler, am 14. September 1939 im KZ Sachsenhausen vor versammelter Lagermannschaft erschossen. Sichtbares Zeichen seiner religiös begründeten Verweigerung war der Umstand, dass er sich weigerte, den ihm nachgesandten Wehrpass zu unterschreiben.

Dr. Josef Fleischer (1912-1998), promovierter Jurist, verweigerte bereits 1934 den Beamteneid auf Hitler, weil er sonst auch solchen Gesetzen hätte zustimmen müssen, die er als Katholik vor seinem Gewissen nicht verantworten konnte. Damit blieb eine berufliche Karriere im Staatsdienst ausgeschlossen. Er übte scharfe Kritik am damaligen kirchlichen Verständnis des Eides und wandte sich in einem Schreiben sogar an den Papst. Als er auch den Fahneneid in Hitlers Wehrmacht verweigerte, kam er vor das Reichskriegsgericht, wo ihn nur ein entsprechendes Gutachten vor dem drohenden Todesurteil rettete. Er wurde in eine psychiatrische Anstalt eingewiesen, aus der er erst bei Kriegsende freikam. Er zählt zu den wenigen Kriegsdienstverweigerern, die den Krieg überlebten.

Bernhard Fleischer (1915-1983), ein Bruder von Josef, lehnte ebenfalls aus Gewissensgründen den Fahneneid ab. Mit Einverständnis eines militärischen Vorgesetzten vermochte er die Eidesleistung zu umgehen, war jedoch zum Dienst in der Wehrmacht bereit. Als er beim Rückzug von der Ostfront mehrmals einem Befehl nicht Folge leistete und bereits vor den Exekutionskommandos stand, rettete ihn wieder das Einlenken verständnisvoller und nicht an seiner Hinrichtung schuldig werdender Vorgesetzter.

Ebenfalls betroffen war 1942 der junge Wehrmachtssoldat *Lothar Pfeiffer* in der Nähe von Kiew. Seiner Einheit war ein Verpflegungswagen gestohlen worden. Daraufhin nahm die Truppe unter den Bewohnern zahlreiche Geiseln, weit über 100 Frauen und Kinder. Pfeiffer gehört einem Kommando an, das sie töten soll. Er schießt auch, doch nicht auf die Geiseln, sondern in den Boden. Vom Kommandeur zur Rede gestellt, antwortet Pfeiffer: „Bin kein Mörder." In Potsdam verurteilt ihn ein Kriegsgericht zum Tode. Seinem Vater, einem altgedienten SA-Mann, gelingt es durch eine Intervention bei Hermann Göring, eine „Begnadigung" zu 15jähriger Zuchthausstrafe für seinen Sohn zu erreichen. Pfeiffer kommt als sogenannter „Moorsoldat" in ein Emslandlager und muss später in einem Strafbataillon beim Minenräumen sein Leben riskieren.[97]

Seine grundsätzliche Weigerung, auf Menschen zu schießen, kostet dagegen den aus Duisburg-Hamborn stammenden *Wilhelm Paul Kempa* (1906-1940) das Leben. Einem „Soldaten Jesu", wie er sich versteht, sei dies verboten. Auch er wäre zum Sanitätsdienst bereit gewesen, doch nicht zum Dienst mit der Waffe. Das Reichskriegsgericht in Berlin verhängt das Todesurteil und Kempa wird am 24. September 1940 im Zuchthaus Brandenburg-Görden hingerichtet.

Der junge Katholik *Wilhelm Gleßner* (1918-1940) und der evangelische Jurist *Dr. Martin Gauger* (1905-1941) konnten es vor ihrem Gewissen nicht verantworten, für Hitler in den Krieg zu ziehen. Gleßner flüchtete, noch ehe er den Gestellungsbefehl in Händen hatte, zunächst nach Frankreich und dann nach Jugoslawien, doch beide Versuche scheiterten. In der Steiermark gefasst, wurde er 1940 in einem Wiener Gefängnis standrechtlich erschossen. Martin Gauger, wie Josef Fleischer schon 1934 den von den Beamten geforderten Treueid auf Hitler verweigernd, wich nach einem misslungenen Suizid nach Holland aus. Die geplante Fortsetzung der Flucht nach England war jedoch durch den Einmarsch deutscher Truppen in Holland unmöglich geworden. Bei seinem Versuch, in die Schweiz zu gelangen, wurde Gauger gefasst und für die Dauer eines Jahres in Düsseldorf inhaftiert. Ohne Gerichtsverfahren ließ ihn die Gestapo in das KZ Buchenwald überstellen. Von dort kam er mit einem Gefangenentransport in die Euthanasieanstalt Sonnenstein bei Pirna (Nähe Dresden), wo er am 15. Juli 1941 ins Gas geschickt wurde.

Josef Mayr-Nusser (1910-1945), ein Katholik aus Südtirol, war Soldat der Wehrmacht, verweigerte jedoch aus religiösen Gründen den von ihm geforderten SS-Eid. Zunächst in Danzig inhaftiert, sollte er mit anderen Gefangenen nach Dachau transportiert werden. Der Zug machte in Erlangen Station, und Mayr-Nusser, der an schweren Durchfallerkrankungen litt, wurde zu einem strapaziösen Fußmarsch in ein Militärhospital gezwungen, wo sich jedoch der diensttuende Arzt weigerte, ihn zu untersuchen. So musste er ohne Ergebnis erneut den beschwerlichen Rückweg zum Bahnhof antreten. Am nächsten Morgen, am 24. Februar 1945, fand man Josef Mayr-Nusser tot im Viehwaggon auf.

Die ebenfalls religiös begründete Eidverweigerung des jungen Tiroler Theologiestudenten *Bargil Pixner* (1921-2002) blieb letztlich juristisch folgenlos, bewahrte ihn jedoch nicht vor dem Militärdienst. Als Angehöriger eines im letzten Kriegsjahr ausgehobenen Südtiroler Regiments lehnte er den Eid mit allen weiteren Soldaten ab – ein einmaliger Vorgang in der Wehrmacht. Zunächst entwaffnet, erhielt das ganze Regiment Kasernenarrest. Es wurde am folgenden Tag auf Lastwagen verladen und in Richtung Schlesien transportiert. Nach Einsätzen an der Ostfront gelang Pixner bei Kriegsende von Schlesien aus die Flucht mit anschließendem Fußmarsch in seine Heimat.

Der in Freiburg im Breisgau geborene, aber aus einer Tiroler Familie stammende spätere Knecht *Richard Reitsamer* (1901-1944) weigerte sich 1944, dem wiederholten Gestellungsbefehl zur Wehrmacht nachzukommen. Das Papstwort vom Ende August 1939 – „mit dem Frieden sei alles zu gewinnen und mit dem Krieg alles zu verlieren" – verstand der überzeugte Christ als verpflichtende Aufforderung, den Kriegsdienst zu verweigern. In Bozen verhaftet, verurteilte ihn ein Sondergericht zum Tode. Während zwei andere „Gestellungsflüchtige" in letzter Minute zu Zuchthausstrafen „begnadigt" wurden, vollstreckte man das Urteil an Richard Reitsamer am 11. Juli 1944 durch Erschießen.

Ein weiteres ungewöhnliches Schicksal ist mit dem Namen des evangelischen Christen *Theodor Roller* aus Württemberg verbunden, den die Wehrmacht schon im November 1937 einzog. Doch sah er sich außerstande, Hitler unbedingten Gehorsam zu bezeugen. Er sagte: „Sein einziger Herr sei Jesus Christus, das evangelische Bekenntnis verbiete ihm zu schwören und er sei auch nicht in der Lage, auf andere Menschen zu schießen."[98] Seine Erklärung akzeptierte man nicht als Gewissensentscheidung, sondern verstand sie als Ausdruck einer Krankheit. Man untersuchte ihn daher auf seinen Geisteszustand (!) und entließ ihn wegen Unzurechnungsfähigkeit aus der Wehrmacht, jedoch nicht aus der Psychiatrie. Nur knapp ist er einer Zwangssterilisierung entgangen. Nachdem er seine Verweigerung auf Druck seines Vaters zurückgenommen hatte, kam er frei. Nach seiner Heimkehr schrieb er offene Briefe an Hitler, in denen es u.a. hieß: „Als Christ nenne ich Sie einen Lügner!" Erneut verhaftet, ließ ihn ein Sondergericht in die geschlossene Abteilung einer Heilanstalt einweisen, die er erst nach Kriegsende wieder verlassen konnte.

Der wie Mayr-Nusser ebenfalls aus Tirol stammende Bauer *Vinzenz Schaller* (1907-2003) verweigerte 1940 den Kriegsdienst, weil er Hitler nicht als rechtmäßige Obrigkeit in Österreich anerkennen wollte und aus Gewissensgründen nicht bereit war, für ihn Kriegsdienst zu leisten. Nach Inhaftierungen in diversen Gefängnissen überstellte man ihn schließlich in das Wehrmachtsuntersuchungsgefängnis Berlin-Moabit. Den Strapazen der langen Haft und den stundenlangen Verhören war er körperlich und psychisch nicht mehr gewachsen; er gab seine Verweigerung auf und erklärte sich bereit, den Fahneneid zu leisten. Nach gefährlichen Einsätzen in einer Strafkompanie wurde er wegen einer Wette mit einem Kameraden über das baldige Kriegsende denunziert und in das KZ Dachau eingeliefert. Ende April 1945 gelang ihm bei einem Todesmarsch von Dachauer Häftlingen die Flucht, und er kehrte in seine Heimat zurück.

Josef Scheuer (1900-1982), katholischer Christ aus dem Saarland und in einer Fabrik als Metallarbeiter beschäftigt, weigerte sich, der „Deutschen Arbeitsfront" beizutreten, weshalb ihn seine Firma entließ. Nur mühsam schlug er sich mit Gelegenheitsarbeiten durch. Nachdem er sich bereits 1937 gegen den Dienst in der Wehrmacht ausgesprochen hatte, weigerte er sich 1943 aus Gewissensgründen, dem Gestellungsbefehl nachzukommen. Niemals im Leben wollte er ein Gewehr in die Hand nehmen. Er wurde zunächst im Strafgefängnis Frankfurt-Preungesheim eingesperrt und dann in das KZ Sachsenhausen überstellt, wo ihn amerikanische Soldaten befreiten. Obwohl die Haft im KZ bleibende psychische Schäden bei ihm hinterlassen hatte, weigerte er sich, eine Entschädigung oder Wiedergutmachungszahlung von Seiten des Staates anzunehmen.

Schließlich seien auch die beiden Süddeutschen *August Voll* (1906-1942) und *Adam Winkler* († 1942) erwähnt, die Gunter Haug in seinem Tatsachenroman in bewegender Weise in Erinnerung gerufen hat.[99] August Voll, ein tüchtiger Flaschnermeister aus Kirchardt, Kreis Sinsheim, war als engagierter Sozialdemokrat von Beginn an ein entschiedener Gegner des Nationalsozialismus. Mit Rücksicht auf seine Familie folgte er der Einberufung zur Wehrmacht, die ihn zur Flugabwehr im Raum Stuttgart abkommandierte. Mit zunehmender Kriegsdauer bereitete ihm der Dienst an der Waffe immer stärkere Gewissensnöte: Warum sollte er Menschen vom Himmel schießen, die ihm nichts getan hatten und die vielleicht wie er selber auch Familienväter mit kleinen Kindern waren? Schließlich nahm die seelische Belastung so zu, dass er sich in der psychiatrischen Heilanstalt Winnenden wiederfand, wo er unter letztlich ungeklärten Umständen ums Leben kam. Die offizielle Auskunft „Selbstmord" dürfte nicht zutreffen, da Indizien für eine gewaltsame Tötung sprechen.

Adam Winkler, eine Schmiedegeselle aus dem Dorf Gruorn bei Münsingen (heute Landkreis Reutlingen), traf in der Anstalt Winnenden mit August Voll als Zimmerkamerad zusammen. Die beiden Männer verstanden sich gut, fassten Vertrauen zueinander und tauschten sich aus. Winkler ist als Soldat mehrfach dem Dienst ferngeblieben und versteckte sich bei Freunden und Verwandten, denen er früher bei der landwirtschaftlichen Arbeit geholfen hatte. Schließlich fassten ihn seine Verfolger und schoben ihn ebenfalls nach Winnenden ab. Er hätte Volls Witwe über die Todesumstände ihres Mannes berichten können, doch schrieb ihn der leitende Anstaltsarzt wieder gesund und schickte ihn in die Ludwigsburger Kaserne zurück. Dort wurde er als sogenannter Fahnenflüchtiger am 10. Oktober 1942 erschossen.

Die Handlungen der beiden Männer, die eindeutig von ihrer Gewissensentscheidung bestimmt waren, sind mit den bisher genannten Kategorien nicht zu erfassen. Und so lenken ihre Fälle den Blick darauf, dass die Opfergruppe der Kriegsdienstverweigerer nicht nur aus Gerichtsakten zu ermitteln ist, sondern dass dafür u.a. auch die Listen und Verzeichnisse von psychiatrischen Anstalten heranzuziehen sind.

Wiederum auf ganz eigene Weise hat „der junge, christliche Pazifist" *Herbert Vorgrimler* (1929-2014) aus Freiburg im Breisgau den Kriegsdienst verweigert.[100] Nach seiner Einberufung Ende 1944 entschloss sich der damals kaum Sechzehnjährige, der sich auch mit dem Schriftsteller Reinhold Schneider (1903-1958) traf und ihm Lebensmittel brachte, in dem nach einem Fliegerangriff chaotischen Freiburg unterzutauchen. Ein sozial eingestellter Prälat half ihm, nahm ihn in seiner Wohnung auf und sorgte in schwieriger Zeit auch für Lebensmittel seines „Untermieters". Im ungeheizten Dachstock des Hauses, wo sich die umfangreiche Bibliothek des Hausherrn befand, begann Vorgrimler zu lesen und entdeckte dabei seine Leidenschaft für die Theologie. Nach dem Krieg studierte er Theologie, wurde Priester und später ein international hoch angesehener Hochschullehrer und Autor zahlreicher theologischer Werke.

Zur größten Gruppe der Verweigerer, den Deserteuren, zählt der aus Ulm stammende *Heinz A. Brenner*.[101] Bereits als Schüler eines Humanistischen Gymnasiums ein ausgesprochener Gegner Hitlers, initiiert er mit einigen Freunden eine Widerstandsgruppe junger Christen. Nach dem Verbot des schulischen Religionsunterrichts (1939) besuchen sie einen privat erteilten Unterricht bei Pater Eisele, einem Angehörigen der Missionsgesellschaft der Weißen Väter, und beschäftigen sich intensiv mit Fragen nach Krieg und Eidesleistung. Die Gruppe entscheidet sich zum aktiven Widerstand und verteilt 1941 Flugblätter, die in der Hauptsache regimekritische Texte des Münsteraner Bischofs von Galen[102] enthalten. 1942 zum Reichsarbeitsdienst und dann zur Wehrmacht einberufen, kommt Brenner nach einem Einsatz in der Bretagne an die Ostfront nach Smolensk/Russland. Er erlebt die Not der russischen Zivilbevölkerung und die grausame Härte vieler deutscher Militärs gegen sie. Er verweigert den Befehl zur Erschießung, nachdem sich ihm „ein verwundeter russischer Soldat mit erhobenen Händen"[103] ergeben hat. Sein Widerspruch bleibt ohne Folgen, doch wird er selber verwundet, durchläuft verschiedene Lazarette und befindet sich 1944 in einer sogenannten Genesendenkompanie in Bamberg, die er als eine „Krüppelschwadron"[104] bezeichnet. Nachdem ihn dort ein Militärarzt plötzlich wieder für „kriegseinsatzfähig" erklärt, entschließt er sich, dem von ihm abgelehnten NS-Regime nicht länger zu dienen: „Die Berührung durch den Zauberstab des Medizinmannes, die mich minutenschnell von einem Bürohengst in einen deutschen Nazikrieger verwandeln sollte, hatte bei mir in derselben Minute den umgekehrten Effekt. Von einem passiven, langjährigen Beobachter der deutschen Barbarei wurde ich vom schwäbischen Zauberer Schiller durch seinen schweizerischen Tell in einen aktiven Neinsager umgewandelt, der dem Hut nicht Reverenz erweisen würde."[105]

Am 7. Oktober 1944 verlässt Brenner die Kaserne und desertiert. Dank eines großen Netzes von Freunden und Bekannten findet er bis Kriegsende Hilfe und ein Obdach, ohne entdeckt zu werden.[106] Gerade der „Fall Brenner" lässt einen gewichtigen Unterschied zwischen Deserteur und Verweigerer erkennen: Er ist Soldat der Wehrmacht gewesen, leistete den Fahneneid und desertierte 1944. Der Verweigerer hingegen versucht in vielen Fällen von vornherein dem Eid und Kriegsdienst zu entgehen – und das oft schon vor seiner Rekrutierung.

Am Ende des Überblicks, der nur eine kleine Auswahl von den vielen Verweigerern bieten kann, sei der erst in jüngster Zeit bekannt gewordene *Immanuel Röder* (1916-1940) genannt. Der in Heilbronn geborene und in Korntal bei Stuttgart aufgewachsene evangelische Christ Röder lehnte nach einer Flucht in die Tschechei als Soldat den Kriegsdienst ab. Das Wehrmachts-Kommandantur-Gericht Berlin verurteilte ihn zum Tode und ließ ihn am 17. Oktober 1940 im Zuchthaus Brandenburg-Görden enthaupten.[107]

Die meisten der genannten Verweigerer sind bislang schon namentlich bekannt gewesen, doch fanden beispielsweise Pixner, Roller, Scheuer und Reitsamer in der einschlägigen Literatur wenig Beachtung. Die weiteren, in diesem Buch vorgestellten Widerständigen, nämlich Bernhard Grimm, Alfred Andreas Heiß, Alfred Herbst, Franz Jägerstätter, Michael Lerpscher, Franz Reinisch, Josef Ruf, Hermann Stöhr und Ernst Volkmann kamen nach ihrer Absage an den Kriegsdienst vor das Reichskriegsgericht in Berlin, wurden wegen Zersetzung der Wehrkraft zum Tod verurteilt und im Zuchthaus Brandenburg-Görden mit dem Fallbeil hingerichtet. Versucht man im Sinn der eingangs vorgestellten Überlegungen zur Begrifflichkeit ein vorläufiges Fazit zu ziehen, so bleibt festzuhalten: Bei aller Verschiedenheit der erwähnten Personen und ihrer Verweigerungshandlungen ist eine verbindende Gemeinsamkeit darin zu sehen, dass sie nicht bereit waren, Kriegsdienst in Hitlers Wehrmacht zu leisten.

Ihre zumeist religiöse Begründung erlaubte es ihnen nicht, einem als verbrecherisch erkannten Regime mit Waffengewalt zu dienen. Für ihre oft trotz vieler Anfechtungen durchgehaltene Gewissensentscheidung waren sie – bis auf wenige Ausnahmen – bereit, ihr Leben zu riskieren und in den Tod zu gehen.

2. Vorläufige Bilanz: Namen und Anzahl der Verweigerer[108]

Die genaue Anzahl der Kriegsdienstverweigerer in der deutschen Wehrmacht ist nicht zu ermitteln und bleibt auf ständige Ergänzungen und Korrekturen angewiesen. Ein Grund dafür stellt zunächst das lückenhafte Quellenmaterial dar. Wegen der Kriegseinwirkungen ist grundsätzlich von erheblichen Aktenverlusten des Reichskriegsgerichts und anderer Kriegsgerichte auszugehen. Hinzu kommt, dass die Akten der Feldkriegsgerichte noch nicht systematisch ausgewertet sind. Dasselbe gilt auch für Unterlagen aus psychiatrischen Einrichtungen, Heilanstalten, „Euthanasie"-Anstalten und Lazaretten, die heranzuziehen wären. Aufgrund des sogenannten „Heimtückegesetzes" war es dem NS-Regime rechtlich möglich, widerständige oder dem Regime missliebige Personen, zu denen auch die Verweigerer gehörten, in psychiatrische Anstalten einzuweisen. Es ist daher naheliegend, dass sich unter den Opfern der Euthanasie-Aktion T 4 auch Verweigerer des Kriegsdienstes befinden. Auf Grund der bisherigen Überlegungen bleiben Unsicherheiten auch dahingehend bestehen, wer im Einzelfall als Kriegsdienstverweigerer gelten darf. Eine (vorläufige) Statistik ergibt folgendes Bild:

3. Verurteilte der NS-Militärjustiz wegen Kriegsdienstverweigerung[109]

1. Gesamtzahlen der kriegsgerichtlich Verurteilten und der vollstreckten Todesurteile 1939-1945

	Verurteilte	Todesurteile	TU vollstreckt
Zeugen Jehovas	494	337	282
andere WDV[110]	103	56	51
Gesamt	**597**	**393**	**333**

2. Vom Reichskriegsgericht verurteilte Wehrdienstverweigerer 1939-1945

	Verurteilte	Todesurteile	TU vollstreckt
Zeugen Jehovas	388	279	229
Andere WDV	71	37	35
Gesamt	**459**	**316**	**264**

3. *Von anderen Kriegsgerichten (Divisionsgerichte, Gerichte des Ersatzheeres) verurteilte Wehrdienstverweigerer 1939-1945*

	Verurteilte	Todesurteile	TU vollstreckt
Zeugen Jehovas	106	58	53
Andere WDV	31	18	16
Gesamt	**137**	**76**	**69**

4. *Todesfälle von Wehrdienstverweigerern nach kriegsgerichtlicher Verurteilung 1939-1945*

	Verstorben in Haft/KZ/Strafeinheit
Zeugen Jehovas	50
Andere WDV	10

Quelle: Zusammenstellung aus den Unterlagen des Privatarchivs Marcus Herrberger, Stand: 10. April 2018

Die Gesamtzahl der verurteilten religiösen Kriegsdienstverweigerer – außer den Zeugen Jehovas – gibt Herrberger mit 56 an. Dabei ist zu beachten, dass es sich auch hier nur um die kriegsgerichtlich verfolgten Kriegsdienstverweigerer handelt. In Teilen gelingt eine namentliche Zuordnung der religiösen Kriegsdienstverweigerer zu Kirchen und religiösen Gemeinschaften:

Zeugen Jehovas

Wie bereits aus der Statistik ersichtlich, stellt die Glaubensgemeinschaft der Zeugen Jehovas mit 282 vollstreckten Todesurteilen die größte Anzahl von Kriegsdienstverweigerern aus religiösen Motiven. Eine genaue Opferliste veröffentlichte Marcus Herrberger in dem bereits erwähnten Band.[111] Unsere Darstellung geht – gleichsam exemplarisch – auf zwei der Opfer ein:

August Dickmann, geb. am 7. Januar 1910 in Dinslaken, hingerichtet am 15. September 1939 im KZ Sachsenhausen[112].

Bernhard Grimm, geb. am 14. Mai 1923 in Blankenloch (Baden), hingerichtet am 21. August 1942 in Brandenburg/Görden[113].

Angehörige der Siebenten-Tags-Adventisten-Reformationsbewegung

Erstaunlich ist, dass aus der zahlenmäßig kleinen Glaubensgemeinschaft mit etwa 1500 Mitgliedern 21 Verweigerer kamen, was einem Anteil von 37 % aller religiös motivierten Verweigerer (außer den Zeugen Jehovas) entspricht. Die Siebenten-Tags-Adventisten-Reformationsbewegung ist am 29. April 1936 für „das gesamte Reichsgebiet aufgelöst und verboten" worden[114] Neben den weltanschaulichen Gegensätzen zum Nationalsozialismus sind als Gründe dafür die Verweigerung des Wehrdienstes und die Ablehnung des Deutschen Grußes angeführt. Das „Verhalten dieser Sekte" sei, so die Preußische Geheime Staatspolizei, geeignet, „Verwirrung unter der Bevölkerung zu erregen."[115]

Obwohl auch hier das Datenmaterial lückenhaft ist, wissen wir bislang von zwölf Opfern:

Anton Brugger, geb. 9. April 1911 in Kaprun (Zell am See), hingerichtet am 3. Februar 1943 in Brandenburg/Görden.

Gustav Przyrembel, geb. am 13. Mai 1909 in Karlsmark, Kreis Brieg (Schlesien), hingerichtet am 30. März 1943 in Berlin-Plötzensee.

Viktor Pacha, geb. am 26. August 1917 in Ober-Lazisk, Kreis Plesa (Schlesien), hingerichtet am 6. Mai 1943 in Brandenburg/Görden.[116]

Ludwig Pfältzer, geb. am 7. September 1911 in Pforzheim, hingerichtet am 1.September 1942 in Brandenburg/Görden.

Günter Pietz, geb. am 4. Juli 1925 in Chorzow, Kreis Königshütte, hingerichtet am 27. September 1943 im Zuchthaus Halle/Saale.

Julius Ranacher, geb. am 15. Februar 1900 in Feldkirchen/Österreich, hingerichtet am 14. März 1942 in Brandenburg/Görden.

Richard Schreiber, geb. 1898, hingerichtet am 22. August 1940 in Berlin.

Willi Thaumann, geb. am 25. August 1906, umgebracht am 4. November 1941 im KZ Oranienburg.

Leander Zrenner, geb. am 21. Januar 1905 in Regensburg, hingerichtet am 9. August 1941 in Brandenburg/Görden.

Alfred Münch, geb. am 15. April 1898, reagierte nicht auf insgesamt sechs Einberufungsbefehle. Wegen Nichterwiderung des Hitlergrußes 1940 inhaftiert, kam er in das KZ Dachau und Neuengamme bei Hamburg. Von hier führt eine Spur auf die Kanalinsel Alderney. Münchs Tochter Erika vermutet, dass er hier verhungerte und mit unzähligen anderen KZ-Häftlingen verscharrt worden ist. Als Todesdatum gilt der 25. Februar 1945.

Carl Krahe lehnte den Kriegsdienst ab, kam nach einem Gerichtsverfahren ins Gefängnis und überlebte schließlich seinen Einsatz in einer Strafkompanie.

Franz Nakat, geb. 23. August 1901 Petriken, Kreis Labiau-Ostpreußen, hingerichtet am 29. November 1941 in Brandenburg/Görden.

Baptisten

Die Baptisten, heute eine der größten protestantischen Bekenntnisgemeinschaften und seit 1834 auch in Deutschland beheimatet, lehnten die Beteiligung am Kriegsdienst für ihre Mitglieder nicht ab. Es erstaunt daher nicht, dass bisher nur ein ihr nahestehender Verweigerer bekannt geworden ist:

Alfred Herbst, geb. am 15. Dezember 1906 in Schriesheim, hingerichtet am 20. Juli 1943 in Brandenburg/Görden. Zum Zeitpunkt seiner Verweigerung war Herbst allerdings nominell nicht mehr Mitglied der baptistischen Gemeinde in Stuttgart.

Menschenfreundliche Versammlung

Sie stellt eine aus den Zeugen Jehovas entstandene religiöse Gruppe dar. Vier ihrer Mitglieder waren als Verweigerer kriegsgerichtlichen Verfahren ausgesetzt. Am bekanntesten von ihnen wurde:

Wilhelm Wübker, geb. am 8. September 1915 in Rödinghausen (Kreis Herford), hingerichtet am 20. Juli 1943 in Brandenburg/Görden.

Religiöse Gesellschaft der Freunde (Quäker)

Gerhard Halle, geb. 1893, Soldat im Ersten Weltkrieg, mehrfach verwundet; 1942 erneut zur Wehrmacht einberufen, verweigerte aus religiösen Gründen, ohne dass es zu einer kriegsgerichtlichen Verfolgung gekommen ist.

Manfred Pollatz, entschloss sich, nachdem die Gestapo die Ermordung seiner Eltern angedroht hatte, seine Ablehnung aufzugeben.

Evangelische Christen

Herrberger nennt zunächst drei evangelische Verweigerer:

Herbert Bressler, geb. am 9. November 1907 in Saalfeld/Thüringen, hingerichtet am 12. Februar 1943 in Brandenburg/Görden (Die Motive von Bresslers Verweigerung sind unbekannt).

Dr. Martin Gauger, geb. am 4. August 1905 in Wuppertal-Elberfeld, hingerichtet am 14. Juli 1941 in der Euthanasie-Tötungsanstalt Pirna-Sonnenstein.

Dr. Hermann Stöhr, geb. am 4. Januar 1898 in Stettin, hingerichtet am 21. Juni 1940 in Berlin-Plötzensee.

Sechs weitere Namen sind hinzuzufügen:

Ernst Friedrich, geb. am 17. Mai 1909 in Hofheim, gestorben 1985.

Richard Felix Kaszemeik, geb. am 19. September 1914 in Erfurt, hingerichtet am 27.11.1944 in Kurland.

Immanuel Röder, geb. am 7. Januar 1916 in Heilbronn, hingerichtet am 17.10.1940 in Brandenburg/Görden.

Theodor Roller, geb. am 22. Februar 1915 in Zuffenhausen bei Stuttgart, gestorben 2008 in Tübingen.

Dr. Wilhelm Schümer, geb. am 22. Januar 1909 in Magdeburg, am 15. Juli 1943 an der Ostfront vermisst gemeldet.

Gustav Tafel, geb. 1908 in Ehningen bei Böblingen/Württemberg, erschossen am 7. Februar 1945 auf dem Gelände der Tübinger Hindenburg-Kaserne.

Katholiken

Meist ist in der Forschung die Zahl von 14 katholischen Personen genannt.[117] Herrberger erwähnt in seiner Zusammenstellung die bereits oben genannten sieben katholischen Verweigerer: A. A. Heiß, F. Jägerstätter, M. Lerpscher, F. Reinisch, R. Reitsamer, J. Ruf, E. Volkmann (Lebensbilder in Teil 2).

Nach unseren Recherchen sind folgende Namen zu ergänzen: B. Fleischer, Dr. Josef Fleischer, Wilhelm Gleßner, Wilhelm Paul Kempa, Josef Mayr-Nusser, Bargil Pixner, Vinzenz Schaller und Josef Scheuer (Lebensbilder in Teil 2).

Kenntnis haben wir des Weiteren von zwei bisher anonym gebliebenen Männern, die nicht (neben Josef Mayr-Nusser) bereit gewesen sind, zur SS überzutreten und den SS-Eid abzulegen. Einer wird Gustav G. genannt; der andere ist ein „unbekannter Bauernsohn aus dem Sudetenland."[118]

Zwei weitere Namen von „Gestellungsflüchtigen" verdanken wir dem Pfarrer Nicolli, der Richard Reitsamer in den letzten Lebensstunden im Bozener Gefängnis und bis zu dessen Erschießung begleitete: Siegfried Dapunt und Paolo Mischi aus Abtei. Die beiden Männer seien, so Nicolli, mit Reitsamer inhaftiert gewesen, jedoch habe man die ebenfalls zum Tod Verurteilten in letzter Minute zu einer Zuchthausstrafe „begnadigt". Ihr Schicksal ist bisher ungeklärt.[119]

Alfred Geier, geb. 1924 in Stockach/Baden, hingerichtet durch Erschießen am 7. Februar 1945 auf dem Gelände der Tübinger Hindenburg-Kaserne. Erst am 7. Februar 2020 sind die Namen von A. Geier und G. Tafel bekannt geworden. Vgl den Bericht von H.-J. Lang/Udo Rauch, Dann kam der letzte Gang. In: Schwäbisches Tagblatt (Tübingen), 8. Februar 2020.

Religiös motivierte Verweigerer ohne Angaben einer Konfession

Vinzent Adler, geb. am 7. Juli 1915 in Orzech (Kreis Tarnowitz), hingerichtet am 22. Dezember 1942 in Brandenburg/Görden. Adler, als Katholik getauft, schloss sich später einer Gruppe an, die sich „Freie Christen" nannte.

Paul Potempa, geb. am 27. Juni 1911 in Georgenberg, hingerichtet am 6. März 1943 in Brandenburg/Görden. Potempa, ursprünglich katholisch erzogen, trat später aus der Kirche aus.

August Seifert, geb. am 27. November 1911 in Hannover, hingerichtet am 11. Juli 1942 in Brandenburg/Görden.

Teil 2 – Lebensbilder von religiösen Verweigerern des Kriegsdienstes aus dem Zweiten Weltkrieg – Ausgewählte Beispiele

1. August Dickmann (1910-1939) – Opfer nationalsozialistischer „Polizei-Justiz"

Gleich der erste namentlich bekannte Kriegsdienstverweigerer des Zweiten Weltkriegs, der Zeuge Jehovas August Dickmann, wird zwei Wochen nach Kriegsbeginn ohne richterliches Verfahren und auf persönliche Anordnung Himmlers im KZ Sachsenhausen vor versammelter Lagermannschaft von SS-Angehörigen erschossen. Es war zugleich die erste öffentliche Hinrichtung in Sachsenhausen.

August Dickmann stammt aus Dinslaken, wo er am 7. Januar 1910 das Licht der Welt erblickt.[120] „Nach dem Besuch der Volksschule arbeitete er in einem Sägewerk."[121] Es ist nicht bekannt, ob er eine Berufsausbildung absolviert hat. Er gilt als aufgeschlossener und sportlicher junger Mann. Gemeinsam mit seinen Brüdern Heinrich und Fritz beschäftigt er sich ab 1932/33 intensiv mit der Bibel sowie mit den Lehren der Zeugen Jehovas. Er ist bald für die Glaubensgemeinschaft aktiv, lässt sich allerdings zunächst nicht taufen. „1934 oder 1935 heiratete er eine Zeugin Jehovas… Aus der Ehe gingen keine Kinder hervor."[122] Dickmann bleibt auch nach dem reichsweiten Verbot im Jahr 1935 für die Zeugen Jehovas tätig. Aufgrund einer Anzeige 1936 von der Gestapo festgenommen, verurteilt ihn ein Gericht zu einer Gefängnisstrafe. Doch nach der Haft kommt Dickmann nicht frei, sondern wird im Oktober 1937 in das KZ Sachsenhausen überstellt, wo ab März 1939 auch sein Bruder Heinrich eingesperrt ist. Augusts Bruder Fritz befindet sich wegen seines Wirkens für die Zeugen Jehovas bereits 1935 im Konzentrationslager Esterwegen.

Im Lager Sachsenhausen zeigt sich August Dickmann zunächst bereit, eine sogenannte „Verpflichtungserklärung" zu unterzeichnen. Er schwört seinem Glauben ab und sagt sich von der Organisation los. Später nimmt er jedoch seine Unterschrift wieder zurück.

Anfang September 1939 kommt es zu einem Verhör Dickmanns, da seine Frau ihm den Wehrpass, der zunächst an seine Heimatadresse gegangen war, ins Lager nachgeschickt hat. Eine verhängnisvolle Entscheidung, denn nun setzt die Lagerleitung Dickmann unter Druck. Im Verhör, bei dem er geschlagen und getreten wird, verweigert Dickmann jedoch die geforderte Unterschrift unter den Wehrpass und damit den Wehrdienst selber.

Der als äußerst brutal geltende Lagerführer Hermann Baranowski (1886-1940), der wegen seines massigen Äußeren „Vierkant" genannt wird, meldet den Vorfall nach Berlin und fragt, ob er A. Dickmann im Lager öffentlich exekutieren lassen könne. Heinrich Himmler (1900-1945), Reichsführer der SS, ordnet daraufhin die Erschießung Dickmanns im Lager an. Es handelt sich um einen klaren Fall von „Polizei-Justiz" (Wrobel).[123]

August Dickmann (1910-1939)

Die Tötung erfolgt mit der Absicht, die Zeugen Jehovas unter den Lagerhäftlingen abzuschrecken, ihren Widerstand zu brechen bzw. ihre Bereitschaft zum Kriegsdienst zu erreichen. Man will an Dickmann ein Exempel statuieren, hat doch Reinhard Heydrich (1904-1942), Chef der Sicherheitspolizei und des SD, schon zuvor in einem geheimen Runderlass angeordnet, „jeder Versuch, die Geschlossenheit und den Kampfwillen des deutschen Volkes zu zersetzen,... sei rücksichtslos zu unterdrücken".

Baranowski lässt am 15. September auf dem Appellplatz des Lagers einen Schießstand errichten. Gegen 18 Uhr müssen sich alle Häftlinge versammeln. Unter den etwa 8500 Insassen des Lagers befinden sich ungefähr 380 Zeugen Jehovas, kenntlich gemacht an ihrem „rosa Winkel". Sie haben vorzutreten und sich unmittelbar vor dem Schießstand aufzustellen.

Dickmann, mit gefesselten Händen vorgeführt, hat von dem ihm zugedachten Schicksal erst eine Stunde vor seiner Hinrichtung erfahren. Baranowski benutzt eine Lautsprecheranlage und greift in seiner Rede auf die Aussagen Dickmanns aus dem Verhör zurück. Er will den Verurteilten lächerlich machen, doch seine Worte verdeutlichen eher die religiöse Motivation des Verweigerers. Ernst Wauer, ein Augenzeuge des Geschehens, berichtet: „Wir wurden nach vorn geholt in die ersten Reihen, so daß wir alles mit ansehen mussten. Dann wurde ... das Protokoll verlesen, das Bruder Dickmann vor der Gestapo abgegeben hatte. Er hatte dort gesagt, dass er den Militärdienst verweigere, weil er sein Leben Gott hingegeben hat und dass er nicht Menschenblut vergießen möchte, denn jeder

der Menschenblut vergießt, dessen Blut würde auch vergossen werden."[124]

Willi Michalski als weiterer Augenzeuge erinnert sich daran, Dickmann habe außerdem gesagt, dass er niemals Soldat werden könne und auch niemals im Krieg Menschen töten würde, da Jehova den Krieg weder geheiligt noch befohlen habe. Ferner erklärte er, dass er Adolf Hitler nicht als den Führer des deutschen Volkes anerkenne, denn Hitler sei die personifizierte Bosheit und ein Werkzeug Satans.[125]

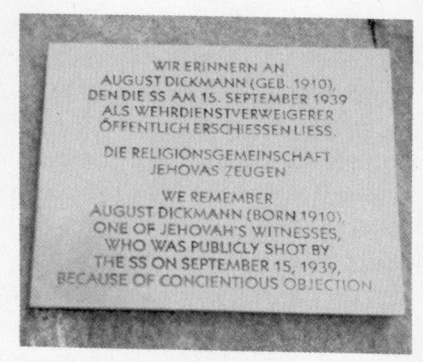

Gedenktafel für August Dickmann in Sachsenhausen

Kurz nach 18 Uhr strecken Gewehrsalven eines SS-Kommandos Dickmann vor den versammelten Lagerinsassen nieder. Die Todesschützen befehligte Rudolf Höß (1900-1947), der spätere Kommandant des Konzentrationslagers Auschwitz. Höß ist es auch, der 1939 als Adjutant Baranowskis aus seiner Pistole Dickmann noch den „Fangschuss" gibt. August Dickmanns Bruder Heinrich steht in unmittelbarer Nähe, als sein Bruder ermordet wird. Nach der Erschießung müssen einige der Zeugen Jehovas den Leichnam Dickmanns in die bereitstehende schwarze Sargkiste legen und wegtragen. Er wird später im Krematorium des Lagers verbrannt.

Die von Baranowski erhoffte abschreckende Wirkung der Hinrichtung blieb aus. Nach seiner Aufforderung an die Zeugen Jehovas, sich dem NS-Regime zu beugen, treten zwei von ihnen vor, jedoch nicht, um die Verpflichtungserklärung zu unterzeichen, sondern mit dem Wunsch, ihre früher gegebene Unterschrift zu annullieren.

Einen Tag später gibt der deutsche Rundfunk die Hinrichtung Dickmanns in wiederholten Sendungen bekannt und so erfahren auch seine Angehörigen davon. Himmler persönlich teilt die Erschießung Dickmanns in deutschen Zeitungen mit. Dickmann gilt als „Volksschädling", der sich geweigert habe, „seine Pflicht als Soldat zu erfüllen". Und sogar die „New York Times" meldet am 17. September: „Erster Verweigerer aus Gewissensgründen war Mitglied der Zeugen Jehovas."

Exkurs: Zeugen Jehovas in der NS-Zeit[126]

Um 1933 gehören in Deutschland der religiösen Gemeinschaft der Zeugen Jehovas etwa 25 000 Mitglieder an. Grundlegend für ihre Glaubenshaltung ist die Anerkennung Gottes, den sie Jehova nennen, als einzigem Gott und höchsten Herrn. Zwar betrachten sie sich der staatlichen Gewalt untertan (Römer 13,1), betonen jedoch gemäß ihres Gottesverständnisses ihre absolute Neutralität in den „Angelegenheiten dieser Welt". Aus christlicher Überzeugung leisten sie dem totalitären NS-Regime gewaltlosen geistigen Widerstand. Sie sind nicht politisch aktiv und verweigern insbesondere jeglichen Kriegsdienst sowie den Fahneneid auf Hitler. Auch an Wahlen nehmen sie nicht teil, sie lehnen den Hitler-Gruß „(Heil Hitler" – für sie eine Blasphemie!) ebenso ab wie die Beflaggung und das Schmücken ihrer Häuser und Wohnungen mit der Hakenkreuzfahne. Ihre Kinder lassen sie nicht der HJ beitreten und eine Mitgliedschaft in der NSDAP oder in einer der zahlreichen NS-Massenorganisationen kommt für sie nicht in Frage. Da sie auch nicht bereit sind, der „Deutschen Arbeitsfront" beizutreten, verlieren sie häufig ihren Arbeitsplatz und damit ihre Existenzgrundlage.

Ab 1933 und reichsweit 1935 werden alle ihre Aktivitäten verboten. Die Kriegsdienstverweigerer unter den Zeugen Jehovas finden weit über die Nationalsozialisten hinaus in der deutschen Gesellschaft nicht das geringste Verständnis, umso mehr können sie sich jedoch der Unterstützung ihrer Glaubensbrüder sicher sein.[127] Auch Frauen, die in ihren Reihen den Kriegsdienst nicht befürworteten, brachten sich in Gefahr, wie das Beispiel von fünfzehn Frauen bezeugt, die in Berlin-Plötzensee enthauptet worden sind.[128]

Europaweit schweren Verfolgungen ausgesetzt, betrug die Anzahl der in Gefängnissen und Konzentrationslagern inhaftierten Zeugen Jehovas etwa 12 700; in einer Broschüre über sie heißt es: „Hier starben durch Misshandlungen, medizinische Experimente, Hunger, Kälte, Krankheiten mehr als 2 000 Zeugen Jehovas aus ganz Europa; etliche von ihnen wurden brutal ermordet."[129] Als nach einer öffentlichen Protestaktion am 7. Oktober 1934 etwa 20 000 Telegramme an die Regierung in Berlin gingen, soll Hitler geschrien haben: „Diese Brut wird aus Deutschland ausgerottet werden."[130]

Besonders bewegend ist das Schicksal der „Bibelforscherkinder": Wegen Verweigerung des Hitler-Grußes oder einer Ehrenbezeugung gegenüber der Hakenkreuzfahne gerieten sie in Konflikte mit der Schule und NS-Jugendorganisationen. Oft sind sie ihren Eltern weggenommen, in Umerziehungsheime gesteckt oder zwangsadoptiert worden. Manche waren medizinischen Experimenten in Vernichtungslagern ausgesetzt und verloren dabei ihr Leben. Kurt Willy Triller schreibt: „Bis jetzt sind 1 402 Fälle von betroffenen Kindern namentlich erfasst."[131]

Exkurs: Das KZ Sachsenhausen

Das rund 35 km nordöstlich von Berlin bei Oranienburg gelegene Lager ist 1936 für männliche Häftlinge erbaut worden. Den Nationalsozialisten gilt es als Modell- und Schulungslager für KZ-Aufseher und Wachmannschaften. Anfangs werden vorwiegend politische Häftlinge inhaftiert, doch bald folgen Homosexuelle, Sinti und Roma, Kriminelle, Zeugen Jehovas und als arbeitsscheu eingestufte Menschen. Nach der Reichspogromnacht sperrten die Nationalsozialisten etwa 6 000 Juden hier ein. Infolge zunehmender Belegung verschlechtern sich die Lebensbedingungen drastisch. Zahlreiche Häftlinge sterben an den Folgen von Hunger, Krankheiten und Misshandlungen. Ab 1941 finden im Lager Massentötungen in einer eigens errichteten Genickschussanlage statt. Mit dem Rückgriff der Kriegswirtschaft und der Rüstungsproduktion auf die Lager profitieren große deutsche Betriebe von der Häftlingsarbeit. Zwischen 1936 und 1945 waren mehr als 200 000 Menschen aus vierzig Nationen in Sachsenhausen inhaftiert, von denen mehrere Zehntausend ums Leben gekommen sind.

Nach dem Krieg errichtete der sowjetische Geheimdienst auf dem Gelände das „Speziallager Nr. 7", wo bis zu dessen Schließung (1950) etwa 60 000 Menschen einsaßen. 12 000 von ihnen sind an Unterernährung und Krankheit gestorben. Die Regierung der DDR schuf dort 1961, nach Buchenwald und Ravensbrück, ihre dritte „Mahn- und Gedenkstätte", heute „Gedenkstätte und Museum Sachsenhausen" in der Stiftung Brandenburgische Gedenkstätten.[132]

2. Bernhard Fleischer (1915-1983)

Über Bernhard Fleischer haben erstmals die Autoren Ernst T. Mader und Jakob Knab berichtet.[133] In einer kurzen Notiz gehen sie vor allem darauf ein, wie er, ein jüngerer Bruder des bekannteren Verweigerers Dr. Josef Fleischer, den Fahneneid bei der Wehrmacht mit Hilfe militärischer Vorgesetzter umgangen hat. Ein Kriegsgericht verurteilt ihn schließlich wegen wiederholter Befehlsverweigerung zum Tode. Scheinhinrichtungen sollen ihn einschüchtern. Im Mai 1945 befreien ihn britische Truppen aus einem Wehrmachtsgefängnis.

Über die näheren Lebensumstände von Bernhard Fleischer liegen wenige Auskünfte vor.[134] Am 4. November 1937 ziehen ihn die Militärbehörden zum Wehrdienst ein. Da er wie sein Bruder Josef entschlossen ist, den Kriegsdienst unter Hitler zu verweigern, kündigen sie in einem Schreiben an, „den Fahneneid nur

Wachturm und Zählappell im Konzentrationslager Sachsenhausen

im Sinne der Fuldaer Bischofskonferenz"[135] zu leisten – ein Vorbehalt, den die Militärs zurückweisen. Um einer Verhaftung zu entgehen, meldet sich Bernhard bei der für ihn vorgesehenen Militäreinheit in Frankfurt/Oder. Er teilt seinem Vorgesetzten mit, dass er sich dem Fahneneid auf Hitler in der verlangten Form nicht verpflichten könne. Am Tag vor der Vereidigung ruft ihn der Kompanie-Chef zu sich und lässt ihn wissen, dass er keinen Ärger bei dem feierlichen Gelöbnis haben und aus ihm keinen Märtyrer machen wolle. Stattdessen ordnet er für Bernhard Fleischer während der Zeremonie Stalldienst an, so dass er bei dem Schwur nicht anwesend sein muss.

Ohne den Fahneneid geleistet zu haben, muss Fleischer als Soldat am „Russlandfeldzug" teilnehmen. Mit zunehmender Kriegsdauer erkennt er, dass er aus weltanschaulichen und politischen Gründen nicht weiter in Hitlers Wehrmacht kämpfen darf. Während des Rückzugs der deutschen Truppen wird er wegen Zersetzung der Wehrkraft und Befehlsverweigerung von einem Kriegsgericht zum Tod verurteilt.[136] Es folgen die bereits erwähnten Scheinerschießungen. Über die weiteren Ereignisse berichtet er selbst am 1. Februar 1946:

„Ich erkläre hiermit an Eides statt, dass ich am 3. Oktober 1944 vom Kriegsgericht der 83. I.D. zum Tode verurteilt wurde, da ich aus weltanschaulichen und politischen Gründen nicht mehr am Kriege teilnehmen konnte. Am 4.10.44 wurde ich in das bewegliche Wehrmachtgefängnis 501 in Riga eingeliefert. Bis zum 8.5.45 – Kapitulation der Kurland-Armee – war ich in der Festung Windau gefangen gehalten und wurde von da auf dem Seeweg als Gefangener nach Deutschland gebracht, wo ich am 22.5.45 durch das VIII. Britische Korps in Eutin/Holstein, befreit wurde.

Meine feste Einstellung gegenüber dem Nationalsozialismus verdanke ich zum großen Teil meinem Vater, Dr. Paul Fleischer, z. Zt. Wechselburg, Markt, da er durch sein eigenes Beispiel Vorbild für alle Kinder war. Lebende Beweise sind außer mir meine Brüder Josef, Paul und Johannes Fleischer.

Gezeichnet: Bernhard Fleischer"[137]

3. Josef Fleischer (1912-1998) – Verweigert Beamten- und Fahneneid

In einem ausführlichen Brief[138] an den Kirchenhistoriker Georg Denzler vom April 1986 bat der Jurist Dr. Josef Fleischer eindringlich darum, seine Kriegsdienstverweigerung „auf sich beruhen zu lassen und nicht in die Öffentlichkeit zu zerren". Dieser Bitte, die sicher nicht für alle Chronisten als verpflichtend galt, da sein „Fall" bereits mehrfach dargestellt worden ist[139], soll hier durch eine Beschränkung auf wesentlich erscheinende Angaben entsprochen werden.

Burg bzw. Festung Windau (heute Ventspils in Lettland), August 2006

Josef Fleischer kämpfte gleichzeitig an zwei Fronten: einerseits gegen den Nationalsozialismus und andererseits gegen bestimmte Auffassungen und Verhaltensweisen von Vertretern der katholischen Kirche. Im Zentrum seiner Überlegungen standen folgende Fragen: Welche Formen des Eides kann ein Christ, der sich den Geboten Gottes verpflichtet weiß, in einem säkularen Staat leisten? Was tut er, wenn der Staat rechtliche Rahmenbestimmungen und Gesetze erlässt, die seinem religiösen Bekenntnis widersprechen? Die Situation spitzte sich zu, als die Nationalsozialisten einen besonderen Diensteid von Beamten, den Fahneneid von Soldaten, aber auch den Treueid von Bischöfen auf die Verfassung des Landes forderten.

Nach seinem Jurastudium kommt es für Josef Fleischer zu einem ersten Zusammenstoß mit Vertretern des NS-Regimes. Bei der Vereidigung zur Aufnahme in den Referendardienst 1935 verlangt das NS-Regime von allen Staatsdienern uneingeschränkte Loyalität und Beachtung *aller* Gesetze. Josef Fleischer jedoch ist überzeugt, dass er als Christ solche Gesetze nicht anerkennen und ihnen nicht Folge leisten dürfe, die klar der katholischen Glaubens- und Sittenlehre widersprächen (Beispiele: Sterilisationsgesetz, Rassegesetze). Im Grunde möchte er mit seiner Haltung zunächst nur dem kirchlichen Verständnis des

Eides folgen, das die deutschen katholischen Bischöfe in einem Schreiben an Hitler vom 20. August 1935 so formuliert hatten: „Für den Christen ist jede Eidesleistung zunächst und vor allem eine feierliche Anerkennung der Majestätsrechte des allheiligen Gottes. Sie kann deshalb niemals zu etwas verpflichten, was gegen Gottes Gebot und Gesetz ist ... Die deutschen Staatsbeamten müssen und können ruhigen Gewissens den Eid schwören."

Neben diesen grundsätzlichen Ausführungen sprechen die Bischöfe auch schwere Konfliktlagen katholischer Christen an: „Im Namen der Gewissensfreiheit dürfen wir das Verständnis Euerer Exzellenz [A. Hitler, H.K.] auch dafür annehmen, dass viele katholische Beamte und Ärzte in die schwersten Gewissenskonflikte gestoßen werden, wenn sie das Sterilisationsgesetz durchführen müssen, weil sie im Weigerungsfall Gefahr laufen, ihre Stelle zu verlieren und samt ihren Familien in die bitterste Armut geraten."

Die Bischöfe hoffen, dass sich auch in dieser Frage eine friedliche Lösung finden lasse und schlagen ihrerseits vor, dass „in jenen Fällen, in denen sie [katholische Beamte und Ärzte, H.K.] aus Gründen des Gewissens bei der Durchführung des Sterilisationsgesetzes nicht mitwirken können, eine Vertretung erhalten, ohne im Übrigen ihre Stelle aufgeben zu müssen."[140]

Kompromisse dieser Art lehnt Fleischer jedoch aus christlicher Überzeugung ab. Er bleibt bei seinen Vorbehalten gegen den Eid, die das NS-Regime jedoch nicht anerkennt. Es verwehrt ihm die Aufnahme in den Staatsdienst, eine Berufslaufbahn im juristischen Staatsdienst ist daher ausgeschlossen.

Nach Wiedereinführung der Wehrpflicht und des Fahneneides äußert er ähnliche Bedenken. Einem Christen, der die NS-Weltanschauung ablehne, so Fleischer 1937, sei es unmöglich, Adolf Hitler unbedingten Gehorsam zu schwören. In einem von Hitler befohlenen Krieg könne er sich unter keinen Umständen vorstellen, andere Menschen zu töten. Außerdem sei zunächst einmal grundsätzlich zu prüfen, ob ein Christ überhaupt an einem Krieg mit befohlener Tötung von Menschen teilnehmen dürfe. Einen Menschen im Krieg umzubringen, sei nach seiner Überzeugung „Brudermord". Letztlich habe der Christ Gott mehr zu gehorchen als den Menschen. Aufgrund seiner Einwände nimmt ihn die Gestapo wiederholt fest und verhört ihn.

Eine erste Einberufung Fleischers zur Wehrmacht im Jahr 1940 wird zurückgenommen, nachdem er erklärt hatte, dass er gemäß seiner religiösen Einstellung den Fahneneid nicht leisten könne. Dem Befehl, sich bei einer Sanitäts-Ersatz-Abteilung zu melden, kommt er am 16. April 1940 nach, wendet jedoch wiederum ein, er könne dem verlangten Eid nur insoweit entsprechen, als sich daraus nicht ein Widerspruch mit der katholischen Glaubens- und Sittenlehre ergäbe. Den gegenwärtigen Krieg halte er für einen ungerechten und deshalb könne er den Wehrdienst nicht in vollem Umfang erfüllen. Zwar sei er bereit, sich jederzeit für sein Volk töten zu lassen, vermöge es aber nicht, auf Befehl oder, wenn nötig, ohne Befehl, selbst zu töten. Nach sechswöchiger Kasernenhaft überstellt ihn das Militär an das Reichskriegsgericht.

Wegen der Problematik des Eides unter dem NS-Regime bittet Fleischer den Berliner Bischof Konrad von Preysing (1880-1950) um Hilfe. Dieser vermag Fleischers Vorstellungen nicht zu teilen, rät ihm aber zu einer direkten Eingabe an den Papst. Vom päpstlichen Nuntius Cesare Orsenigo (1873-1946)[141] erhält Fleischer den Bescheid, ein Katholik könne den Fahneneid in der Wehrmacht ablegen.

Da Vater Dr. Paul Fleischer mit der Entscheidung seines Sohnes nicht einverstanden ist, bittet er das katholische Militärbischofsamt um Argumentationshilfe gegen die Auffassung seines Sohnes. Daraufhin soll ein hoher katholischer Militärgeistlicher „in hakenkreuzgeschmückter Uniform"[142], aber ohne seinen Namen zu nennen, Fleischer im Tegeler Gefängnis besucht und ihn „unter Berufung auf die ihm vom Papst verliehene bischöfliche Autorität aufgefordert" haben, „dem Führer Hitler einen bedingungslosen Gehorsam zu geloben und vorbehaltlos an seinem Krieg teilzunehmen, mit der Bemerkung, dass Elemente, die hier Vorbehalte machen würden, auszumerzen und einen Kopf kürzer zu machen seien."[143]

Der NS-Justiz gilt Fleischer wegen seiner Vorbehalte gegen den Fahneneid als Kriegsdienstverweigerer. Sein Fall kommt zweimal vor das Reichskriegsgericht. In der abschließenden Verhandlung am 16. Dezember 1940 lag dem Gericht nach Fleischers Aussage das „Gutachten einer katholischen bischöflichen Behörde vor, nach welchem er als Katholik dem Führer Adolf Hitler bedingungslosen Gehorsam zu geloben und sich ohne jedweden Widerspruch am Krieg zu beteiligen habe, auch „mit der Verpflichtung zur Menschentötung".[144]

Doch im Gegensatz zur Auffassung der Amtskirche bleibt Fleischer weiter seinem Gewissen treu.[145] Hier zeigt sich besonders deutlich seine religiöse Grundhaltung, die tief verwurzelt ist in der Anerkennung von Gottes Geboten im Dekalog und in den jesuanischen Aufforderungen zur Nächsten- und Feindesliebe. Die Beteiligung an einem Krieg, der Menschentötung verlangt, bleibt für Fleischer ausgeschlossen. Christen verstünden sich als Glieder am Leib Christi, die Tötung von Menschen im Krieg sei daher „gegenseitiger Brudermord"[146] und auf keinen Fall mit Gottes Geboten vereinbar. Auch seien Hitlers Kriege „ungerecht" und die Teilnahme daran für einen Christen verboten.

Ein Universitätsprofessor der Psychiatrie, von dem Vorsitzenden um eine Stellungnahme gebeten, „deutete", so Fleischer, „meine strikte Ablehnung der Forderung des Staates trotz des angedrohten Todesurteils als anormale Sturheit oder Zwangsvorstellung und damit als Ausdruck einer geistigen Erkrankung, die in meinem Fall die Anwendung des § 51 StGB rechtfertige".[147] Der Vertreter der Anklage weist eine solche Interpreation zurück und fordert wegen Zersetzung der Wehrkraft entsprechend § 5 der Kriegssonderstrafrechtsverordnung die Todesstrafe. Dass Fleischer aus religiösen Gründen handle, könne ihn vor Gericht nicht entlasten. Da er seine Entscheidung aufrechterhält, geht es jetzt für ihn um Leben und Tod.

Unter Berücksichtigung des psychiatrischen Gutachtens[148] sowie der Argumentation seines Bruders Dr. Felix Fleischer lehnt das Gericht den Antrag des Staatsanwalts ab. Aus der Rückschau schreibt Fleischer 1986, das Gericht „wich dann unter Inanspruchnahme des § 51 StGB einem offiziellen Todesurteil aus und ordnete meine Inhaftierung auf unbestimmte Zeit in einer für solche Fälle vorgesehenen Haftanstalt an."[149]

Nach der Gerichtsverhandlung zunächst in Berlin-Tegel eingesperrt, kommt Fleischer 1941 gemäß der angeordneten Sicherungsverwahrung in eine psychiatrische Klinik.[150] Damit gerät er in Gefahr, ein Opfer von Hitlers Euthanasie-Tötungsaktion, der „Aktion T 4"[151] (Tötung „unwerten Lebens") zu werden. Im April 1945 gelingt ihm die Flucht aus der entwürdigenden Haft.

Nach dem Krieg kämpft er gegen das Unrechtsurteil des Reichskriegsgerichts an – vor allem gegen den Makel der Geisteskrankheit. Im Jahr 1951 hebt das Landgericht Freiburg das Urteil auf. Amtsärztliche Zeugnisse und eidesstattliche Erklärungen bescheinigen ihm außerdem, dass bei ihm niemals eine geistige Erkrankung vorgelegen habe. Damit löste sich der Vorwurf gegen ihn, der sich auf „eine wahrheitswidrige Diffamierung seiner Person und ein schweres Unrecht"[152] gestützt hatte, in Luft auf. Ungeachtet seiner Zivilcourage und Überzeugungstreue erfährt Fleischer weiterhin oft Ablehnung. Gleich zwei Anträge von ihm auf Übernahme in den juristischen Staatsdienst scheitern.[153] Der Justizapparat, durchsetzt von ehemaligen NS-Richtern und Beamten, will mit Fleischer, dessen Lebensweg ihnen vor Augen führt, dass Mittäterschaft und Mitläufertum keineswegs zwangsläufig gewesen sind, offenbar nichts zu tun haben und betrachtet ihn eher als Gefahr denn eine Bereicherung.

Ebenso lehnt das Freiburger Landgericht im Jahre 1960 seinen Antrag auf Entschädigung mit dem Argument ab, es liege in seinem Fall keine nationalsozialistische Verfolgungsmaßnahme vor, weil Fleischer kein *typisch* nationalsozialistisches Unrecht angetan worden sei. Ein gesetzwidriges Verhalten mit der Berufung auf die katholische Lehre und die Gebote Gottes rechtfertigen zu wollen, ließe sich auch in einem Rechtsstaat nicht anerkennen. Mit anderen Worten: Das Gericht bestätigt das NS-Urteil, nimmt es von jedweder Kritik aus und bekräftigt es damit als rechtsgültig.

Die Erfahrung mit den staatlichen Institutionen, den Zweifeln an seiner Zuverlässigkeit, gehen nicht spurlos an Josef Fleischer vorbei. Statt Anerkennung zu finden, wird er erneut ausgegrenzt. Dennoch sieht er sich auch künftig seinen christlichen Überzeugungen sowie seiner von ihm damit verbundenen deutschen Herkunft verpflichtet. Er bleibt staatenlos, ist aber in der Bundesrepublik geduldet. Nach seinen Worten leistet er nach dem Ende des Krieges „einen sehr wesentlichen Beitrag zur Versorgung der damals hungernden und darbenden Bevölkerung des französisch besetzten Landes Baden", indem er „Hunderte von Tonnen wertvollster Lebensmittel und große Mengen anderer damals bewirtschafteter Waren nach Baden einführte".[154] Ebenso fördert er etwas später als Syndikus eines Industrieverbandes „sehr erfolgreich ... den Wiederaufbau der durch Reparationsdemontagen zerstörten badischen Industriebetriebe".[155]

1949 veröffentlicht er im Eigenverlag eine Abhandlung über die Kriegsdienstverweigerung,[156] worin er seine auf Schrift und Tradition der Kirche beruhende Argumentation für die Kriegsdienstverweigerung ausführlich darstellt. Entschieden erteilt er der kirchlichen Kriegstheologie eine Abfuhr, fordert ein grundsätzliches Recht auf Kriegsdienstverweigerung und verurteilt das Verhalten katholischer Bischöfe während der NS-Zeit in scharfen Worten. Im Nachwort fasst er wichtige Stationen seines Weges zusammen: „Der Verfasser wurde zu dieser Arbeit durch eigenes Erleben angeregt. Er verweigerte auf Grund seiner Gewissensüberzeugung den Beamten- und Fahneneid auf Hitler. Im Jahre 1935 lehnte er es vor dem Berliner Kammergericht ab, die eidliche Erklärung abzugeben, die Gesetze des nationalsozialistischen Staates zu beachten, weil sie in manchen Punkten der christlichen Moral widersprachen. Aus ähnlichen Gründen diskutierte er im Jahre 1938 mit der Geheimen Staatspolizei die Frage des Fahneneides und des Krieges. Diese Diskussion brachte ihm den Verlust der Freiheit ein und führte ihn zweimal vor den Ersten Senat des Reichskriegsgerichtes, wo es um Leben und Tod ging. Weil deshalb der Verfasser um dieser ethischen Fragen willen die Zerschlagung der beruflichen Carriere, die jahrelange Freiheitsberaubung, die restlose Zerstörung der Menschenwürde und das beständige Katz- und Mausspiel des Staates mit dem Leben des Einzelnen am eigenen Leibe erfahren hatte, fühlte er sich ganz besonders verpflichtet, durch eine aufklärende Schrift nach Möglichkeit zu verhindern, dass künftig wiederum durch eine verfehlte Auffassung über Staat und Krieg die Menschenwürde zertreten und das Leben wertvoller Menschen ausgelöscht wird."[157]

Martin Gauger

4. Martin Gauger (1905-1941) –
„Ganz und gar und unheilbar vereinsamt"[158]

Martin Gauger, evangelischer Christ und Pazifist, war mit dem Kriegsdienstverweigerer Dr. Hermann Stöhr befreundet und als Justiziar der Bekennenden Kirche (Lutherrat) tätig. Nach seiner Einberufung zur Wehrmacht im April 1940 versuchte er vergeblich, in die Niederlande zu entkommen. Bei einem erneuten Fluchtversuch in die Schweiz wurde er verwundet und verhaftet. Nach einjähriger Haft in Düsseldorf kam er – ohne Gerichtsverfahren – in das KZ Buchenwald. Mit einem „Invalidentransport" in die Euthanasie-Tötungsanstalt Pirna-Sonnenstein gebracht, ist er dort am 14. Juli 1941 in der Gaskammer ermordet worden.

Gotthard Martin Gauger kam am 4. August 1905 als fünftes von acht Kindern der Eheleute Emeline Gauger, geborene Gesenberg, und Joseph Gauger, in Wuppertal-Elberfeld auf die Welt. Joseph Gauger ist Pfarrer und Direktor der Schriftenmission der Evangelischen Gesellschaft für Deutschland. Er gibt das Wochenblatt „Licht und Leben" sowie die „Gotthardbriefe" heraus.[159] Martin wächst in der pietistisch geprägten Familie auf, in der eine gesellige und gastfreundliche Atmosphäre herrscht. Die Eltern erziehen ihre acht Kinder zu einem lebendigen Glauben. Martin ist von großer, kräftiger Statur, sportlich, musikalisch begabt und humorvoll. Er verfügt über ein gutes Gedächtnis und die Gabe, Menschen einfühlsam zu begegnen.1924 besteht er sein Abitur und beginnt in Tübingen das Studium der Rechts- und Wirtschaftswissenschaften. Nach zwei Semestern wechselt er nach Kiel, wo er 1927 ein ergänzendes Studium in Volkswirtschaft mit dem Diplomexamen abschließt. Als Student möchte er keiner Verbindung beitreten, sondern fühlt sich zur Wandervogelbewegung hingezogen. In Kiel beeinflusst ihn der pazifistisch eingestellte Pfarrerssohn Gerhard Meyer.

1928 studiert Gauger für fünf Monate Nationalökonomie in London, Oxford und Cambridge, wo er auch zahlreiche internationale Kontakte knüpft. Wieder in Deutschland, wechselt er 1928/29 von Berlin nach Breslau und schließt sich dem freiwilligen „Arbeitslager" an, einer Initiative des Rechtshistorikers und Soziologen Eugen von Rosenstock-Huessy (1888-1973). Nach dessen Idee sollten Arbeiter, Bauern und Studenten in gemeinsamer körperlicher und geistiger Arbeit soziale, politische und konfessionelle Gegensätze überbrücken, um auf dieser Basis die alle wirklich betreffenden Fragen und Nöte zu bedenken. Im März 1929 nimmt Gauger im „Boberhaus" in Löwenberg/Schlesien an einem solchen Arbeitslager teil.

Die erste Staatsprüfung legt Martin 1930 ab, den juristischen Vorbereitungsdienst schließt er am Oberlandesgericht Düsseldorf ab. Als Assessor leistet er dem NS-Regime erstmals 1934 Widerstand, indem er den Beamteneid auf Hitler verweigert. Besonders die Morde im Zusammenhang mit dem sogenannten „Röhm-Putsch", nachträglich vom Regime legalisiert, aber auch die Absetzung seines Vaters als Schriftleiter und dessen Verhaftung, öffnen ihm immer deutlicher die Augen dafür, dass Hitler und die Nationalsozialisten Recht und Gesetz missachten. Es ist ihm unmöglich, den Treueid auf den „Führer" und dessen Regime zu leisten. Für sein Gewissen bedeutete es einen unerträglichen Widerspruch, „wenn ich jenen uneingeschränkten Eid der Treue und des Gehorsams gegenüber jemandem geleistet hätte, der seinerseits an kein Recht und kein Gesetz gebunden ist."[160]

Gauger muss aus dem Staatsdienst ausscheiden, erhält aber kurze Zeit später die Möglichkeit zu einer juristischen Promotion an der Universität Münster. In seiner Promotionsschrift bekennt sich Gauger zu den Anliegen der Bekennenden Kirche, die in Opposition zu den „Deutschen Christen" um Reichsbischof Ludwig Müller steht. 1936 erwirbt Gauger den Grad eines Dr. jur.

Am 18. Januar 1935 wird Gauger in die (erste) Vorläufige Leitung der Deutschen Evangelischen Kirche in Berlin berufen. Als sich die Bekennende Kirche im Frühjahr 1936 in einen radikalen und einen eher gemäßigten Flügel spaltet, entscheidet er sich für den gemäßigten „Rat der Evangelisch-Lutherischen Kirche Deutschlands" (Lutherrat). Bis 1940 übt er hier seine berufliche Tätigkeit als geschätzter und anerkannter Jurist aus. Zu seinen Aufgaben gehören u.a. der Rechtsbeistand und die Unterstützung inhaftierter, vom NS-Regime bedrängter Pfarrer und Gemeindemitglieder. Mit Gutachten und Vorsprachen tut Gauger – dabei die Gefahr für sein eigenen Leben außer Acht lassend – alles Menschenmögliche, um Verfolgten zu helfen. Sein größter Erfog ist die dank seines persönlichen Einsatzes erwirkte Befreiung von sieben Lübecker Pastoren aus dem Konzentrationslager.[161]

Seine Kontakte zu Oppositionellen wie dem Theologen und Pazifisten Hermann Stöhr (1898-1940) weitet Gauger ab 1935 aus. Mit seinen Breslauer Studienfreunden Helmuth von Moltke (1907-1945) und Carl-Dietrich von Trotha (1907-1952) bereitet er 1939 die Bildung der Widerstandsgruppe des Kreisauer Kreises vor. In dem Berliner Gefängnispfarrer Harald Poelchau (1903-1972)[162] findet er einen persönlichen Freund. Von Tragik begleitet ist Gaugers Beziehung zu Irmgard Behr, ebenfalls in der Geschäftsstelle des Lutherrats tätig. Sie ist evangelische Deutsche jüdischer Abstammung. Da sie den Nationalsozialisten als Jüdin gilt, verliert sie ihren Status als „Reichsdeutsche" und darf nicht mehr an einer deutschen Universität studieren. Die 1935 erlassenen „Nürnberger Gesetze" verbieten strikt die Eheschließung zwischen „Ariern" und Juden. So ist Gaugers Absicht, ihr einen Heiratsantrag zu machen, zum Scheitern verurteilt,

Carl-Dietrich von Trotha   *Harald Poelchau*

jedoch kann er wenigstens erreichen, dass ihr gemeinsam mit ihrer Schwester Ursula durch Unterstützung der von Propst Heinrich Grüber (1891-1975) gegründeten und geleiteten „Kirchlichen Hilfsstelle für evangelische Nichtarier" („Büro Grüber") 1939 die Ausreise nach London gelingt.

    1938 lehnt Gauger eine ihm angebotene Professur in Madras/Indien mit der Begründung ab: „Ich kann meinem Posten hier nicht entlaufen, solange ich da überhaupt noch Arbeitsmöglichkeiten habe."[163] Als Reichskirchenminister Hanns Kerrl (1887-1941) 1938 die Bruderräte und auch den Lutherrat als illegal charakterisiert, sieht Gauger den Versuch der Kirche, mit dem Staat doch noch irgendwie ins Reine zu kommen, endgültig als gescheitert an. Am 26. Mai 1939 verfasst Kerrl fünf „Grundsätze", die die Kirchen zur Anerkennung der nationalsozialistischen Weltanschauung und deren Rasselehre zwingen sollten. Darin findet sich u.a. die Forderung: „Im Gehorsam gegen die göttliche Schöpfungsordnung bejaht die Evangelische Kirche die Verantwortung für die Reinhaltung unseres Volkstums." Als sich Landesbischof August Marahrens (1875-1950) von Hannover bereit zeigt, diese Grundsätze zu unterschreiben, kommt es im Lutherrat zur Zerreißprobe. Gauger tut alles, um die zustimmende Unterschrift zu verhindern, doch sein Einsatz ist vergeblich: Marahrens unterzeichnet von sich aus – „indem er die Solidarität mit den anderen Landeskirchen-

Führern aus den Augen setze."[164] Für Gauger verliert mit der Anerkennung der NS-Grundsätze der Lutherrat seine Existenzberechtigung. Wegen solcher Zugeständnisse gegenüber der NS-Ideologie schwindet auch Gaugers Vertrauen zu Marahrens und zu anderen lutherischen Kirchenführern. Er gibt zu Protokoll: „Meine Dienstfreude und ein großer Teil meiner Lebensfreude war seit diesem Tage geschwunden, weil ich die Entscheidungen der Kirche hoffnungslos ins Opportunistische abgleiten und das Partikularinteresse triumphieren sah. Ich habe damals um Enthebung aus meinem Amt gebeten, sie wurde mir nicht gewährt. Ich bin tief verzweifelt weiter im Dienst geblieben, ohne doch noch erhebliche Arbeit zu leisten."[165]

Am 24. April 1940 wird Gauger zur Wehrmacht einberufen. Seine Entscheidung, den Kriegsdienst zu verweigern, steht inzwischen fest. Er schreibt: „Ich habe einige Zeit angenommen, ich könnte diesen Krieg ertragen, wenn ich nicht mit der Waffe dienen müsste, aber das ist doch ganz eng und falsch gedacht und eigentlich auch feig. Ich meine jetzt, man dürfe überhaupt nicht Kriegsdienst tun; in diesem Krieg wenigstens, weil er kein Verteidigungskrieg ist … Eine Beschäftigung bei der Intendantur hatte ich lange für eine Entlastung gehalten, weil ich dann nicht mit der Waffe dienen müsste. Aber dann musste ich doch sagen: wie? – es soll einen Unterschied machen, ob du kämpfst, oder ob du die Kämpfenden ausrüstest und verpflegst? Nein, es macht keinen Unterschied. Und ich k a n n diesen Krieg nicht fördern, ich kann nicht helfen, daß das Meer von Blut und Tränen noch andere Länder überflutet."[166]

Gauger ist fest überzeugt, dass Hitler ungerechtfertigte Angriffskriege führt, an denen er als Christ aus religiösen Gründen auf keinen Fall teilnehmen darf und will. Schon Hitlers Einmarsch in die Tschechoslowakei betrachtet er als ein großes Unrecht – und den Überfall auf Polen wertet er als unerlaubt. Indem er für seine Überzeugungen entschieden eintritt, gerät Gauger in einen unausweichlichen Konflikt mit dem NS-Regime.

Um ein langes Verfahren zu vermeiden, das vor allem seine Mutter schwer belastet hätte, sieht er zunächst keinen anderen Ausweg als den Freitod. Er schreibt Abschiedsbriefe an seine Familie und sendet sie ab. Sein Suizidversuch misslingt jedoch. Daraufhin wendet sich Gauger an seinen Freund Harald Poelchau, der ihn für einige Zeit in seiner Wohnung versteckt. Nach Gesprächen mit Poelchau und seinem Bruder Joachim folgt Gauger einem schon früher erteilten Rat von Probst Grüger und versucht, über Holland nach England zu fliehen.

Bei Emmerich durchschwimmt er unter dramatischen Umständen den Rhein und erreicht am 9. Mai 1940 das holländische Ufer. Niederländische Behörden nehmen ihn zunächst wohlwollend auf. Da jedoch inzwischen die deutschen Truppen in das Land einmarschieren, gerät er erneut in eine nahezu aussichtslose Lage. Für die Flucht nach England ist es zu spät, und so fasst er den kühnen Plan, mit der Eisenbahn von Holland aus durch Deutschland in die Schweiz zu fliehen. Doch die Sache misslingt. Am 18./19. Mai nehmen deutsche Militärs ihn an der Grenze bei Wyler (Kreis Kleve) fest. Bei einem weiteren Fluchtversuch wird er verwundet und verhaftet. Gauger kommt am 22. Mai in das Gefängnislazarett der Strafanstalt Düsseldorf-Derendorf, wo man ihn neun Tage lang verhört und wo er ein Jahr lang, bis Mai 1941, inhaftiert bleibt. Nach vielen Mühen erfährt Gaugers Mutter seinen Aufenthaltsort und erwirkt eine Besuchs- und Schreiberlaubnis.

Während der langen Haft sucht und findet er Trost in Gottes Wort, vertieft sich in die Psalmen der Bibel und die Lieder von Paul Gerhardt, von denen er viele auswendig lernt. Da er seit seiner Einberufung als Soldat der Wehrmacht gilt, beschuldigen die Militärs ihn der „Fahnenflucht". Weshalb nie ein Gerichtsverfahren gegen ihn eingeleitet wird, bleibt bis heute ungeklärt. Auf Betreiben der Gestapo überstellt man ihn am 12. Juni 1941 in das Konzentrationslager Buchenwald. Gauger, einer Strafkompanie zugeteilt, muss in einem Steinbruch schwerste körperliche Arbeit leisten. Seine Mutter erkennt die lebensbedrohliche Gefahr für ihren Sohn und richtet ein Hilfegesuch an Bayerns Landesbischof Hans Meiser (1881-1956)[167] und den württembergischen Bischof Theophil Wurm (1868-1953). Doch beide Bischöfe antworten nicht auf ihre Bitte.

Durch die schweren Schicksalsschläge ist Gauger in eine ausweglose Lage geraten: Nach dem Tod des Vaters (1939), dem Nichtzustandekommen einer Ehe, der Enttäuschung über die allzu kompromissbereite Haltung seiner Kirche gegenüber dem Nationalsozialismus, dem Vertrauensbruch des Lutherrats und Bischofs Marahrens, dem misslungenen Suizid, den gescheiterten Fluchtversuchen und seiner Inhaftierung, bittet er Gott darum, ihn sterben zu lassen und zu sich zu nehmen. Seiner Mutter schreibt er schon aus der Haft in Düsseldorf: „Also bin ich ganz und gar und unheilbar vereinsamt und so gut wie ausgestoßen aus der menschlichen Gemeinschaft."[168] Er möchte mit seinem Vater wieder vereint sein, „dessen Tod ja doch das Beste aus meinem irdischen Leben genommen hat."[169]

Vom KZ Buchenwald wird Gauger mit einem sogenannten Invalidentransport[170] in die Tötungsanstalt Pirna-Sonnenstein, nahe Dresden, gebracht und dort am 14. Juli 1941 in einer Gaskammer ermordet. Der in Buchenwald tätige Lagerarzt Dr. Waldemar Hoven (1903-1948)[171], auch für Menschenversuche verantwortlich, lässt von Untergebenen für die Mordopfer nachträglich fingierte Krankengeschichten anlegen und amtliche – aber mit Hilfe eines medizinischen Wörterbuchs frei erfundene – Todesmeldungen an die Angehörigen richten.[172]

```
K.L. Buchenwald                    Weimar/Buchenwald, den 27. Juli 1941.
   "Lagerarzt"
                                                              00044
```

Betreff : Häftling (polit.), Nr. 4953, G a u g e r Martin,
          geb. 4.8.1905 in Wuppertal-Elberfeld, gest.
          23.7.1941 im K.L. Buchenwald.
Bezug   : Ihre persönliche Unterredung mit dem Lagerarzt.
Anlagen : 1

Herrn
Dr. Joachim G a u g e r,
Wuppertal - Elberfeld,
Hopfenstraße 6.

      Wie jeder andere Häftling wurde Ihr Bruder bei seiner Einlieferung in das K.L. Buchenwald am 12.6.1941 einer eingehenden ärztlichen Untersuchung unterzogen. Bei derselben wurde eine starke Rechtsverbreiterung des Herzens festgestellt. Auf Grund dieses Befundes wurde Ihr Bruder von der Arbeit freigestellt und in ärztliche Behandlung genommen. Am 27.6.1941 wurde eine Röntgenaufnahme gemacht, von der Sie einen Abzug in der Anlage finden.

      Am 23.7.1941, gegen 12,45, wurde Ihr Bruder von seinen Mithäftlingen in besinnungslosem Zustand in den Krankenbau eingeliefert. Die sofort einsetzende ärztliche Hilfe vermochte den Zustand des Patienten nicht mehr zu beeinflussen. Selbst eine intracardiale Verabreichung von Coramin blieb ohne Erfolg. Eintritt des Todes am 23.7.1941 um 13,00 Uhr. Todesursache: Herzschlag.

      Ich bedaure den plötzlichen Tod Ihres Bruders fern von seinen Angehörigen, umso mehr, da ärztlicherseits alles getan worden ist, um seine Gesundheit zu erhalten.

                           Der L a g e r a r z t
                             K.L. Buchenwald

                            SS-Obersturmführer d.R.

Schreiben des Lagerarztes des KZ Buchenwald an Martin Gaugers Bruder Joachim, 27. Juli 1941

Brief von Martin Gauger an seine Mutter Emeline Gauger vom 2. September 1940 aus der Haftanstalt Düsseldorf

Geliebte Mutter!

Auch schriftlich möchte ich Dir noch einmal danken, dass Du mich am 13. August besucht hast. Es tut mir tief leid, dass Du an einen solchen Ort kommen musst, um mich zu sehen, aber ich bin Dir auch tief dankbar, dass Du um meinetwillen diese Schande trägst. Darum fühle ich auch tief das Opfer, das Siegfried mir durch seinen Besuch so brüderlich und freundlich gebracht hat. Vor ein paar Tagen sagte hier ein Gefangener zu mir, nur zwei Menschen auf der Welt hätten ein Interesse an meiner Sache: ich selbst und meine Mutter. Da dachte ich doch mit umso größerer Rührung an Siegfried, der eigens meinetwegen die weite Reise von Süddeutschland hierher gemacht hat, nur um mich eine halbe Stunde zu sehen.

Von dem Geld, das Ihr hier für mich eingezahlt habt, konnte ich Tomaten, Birnen und Pflaumen kaufen. Mir war gerade daran sehr gelegen, weil ich auf einmal Geschwüre bekam. Die führe ich auf den Mangel an Obst und Salat zurück, denn sonst lebte ich sommers doch in der Hauptsache von solchen frischen Sachen.

Tatsächlich sind die Geschwüre, von denen eines im Gesicht am unangenehmsten war, dann auch schnell wieder verschwunden. Im Übrigen bin ich mit der Kost ganz zufrieden, es lohnt sich wieder einmal, dass wir einfach erzogen worden sind. Die Gefangenen hier (und zwar merkwürdigerweise auch die mit kurzen Strafen) können sich z.Z. nicht genug darin tun, über das Essen zu schimpfen, und wie gewöhnlich sind es oft gerade diejenigen, die aus den kleinsten Verhältnissen kommen. Bei denen muss das Essen einen unverhältnismäßig großen Teil des Lebensinhaltes ausmachen, und wahrscheinlich essen sie auch objektiv mehr und schwerere Sachen als wir. Ähnlich ist es mit dem Rauchen. Ich rauche ja auch, kann es aber gut lassen. Für die Gefangenen hier ist die Entziehung des Tabaks beinah schlimmer als der Mangel an Fleisch (das sie fast ausschließlich vermissen, während mir nur Obst und Salat fehlt). Für Tabak tun sie so ziemlich alles.

Insofern lebt man leichter, wenn man geistige Interessen hat. – In anderer Hinsicht natürlich schwerer; denn man ist doch an Lektüre und Aussprache gewöhnt, und beides fehlt hier. Zu lesen bekommt man zwar etwas, aber lauter leichte Sachen, historische Romane ohne Ansprüche (z.B. Rudolf Herzog, Heinrich Biesenbach und dergl. Skribenten). Mein Bedürfnis geht nun gerade nach gehaltvollen Büchern, vor allem Philosophie, aber davon ist gar nichts vor-

handen. Auch z.B. für nationalökonomische, geschichtliche oder sprachliche Lehrbücher würde ich viel geben, aber die Gefängnisbibliotheken (oder wenigstens diese hier) scheinen nur für Leute mit anderen geistigen Bedürfnissen eingerichtet zu sein. – Vielleicht wird es mit der Langeweile besser, wenn der Gipsverband abgenommen wird und ich versuchen muss, wieder gehen zu lernen. Ich glaube, dass das schmerzhaft werden wird, aber zunächst scheint mir die Aussicht auf die Betätigung lockend. Vielleicht bekomme ich dann auch irgendwelche Arbeit zugewiesen, so dass ich doch etwas weniger von der Langeweile geplagt werde.

Liebe Mutter, wenn Ihr für mich betet, dann bittet Gott doch nur darum, dass er mich sterben lässt. Denn was soll ich noch auf der Welt? Selbst wenn ich je wieder in Freiheit käme, wäre ich doch allenthalben unmöglich und einsam „wie ein einsamer Vogel auf dem Dache"; denn meine kirchlichen Freunde können und werden mir nie verzeihen, dass ich Selbstmord begehen wollte, meine weltlichen Freunde, dass ich es nicht getan habe. Also bin ich ganz und gar und unheilbar vereinsamt und so gut wie ausgestoßen aus der menschlichen Gemeinschaft. Jeden Abend bitte ich Gott, dass er mich zu sich nimmt. Tut Ihr es doch auch, ich bitte Euch. Meine Sehnsucht geht danach, mit unserem Vater wieder vereinigt zu werden, dessen Tod ja doch das Beste aus meinem irdischen Leben genommen hat. In diesen Tagen las ich den schönen Vers von Matthias Claudius: „Land des Wesens und der Wahrheit, unvergänglich für und für, mich verlangt nach dir und deiner Klarheit, mich verlangt nach dir." Das ist ganz meine Stimmung und mein Gebet. Sei mit allen Lieben herzlich und dankbar gegrüßt

von Deinem Martin.[173]

5. Wilhelm Gleßner (1918-1940) – „Sein Wille geschehe"[174]

Der Verweigerer Wilhelm Gleßner wird im fast noch jugendlichen Alter von 21 Jahren hingerichtet. Der sensible und musisch begabte Land- und Forstwirtschaftsgehilfe will aus religiösen Motiven nicht für Hitler kämpfen und ist entschlossen, nie einen Menschen mit der Waffe zu töten. Da Kriegsdienstverweigerung aus Gewissensgründen nicht möglich ist, sucht er dem Waffendienst durch Fluchtversuche nach Frankreich und Jugoslawien zu entkommen. Obwohl er weder Soldat ist noch einen Stellungsbefehl in Händen hat, verurteilt ihn ein Militärgericht wegen Fahnenflucht zum Tod.

Wilhelm Gleßner hat am 16. November 1918 als fünftes von elf Kindern der Eheleute Ambrosius und Anna Gleßner, geborene Löw, auf einem Bauernhof in Elm/Saar in der Nähe Schwalbachs das Licht der Welt erblickt. Der streng nach katholischen Grundsätzen erzogene Junge schließt sich begeistert der katholischen Jugend an. Nach der Volksschule arbeitet er in der elterlichen Landwirtschaft und besucht die Landwirtschaftsschule im nahen Saarlouis.

Die Eltern stehen der Zentrumspartei nahe, lehnen 1935 den Anschluss des Saarlandes an Deutschland ab und stimmen, wie seinerzeit viele Katholiken, für ein unabhängiges Saarland. Als 1936 die Mitgliedschaft in der HJ (Hitler-Jugend) für alle Jugendlichen verpflichtend wird, verweigert Wilhelm den Beitritt. Seine Ausbildung in der Land- und Forstwirtschaftsschule Hohenheim bei Stuttgart schließt er mit Erfolg ab. Da er nicht in der HJ ist, wird ihm jedoch das zustehende, beste Zeugnis des Jahrgangs verweigert.

Wilhelm Gleßner

Anfang 1939 folgt er einer Einberufung zum Reichsarbeitsdienst (RAD) nach Gunzenhausen bei Nürnberg und kehrt danach in sein Heimatdorf zurück. Der drohenden Einberufung zur Wehrmacht will er auf keinen Fall nachkommen und wagt daher, gegen den Rat seines Vaters, die Flucht über die „Grüne Grenze" nach Frankreich. Der Versuch misslingt. Von einer Grenzstreife festgenommen, landet er im Gefängnis „Lerchesflur" in Saarbrücken. Hier erklärt er: „Ich kämpfe nicht für Hitler, ich will an keinem Krieg gegen Frankreich teilnehmen, ich will niemand mit der Waffe töten. Deshalb will ich Deutschland verlassen und habe diesen Fluchtversuch unternommen."[175]

Bei Kriegsbeginn 1939 wird „Lerchesflur" geräumt und Gleßner nach wenigen Wochen Haft entlassen. Nach Englands Kriegserklärung gegen Deutschland im September 1939 lässt das NS-Regime das Grenzgebiet des Saarlandes zu Frankreich, die sogenannte „Rote Zone", räumen und über 300000 Saarländer evakuieren. Sie stehen Hitlers Kriegsplänen gegen Frankreich im Wege. Gleßner kehrt daher nicht in sein Heimatdorf zurück, sondern sucht eine Schwester im nahen Numborn auf und kommt bei ihr unter. Ein Stellungsbefehl der Wehrmacht erreicht ihn nicht, da den Behörden sein Aufenthaltsort unbekannt ist. Doch Anfang 1940 erfährt er, dass man ihn polizeilich sucht. Gleßner wagt erneut eine Flucht: über Österreich ins noch nicht besetzte Jugoslawien, um von dort in die USA zu gelangen. Schon früher hat er angedeutet auszuwandern, um in Amerika in ein Kloster einzutreten und Priester zu werden. Doch auch der zweite Versuch scheitert. Bei Spielfeld in der Steiermark gefasst, steht er alsbald vor dem Divisionsgericht Nr. 188 in Graz (damals „Ostmark"), das seine beiden Vergehen als Fahnenflucht wertet und ihn am 27. Mai 1940 zum Tod verurteilt. Ein Gnadengesuch des Vaters lehnt das Gericht am 19. Juni 1940 ab. Wilhelm Gleßner wird sechs Wochen später, in der Morgenfrühe des 30. Juli 1940, in einem Wiener Gefängnis erschossen.

Schon am Tag darauf wendet sich der Gefängnisgeistliche Eduard Köck, Oberpfarrer beim Landgericht Wien, in einem ausführlichen Brief an die Eltern des Opfers. Darin erklärt er, was geschehen ist und teilt ihnen Einzelheiten über die letzten Stunden ihres Sohnes mit. Er spricht aber auch von seinen schweren Vergehen und dem Unrecht der Fahnenflucht. Als Gründe für Gleßners Verhalten nennt er dessen Furcht vor dem Militärdienst und die Angst um sein Leben. Dass Gleßner aus christlicher Überzeugung den Kriegsdienst verweigert hat, lässt der Geistliche unerwähnt. Möglicherweise muss er wegen der Postzensur vorsichtig formulieren.

Nach Köcks Bericht ist Wilhelm Gleßner am Abend vor seiner Hinrichtung zunächst sehr ängstlich und verzweifelt gewesen, beugt sich dann jedoch in vertrauensvollem Glauben dem ihm zugedachten Schicksal. Er schreibt Abschiedsbriefe an seine Eltern und Geschwister, empfängt das Sakrament der Beichte und in tiefer Andacht die Heilige Kommunion. Seine Gedanken kreisen um Gott, Leben und Ewigkeit, aber auch um die geliebten Eltern, Geschwister und Freunde, denen er viel verdankt. Über zehn Stunden lang behält er vor seiner Hinrichtung den Rosenkranz in der Hand.

Gleßners Heimatgeistlicher aus der Pfarrei St. Josef, Franz Xaver Federspiel, vermerkt Gleßners Tod und dessen Gründe in lateinischer Sprache im Sterbebuch der Pfarrei Elm. Dabei geht er von einer Enthauptung (decollatus) Gleßners aus. Sein Biograph Josef Loris berichtet dagegen, er sei erschossen worden. Pfarrer Federspiel macht auch schon kurz nach Kriegsende in einer Predigt den ersten Versuch einer Rehabilitierung Gleßners: Er verliest dessen Abschiedsbriefe und bittet ihn ebenso zu ehren wie die übrigen Gefallenen. Prälat Professor Helmut Moll nahm Gleßner in das von ihm im Auftrag der Deutschen Bischofskonferenz 2006 herausgegebene Verzeichnis der Märtyrer des 20. Jahrhunderts auf.

Wilhelm Gleßners Abschiedsbrief aus dem Gefängnis an seine Familie

Wien, den 30. Juli 1940

Liebe Eltern und Geschwister,

Nun will ich Euch das letzte Mal in meinem Leben schreiben. Ich hätte Euch noch einmal gern gesehen. Aber es sollte anders sein. Der Herrgott hat es anders gewollt.
  Sein Wille geschehe.
  Er wird es ja besser wissen als wir Menschen.
  Aber seid nicht traurig. Ich werde den Herrn bitten, dass er mich zu sich und seinen Heiligen aufnehmen wolle, wo ich dann mit Barbara, Maria und Theresia ihn für Euch bitten will, dass er Euch beschützen und schirmen möge. Ich bitte Euch noch recht herzlich, mir alles Schlechte, was ich [Euch] angetan habe [zu verzeihen].
  Jetzt gerade habe ich die heilige Beichte empfangen und bald [wird] der Priester mit dem lieben Heiland zu mir kommen. Der Heiland möge mit seinem Segen kommen und bei mir bleiben in Ewigkeit. Nun will ich Euch alle noch recht herzlich grüßen: Vater, Mutter, Ambros, Peter, Anna, Jakob, Regina, Lisbeth und Johann.
  Gottes Segen komme über Euch und möge immerdar bei Euch bleiben bis in Ewigkeit, wo er uns alle zusammenführen möge.
  Euer lieber Sohn und Bruder Wilhelm

Liebe Eltern,
ich habe dem Alfons Balani [einem Vetter von G.] meine Geige im Briefe versprochen. Gebt sie ihm, er möge sie nehmen als letztes Andenken von mir.
  Der Herr mit Euch![176]

In dem Sterbebuch der Pfarrei Elm schreibt Pfarrer Franz Federspiel

Obiit in bello ut miles. A judicio militari capite damnatus est in Wien decollatus est, quia ut fidelis catholicus jurare negavit in nomen ducis Adolf Hitler, quem fortissime in judicio perditorem Ecclesiae atque Germaniae declaravit.
  Starb im Krieg als Soldat. Von einem Militärgericht zum Tod verurteilt und in Wien enthauptet worden, weil er als gläubiger Katholik sich weigerte, den Eid auf den Führer Adolf Hitler zu schwören. Er bezeichnete ihn sehr mutig vor Gericht als den Vernichter der Kirche und Deutschlands.[177]

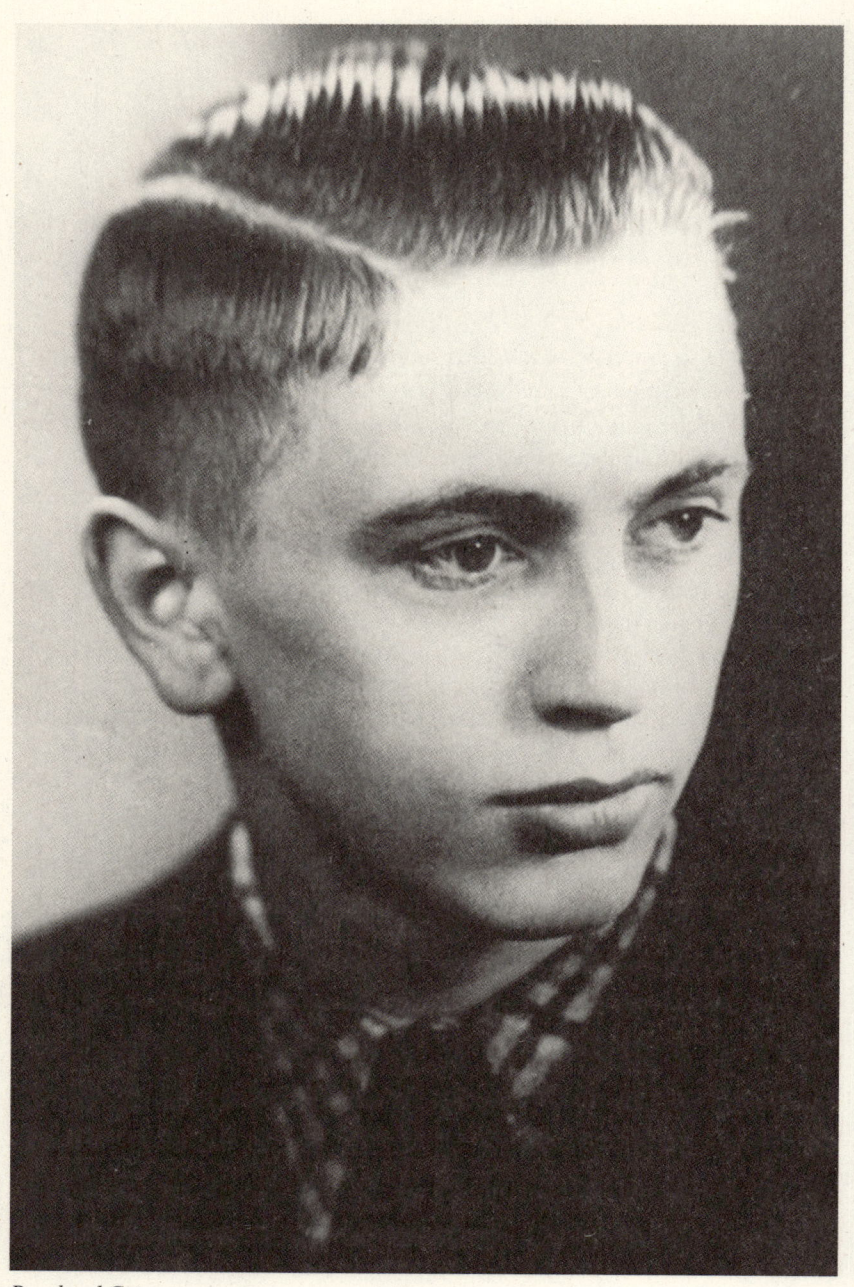

Bernhard Grimm

6. Bernhard Grimm (1923-1942) –
„für Christus Jesus alles gegeben"

Aus tiefer Verbundenheit mit Christus verweigert der junge Zeuge Jehovas den Fahneneid auf Hitler und den Kriegsdienst mit der Waffe. Das Reichskriegsgericht sieht in seinem Handeln ein „hartnäckiges und gefährliches Tun", das nur durch die härteste Strafe, nämlich die Todesstrafe, ausreichend zu sühnen sei. Er habe es bewusst abgelehnt, „das deutsche Volk in seinem schweren Daseinskampf zu unterstützen". Die „religiöse Überzeugung, die den Angeklagten zur Tat veranlasst hat, schließe seine Schuld im Rechtssinn nicht aus." Bernhard Grimm wird im Alter von 19 Jahren auf dem Schafott in Brandenburg-Görden hingerichtet. Erhalten geblieben sind die Gerichtsakten mit seinem Todesurteil, mehrere persönliche Briefe, Zeichnungen und Gedichte sowie ein Lebensbericht seiner Mutter aus dem Jahr 1971. Ein Straßenname in Baltmannsweiler bei Esslingen erinnert seit 1993 an ihn.[178]

Bernhard Grimm[179] erblickt am 14. Mai 1923 in Blankenloch (heute Stutensee), Kreis Karlsruhe, als erstes Kind der Eheleute Karl und Magdalene Grimm, geborene Mez, das Licht der Welt. Sein Bruder Karl ist zwei Jahre jünger als er. Die Urteilsschrift vermerkt, dass Bernhard ungetauft geblieben sei, da sein Vater 1922 aus der evangelischen Landeskirche ausgetreten sei und sich den Zeugen Jehovas angeschlossen habe. Die beiden Söhne werden früh mit der Bibel vertraut gemacht. In ihrem Lebensbericht schreibt Magdalene Grimm, dass sie selbst nach Abschluss ihrer Schulzeit eine Ausbildung in Kinderpflege gemacht habe und längere Zeit bei einer Familie angestellt gewesen sei, die sie auch zu einem mehrjährigen Aufenthalt in die Türkei mitgenommen habe. 1914, drei Wochen vor Kriegsbeginn, sei sie nach Deutschland zurückgekommen und habe 1919 geheiratet.

Wegen ihrer Glaubensentscheidung wird für Familie Grimm das Zusammenleben mit Verwandten zunehmend schwieriger. Sie geht daher 1929 auf das Angebot ein, in Christophstal bei Freudenstadt/Schwarzwald ein Café mit kleiner Pension für Kurgäste zu übernehmen.

Während der Zeit des Nationalsozialismus weigert sich Familie Grimm, ihr Haus zu beflaggen oder an den staatlich verordneten Feiertagen mit Blumen zu schmücken. Außerdem beteiligt sie sich nicht – wie die meisten Zeugen Jehovas – an den Wahlen, woraus sich Konflikte mit den Nationalsozialisten ergeben. Die Situation verschärft sich dadurch, dass sich vor dem Haus die große Belegschaft einer nahen Tuchfabrik zu Aufmärschen sammelt. Schließlich ist die Familie gezwungen, Christophstal zu verlassen. Durch Vermittlung eines

Bekannten wechselt sie nach Ebhausen, einem Dorf bei Nagold in Württemberg, wo sie fortan einen Gemischtwarenladen betreiben. In Ebhausen besucht Bernhard die Volksschule. Danach beginnen beide Söhne eine Berufsausbildung als Elektriker in Esslingen, nahe Stuttgart.

Wegen des feuchten Klimas in Ebhausen leidet Frau Grimm an Asthma und einer Lungenentzündung. Daher zieht die Familie 1940 nach Baltmannsweiler bei Esslingen. In den Jahren 1939 bis 1941 soll sich Bernhard der Hitlerjugend angeschlossen haben, jedoch klingt diese Nachricht eher unwahrscheinlich, da die Zeugen Jehovas ihren Kindern die Mitgliedschaft in der HJ verwehrten.

Zu Ostern 1942, am 15. April, bekommt Bernhard seinen Gestellungsbefehl zur Flak-Ersatz-Abteilung 1 nach Ludwigsburg. Er folgt der Aufforderung, erklärt jedoch sofort, den Kriegsdienst mit der Waffe zu verweigern: „Bei der Einteilung der Rekruten auf dem Kasernenhof trat er aus dem Glied und erklärte dem diensttuenden Oberwachtmeister, dass er Dienst in der Wehrmacht verweigere mit der Begründung, er lebe nach der Bibel; in der Bibel stehe aber geschrieben, ‚Du sollst nicht töten'. Sein Gewissen erlaube ihm daher nicht, entgegen dem Bibelwort zu handeln und mit der Waffe in der Hand zu kämpfen. Auf Vorhalt seines Einheitsführers, dass er durch diese Weigerung sein Leben verwirken könne, hat der Angeklagte erwidert, damit habe er gerechnet. Bei dieser Weigerung ist der Angeklagte bei seiner Vernehmung durch den Untersuchungsführer geblieben; er hat sich bereit erklärt, als Sanitäter oder Monteur Dienst zu tun. Auf dieser Weigerung beharrte der Angeklagte auch in der Hauptverhandlung. Er zeigte sich allen Bemühungen gegenüber, ihn zu einer anderen Auffassung zu bekehren, völlig unzugänglich."[180]

Nach dem Kasernenarrest in Ludwigsburg wird Bernhard Grimm nach Berlin überstellt und dort am 26. Mai und 18. Juni verhört. Er hält an seiner Verweigerung fest. Die entscheidende Verhandlung vor dem Zweiten Senat des Reichskriegsgerichts findet am 14. Juli 1942 statt. Vor Gericht hat er keine Chance, denn das Urteil steht von vornherein fest: „Wegen Zersetzung der Wehrkraft … zum Tode, zum Verlust der Wehrwürdigkeit und zum dauernden Verlust der bürgerlichen Ehrenrechte verurteilt".[181]

Während der insgesamt fünf Monate andauernden Haft darf Bernhard Besuche seiner Eltern und seines Bruders Karl empfangen. Nach J. Wrobel erhält Grimm Schreibpapier sowie eine besondere Besuchserlaubnis „mit Umarmung", „so dass ‚Bernde' seiner Mutter heimlich hauchdünne, eng beschriebene Briefe zustecken konnte"[182]. Dreißig Jahre später schreibt die Mutter: „Seine letzten Briefe aus dem Gefängnis, die er uns unzensiert durch wunderbare Fügung übergeben konnte, habe ich bis nach der Hitlerära in einem Beutel auf der Brust getragen aus Furcht vor Hausdurchsuchungen."[183]

Reichskriegsgericht
2. Senat
StPL (HLS) II 80/42
StPL (RKA) I 139/42.

14.7.42.

01136
Admiral

Im Namen
des Deutschen Volkes!

Feldurteil.

In der Strafsache gegen
den Kanonier Bernhard G r i m m ,
Flak-Ersatz-Abteilung 1 , Ludwigsburg,
wegen Zersetzung der Wehrkraft
hat das Reichskriegsgericht, 2. Senat, in der Sitzung vom 14. Juli
1942, an der teilgenommen haben
als Richter:
Senatspräsident Neuroth, Verhandlungsleiter,
Generalmajor von Goeldel,
Oberst Galle,
Oberstleutnant Dautwiz,
Oberkriegsgerichtsrat Vollbrecht,
als Vertreter der Anklage:
Kriegsgerichtsrat Zeitler,
als Urkundsbeamter:
Heeresjustizinspektor Güldner,
für Recht erkannt:
Der Angeklagte wird wegen Zersetzung der Wehrkraft zum Tode,
zum Verlust der Wehrwürdigkeit und zum dauernden Verlust der bürgerlichen Ehrenrechte verurteilt.

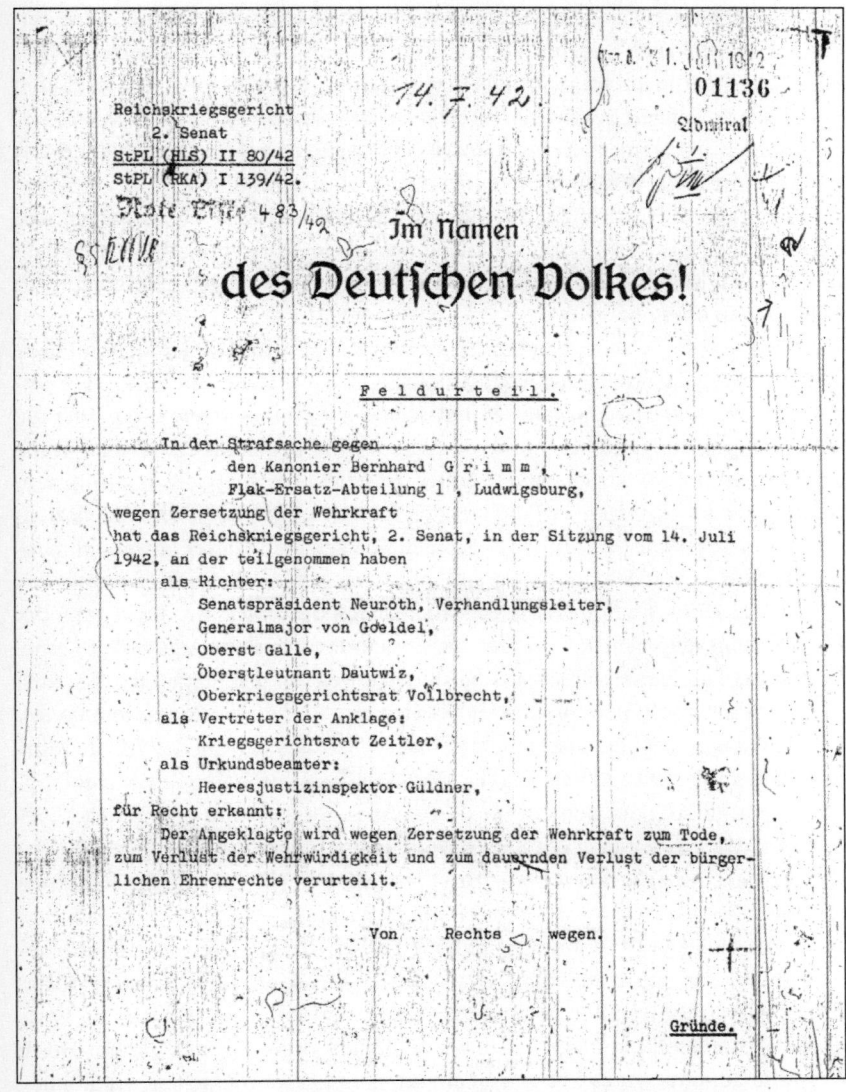

Von Rechts wegen.

Gründe.

„Feldurteil" des Zweiten Senats des Reichskriegsgerichts gegen den „Kanonier Bernhard Grimm ... wegen Zersetzung der Wehrkraft", 14. Juli 1942

Ein letzter Besuch der Eltern und des Bruders findet am 26. Juli 1942 statt. Im Gegensatz zu manch anderen Verweigerern ist sich Bernhard mit seinen Eltern vollständig einig; sie tragen seine Verweigerung mit. Er weist jede „Schuld" von ihnen an seinem Schritt zurück. Dieser sei vielmehr Ausdruck seines eigenen Willens und seiner eigenen Gewissensentscheidung. Bernhards Briefe offenbaren die enge Verbundenheit mit seiner Familie.

Seinen Abschiedsbrief an die Eltern und an Bruder Karl verfasst Bernhard am 20./21. August 1942 wenige Stunden vor seiner Hinrichtung. Das Dokument findet sich später in den Einlagen seiner Schuhe, die man den Eltern nach der Hinrichtung übergibt.

Wie die meisten Todeskandidaten kommt auch Grimm in der letzten Phase seiner Haft in das Zuchthaus Brandenburg-Görden. Hier trifft er kurz vor seinem Tod auf den evangelischen Militärseelsorger Werner Jentsch, der über die Begegnung später berichtet. Er ist von Grimm sehr beeindruckt, von seiner Ruhe und Gefasstheit im Angesicht des Todes. Er weiß aber auch, dass Grimm sein Schicksal bis zur letzten Minute wenden kann, wenn er seine Bereitschaft zu Eid und Kriegsdienst schriftlich bekundet. So sucht der Pfarrer nach Argumenten, um das Leben des ihm sehr sympathischen jungen Mannes zu retten: das Alte Testament sei lediglich ein Geschichtsbuch der Juden, die Auslegung der Offenbarung sei gefährlich und der Tag des Gerichts liege in ungewisser Ferne. Gemeinsam gehen sie wichtige Bibelstellen durch mit dem Ergebnis, dass sich Grimm über Nacht nochmals alles überlegen will. Doch die Argumente des Pfarrers überzeugen Bernhard nicht: „Als ich", so Jentsch, „in den frühen Morgenstunden wiederkam, war er ganz klar: Er unterschrieb den Zettel nicht."[184]

Die Standhaftigkeit von Grimms Gewissensentscheidung wird durch äußere Umstände während der Haft bekräftigt: „diese Stätte und der täglich gleiche Rhythmus, sowie die Verwerfung der ganzen Heiligen Schrift, Christus Jesus als ‚Saujude' usw."[185]

Im Abschiedsbrief schreibt er: „Meine Liebsten, kann es etwas Höheres geben, als für unseren allmächtigen Schöpfer, Jehova Gott, und unseren Erlöser, Christus Jesus, alles zu geben? Als für Liebe und Treue zu sterben? Ja, ist es denn ein Sterben für immer? Haben wir nicht die Hoffnung durch unseres Herrn Opfertod auf ein ewiges Leben und auf ein baldiges Wiedersehen? Da können wir nur dankbar Hebräer 10:19-23 teilen?"[186]

Pfarrer Jentsch begleitet Bernhard Grimm bis in die Stunde der Hinrichtung und hält später fest: „Bernhard kam als erster dran, weil er der Jüngste war. Er machte nun einen außergewöhnlich gefassten Eindruck. Ich war beschämt von seinem jungen Jesusglauben. Vor der Stufe zum Schafott im Hinrichtungsschuppen mussten wir warten. Jede Minute schien wie eine Ewigkeit. Aus der

Bernhard Grimm malte diese Rose wenige Tage vor seiner Hinrichtung und schrieb auf die Rückseite des Bildes: „Das sind meine Lieblinge. Lieber Vater! Da ich sie nicht mehr blühen sehen soll / und nicht mehr malen kann, / bitte ich Dich, lieber Vater, / pflanze Du eine, eine ganz **dunkel**rote, / zu meinem Andenken. / Weinet aber nicht, wenn sie blüht, / denn: Wo Rosen sind, sind Dornen."

angelehnten Tür leuchtete eine brennende Kerze. Das Dritte Reich hatte noch kein besseres „Brauchtum" erfunden. Das Kruzifix und die beiden Kerzen standen mit einer hartnäckigen Stetigkeit Donnerstag um Donnerstag auf dem Richttisch. Ungewollt behauptete der Gekreuzigte seinen Platz. Er grüßte die Sterbenden noch ein letztes Mal, eh der sausende Stahl den grausamen Schnitt vollzog. Als Bernhard das Licht der Kerze sah, leuchtete es in seinen Augen: ‚Sagen Sie bitte meinen Eltern, dass ich ruhig gestorben bin. Ich sehe den Himmel wirklich offen über mir.'[187] Ich spürte, dass er wirklich mit Jesus sterben wollte, deshalb beteten wir mit gefesselten und gefalteten Händen: ‚So nimm denn meine Hände und führe mich bis an mein selig Ende und ewiglich. Ich mag allein nicht gehen, nicht einen Schritt; wo du wirst gehen und stehen, da nimm mich mit.' Bernhard schritt die schwere Stiege ruhigen Schrittes hoch. Sein Kopf fiel in einen Sägemehleimer. Er selbst war in den Armen seines Heilandes geborgen."[188]

Zur selben Stunde am 21. August 1942 wird der katholische Kriegsdienstverweigerer Pater Franz Reinisch hingerichtet; auch ihn erwähnt Jentsch in seinem Erinnerungsbuch.

Bernhards Bruder Karl verweigert, wie mit Bernhard und der Familie abgesprochen, ebenfalls unter Berufung auf das Bibelwort „Du sollst nicht töten!" den Kriegsdienst mit der Waffe. Er ist jedoch zur Ablegung des Eides und zum Kriegsdienst ohne Waffen bereit. Das Reichskriegsgericht verurteilt ihn am 18. Februar 1943 zu drei Jahren Gefängnis. Er bleibt bis 21. April 1943 in Berlin-Tegel inhaftiert, dann wird seine Strafe bis Kriegsende ausgesetzt.[189]

Abschiedsbrief von Bernhard Grimm an seine Eltern und seinen jüngeren Bruder Karl. Undatiert, geschrieben am 20./21. August 1942

Liebste Eltern, liebster Karl!

Psalm 126; Offenb. 21: 1-7; 1. Kor. 13:13; Römer 8.

„Danket dem Herrn, denn er ist freundlich und seine Güte währet ewiglich!" Meine Liebsten, tut es trotz Eurem Schmerz mir zuliebe, denn nun liegt alles Schwere hinter mir. Ja, bis Euch diese Zeilen erreichen, hat mich der Herr und Meister in seine Herrlichkeit aufgenommen.

Meine Liebsten, wir können ihm wahrhaftig nicht genug danken, denn wie wunderbar war und ist er doch mit uns. Obwohl ja eigentlich keine Aussicht auf ein nochmaliges Wiedersehen bestand, ließ er es zu. Ja, als ich Euch, lieb-

ste Eltern, erblickte, war es für mich gar nichts Außergewöhnliches. Er ließ es zu, dass wir uns gekräftigt trennen durften und nicht in Verzweiflung. Ja, es war eigentlich nur ein Abschiednehmen im Hinblick auf ein baldiges frohes Wiedersehen. Oder kam es Euch nicht so vor? Ich bin ja so ungemein dankbar, dass Ihr, meine Liebsten, auch seine Güte erfahren durftet und gefasst seid. Hier möchte ich aber noch einflechten und festnageln, dass es mein freier Wille ist, unserem Schöpfer die Treue mit dem Leben zu besiegeln. Denn, nachdem Ihr weg wart, beschuldigte man Euch, Ihr seid für meinen Schritt verantwortlich. Sagt nicht die Heilige Schrift, dass jeder für sich selbst stehen muss? Ja nicht Ihr, sondern diese Stätte und der täglich gleiche Rhythmus, sowie die Verwerfung der ganzen Heiligen Schrift, Christus Jesus als „Saujude" usw. gaben mir die letzten Bestätigungen von Gottes Wort, das ... ein evangelischer Pfarrer, der mich besuchte, [das Alte Testament] als ein Geschichtsbuch der Juden bezeichnete und die Auslegung der Offenbarung als sehr gefährliche Geschichte und den Tag des Gerichts in ungewisse Fernen rückte, nun, vor der Erfüllung. Meine Liebsten! Wir können immer nur danken, dass alles schon so weit vorgerückt ist. Die ganze Erkenntnis bekam ich, als man mir die ganze Heilige Schrift gewährte. Denn nur um ein Beispiel zu nennen: Wie wunderbar ergänzt sich Daniel mit der Offenbarung des Herrn. Ja, er lässt wahrhaftig jedem, der an ihn glaubt und sucht, sein Vorhaben und seinen Frieden widerfahren.

Nun noch kurz die vergangenen Tage. Nach dem ersten kurzen Schreck, der ja schließlich begreiflich ist, nahm mich unser himmlischer Vater auf mein Bitten und Vertrauen auf ihn umso fester bei der Hand. Sein Friede hat mich nicht mehr verlassen. Als ich hier meine Bibel das erste mal aufschlug, (wieder) stand Psalm 86:11' vor mir, und nach diesem Satz habe ich gehandelt.

Meine Liebsten, kann es etwas Höheres geben, als für unseren allmächtigen Schöpfer, Jehova Gott, und unseren Erlöser, Christus Jesus, alles zu geben? Als für Liebe und Treue zu sterben? Ja, ist es denn ein Sterben für immer? Haben wir nicht die Hoffnung durch unseres Herrn Opfertod auf ein ewiges Leben und auf ein baldiges Wiedersehen? Da können wir nur dankbar Hebräer 10: 19-23 teilen?

Seht, meine Liebsten, es ist nun schon Mitternacht vorbei, noch habe ich Zeit zurückzutreten. Ach, könnte ich in dieser Welt nach Verleugnung des Herrn noch einmal glücklich werden? Ich glaube n i e. – Aber so habt Ihr die Gewissheit, dass ich glücklich und in Frieden von dieser Welt scheide. So schwer mir die Trennung fiel, so ließ mich doch unser Herr alles überwinden, und so bin ich keineswegs traurig oder gar verzweifelt, sondern genau das Gegenteil. Möge er auch Euch alles überwinden lassen. Euch alles, was Ihr mir Gutes und Lie-

bes getan habt, möge er vielfach vergelten und froh und frei in die Zukunft gehen lassen, dem Reiche des allmächtigen Schöpfers entgegen.

Liebste Eltern, was habt Ihr nicht alle um mich Sorge getragen, und liebster Karl, was hast Du mir nicht alles Gute getan. Möge Euch Jehova alles, seiner Verheißung und Güte und Barmherzigkeit gemäß, zurückerstatten, aber auch all denen, die uns so lieb zur Seite standen.

Hoffentlich bekommt Ihr als kleine Vergeltung die Gedichte, Zeichnungen und den Brief, von dem ich Euch erzählte.

Meine Liebsten, was soll ich Euch noch sagen, immer nur Dank, und dass ich Euch sagen will und zeigen, wie wunderbar unser Erlöser und unser himmlischer Vater ist. Vertraut restlos, so werdet auch Ihr seine Herrlichkeit ganz erfahren. Werdet nie traurig, denn wir sehen uns ja bald für immer wieder.

Ach – was sind auch Worte – aber auch da wird unser treuer Mittler Euch wissen lassen, was ich jeweils sagen will.

Nun, meine Liebsten, gibt es k e i n Z u r ü c k mehr, noch sind es zweieinhalb Stunden, aber die Entscheidung ist gefallen. Alles Schwere, alles Leid ist überwunden, aber alles durch den, der mächtig macht, Jesus Christus.

Und nun, Gott befohlen! Ihm und unserem Erlöser sei ewig Dank, Ruhm und Anbetung, ewige Majestät und ewiges Reich.

Nochmals die herzinnigsten Grüße und Küsse, den herzlichsten Dank, und auf baldiges, frohes Wiedersehen im Reiche unseres Herrn.

Seid stark, denn ich bin ja nicht verloren, sondern kann wie Paulus sagen: „Ich habe Glauben gehalten, ich habe den Lauf vollendet, hinfort wird mir beigelegt sein die K r o n e d e s L e b e n s.

Darum: „Frisch drum voran zur Ehre Jehovas und Jesu Christi!"

Nochmals die allerherzlichsten Grüße und Küsse,
Euer Euch heißliebender, [gez.] Bernd

Zum Abschied noch 1. Korinther 1: 3-9.[190]

7. Alfred Andreas Heiß (1904-1940) –
„Haltet fest an Christus und seiner Kirche"

Auf Grund einer von der Fuldaer Bischofskonferenz 1945 initiierten Umfrage meldete der Stadtpfarrer von Stadtsteinach, Dr. jur. Ferdinand Klopf, dem Erzbischöflichen Ordinariat (Bamberg): Alfred Andreas Heiß sei „verhaftet wegen Verweigerung des Kriegsdienstes, den er aus rein religiösen Gründen ablehnte, obwohl er sich der Folgen voll bewusst war, wurde wegen Zersetzung des Wehrgedankens zum Tode verurteilt und starb mutig und aufrecht als wahrer Märtyrer. Dokumente und Briefe befinden sich in Händen seiner Hinterbliebenen in Triebenreuth."[191]

Alfred Andreas Heiß hat am 18. April 1904 in Triebenreuth (heute in Stadtsteinach, Kreis Kulmbach, Oberfranken) als sechstes Kind einer Bauernfamilie das Licht der Welt erblickt. Der intelligente Junge besucht die Volks- und ein halbes Jahr lang die Handelsschule. Danach ist er in Stadtsteinach und Umgebung als Büroangestellter tätig. Seiner gründlichen und selbständigen Leistungen wegen erhält er überall beste Noten.

In der Weltwirtschaftskrise 1930 arbeitslos geworden, zieht A. Heiß nach Berlin. Vorübergehend arbeitet er als Stenograph bei Kaplan Helmut Fahsel, einem überaus geschätzten Theologen, Priester und Redner auf öffent-

Alfred Andreas Heiß

lichen Veranstaltungen. Fahsel dürfte auch die erneute und entschiedene Hinwendung von Heiß zu Kirche und Politik maßgeblich beeinflusst haben. Bei der Berliner Justiz bekommt er eine Anstellung als „Hilfsarbeiter im mittleren Justizdienst". Der Posten entspricht weder seiner bisherigen Tätigkeit noch seinen Fähigkeiten, bietet jedoch eine finanzielle Absicherung. Heiß sucht und findet schnell Kontakte zu Berliner Katholiken und Kirchengemeinden und durchschaut den lügenhaften und antichristlichen Charakter der nationalsozialistischen Weltanschauung. 1932 tritt er der Zentrumspartei bei und ist überzeugt, mit ihr Staat und Kirche gegen den Nationalsozialismus zu verteidigen.

Heiß bleibt unverheiratet, ist jedoch sehr kontaktfreudig und weltoffen. Er setzt sich gern politisch auseinander und schätzt dabei das offene Wort. Auch ohne akademische Ausbildung erwirbt er sich gute englische Sprachkenntnisse, wodurch er Anschluss an eine katholische Gesprächsgruppe aus deutschen, englischen und amerikanischen Studenten findet.

Zu seiner Familie hält er Briefkontakt und besucht sein Heimatdorf gern in der Urlaubszeit. Auch nach 1933 ist er überzeugt, sich offen und ablehnend gegen den Nationalsozialismus aussprechen zu können.

Während seiner Ferien 1934 kommt es zu Auseinandersetzungen mit Parteimitgliedern in seiner Heimatgemeinde Triebenreuth. Heiß äußert sich kritisch zur Urheberschaft des Reichstagsbrands und sagt, katholische Eltern sollten ihre Kinder besser nicht in die HJ schicken wegen der dort herrschenden widerchristlichen Erziehungsmethoden. Auch die Person von Propagandaminister Dr. Goebbels soll er angegriffen und verunglimpft haben. Als die Mitglieder des örtlichen Kriegervereins ein Hoch auf den Führer ausbringen, bleibt Heiß demonstrativ auf seinem Stuhl sitzen. Wegen antinationalsozialistischer Äußerungen wird Heiß denunziert und 1935 aus dem Staatsdienst entlassen. Für zehn Wochen nehmen ihn die NS-Behörden im KZ Columbia in Berlin in „Schutzhaft". Über das hier Erlittene schweigt er „auf Grund meiner furchtbaren Erfahrungen". Die Erlebnisse in Columbia bedeuten für Heiß einen tiefen Einschnitt und Bruch in seinem Leben. Er muss einsehen, dass die Zeit freier und offener Rede vorbei ist und auf diesem Wege nichts mehr gegen den Nationalsozialismus zu machen ist.

Nach seiner Entlassung zunächst wieder arbeitslos, findet er jedoch im Juli 1935 eine Anstellung als „Hilfsarbeiter" im Steuerbüro der katholischen Kirchengemeinden von Groß-Berlin. 1936 gelingt seine Rückkehr in den Staatsdienst, jetzt bei der Kirchensteuerstelle der Finanzämter Berlins. Dabei betont er jedoch, dass er seine Haltung gegenüber dem Nationalsozialismus nicht geändert habe. Er engagiert sich weiter in seiner Kirchengemeinde und ist auch bereit, bei einer Caritassammlung Passanten auf offener Straße und in Lokalen um eine Spende zu bitten.

Ein sehr persönlich gehaltener Brief an seine Nichte Gretl zu ihrer Erstkommunion schildert in bewegender Weise die religiöse Einstellung und Frömmigkeit von Alfred Heiß. Dem Kind legt er Wahrhaftigkeit, Selbstachtung und die Gottesliebe ans Herz. Den Briefkontakt mit seinen Eltern und Verwandten lässt Heiß aus unbekannten Gründen abreißen.

Am 14. Juni 1940 erfolgt Heiß' Einberufung zur Wehrmacht an den Standort Glogau (Schlesien). In der Kaserne verweigert er den „Deutschen Gruß" gegenüber der Hakenkreuzfahne, das Tragen eines Sporthemdes mit dem Aufdruck des Hakenkreuzes sowie das Anlegen der Wehrmachtsuniform, die ebenfalls mit dem Nazi-Emblem versehen ist. Er lehnt es ab, für den NS-Staat Dienste zu leisten, da der Nationalsozialismus, wie es in der späteren Anklageverfügung des Reichskriegsgerichtes heißt, antichristlich sei. Vor allem geht es Heiß darum, dem NS-Staat auf keinen Fall dienen zu wollen, woraus in letzter Konsequenz auch seine Verweigerung des Kriegsdienstes folgt.

Am 19. Juni gerät er in Haft. In Liegnitz erfährt er am 4. Juli vom Tod seiner Mutter, der ihm großen Schmerz bereitet. Wann ihn die Militärs in das Wehrmachtsuntersuchungsgefängnis Berlin-Tegel überstellen, ist nicht genau bekannt – Prozessakten sind nicht mehr vorhanden. Nach dem richterlichen Verhör vom 27. Juli verurteilt ihn das Reichskriegsgericht am 20. August wegen „Entziehung vom Wehrdienst" zum Tode. Der Richterspruch wird am 11. September rechtskräftig. Am 23. September, dem Tag vor seiner Hinrichtung, schreibt Alfred Andreas Heiß seinen Eltern in Triebenreuth und seiner Schwester Margarethe in Bayreuth einen kurzen Abschiedsbrief.

Irgendwelche Aufzeichnungen von ihm aus seinen letzten Lebenstagen oder weitere Briefe sind bisher nicht bekannt. Ungewiss bleibt auch, ob er während seiner Haft oder in den letzten Stunden vor seinem Tod seelsorgerlichen Beistand gehabt hat.

In den frühen Morgenstunden des 24. September 1940 wird Heiß im Zuchthaus Brandenburg-Görden durch das Fallbeil hingerichtet. Der Verbleib des Leichnams ist unklar, möglicherweise hat man ihn einem anatomischen Institut zur Verfügung gestellt.

Neben Wilhelm Gleßner, Michael Lerpscher und Josef Ruf ist Alfred Andreas Heiß der vierte katholische Kriegsdienstverweigerer, der im Jahr 1940 Opfer einer Militärjustiz geworden ist, die vor Verbrechen und Mord nicht zurückschreckte.

Nach 1945 will man sich an Heiß offenbar nicht erinnern und er gerät lange Zeit in Vergessenheit, selbst im Erzbischöflichen Ordinariat Bamberg, wo der eingangs erwähnte Brief von Pfarrer Klopf lag. Erst 1987 stößt Thomas Breuer bei seinen Studien im Bamberger Diözesanarchiv wieder auf den Namen Heiß und veröffentlicht einen ersten Bericht in der Zeitschrift „imprimatur".[192]

Die bisher ausführlichste Darstellung über Heiß legt Alwin Reindl 2003 vor. Reindl möchte Heiß nicht in erster Linie den Kriegsdienstverweigerern zuordnen, sondern sieht ihn eher als einen der „Einzelkämpfer", die aus unterschiedlichen Beweggründen, in mannigfaltigen Situationen und ganz auf sich allein gestellt dem Nationalsozialismus die Stirn boten. Aus der Feder von Alwin Reindl stammt auch sein in das Deutsche Martyrologium des 20. Jahrhunderts aufgenommene Beitrag.

Trotz einiger Auseinandersetzungen wird 1990 stillschweigend in der Pfarrkirche von Stadtsteinach – neben der Gedenktafel für die Gefallenen des Ersten und Zweiten Weltkriegs – eine kleine Tafel zum Gedenken an Heiß angebracht. Seine Verweigerung des Kriegsdiensts ist jedoch unerwähnt geblieben.

*Abschiedsbrief von Alfred Andreas Heiß am
23. September 1940 an seinen Vater[193]*

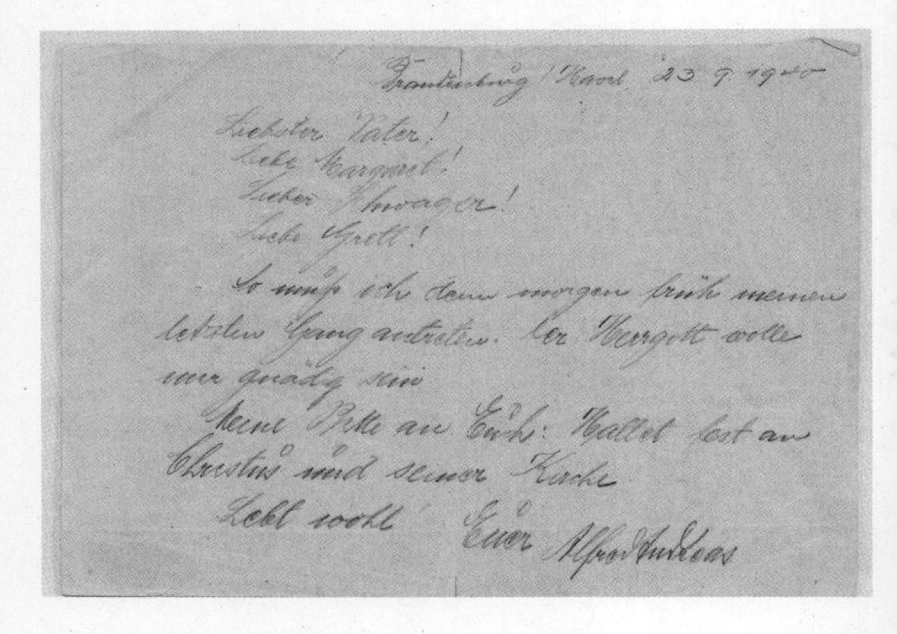

Liebster Vater! Liebe Margaret!
Lieber Schwager! Liebe Gretl!

So muss ich denn morgen früh meinen letzten Gang antreten.
Der Herrgott wolle mir gnädig sein.
Meine Bitte an Euch: Haltet fest an Christus und seiner Kirche.
Lebt wohl!

       Euer Alfred Andreas

In einem ansonsten gleichlautenden Abschiedsbrief von Heiß an seine Schwester in Bayreuth schreibt er am Ende kürzer:
„Eine Bitte an Euch: Haltet fest an Christus."[194]

8. Alfred Herbst (1906-1943) – Glaubensgehorsam zu Jesus Christus

Alfred Herbst[195] ist bis heute der einzige namentlich bekannte Kriegsdienstverweigerer aus dem Umkreis der baptistischen Gemeinden in Deutschland. Vor dem Reichskriegsgericht beeindruckt er die Richter durch sein christliches Glaubenszeugnis, so dass diese nach Möglichkeiten suchen, ein Todesurteil abzuwenden, was sie dann schließlich doch nicht tun. Seine Heimatstadt Schriesheim an der Bergstraße (Baden) ehrt sein Andenken seit 1946 durch eine Straßenbenennung.[196]

Alfred Herbst kommt am 15. Dezember 1906 als Sohn des Tünchermeisters Joseph Herbst und seiner Frau Mina Herbst, geborene Neuwirth, in Schriesheim an der Bergstraße (nahe Heidelberg) zur Welt. Die Eltern gehören der kleinen örtlichen Baptistengemeinde[197] an. Sie stellen zunächst ihre Werkstatt und später sogar ein Grundstück für den Bau eines „Sälchens" zur Verfügung, das sie zudem noch selber finanzieren. Der Familie werden vier Söhne geboren, doch ein Kind stirbt bereits im Alter von vier Jahren. Die Eltern sind überzeugte Christen, die ihren Glauben im Alltag zu verwirklichen suchen und in diesem Geist auch ihre Kinder erziehen. Von seiner religiösen Umgebung ist Alfred tief geprägt. Eine Taufe der Kinder bleibt jedoch in dieser religiösen Gemeinschaft ausgeschlossen. So gehört er bis zu seinem 16. Lebensjahr nominell keiner Kirche oder Glaubensgemeinschaft an. Eine ernste Predigt über die biblische Erzählung von der großen Flut[198] veranlasst ihn zu einer entschiedenen Bekehrung, der hernach auch die „Taufe in Jesu Christi Tod" folgte. Er bekennt: „Mein Leben habe ich von diesem Augenblick an auf Leben und Tod Jesus Christus, Gottes Sohn, ergeben und mich der Baptistengemeinde 1922 angeschlossen."[199]

Die Taufe erfolgte durch Untertauchen. In der baptistischen Gemeinde beteiligt sich Alfred aktiv in der Kinder- und Jugendarbeit und ist dabei auch musikalisch tätig. Später erlernt er noch das Harmonium- und Geigenspiel.

Nach der Volksschule beginnt er eine Ausbildung als Chirurgie-Mechaniker in Heidelberg. „Während der Lehrzeit musste Alfred eine Zeitlang die Lehre unterbrechen, da die Eltern kurz nach Ende des Weltkriegs 1914-1918 das Fahrgeld nicht mehr aufbringen konnten."[200] Dennoch schließt er seine Ausbildung mit der Gesellenprüfung ab. Eine Arbeit in dem erlernten Beruf findet er trotz vieler Bemühungen nicht, doch gelingt es einem Verwandten, ihm eine Stelle bei einer Stuttgarter Firma zu vermitteln. In ihr ist er seit 1927 als Monteur tätig.

Auch in Stuttgart schließt sich Herbst der freikirchlichen Gemeinde der Baptisten an und macht sich in tiefer, persönlicher Weise mit dem Wort Gottes in

Ehepaar Elise und Alfred Herbst

der Bibel vertraut. Sie stellt für Baptisten eine ausschließliche und endgültige Autorität dar. Sein ganzes Leben möchte er am Wort der Heiligen Schrift ausrichten. Nichts soll geschehen, was der Bibel widerspricht. In der baptistischen Gemeinde ist er „mit ganzem Herzen für alle Dienste bereit, besonders machte ihm der Versand des ‚Jugendboten' viel Freude".[201] Wie schon in Schriesheim ist er gern in der Kinder- und Jugendarbeit tätig. Des Weiteren übernimmt er die Leitung des gemischten Gemeindechors.

Bei einer Freizeit der Gesangsgruppe lernt er seine spätere Frau Elise, geborene Petershans, kennen. Sie ist Vollwaise, nachdem ihr Vater im Ersten Weltkrieg gefallen und auch die Mutter kurz darauf gestorben ist. Das Paar heiratet im Januar 1935 und wohnt im elterlichen Haus von Elise in Endersbach im Remstal, nahe Stuttgart (heute Weinstadt-Endersbach). Am 1. Januar 1936 kommt das einzige Kind, die Tochter Sonja, das aus Herbsts Briefen bekannte und geliebte „Sonnile", bei einer sehr schweren Geburt zur Welt.

Seine Abneigung gegen den aufkommenden Nationalsozialismus bekundet Alfred Herbst auch nach außen. Er verweigert den Hitler-Gruß und ist nicht bereit, wie allgemein angeordnet, die Hakenkreuzfahne zu zeigen. Bereits um das Jahr 1930 tritt Alfred Herbst aus der Baptistischen Gemeinde aus, weil sie nach seiner Überzeugung der NS-Ideologie nicht entschlossen genug entgegentritt. Besonderen Anstoß nimmt er daran, dass Gemeindemitglieder mit SA-Abzeichen das Abendmahl austeilen. Die Familie zieht sich aus der Gemeinde zurück und trifft sich bisweilen noch mit einigen andern in häuslichen Versammlungen oder auch „im Dickicht des Waldes", wie Tochter Sonja schreibt. Sehr gerne fährt Alfred Herbst mit ihr in die Wälder, wo sie „schöne Blumen pflückten und frohe Lieder sangen."[202]

Zum Zeitpunkt seiner Verweigerung gehört Herbst nominell keiner Kirche oder Glaubensgemeinschaft an. Er soll zur Wehrmacht eingezogen werden. Seine Firma, die seine ablehnende Haltung kennt, versucht wiederholt, eine Freistellung zu erreichen. Am 26. März 1943 der unwiderrufliche Bescheid: Einberufung zur Wehrmacht in die Kaserne Böblingen. Am 1. April tritt er den Dienst an. Am 5. April bekundet er seine Verweigerung und teilt dies bereits zwei Tage später seinen Angehörigen mit. Seine Entscheidung führt nach seinen Worten zu großer Aufregung: „im ganzen Lager großes Erregen und Fragen hin und her"[203]. Vorgesetzte weisen ihn auf das Reichskriegsgericht hin, das mit „solchen Männern kurzen Prozeß mache".[204]

Bereits im ersten Brief aus der Haft verdeutlicht Herbst, dass er seine Entscheidung ganz in der Christusnachfolge sieht. Für ihn bewahrheitet sich jetzt das Lied:

> „Solang mein Jesus lebt
> und seine Kraft mich hebt,
> muss Furcht und Sorge von mir fliehn,
> mein Herz in Lieb erglühn."[205]
>
> Und er fügt hinzu:
>
> „Brauche ich mehr, als dich, mein Jesus, je auf Erden hier?
> Du allein sollst mein ein und alles sein!
> Mit dem Wort: Befiehl dem Herrn deine Wege und hoffe
> auf ihn ... will ich schließen und herzlich grüßen
> Euer Vater Alfred
>
> Recht herzliche Extragrüße an mein liebes Sonnile.
> Danke herzlich für Deine ersten Grüße."[206]

Am 15. April 1943 kommt Herbst in das Untersuchungsgefängnis beim Kreisgericht Ludwigsburg. In zahlreichen Verhören wird immer wieder versucht, ihn umzustimmen, doch er bezeugt seine Glaubenshaltung sogar mit seiner Unterschrift: „Bluterkauft, in den Tod Jesu getauft und Leibeigener des Herrn und Heilandes zu sein."[207]

Während der Inhaftierung in Böblingen und Ludwigsburg darf er Besuche seiner Angehörigen empfangen und sich mit ihnen brieflich in Verbindung setzen.

Am 21. Mai nach Berlin überstellt, sind die Haftbedingungen zunächst erträglich, doch darf er keine Pakete empfangen und nur einmal im Monat einen Brief schreiben. Am 17. Juni findet eine Untersuchung vor dem Reichskriegsgericht statt. Er schreibt seiner Frau, dass sie, falls sie nach Berlin kommen könne, Besuchserlaubnis erhalte. Am 25. Juni steht er zur Hauptverhandlung vor dem ersten Senat des Reichskriegsgerichts. Obwohl die Richter seine ehrliche Glaubensüberzeugung anerkennen, steht das Urteil von vornherein fest: Todesstrafe, Aberkennung der Wehrwürde und dauernder Ehrverlust.

In den letzten Tagen und Wochen vor seiner Hinrichtung weiß Alfred Herbst, dass seine Frau schwer erkrankt ist und gerät in einen tiefen Gewissenskonflikt. Darf er, mit Rücksicht auf seine Familie, den eingeschlagenen Weg weitergehen? Trost findet er in den Worten von Psalm 34, 18-23. In seinem Brief vom 27. Juni 1943 erinnert er an die schwere Kindheit seiner Frau als Kriegswaise und hofft zugleich, dass sie beide von allem Schweren erlöst werden können. Er schreibt: „Liebe Frau, ich bezeuge vor Gott dem Herrn, dass ich diesen Weg nicht gehe aus Lieblosigkeit zu Dir und meinem guten Kind, meiner lieben, herzensguten Sonni, nein, niemals nein, sondern aus tiefstem Glaubensgehorsam zu meinem Herrn und Erlöser Jesus Christus, dem ich durch die Taufe in seinen Tod mit meinem Leben gehöre. ‚Kein Knecht kann zwei Herren dienen: entweder er wird den einen hassen und den anderen lieben oder wird dem einen anhangen und den andern verachten. Ihr könnt nicht Gott dienen und dem Mammon.'" (Lukas 16, 13).[208]

Auch für Alfred Herbst gibt es von Seiten der Militärjustiz keine Gnade. Am 8. Juli bestätigt Admiral Max Bastian (1883-1958) wie in insgesamt 1000 anderen Fällen den Richterspruch. Am 10. Juli erteilt der Oberreichskriegsanwalt Elise Herbst eine Besuchserlaubnis, allerdings mit der einschränkenden Bemerkung „wenn möglich, ca. ½ Stunde". Am 20. Juli 1943 wird Herbst vom Berliner Wehrmachtsuntersuchungsgefängnis in der Lehrterstraße in das Zuchthaus Brandenburg-Görden überstellt und noch am gleichen Tag, gemeinsam mit sechs weiteren namentlich bekannten Häftlingen, durch das Fallbeil hingerichtet.

Wie die Städtische Friedhofsverwaltung Brandenburg im November 1943 der Witwe auf Anfrage mitteilt, hat man den Leichnam von Alfred Herbst im Krematorium Brandenburg feuerbestattet, die Urne mit den Ascheresten im Westteil des Urnenhains Brandenburg „in einer gemeinsamen Stelle mit drei weiteren Urnen beigesetzt".

Nach dem Tod ihres Mannes ist Elise Herbst in großer seelischer und gesundheitlicher Bedrängnis, doch darf die Familie, wie Sonja später schreibt, „auf wunderbare Weise Gottes Durchhilfe erfahren. Er lenkte viele Herzen, die uns mit dem Nötigsten – auch wurde öfters Geld im Briefkasten vorgefunden

– versorgten, da ja zunächst von staatlicher Seite für diese Art von Kriegsopfern nicht gesorgt wurde. Erst später wurde meiner Mutter eine Witwenrente zugesprochen."[209]

1958 stirbt Elise an einem schweren Leiden im Alter von 44 Jahren; Tochter Sonja ist zu diesem Zeitpunkt zweiundzwanzig Jahre alt.

Die Heimatgemeinde Schriesheim an der Bergstraße benennt bereits 1946 in einem symbolischen Akt die Kriegsstraße nach Alfred Herbsts Namen um. Später bringt auch die Gemeinde Weinstadt/Endersbach auf dem alten Friedhof eine kleine Erinnerungstafel für A. Herbst an. Sie enthält allerdings nur den Namen und das Geburtsdatum und steht etwas verloren zwischen den Tafeln der Gefallenen und Vermissten. Der heutige Betrachter

Sonnile Herbst mit ihrer Mutter

vermag nicht zu erkennen, dass sie an einen Kriegsdienstverweigerer erinnert. Karsten Bredemeier geht in seiner 1990/91 veröffentlichten Dissertation ausführlich auf Alfred Herbsts Gewissensentscheidung ein. Sie ist ganz in der Nachfolge Christi begründet und schließt daher auch das Leiden ein. So wird sein Martyrium „ein Zeugnis für den Herrn". Die evangelische Kirche nimmt ein Lebensbild von Alfred Herbst auf in den Band „Ihr Ende schaut an – Evangelische Märtyrer des 20. Jahrhunderts".[210]

Exkurs: Baptistische Gemeinden

Die baptistische Bewegung ist in ihren Ursprüngen dem „linken Flügel der Reformation" zuzuordnen und und im 17. Jahrhunderts in Holland und England entstanden. Sie fand besonders in den USA weite Verbreitung. Einer ihrer bekanntesten Vertreter im 20. Jahrhundert war der amerikanische Pastor und Bürgerrechtler Martin Luther King (1929-1968), der 1964 für sein Wirken gegen Rassismus und soziale Unterdrückung den Friedensnobelpreis erhielt und 1968 Opfer eines Mordanschlages wurde. Die erste deutsche Gemeinde rief Johann Gerhard Oncken (1800-84) 1834 in Hamburg ins Leben. Zu den grundlegenden Überzeugungen der Baptisten gehören der Glaube an Christus als alleinigem Herrn und Erlöser, die Anerkennung der Bibel als verbindlicher Richtschnur des Glaubens und Lebens sowie die Betonung der persönlichen Glaubensentscheidung für das Heil des Menschen. Daher fordern sie die sogenannte Gläubigen- oder Glaubenstaufe und die jeweilige Unabhängigkeit der Ortsgemeinden, die sich jedoch seit 1905 im Baptistischen Weltbund zusammenschließen.

Baptisten lehnen hierarchische Strukturen und ein priesterliches Amt ab. Sie betonen, dass alle Gläubigen gleichermaßen am allgemeinen Priestertum auch in der Verkündigung Anteil haben, und treten ein für Religionsfreiheit und die Trennung von Staat und Kirche. Das Abendmahl verstehen sie vorrangig als Gedächtnisritual. Verkündigung und Mission sind für jeden Gläubigen zentrale Aufgaben. Die Anzahl der Mitglieder soll heute etwa 47 Millionen in circa 144 000 Gemeinden betragen.

Über die Haltung der Baptisten zum NS-Regime, zum Krieg und zur Kriegsdienstverweigerung informieren bereits die Autoren Albrecht und Heidi Hartmann 1986 in ihrem Buch über „Kriegsdienstverweigerung im Dritten Reich". Danach gestehen Baptisten in ihrem Glaubensbekenntnis und einer Muster-Gemeinde-Verfassung von 1847, die, 1912 überarbeitet, bis 1944 in Geltung sind, der jeweiligen Obrigkeit das Recht zu, „auch das Schwert gegen Feinde des Landes zum Schutz der ihr anvertrauten Untertanen" zu gebrauchen. Daraus erwächst die Verpflichtung, „wenn wir dazu von der Obrigkeit aufgefordert werden, Kriegsdienste zu leisten". Wird in dem Dokument noch Sympathie für jene unter ihnen deutlich, „die rücksichtlich des Eides und des Kriegsdienstes unsere Überzeugung nicht teilen", so entfällt dieser Punkt im „Glaubensbekenntnis" von 1944. Hier heißt es: „Wir beten für die Obrigkeit, daß sie die ihr anvertraute Macht zum Schutz der Rechtlichen und zur Bestrafung der Übeltäter handhabe. Und wir leisten dem Oberhaupt des Staates den Treueid, tun auch Kriegsdienst, weil die Obrigkeit nach Gottes Wort das Schwert nicht umsonst trägt."[211]

Wie die großen christlichen Kirchen bekunden die Baptisten seit 1933 dem NS-Regime ihre Loyalität, die sie kurz nach Kriegsbeginn 1939 noch bekräftigen. Am 3. September heißt es in ihrem Hauptorgan „Der Wahrheitszeuge": „Ohne Wanken und Schwanken stehen wir unerschütterlich für unser Vaterland ein. Als Christen stehen wir in unbedingter Treue und in selbstverständlichem Gehorsam geschlossen zu unserem Volke und seiner Führung."[212]

Von daher ist es verständlich, dass Alfred Herbst guten Gewissens vor dem Kriegsgericht die Frage verneinen kann, ob er weitere Baptisten kenne, die wie er den Kriegsdienst verweigerten.

Briefe von Alfred Herbst

Die Briefe, die Alfred Herbst seinen Angehörigen schrieb, hat der Schriftsteller Jost Müller-Bohn 1984 in einem schmalen Band herausgegeben und kommentiert. Es handelt sich um insgesamt 19 Briefe, die bis heute die wichtigste Quelle über Alfred Herbst sind. Sie zeigen einen unbeugsamen Mann, der an seiner tiefen Verbundenheit mit Christus bis zu seiner Hinrichtung festhält. Er weiß, dass die Nachfolge Jesu auch für ihn einen Leidensweg bedeutet, dass er als „Leibeigener des Herrn und Heilandes" kein anderes Schicksal zu erwarten hat als der Meister selbst. In dem Bewusstsein und der inneren Gewissheit, sich als besonderer Zeuge seines Heilandes zu bewähren, findet er göttlichen Beistand und herrlichen Frieden.

Die Treue zu Jesus geht Herbst über alles, sie schenkt ihm ewiges Leben und Trost angesichts des ihm zugedachten Schicksals. Gottes Wort, tief in seinem Herzen verankert, Richtschnur seines Handelns und durch ihn zu einer Lebendigkeit gebracht, die in den „gläubigen deutschen Christen" ansonsten seinesgleichen sucht, ist in jedem Brief präsent.

Über seine Gegner macht sich Herbst keine Illusionen, wollen sie doch „vom wahren und lebendigen Glauben nichts wissen". Dass seine Umwelt nur mit Unverständnis auf seine Entscheidung reagiert, stellt ihm seine „Heimatlosigkeit" deutlich vor Augen. Doch auch das empfindet er als Zeichen seiner Verbundenheit mit Jesus, die ihm mehr bedeutet als nationale oder nationalistische Rücksichten. Seine Treue in der Nachfolge Jesu führt ihn in einen unausweichlichen Konflikt, der sich in den Tagen seiner Urteilsverkündung noch verschärft, als er von der ernsten Erkrankung von Frau und Kind erfährt.

Mit seiner Frau und Tochter Sonja bleibt er stets in herzlicher Liebe verbunden. Seine Ehe bezeichnet er als „ein Himmel auf Erden". Elise Herbst schickt ihrem Mann Briefe und Pakete, gelegentlich ist auch ein Gedicht dabei. Besuche bei dem Inhaftierten sind anfangs möglich. Alfred Herbst bittet seinen Bruder, sich nach dem Tod seiner Frau und des Kindes anzunehmen. Er selbst spürt die Verpflichtung, den Weg des Glaubensgehorsams weiter zu gehen. Er vertraut darauf, dass es ein Wiedersehen mit seinen Lieben geben wird: „Christen sehn sich nie zum letzten Mal."[213] Diese Hoffnung auf ein Wiederbegnung mit seinen Liebsten, die Gewissheit, im „Buch des Lebens" verzeichnet zu sein, schenkt ihm Kraft bis in den Tod.

Wenige Tage und Stunden vor seiner Hinrichtung schreibt Alfred Herbst seinen Angehörigen nochmals zwei Briefe:

Erster Brief

Berlin, 18./20. Juli 1943

Meine liebe, gute Frau, mein liebes Kind!
Philipper 1, 19-28

Vor allem habe Du innigen Dank für die Liebe, die Du mir durch Deinen Besuch erwiesen. Es war das letzte Mal auf Erden, dass wir uns nochmals Auge in Auge schauen konnten. Bis das Schreiben bei Euch eintrifft, werde ich schon vom Glauben zum Schauen gelangt sein.

O wie gern wäre ich noch mit Euch hienieden gewandert. Der Herr ließ es zu, mich im Glauben und Gehorsam zu ihm zu prüfen, und in dieser Prüfung musste ich Gott mehr gehorchen als Menschen. Liebe Elise, der Herr sei mit Dir, wie er es in seinem Worte verheißt. Suche auch Du, ihm zu folgen, bis der Glaube und der Gehorsam zu ihm gesiegt. (2. Korinther, 14-17, 1. Johannes 5, 4)

Meine liebe Frau, mein teures Lieb, wenn Du von jetzt an allein den Weg gehst, so wisse, der Herr ist bei Dir (Johannes 1, 5; 5. Mose 31, 8). Der Herr ist bei Dir, ein starker Heiland! Bald wird die Stunde kommen, wo wir uns wiedersehen dürfen. Gott, der Herr, möge es schenken. Ach, dass der Herr das Bitten erhören möge für unser liebes Kind, unsere Sonni. Das Trennen war hart, doch gibt es ein Wiedersehen! Gott der Herr möge Euch führen und leiten nach seinem Willen und Wohlgefallen. (Sirach 2, 6-13; Weisheit 3, 1-9) Gott mit Euch, bis wir uns wiedersehn, möge er ratend ob Euch walten, Euch bei seiner Gnad' erhalten, Gott mit Euch, bis wir uns wiedersehn.

Es ist herrlich, eine lebendige Hoffnung zu besitzen und felsenfest zu wissen, dass der Name im Lebensbuch eingetragen ist (Kolosser 3,1-4; Johannes 11, 25-26; Offenbarung 22, 2-4; 7, 27, und 7, 9-17).[214]

Mit dem letzten Wort Offenbarung 7 denke ich immer an meine liebe Mutter. Ach, wie war sie doch erquickt und gestärkt durch dieselbe.

Mit Dank, Ehre und Anbetung zu meinem Herrn und Erlöser darf ich zurückblicken auf mein verflossenes Leben. Er gab mir Heil, Friede, Freude und ewiges Leben! In dankbarer Liebe grüße und küsse ich Euch!

Psalm 4, 4; 17, 6-15
Euer innigst liebender Vater

Zweiter Brief

Brandenburg, 20. Juli 1943

Meine Lieben, liebe Elise, liebe Sonni!
Psalm 103

Habe nun die letzte Gelegenheit, noch ein Lebenszeichen von mir an Euch zu richten. Heute früh ½ 8 Uhr von Berlin nach Brandenburg überliefert. Gegen ½ 1 Uhr wurde das Urteil nochmals verlesen und die Vollstreckung auf 16.15 Uhr angesagt.

Liebe Elise, ich bin ganz getrost in der Gewissheit, meine Sünden sind vergeben, ausgetilgt durch Jesu Blut.

Für Euch, meine Lieben, kann ich jetzt nicht mehr sorgen, aber ich weiß, der Herr sorgt für Euch. Meine Bitte ist immer wieder: Herr, gib doch bald ein Wiedersehen! Ach ja, möge sich doch sein Wort: „Ich komme bald", erfüllen. Hat doch der Herr in seinem Wort gesagt: Und ob die irdische Hülle zerbrochen wird oder zerfällt, haben wir einen Bau nicht mit Händen gemacht, sondern ein Bau von Gott erbaut. Der Herr will auch, dass wir sind wo er ist, dass wir seine Herrlichkeit sehen, die er vom Vater erhalten hat. Sind doch die paar Tage deines Hierseins für mich auch recht schwer gewesen, aber doch kam ich wieder zur Ruhe und ins Gleichgewicht. Ja, der Herr läutert die Seinen wie Gold durchs Feuer, aber er hilft auch wieder, wenn es einem zu schwer werden will.

Habe heute früh in Berlin auch einen Brief an Dich gesandt. Ich hoffe nun, dass Du beide erhältst. Den Brief von Berlin habe ich schon letzte Woche geschrieben, da ich nicht wusste, an welchem Tag ich von der Zeit in die Ewigkeit scheiden werde.

Und nun, Ihr meine Lieben, seid der Gnade und dem Schutze des Herrn befohlen und nochmals recht herzlich gegrüßt und geküsst mit dem Wort in Offenbarung 7, 9-17; 21, 1-7, und Römer 8, 28 – Schluss.

Eurem Vater[215]

Franz Jägerstätter

9. Franz Jägerstätter (1907-1943) – „Christus immer ähnlicher werden"[216]

„Zu was hat denn Gott alle Menschen mit einem Verstande und freien Willen ausgestattet, wenn es uns, wie so manche sagen, gar nicht einmal zusteht zu entscheiden, ob dieser Krieg, den Deutschland führt, gerecht oder ungerecht ist? Zu was braucht man dann noch eine Erkenntnis zwischen dem, was Gut oder Böse ist?"[217]

Der Familienvater, Landwirt und Mesner (Küster) aus St. Radegund in Oberösterreich ist dank zahlreicher Veröffentlichungen inzwischen der bekannteste katholische Kriegsdienstverweigerer. Durch seine Seligsprechung hat die katholische Kirche erstmals das Lebens- und Glaubenszeugnis eines Kriegsdienstverweigerers aus dem Zweiten Weltkrieg als traditionsstiftend gewürdigt und ihn als bedeutende Persönlichkeit christlichen Glaubens anerkannt. Jägerstätters Frau Franziska konnte, hoch betagt, an dem festlichen Ereignis am 26. Oktober 2007 im Mariendom zu Linz teilnehmen. Inzwischen ist auch der gesamte Briefwechsel Jägerstätters mit seiner Frau Franziska samt umfangreichen Aufzeichnungen aus den Jahren 1941-1943 veröffentlicht, so dass seine Auseinandersetzung mit dem Nationalsozialismus, die Beweggründe und das Wachsen seiner einsamen und schweren Gewissensentscheidung gut nachvollziehbar sind.

Franz Jägerstätter ist am 20. Mai 1907 in dem oberösterreichischen Dorf St. Radegund auf die Welt gekommen, das nur etwa 30 km von Braunau am Inn, dem Geburtsort von Adolf Hitler, entfernt liegt. Seine Eltern, Rosalia Huber und Franz Bachmeier, beide Dienstboten, sind zu arm, um heiraten zu können. Da die Mutter einer Erwerbsarbeit nachgehen muss, wird Franz von seiner Großmutter Elisabeth Huber erzogen. Er schildert sie später als gute und sehr liebevolle Frau. Als Kind leidet er unter den wirtschaftlichen Nöten der Kriegszeit. In der Schule sieht er sich benachteiligt, „weil er keine Lebensmittel für den Lehrer mitbringen konnte"[218]. Rosalia Huber heiratet 1917 Heinrich Jägerstätter, der das Kind seiner Frau adoptiert, so dass Franz von nun an dessen Namen trägt.

Nach siebenjähriger Volksschulzeit wird Franz Jägerstätter Bauer und später auch Erbe des Leherbauernhofs. Wie sein erster Biograph, der amerikanische Soziologe Gordon C. Zahn,[219] von Ortsbewohnern 1961 erfährt, gilt der junge Mann als intelligenter und lebenslustiger Mensch, der manchen bisweilen etwas wild anmutet. Als Zwanzigjähriger verlässt Jägerstätter sein Heimatdorf für drei Jahre und arbeitet in der steirischen Stadt Eisenerz im Bergbau. Hier ist das Milieu eher sozialdemokratisch geprägt und nicht so einheitlich katholisch wie daheim.

1933 wird Franz Jägerstätter Vater der Tochter Hildegard; Mutter ist die ledige Magd Theresia Auer. Zu einer Eheschließung der Eltern kommt es nicht, jedoch kümmert sich Jägerstätter liebevoll um seine Tochter, die von Theresias Mutter erzogen wird. 1936 vermählt er sich mit Franziska Schwaninger, einer Bauerntochter aus dem benachbarten Dorf Hochburg. Die Heirat gilt allgemein als Wendepunkt in seinem Leben. Während der sehr glücklichen Ehe kommen drei Töchter zur Welt, denen er ein fürsorglicher Vater ist. Nach dem Einmarsch von Hitlers Wehrmacht in Österreich (1938) ist Jägerstätter der einzige Mann im Dorf, der sich gegen die Okkupation wendet. Doch wird seine Neinstimme bei der Volksabstimmung 1938 unterschlagen.

Gleich dreimal zieht die Wehrmacht ihn ein. Zuerst im Juni 1940. Da seine Frau zu diesem Zeitpunkt wegen der Geburt ihres dritten Kindes erkrankt und der Hof weiter zu betreiben ist, ergreift die Gemeindeleitung von St. Radegund die Initiative und holt Franz schon nach wenigen Tagen vom Militär zurück. Eine zweite Einberufung nach Enns erfolgt im Oktober 1940 und dauert bis Anfang April 1941. Jägerstätter absolviert die Grundausbildung, den üblichen Militärdienst und leistet den Fahneneid. Zudem schließt er mit Erfolg einen Kraftfahrkurs ab. In Enns lässt er sich am 8. Dezember 1940 – gemeinsam mit dem Soldaten Rudolf Mayer[220] – in feierlicher Form in den Dritten Orden des heiligen Franziskus aufnehmen.

Die Erfahrungen beim Militär – ständiger Drill und zahlreiche Schikanen – bekräftigen Jägerstätters Entschluss, einer weiteren Einberufung nicht mehr nachzukommen. Die Verfolgung zahlreicher oppositioneller Priester[221] in seiner Heimat sowie die Morde an Geisteskranken, von denen er erfährt, offenbaren ihm immer deutlicher den totalitären Charakter des Nationalsozialismus und dessen Unvereinbarkeit mit dem Christentum. Er entscheidet sich, den Dienst in der Wehrmacht zu verweigern.

Als sich in St. Radegund herumgesprochen hat, dass er nicht bereit ist, in die von ihm als ungerecht erkannten Kriege Hitlers zu ziehen, übt man starken Druck auf ihn aus. Man hält ihm vor, er versündige sich schwer gegen seine Familie und lasse sie im Stich. Außerdem sei er hochmütig und ungehorsam. Auch amtliche Vertreter der Kirche versuchen, Jägerstätter von seinem Vorhaben abzubringen. In seiner Gewissensnot sucht er Bischof Joseph Calasanz Fließer (1896–1960) in Linz auf. Dieser äußert sich sehr vorsichtig und zeigt wenig Verständnis für Jägerstätters Haltung. Er erinnert ihn vor allem an seine Verpflichtungen gegenüber seiner Familie und spricht ihm als einfachem Bauern die Kompetenz ab, über die Rechtmäßigkeit eines Krieges zu befinden.

In den Jahren 1941/42 vertieft Jägerstätter seine religiöse Haltung. Da er inzwischen täglich zur Messe geht und die Kommunion empfängt, bittet man ihn, die Mesnerstelle in St. Radegund zu übernehmen. Er findet Kraft und Trost im Empfang der Eucharistrie, liest intensiv die Bibel sowie Bücher über Heilige, die ihm in der örtlichen Pfarrbücherei zugänglich sind. Immer wichtiger erweisen sich auch das Gebet und der intensive Austausch mit seiner Frau. Jägerstätter erörtert die Konsequenzen des christlichen Glaubens für sein eigenes Verhalten. Dabei tauscht er sich mit Menschen seines Vertrauens aus, seine Argumente für eine Verweigerung vermag aber aus seiner Sicht niemand zu entkräften.

Jägerstätter sucht das Gespräch mit Vertretern der Kirche, doch „unsere Reiseführer, die Priester und Bischöfe, hat man vielfach auch schon irregeführt oder mit Drohungen eingeschüchtert".[222] Infolge ihres verhängnisvollen Schweigens seien sie nicht mehr in der Lage, den Christen Orientierung zu geben. Vor allem aber – für Jägerstätter ein ganz entscheidender Punkt – habe sich die Kirche am 10. April 1938, dem Tag der Volksabstimmung, „gefangen nehmen" lassen. Damals lobten Österreichs Bischöfe in einer Kanzelerklärung[223] die hervorragenden Leistungen der nationalsozialistischen Bewegung, erteilten ihr beste Segenswünsche und betonten ihre selbstverständliche nationale Pflicht, „uns als Deutsche zum Deutschen Reich zu bekennen", was sie bei der Wahl auch ihren Gläubigen nahelegen. Fortan ist Jägerstätter klar, dass er von kirchlichen Oberhirten keinerlei Hilfe erwarten kann und er auf sich selbst zurückgeworfen ist. Allerdings räumt er ein, dass ein Priester, der seine Gewissensentscheidung zur Kriegsdienstverweigerung guthieße, nicht mehr länger in Freiheit wäre.

Persönlichen Halt geben ihm die Feier der Eucharistie, die Feste des Kirchenjahres, die meditative Lektüre der Heiligen Schrift, die daraus erwachsende Verbindung zu Jesus Christus und die Gespräche mit seiner Frau Franziska. Dass Jägerstätter mit seinen Bemerkungen über Priester und Bischöfe kein Pauschalurteil fällt, zeigt seine freundschaftliche Beziehung zu seinem Ortspfarrer Josef Karobath, der ihm verständnisvoll und hilfreich zur Seite steht. Hochachtung empfindet er auch gegenüber den Gefängnisgeistlichen Heinrich Kreutzberg und Albert Jochmann, die ihn in seinen letzten Lebensabschnitten in Berlin und Brandenburg begleiten. In ihnen sieht Jägerstätter glaubwürdige Autoritäten und Vertreter der Kirche. Sie sind es auch, die sich unmittelbar nach seiner Hinrichtung, um die Witwe fürsorglich kümmern.

Als Ende Februar 1943 seine dritte Einberufung zur Wehrmacht eintrifft, verweigert er den Kriegsdienst. In den zwei Monaten Haft in Linz gerät er in eine schwere Krise. Er bittet mehrfach darum, im Sanitätsdienst eingesetzt zu werden. Vergeblich.[224]. Stattdessen überstellt man ihn in das Wehrmachtsuntersuchungsgefängnis nach Berlin-Tegel. Am 6. Juli 1943 verhandelt das Reichskriegsgericht in Berlin gegen ihn, erklärt ihn für „ehrlos" und „wehrunwürdig" – und verurteilt ihn wegen eines besonders schweren Falles von Wehrkraftzersetzung zum Tode.[225]

Da Jägerstätters Pflichtverteidiger, der Berliner Anwalt Friedrich Leo Feldmann, noch die Chance einer Rettung sieht, wenn es gelänge, Jägerstätter umzustimmen, schreibt er an das Pfarramt in St. Radegund mit der Bitte, seine Angehörigen mögen nach Berlin kommen, um noch einen letzten Versuch zu unternehmen, ihn von seiner Verweigerung abzubringen. Franziska macht sich sofort auf den Weg, begleitet von Pfarrvikar Ferdinand Fürthauer. Doch die beabsichtigte Umstimmung ihres Mannes gelingt nicht. Weder die Vorhaltungen Fürthauers, der unter Berufung auf das vierte Gebot von Jägerstätter Gehorsam gegen die Obrigkeit fordert, noch das kurze Gespräch mit seiner Frau, vermögen Jägerstätter zu überzeugen. Zuletzt, begründet er, müsse man Gott mehr gehorchen als den Menschen. In der Haft berichtet Anstaltspfarrer Heinrich Kreutzberg ihm von Pater Franz Reinisch, der ebenfalls den Fahneneid auf Hitler verweigerte und bereits ein Jahr vor Jägerstätter hingerichtet worden ist. Die Nachricht über die Standhaftigkeit des Priesters Franz Reinisch ist ein großer Trost für Jägerstätter und bestätigt ihm zugleich die Richtigkeit seines Entschlusses.

Schon früher, in den Briefen an Franziska sowie in weiteren Aufzeichnungen, gibt er sich Rechenschaft über seinen Entschluss und dessen Folgen. Im letzten Brief an seine Frau betrachtet er, wenige Stunden vor seiner Hinrichtung, seinen gewaltsamen Tod im Zusammenhang mit dem Leiden und Sterben Jesu. Er bittet Gott darum, sein Leben „hinzunehmen als Sühnopfer nicht bloß für meine Sünden sondern auch für andere ... Ich danke auch unsrem Heiland, dass ich für ihn leiden durfte und auch für ihn sterben darf."[226] In der von Jägerstätter gezogenen Verbindung zwischen Jesu gewaltsamem Tod und seinem eigenen Ende verwirklicht sich das von Jägerstätter schon früher angesprochene Ähnlichwerden des Gläubigen mit Christus.

Im Moment der großen Ungewissheit verweist Jägerstätter seine Frau – und sich – auf das Ölberggeschehen, das Einsamkeit, Opfer und Todesangst Jesu schildert. In den Stunden vor dem Tod stellt Jägerstatter den Seinen das Sterben Christi am Kreuz und sein Sühneleiden vor Augen. „So wie er selbst sich an den für die anderen leidenden Christus hält. Im Schmerz um die Seinen und angesichts des Schmerzes der Seinen identifiziert er sich mit Jesus am Kreuz."[227]

Am 9. August 1943 ins Zuchthaus Brandenburg-Görden überführt, wird er noch am selben Tag hingerichtet. Vor seinem Ende begleitet ihn Pfarrer Albert Jochmann. Jägerstätter legt die Beichte ab und erhält ein letztes Mal die Heili-

Pfarrkirche St. Radegund mit dem Plakat zur Seligsprechung von Franz Jägerstätter, 2007

ge Kommunion, ehe das Fallbeil ihn tötet. Sein Leichnam wird eingeäschert. Eine Ordensfrau überbringt drei Jahre später der Familie die Urne mit den sterblichen Überresten, die im Beisein der Pfarrgemeinde in St. Radegund beigesetzt wird.

Anerkennung und Seligsprechung

Bereits im Sommer 1945 bemüht sich Jägerstätters Heimatpfarrer, Josef Karobath aus St. Radegund, um ein Bekanntwerden des Verweigerers. Er sieht, ebenso wie die beiden Geistlichen Kreutzberg und Jochmann, in Jägerstätter einen Märtyrer und Heiligen. Doch Bischof Fließer, der schon bei der Unterredung mit Jägerstätter dessen Auffassung nicht billigte[228], verhindert auch 1945/1946 eine Veröffentlichung über ihn im Diözesanblatt. Sein Empfinden Jägerstätter gegenüber ist mindestens ambivalent, da er einerseits dessen Gewissensentscheidung achtet, ihn jedoch andererseits nicht als „objektiv gültiges Vorbild für seine Haltung zur Militärpflicht"[229] akzeptiert. Jägerstätter sei „ein besonderer Fall, der mehr zu bewundern als nachzuahmen ist".[230] Fließer spricht sogar

Erna Putz, 2007 – Rechts: Titelblatt der englischen Ausgabe des von ihr herausgegebenen Buches „Briefe und Aufzeichnungen aus dem Gefängnis" von Franz Jägerstätter, 2009

von „einem schuldlos irrigen Gewissen", was immer das auch sei, und ist zudem überzeugt: „Ich halte jene idealen katholischen Jungen und Theologen und Priester und Väter für die größeren Helden, die in heroischer Pflichterfüllung und in der tiefgläubigen Auffassung, den Willen Gottes auf ihrem Platz zu erfüllen, wie einst die christlichen Soldaten im Heer des heidnischen Imperators, gekämpft haben und gefallen sind. Oder sind die Bibelforscher und Adventisten, die ‚konsequent' lieber im KZ starben als zur Waffe griffen, die größeren Helden? Alle Achtung vor einem schuldlos irrigen Gewissen; es wird vor Gott seine Würdigung finden. Für die Pädagogik an den *Menschen*, sind die Beispiele der Helden, die aus eindeutig richtigem Gewissen konsequent gehandelt haben, die besseren Vorbilder."[231] Mit anderen Worten: Der Bischof bescheinigt Jägerstätter, kein „richtiges Gewissen" gehabt – und sich selbst, auf der Seite der „richtigen Gewissen" gestanden zu haben bzw. zu stehen.

Erna Putz, beste Kennerin und Biografin Jägerstätters sowie mit Franziska und ihrer Familie befreundet, sieht Fließers Weigerung, an Jägerstätter gleich nach dem Krieg zu erinnern und seinen Fall in der Öffentlichkeit zu erörtern, „taktisch begründet": Fließer wollte „keine Diskussion über die nationalsozialistische Vergangenheit"²³² und lehnte eine unvoreingenommene Beschäftigung mit ihr ab. Denn hätte man 1945/46 den aus dem Krieg heimkehrenden Soldaten in einer Kirchenzeitung vor Augen gehalten, dass jene die größeren Helden seien, die nicht im Krieg gekämpft haben, so wäre nicht nur die Frage nach einer Mitschuld der Kirche diskutiert worden, es „hätte mit Sicherheit einen großen Aufruhr in der Bevölkerung verursacht; die Volkskirchlichkeit wäre nicht wiederherstellbar gewesen".²³³ „Die Frage nach dem Sinn des Krieges wollte man nicht stellen, da verschwieg man lieber Jägerstätter."²³⁴ Vermutlich wollte Fließer aber auch nicht über seine eigene Rolle im Dritten Reich sprechen und jedes Rühren daran vermeiden. Um der Wahrheit zu entgehen, opferte er sie und damit Jägerstätter auf dem Altar der Unaufrichtigkeit und suchte ihn ins Schattenreich des Vergessens zu verbannen.

Franziska Jägerstätter im hohen Alter

Gleichwohl ist bereits ab 1946 über Franz Jägerstätter berichtet worden. Zunächst verfasste Leopold Arthofer²³⁵, Pfarrer von Kronsdorf bei St. Radegund, in einer Beilage zur Wiener Kirchenzeitung einen kurzen Artikel über ihn mit der Überschrift „Heldenhafte Konsequenz".²³⁶ Wie aus Arthofers Begleitschreiben an die Schriftleitung hervorgeht, dachte er beim Schreiben des Artikels vor allem an Franziska Jägerstätter, „die heldenhaft ihr schweres Leid trägt und es verdienen würde, dass im Kirchenblatt für sie und ihre Kinder ein Trostartikel erscheint".²³⁷

Als weitere frühe Initiative der Erinnerung an Jägerstätter ist ein Zeitungsartikel des ehemaligen Gefängnisseelsorgers Heinrich Kreutzberg (1898-1968) aus dem Jahr 1948 zu nennen.²³⁸ Nach seinem Einsatz als Divisionspfarrer war er Standortpfarrer in Berlin und Gefangenenseelsorger in drei Wehrmachtgefängnissen. Dabei traf er mit Reinisch (1942) und Jägerstätter (1943) zusammen. Als Helfer und Tröster betreute er Hunderte Häftlinge in ihren letzten Stunden seelsorgerlich und begleitete sie oft bis zur Hinrichtung. Unter ihnen befanden sich auch zahlreiche Männer des Widerstandes gegen Hitler. Ab 1950 war Kreutzberg Pfarrer und Dechant in Brühl.

Gordon C. Zahn

Nach den beiden Veröffentlichungen in kirchlichen Zeitungen wird es still um Franz Jägerstätter. Niemand erinnert mehr an ihn – Folge der seit 1947/48 beginnenden Verdrängung und dem sich durchsetzenden Unwillen von sehr vielen Deutschen, Reue zu zeigen und Trauerarbeit zu leisten. Es ist bezeichnend, dass ein Nichtdeutscher die erste Biographie[239] über Jägerstätter geschrieben hat. Das Buch von dem amerikanischen Soziologen und Pazifisten Gordon C. Zahn (1918-2007), Mitbegründer der US-Sektion von Pax Christi, erscheint 1964, die deutsche Übersetzung erstmals im Jahre 1967. Über Nacht wird der Name Franz Jägerstätter weithin bekannt und geschätzt. Vor allem in der amerikanischen Friedensbewegung und in den Freikirchen geht eine große Wirkung von seinem Märtyrertod aus.

Auf dem II. Vatikanischen Konzil (1962-65) ergreift Titularerzbischof Thomas D. Roberts SJ, früher in Bombay/Indien, für den Wiederentdeckten Partei. Er will den Wert der einzelnen Gewissensentscheidung gerade in der Kriegsfrage und bei Wehrdienstverweigerern geachtet wissen und fordert zugleich, „dass sie immer ganz und gar von der Kirche unterstützt werden. Märtyrer wie Jägerstaetter sollen nie das Gefühl haben, dass sie allein sind. Ich lade die Väter ein, diesen Mann und sein Opfer in einem Geist von Dankbarkeit zu betrachten, damit sein Beispiel inspiriere."[240]

Den Wandel des Urteils in der katholischen Kirche über Kriegsdienstverweigerer belegt eindrücklich die eingangs genannte Seligsprechung Jägerstätters im Jahr 2007. Aus diesem Anlass stellte Papst Benedikt XVI. in einem Apostolischen Schreiben fest, der Märtyrer und Familienvater Franz Jägerstätter sei ein „verehrungswürdiger Diener Gottes gewesen, der fortan als Seliger angerufen werden kann. Er hat sein Leben hingegeben in hochherziger Selbstverleugnung, mit aufrichtigem Gewissen in Treue zum Evangelium und für die Würde der menschlichen Person. Sein Fest darf jährlich am 21. Mai, seinem Tauftag, an den Orten und in der Weise, wie das Recht dies vorsieht, gefeiert werden."[241] Und Bischof Dr. Manfred Scheuer, Postulator im diözesanen Seligsprechungsverfahren, würdigt den Verweigerer im Gottesdienst zur Seligsprechung mit fol-

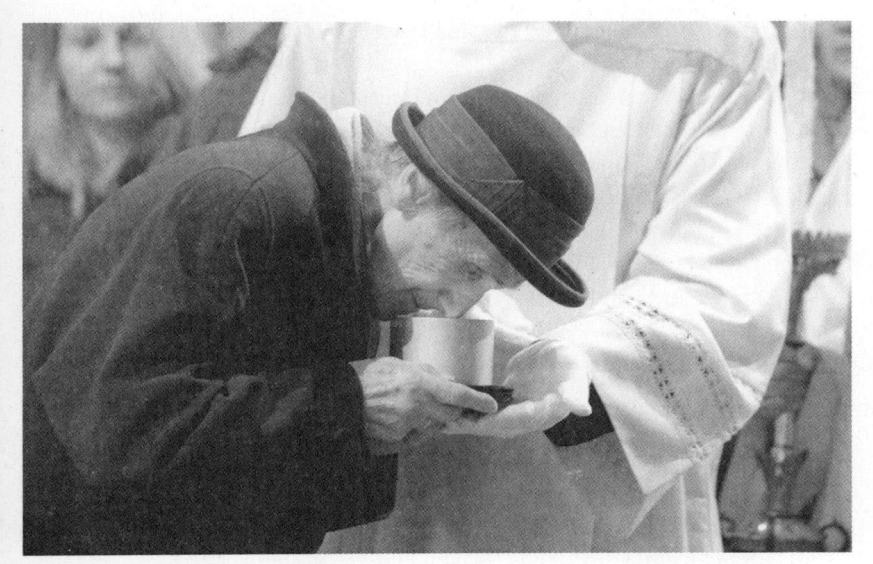

Franziska Jägerstätter mit Reliquiar

genden Worten: „Franz Jägerstätter ist durch seine entschiedene Lebenshaltung und durch sein Martyrium ein Prophet mit Weitblick und Durchblick. Er ist Vorbild in der Treue zum Gewissensanspruch, ein Anwalt der Gewaltlosigkeit und des Friedens, ein Warner vor zerstörerischen Ideologien. Mit gebildetem und großmütigem Gewissen sprach er das entschiedene Nein zur Idolatrie des Nationalsozialismus. Als Zeuge der Seligpreisungen gibt er dem Evangelium, der Gottes- und Nächstenliebe ein Gesicht."[242]

Auch der evangelische Pfarrer und Autor Paul Gerhard Schoenborn betrachtet Jägerstätter als Märtyrer, bei dem sich die Nachfolge Jesu in politischen Zusammenhängen bewährt: „Die Entscheidungen im Bereich der Politik hatten für Franz Jägerstätter Konsequenzen in Zeit und Ewigkeit."[243] Hellsichtig habe Jägerstätter Hitler als Pseudomessias erkannt und den Nationalsozialismus als Pseudoreligion durchschaut. Ihnen gegenüber könne es keinerlei Kompromisse geben. Für Jägerstätter habe der Grundsatz gegolten: „Mit der Sünde wollte er keinen Kompromiss schließen."[244]

Franz Jägerstätter hat seinen Zeitgenossen und deren Nachfahren eine der wichtigsten Tugenden überhaupt, die Wachsamkeit, vor Augen geführt. Nur durch sie lässt sich Glaube und Leben verknüpfen und die Macht der sichtbaren und den Einzelnen an die Wand drückenden Dinge überwinden. Er hat auf den antichristlichen Geisteszustand, selbst in den Kirchen, aufmerksam gemacht und die riesige Spaltung zwischen sonntäglicher Verkündigung und die Art, wie menschliche Schwierigkeiten im Alltag behandelt werden, beim Namen genannt. Seine Erkenntnis: Das Reden vom neuen Leben in Christus ist Lüge und Selbstbetrug, wenn es nicht irgendwie in den Kontroversen über Gegensätze, Schwierigkeiten und Spannungen, im Streit und Widerstreit über das eigene Recht und das des Anderen oder in der politischen Diskussion klar und anschaulich zum Ausdruck kommt. Jägerstätter hat es erfahren und macht uns bewusst: Im Christentum tritt das Jenseits in das Diesseits und der unzweideutige Übertritt der unsichtbaren in die sichtbare Welt offenbart die wirkliche Bekehrung des Menschen und die eigentliche Vollendung der christlichen Theologie, denn diese ist nicht einfach nur die Lehre von Gott, sondern die von der Verkörperung Gottes und der Erscheinung Gottes, der Anwendung der sonntäglichen Lehre auf die Woche. Die Rücksichtnahme auf eine bloße soziale Moral, wie von Fließer und anderen artikuliert, vermag das Evangelium nie und nimmer zu ersetzen. Das Mitempfinden Franz Jägerstätters für das von ihm niedergestreckte Opfer in einem wie immer gearteten Kampf ums Dasein, seine Weigerung einen anderen Menschen in einem zutiefst ungerechten und verbrecherischen Krieg zu töten, dürfte das Höchste, Tiefste und Feinste der menschlichen Güte sein. Ein solches Opfer ist schwerlich soziologisch zu erfassen. Es geht nicht nur über alle bloße Vernunft, sondern auch über jedes Wort hinaus: Es ist „nicht von dieser Welt" – aber es bringt sich in dieser Welt zur Erscheinung, im Allerkleinsten, Allereinfachsten, Alleralltäglichsten. Nur so ist es der Welt gewachsen. Franz Jägerstätter hat dieser Logik, Allgegenwart und Allmacht Gottes über Leben und Tod ein Zeichen gesetzt.

10 [11] Fragen von Franz Jägerstätter

Wer kann und will mir diese 10 Fragen, die ich stelle, beantworten?
1. Wer gibt uns die Garantie, dass es nicht im Geringsten mehr sündhaft ist, einer Partei beizutreten, deren Bestreben es ist, das Christentum auszurotten?
2. Wann hat das kirchliche Lehramt die Entscheidung und Gutheißung gegeben, dass man jetzt alles tun und befolgen darf, was die Nationale Partei oder Regierung uns befiehlt oder von uns wünscht?
3. Wenn das alles jetzt für recht und gut befunden wird, wenn man der d.[eutschen] Volksgemeinschaft als Mitglied angehört, für sie sammelt oder opfert, muss nicht dann jedes, das da nicht mittut, für schlecht oder ungerecht erklärt werden, denn beides kann doch nicht gut sein.

4. Welcher Katholik getraut sich, diese Raubzüge, die Deutschland schon in mehreren Ländern unternommen hat und noch immer weiterführt, für einen gerechten und heiligen Krieg zu erklären?
5. Wer traut sich zu behaupten, dass vom deutschen Volk in diesem Krieg nur einer die Verantwortung trägt, weshalb mussten dann noch so viele Millionen Deutscher ihr „Ja" oder „Nein" hergeben?
6. Seit wann können auch die Verführten, welche ohne Reue und Besserung ihrer begangenen Sünden und Fehler, die sie durch Verführung begangen haben, dahinsterben, denn auch in den Himmel kommen?
7. Warum feiert man die Kämpfer für den Nationalsozialismus heute auch in den Kirchen Österreichs als Helden? Hat man denn nicht solche bei uns vor fünf Jahren völlig verdammt?
8. Wenn also die deutschen Soldaten, die im Kampfe für den nationalsozialistischen Sieg ihr Leben lassen müssen, für Helden und Heilige erklärt werden können, um wieviel besser muss es dann noch für die Soldaten in den andern Ländern bestellt sein, die von den Deutschen überfallen wurden und hinausziehen, um ihr Vaterland zu verteidigen, kann man da den Krieg noch als Strafe Gottes ansehen, ist es dann nicht besser, zu beten, dass der Krieg fortdauere bis ans Ende der Welt, als zu beten, dass er bald aufhöre, wenn doch so viele Helden und Heilige daraus hervorgehen?
9. Wie kann man denn heute seine Kinder noch zu wahren Katholiken erziehen, wenn man ihnen auch das, was früher schwer sündhaft war, für gut oder wenigstens nichts Sündhaftes erklären soll?
10. Warum soll denn jetzt das für gerecht und gut befunden werden, was die Masse schreit und tut? Kann man jetzt auch glücklich ans andere Ufer gelangen, wenn man sich stets wehrlos vom Strom mitreißen lässt?
11. Wer bringt es fertig, zu gleicher Zeit Soldat Christi und Soldat für den Nationalsozialismus zu sein, für den Sieg Christi und seiner Kirche und zugleich auch für den Nationalsozialistischen Sieg zu kämpfen?[245]

Jägerstätters letzter Brief an seine Frau Franziska, verfasst am Tag seiner Hinrichtung.

Brandenburg, 9.8.1943
Gott zum Gruß! Herzallerliebste Gattin! Und alle meine Lieben!
Deine Briefe vom 13. und 25. Juli noch mit Freude erhalten, wofür ich mich noch herzlich bedanke. Heute sind es nun 4 Wochen da wir uns zum letzten Mal auf dieser Welt gesehen. Heute früh um zirka halb 6 Uhr hieß es sofort anzie-

hen das Auto wartet schon, und mit mehreren Todeskandidaten ging dann die Fahrt hierher nach Brandenburg, was mit uns geschehen wird, wussten wir nicht. Erst zu Mittag teilte man mir mit, dass das Urteil am 14. bestätigt wurde und heute um 4 Uhr nachmittags vollstreckt wird. Will euch nun kurz einige Worte des Abschiedes schreiben. Liebste Gattin und Mutter. Bedanke mich nochmals herzlich für alles, was ihr mir in meinem Leben alles für mich getan, für all die Liebe und Opfer die ihr für mich gebracht habt, und bitte euch nochmals, verzeiht mir alles, was ich euch beleidigt und gekränkt habe, sowie euch auch von mir alles verziehen ist. Ich bitte auch alle andren, die ich jemals beleidigt oder gekränkt habe, mir alles zu verzeihen. Ganz besonders Hochw. Herr Pfarrer, wenn ich ihn durch meine Worte vielleicht noch sehr gekränkt habe als er mich mit dir besuchte. Ich verzeihe allen vom Herzen. Möge Gott mein Leben hinnehmen als Sühn-Opfer nicht bloß für meine Sünden sondern auch für andre.

Liebste Gattin und Mutter. Es war mir nicht möglich, euch von diesen Schmerzen, die ihr jetzt um meinetwegen zu leiden habt, zu befreien. Wie hart wird es für unsren lieben Heiland gewesen sein, dass er durch sein Leiden und Sterben seiner lieben Mutter so große Schmerzen bereiten musste und das haben sie alles aus Liebe für uns Sünder gelitten. Ich danke auch unsrem Heiland, dass ich für ihn leiden durfte und auch für ihn sterben darf. Und vertraue auch auf seine unendliche Barmherzigkeit, dass mir Gott alles verziehen hat und mich auch in der letzten Stunde nicht verlassen wird. Liebste Gattin denke auch daran, was Jesus denen verheißen hat, für die, welche die 9 Herz-Jesu-Freitage halten. Und auch jetzt wird dann Jesus in der heiligen Kommunion noch zu mir kommen und mich stärken auf die Reise in die Ewigkeit.

In Tegel hatte ich auch noch die Gnade viermal die hl. Sakramente zu empfangen. Grüßet mir auch noch herzlich meine lieben Kinder, ich werde den lieben Gott schon bitten, wenn ich bald in den Himmel kommen darf, auch für euch alle ein Plätzchen anzuschaffen. Habe in der letzten Woche die Himmelmutter noch öfter gebeten, wenn es Gottes Wille ist, dass ich bald sterbe, dass ich das Fest Maria Himmelfahrt schon im Himmel mitfeiern darf…

Und nun alle meine Lieben lebet alle wohl und vergesset meiner nicht im Gebet. Haltet die Gebote und wir werden uns durch Gottes Gnade bald im Himmel wiedersehen!

Herzliche Grüße auch noch an meinen Firmpaten.

Es grüßt euch nun alle noch vor seiner letzten Reise, Euer Gatte, Sohn und Vater, Schwiegersohn und Schwager.

Jesu Herz, Maria Herz und mein Herz seien ein Herz verbunden für Zeit und Ewigkeit. Maria mit dem Kinde lieb, uns noch allen Deinen Segen gib![246]

10. Wilhelm Paul Kempa (1906-1940) – Gottesstreiter für die Sache Christi

Er ist am selben Tag im Zuchthaus Brandenburg-Görden hingerichtet worden wie Alfred Andreas Heiß (24. September 1940). Durch seine Erziehung tief in der katholischen Kirche verwurzelt, wäre der als Kunstmaler und Fotograf tätige Kempa wie viele andere zum Sanitätsdienst in der Wehrmacht bereit gewesen, doch auf Menschen zu schießen, verbot ihm seine religiöse Überzeugung. Einem „Soldaten Jesu", wie er sich verstand, sei das Töten eines Menschen nicht erlaubt.

Wilhelm Paul Kempa ist am 20. Mai 1906 in Hamborn (heute Duisburg-Hamborn) auf die Welt gekommen.[247] Seine Eltern, der Invalide Josef Kempa und Josefa, geborene Stephan, lassen ihn taufen. Der Junge wächst mit seiner Familie in der Pfarrei St. Johann auf, die 1907 mit über 58 000 Gläubigen bereits ungewöhnlich groß ist. Die Eltern erziehen ihre zwölf Kinder im katholischen Glauben. Über Kindheit und Jugend von Wilhelm Paul ist wenig bekannt. Nach Abschluss seiner Schulausbildung will er Künstler werden. Zudem beschäftigt er sich mit der Fotografie.

Kempa ist befreundet mit Anton Stelmaszyk, ebenfalls als Kunstmaler tätig. Die beiden unternehmen viele Ausflüge, ziehen hinaus in „Heide und Wald und Flur", wo sie nicht nur Motive für ihre künstlerischen Darstellungen finden, sondern auch den „Segen von Gottes Güte"[248] erfahren. Die Verbindung der beiden Künstler ist tief und beinahe ausschließlich. Kempa bezeichnet Anton in seinem letzten Brief vom 29. Mai 1940 als seinen „liebsten und besten Freund". Weiter heißt es: „Er [Gott, H.K.] hat uns zusammen geführt zu gleichen Zielen edler Kunst und Menschlichkeit und ich bin stolz auf meinen einzigen Freund, wir, Du und ich, sind unzertrennlich und der Tod soll uns nicht scheiden! Der Tod aber wird uns trennen, ich hoffe, dass Du Dein Weg und Ziel nicht aus dem Herzen verlierst und in der Ewigkeit werden wir Beide uns in die Augen sehen und die Herrlichkeiten der Schöpfung mit vollem Herzen trinken."[249]I

In einem zentralen Punkt unterscheiden sich ihre Lebensläufe: Während Anton Stelmaszyk seiner Einberufung zur Wehrmacht Folge leistet und als Soldat Dienst tut, verweigert Wilhelm Paul Kempa eben diesen Dienst – was der Freundschaft allerdings keinen Abbruch tut. Zumindest dauert der Briefwechsel in der Folge an.

Seinen langen und mühsamen Weg als Kriegsdienstverweigerer durch die militärischen Institutionen versteht Kempa als Bruch mit all denen, die ihn zum Töten zwingen wollen. Sich selber bezeichnet er als „Gottesstreiter". Er schreibt:

„Lieber Anton ich fahre nun als Gottesstreiter für die Sache Christi zum Kampf. Als Sieger werde ich wohl fallen, doch es wird nur der Körper fallen, ich werde nur hingerichtet, denn richten wird mich nur Gott, Gott wird mich wahrlich wieder aufrichten! Sei also nicht betrübt, wenn Du diese Zeilen in Händen hast, dann bin ich nicht mehr unter diesen Erdenbürgern, es sei denn schon ‚Gottes heiliger Wille', dass ich hier noch bleibe um zu wirken zu ‚Seiner Ehre'."[250]

Seinen letzten Brief an den Freund schließt Kempa mit den Worten: „Das Gesetz hat mich gefordert. Jesus Christus hat mich beim Namen gerufen. Ich folge froh und stolz; zum guten Kampf! ‚Leb wohl', mein Freund!"[251]

Seine Verweigerung versteht er als Folge seiner tiefen Beziehung zu Jesus Christus. Die von ihm verkündete Gewaltlosigkeit und Feindesliebe schließt für Kempa einen Kriegsdienst mit der Waffe aus. Einer Verwandten soll er gesagt haben, er könne nicht gegen seinen Bruder und dessen Familie im polnischen Posen (heute: Poznán) kämpfen.

Anfang 1940 erreicht Kempa der Einberufungsbefehl. Da er den Kriegsdienst ablehnt, nimmt man ihn fest. Die Untersuchungshaft verbringt er im Gefängnis Berlin-Moabit. Dass ihn die Militärs gelegentlich als „Bibelforscher" (= Zeugen Jehovas) bezeichnen, hat nichts zu besagen. Sie gehen davon aus, dass alle Verweigerer Zeugen Jehovas sind. Ein ähnlicher Fall liegt bei dem Katholiken Michael Lerpscher (s. u. S. 112) vor. In Moabit entsteht Kempas Selbstbildnis mit einer Axt, das sich als Voraussicht seiner Hinrichtung deuten lässt.

Am 28. August 1940 findet vor dem Reichskriegsgericht in Berlin die Verhandlung gegen Kempa statt. Unter der Leitung von Senatspräsident Dr. Friedrich-Wilhelm Neuroth (1879-1961) verurteilt es ihn „wegen Zersetzung der Wehrkraft" zum Tod. In das Zuchthaus-Brandenburg-Görden verlegt, soll die Hinrichtung am 24. September 1940 in aller Frühe erfolgen. Äußerlich gefasst und mit großem Gottvertrauen schreibt er seiner Mutter am 23./24. September:

„In diesen Zeilen lege ich Dir meine ganze Liebe und Dankbarkeit wieder zum Herzen zurück. Unser Herr Gott möge Dir im Namen seines Sohnes Jesum Christum mit göttlicher Liebe Dein Leben segnen und lohnen, in dem Bewußtsein unseres Wiedersehens im Reich Gottes. Der Herr gibt und nimmt das Leben und meine(r) Erfüllung sehe ich mit dem Einsatz des Lebens ruhig und bewußt entgegen, ich bin mir und meiner Überzeugung treu geblieben."[252]

Wie im Zuchthaus Brandenburg-Görden üblich, verbrennt man den Leichnam im Krematorium. Die Mutter Kempas erhält eine Nachricht über die Hinrichtung ihres Sohnes. Drei Tage nach dessen Tod ersucht Kempas Schwester Bertha um die Urne mit seiner Asche. Man teilt ihr am 22. Oktober 1940 mit, sie sei an die Verwaltung des Abtei-Friedhofs in Duisburg-Hamborn übersandt worden. Bertha gelingt es, einen Geistlichen zu finden, der sich bereit erklärt, die

Brief von Wilhelm Kempa an seinen Freund Anton Stelmaszyk, 29. Mai 1940

Die Kopien der Briefe, die Neujahrskarte und das Foto vom Abteifriedhof Hamborn befinden sich in dem Archiv der „Arbeitsstelle für das deutsche Martyrologium des 20. Jahrhunderts – Prälat Prof. Dr. Helmut Moll – Maternushaus / Kardinal-Frings-Str. 1-3, 50668 Köln." Wir danken dem Archiv und Herrn Professor Dr. Moll für die Überlassung der Dokumente und des Fotos sowie für die freundliche Genehmigung des Abdruckes.

An der mit Hortensien bewachsenen Stelle des Abteifriedhofes Hamborn, dem noch nicht eigens hervorgehobenen Bestattungsort Wilhelm Kempas, soll eine Gedächtnisstätte für die Opfer von Krieg und Gewalt entstehen und bei deren Gestaltung besonders auf Wilhelm Kempa hingewiesen werden – mit den Daten seines Lebens und Auszügen aus seinen Briefen. Foto: Juni 2020

sterblichen Überresten Kempas zu bestatten. Es handelt sich um Pfarrer Msgr. Karl Stindt (1914-1999). Er schreibt über die Beerdigung:

„Ich vergesse nie das Bild auf unserm Friedhof, wie die alte Mutter und die Schwester dastanden, als wir die Asche in die Erde senkten. 50 Jahre später, als ich bei dem Jubiläum der Abtei gepredigt hatte, drängte sich eine alte Frau an mich heran. Es war das junge Mädchen von damals. Mit zittriger Hand schob sie mir einen Brief zu. Es war meine eigene Handschrift. Ich hatte ihr damals Trost zu geben versucht, und sie sagte danke."[253]

Von Wilhelm Kempa bemalte Neujahrskarte (Titel: „Der Waldweg") an Anton Stelmaszyk, abgestempelt am 3. Januar 1940.

Michael Lerpscher

11. Michael Lerpscher (1905-1940) –
Treu in der Liebe Christi

Michael Lerpscher ist der erste namentlich bekannte katholische Kriegsdienstverweigerer des Zweiten Weltkriegs. Zwar zum Sanitätsdienst in der Wehrmacht bereit, lehnt er jedoch aus christlicher Überzeugung und tiefer Liebe zu Christus den Kriegsdienst mit der Waffe und den Fahneneid auf Hitler ab. Das Reichskriegsgericht verurteilt ihn wegen Zersetzung der Wehrkraft zum Tode. Er kommt, wie viele Verweigerer nach ihm, ins Zuchthaus Brandenburg-Görden und wird dort auf dem Schafott hingerichtet. Lerpschers Angehörige bekommen ein kleines Paket mit den letzten Habseligkeiten zugeschickt und erfahren über das Standesamt, dass Michael in Brandenburg „gestorben" sei.

Michael Lerpscher[254] kommt am 5. November 1905 in Wilhams, Kreis Sonthofen (heute Missen-Wilhams, Oberallgäu) zur Welt. Er wächst mit zwei älteren und vier jüngeren Geschwistern auf einem großen Bauernhof auf. Michael ist zehn Jahre alt, als seine Mutter Josepha, geborene Mayer, stirbt – für den Jungen ein sehr schmerzlicher Verlust und Einschnitt. Der Vater und Hofbesitzer Franz Xaver Lerpscher heiratet zwei Jahre später erneut. Zur Stiefmutter Franziska, eine geborene Kösel, die als fürsorgliche Frau gilt, findet der Junge nicht mehr das herzliche Verhältnis wie zu seiner leiblichen Mutter. Michael ist ein auch körperlich sehr gewandtes Kind, das in der Schule durch seine guten Leistungen und seine Bereitwilligkeit zu lernen auffällt. Mitunter etwas schweigsam, zieht er sich gerne zurück. Spätere Zeugen schildern ihn als ruhiges und besonnenes Kind, das besonders willensstark und fromm ist. Nach der Volksschule arbeitet Michael auf dem elterlichen Bauernhof mit. Er schließt sich der Kolpinggruppe in Missen an und ist mit deren Gründer, dem Schreinergesellen Anton Hartmann, freundschaftlich verbunden. Hartmann gibt ihm auch einen Hinweis auf die Landwirtschaftsschule im Benediktinerkloster St. Ottilien, die Lerpscher ab 1930 besucht.

In St. Ottilien herrscht eine geistige und religiöse Atmosphäre, die dem Nationalsozialismus ablehnend gegenübersteht. Neben landwirtschaftlichen Kenntnissen und Fertigkeiten erfahren die Schüler dort auch eine Bildung, die ihre charakterliche Entwicklung fördert. Lerpscher lernt aufgeschlossen und bereitwillig, gilt bald als „Musterschüler" und bekommt beste Noten. Vor allem die Einführung in die Lektüre der Bibel, die er im Kloster erfährt, macht ihm die Heilige Schrift fortan unentbehrlich. Sie trägt dazu bei, dass er ein Leben in treuer Christusnachfolge und großer Hilfsbereitschaft gegenüber allen, die auf

Erster Internationaler Christkönigskongress in Leutesdorf, 1928

Mithilfe angewiesen sind, zu führen entschlossen ist. Auch zur Frage einer Mitwirkung von Christen im Kriege, die sich für Lerpscher wegen des jesuanischen Gebotes der Feindesliebe verbietet, erhält er in St. Ottilien wichtige Impulse.

1935, als Adolf Hitler unter Bruch des Versailler Vertrags wieder die allgemeine Wehrpflicht in Deutschland einführt, hört Lerpscher von der Christkönigsgesellschaft, einer Gründung des pazifistisch orientierten Priesters Dr. Max Josef Metzger (1887-1944) mit Sitz in Meitingen bei Augsburg. In der Hoffnung, eine neue geistige Heimat zu finden, tritt Lerpscher noch in jenem Jahr der religiösen Gemeinschaft bei und trägt dort zunächst den Namen „Bruder Bertram", später „Bruder Michael". Hier schätzt man sein ruhiges, besonnenes Wesen ebenso wie seine unerschöpflich scheinende Arbeitskraft. Die verbindlichen Gelübde nach der Probezeit legt er jedoch nicht ab, so dass er später rechtlich nicht mehr der Christkönigsgesellschaft angehört, obwohl er bei ihr bleibt und weiterhin für sie arbeitet. Möglicherweise hat er damals schon die Absicht, den Kriegsdienst zu verweigern, und fürchtet, damit der Christkönigsgesellschaft zu schaden. Schon seit langem wird sie von der Gestapo observiert, mehrfach kontrolliert und durch Hausdurchsuchungen schikaniert.

Ab 1936 hält sich Lerpscher in Ulrichsbrunn bei Graz auf, wo die Gesellschaft eine Wallfahrtskirche betreut. Neben den Diensten für die Wallfahrer ist er vorwiegend in der kleinen angeschlossenen Landwirtschaft tätig. In Ulrichsbrunn begegnet Lerpscher auch dem österreichischen Priester, Professor, Theologen und Lebensreformer Johannes Ude, dessen Vorträge und pazifistische Ideen ihn stark beeinflussen.

1938 kommt Josef Ruf aus Meitingen als Mitbruder der Christkönigsgesellschaft nach Ulrichsbrunn. Viel Zeit zu Gesprächen lässt die intensive Arbeit in der Landwirtschaft, in Haus und Wallfahrtsstätte den beiden nicht, doch es ist offenkundig, dass sie sich auch über ihre Haltung gegenüber der Militärpflicht austauschen. Rufs jüngerer Bruder Johannes, damals ebenfalls in Ulrichsbrunn tätig, setzt sich mit seinem Bruder und Michael Lerpscher auseinander und weist sie darauf hin, dass eine Kriegsdienstverweigerung die Todesstrafe zur Folge habe. Sie aber antworteten, so Johannes Ruf: „Das wissen wir schon, sagten sie, das ist uns gleichgültig. Wir müssen unseren Weg gehen. Und so haben sie sich wahrscheinlich gegenseitig beeinflusst. Vielleicht Lerpscher meinen Bruder noch mehr, weil er diesen festen Charakter hatte, schon ausgereifter, wie mir schien, und zwar lange vorher schon. Und so ging eben jeder seinen Weg... Wenn einer aus dem Evangelium heraus zu dieser Gesinnung kommt, muß er diesen Weg gehen. Man hat ihm schon von außen angesehen, daß er ausführt, was er denkt. Da kam niemand dran vorbei."[255]

Johannes Ude (1854-1965)

Richtschnur von Lerpschers Handeln ist die von Jesus im Evangelium verkündete Gewaltfreiheit, die auch den Feind einschließt. Wegen der Kriegsfrage sucht er immer wieder das Gespräch mit Geistlichen und verfasst sogar wiederholt Briefe an den Papst, wird aber immer wieder daran gehindert, sie abzusenden. Um Klarheit zu gewinnen, wendet sich Lerpscher, wie nach ihm auch Franz Jägerstätter, an seinen Bischof. Es ist Dr. Ferdinand Pawlikowski (1877-1956), Fürstbischof von Graz-Seckau (1927-1953), ein streng nationalistisch orientierter Geistlicher und ehemaliger Militärpfarrer. Er zeigt kein Verständnis für Lerpschers Problem und weist jede Kritik am Militär zurück. Wie viele andere vertritt auch er die Auffassung, dass es dem einzelnen Katholiken nicht zustehe, über die Rechtmäßigkeit eines Krieges zu befinden. Darin stimmt er mit vielen deutschen und österreichischen Bischöfen überein, die eine Beteiligung von Katholiken am Krieg für erlaubt halten, wenn dieser von einer rechtmäßigen Obrigkeit angeordnet ist.

Wie also kann Lerpscher fortan den Kriegsdienst verweigern, wenn höchste kirchliche Autoritäten die Katholiken zu Gehorsam, treuer Pflichterfüllung und Opferbereitschaft aufrufen? So bleibt Lerpscher in dieser Frage letztlich allein und nur seinem Gewissen verpflichtet, das ihm einen ganz anderen Weg weist als den, welchen die amtlichen Vertreter der Kirche fordern.

Im Februar 1940 erfolgt Lerpschers Einberufung zur Wehrmacht und wenig später, am 25., seine Musterung in Graz. Die Ärzte bescheinigen ihm, dass er „kriegsverwendungsfähig" (kv) sei und man stellt die üblichen Militärdokumente für ihn aus: den Wehrpass, das Wehrstamm- sowie ein Gesundheitsbuch[256]. Außerdem muss er eine Abstammungserklärung unterzeichnen, dass er kein Jude sei. Schon am Tag darauf, am 26. Februar, erscheint Lerpscher unaufgefordert erneut vor dem Wehrmeldeamt Graz 1 und gibt eine Erklärung zu Protokoll: Schon bei der Empfangsbestätigung für den Wehrpass sei von ihm zum Ausdruck gebracht worden, dass er kein Interesse an einem solchen Pass habe. Nach der inzwischen erfolgten Einberufung zum 2. März 1940, brachte er unmissverständlich zum Ausdruck, die Dienstpflicht in der Wehrmacht nicht mit seinem Gewissen vereinbaren zu können. Die Folgen seiner Weigerung seien ihm bekannt. Zum Dienst als Sanitäter stelle er sich aber gern zur Verfügung.

Die Militärs halten nichts von Lerpschers Gewissensnöten; sie urteilen auf der Grundlage ihrer Doktrin, die jedweden Widerspruch im Keim erstickt, und schalten das Kriegsgericht der 188. Division, Zweigstelle Graz, ein. Fernmündlich gibt es die Anweisung, Lerpscher sofort in Verwahrungshaft zu nehmen. Er wird dem Landgericht Graz überstellt und ins dortige Untersuchungsgefängnis gesteckt, wo er mit 26 „Bibelforschern" zusammentrifft. Ebenfalls Kriegsdienstverweigerer, sind sie verwundert, dass sich ein Katholik in der Bibel so gut auskennt. Aus diesem Grund halten ihn auch die militärischen Vorgesetzten für einen „Bibelforscher".

Im Juli 1940 überstellt man Lerpscher nach Wien, anschließend nach Berlin. Am 2. August 1940 kommt er vor das Reichskriegsgericht, das ihn wegen „Zersetzung der Wehrkraft" zum Tode verurteilt. Einen Monat später taucht sein Name unter der Nummer 592 als „Zugang" im Zuchthaus Brandenburg-Görden auf. Dort wird er am 5. September 1940 enthauptet, sein Leichnam eingeäschert. Die Angehörigen erhalten ein Paket mit Kleidungsstücken und den letzten Habseligkeiten Lerpschers. Eine Grabstätte ist nicht bekannt.

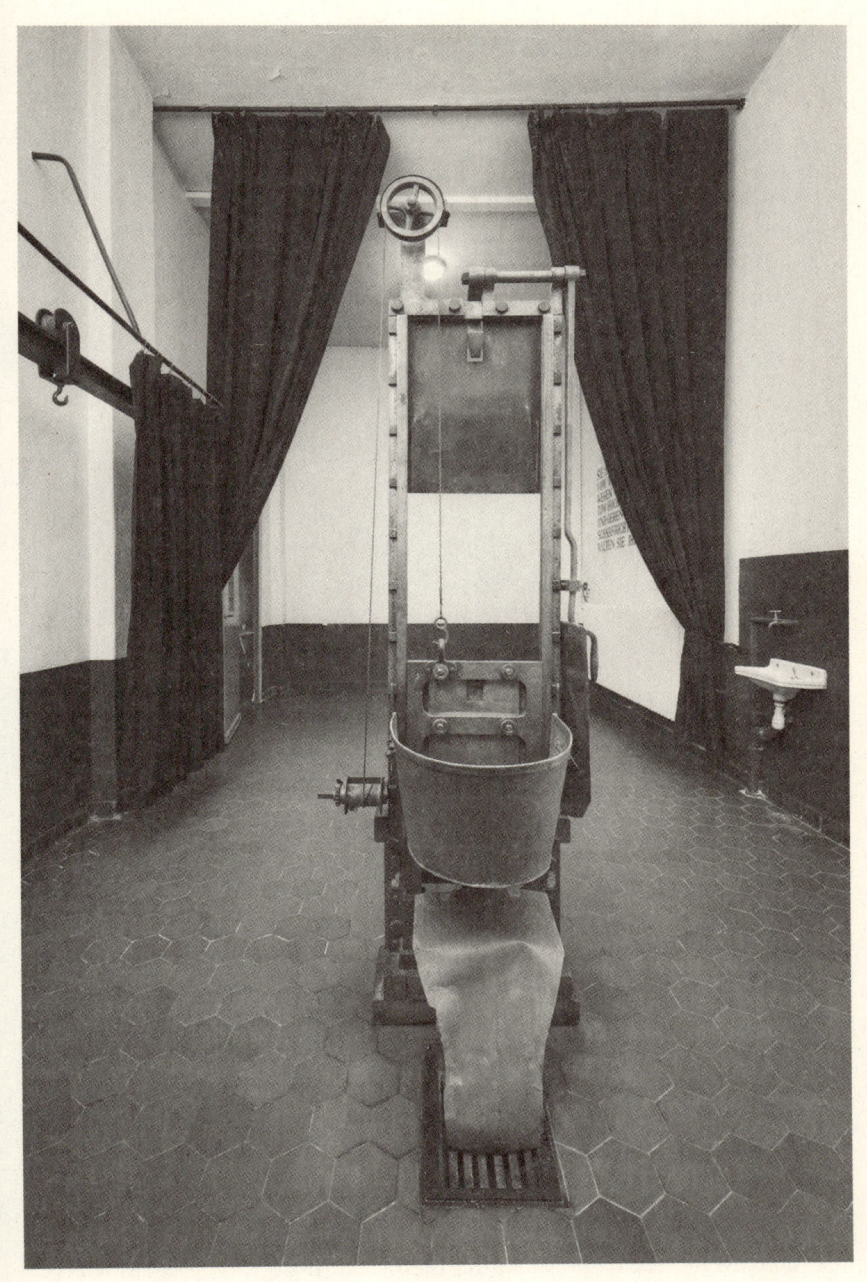

Hinrichtungsstätte im Zuchthaus Brandenburg-Görden, heute Gedenkstätte

> MICHAEL LERPSCHER
> * 5. NOVEMBER 1905
> IN WILHAMS/ALLGÄU
> † 5. SEPTEMBER 1940
> IN BRANDENBURG-GÖRDEN
> MÄRTYRER DER GEWISSENSTREUE
> UND GEWALTLOSIGKEIT
> OFFB. 13, 10

Gedenktafel für Michael Lerpscher Missen-Wilhams

Nach Missen geht eine Nachricht des Standesamts Brandenburg, dass Michael Lerpscher am 5. September 1940 „verstorben" sei („Todesursache: Hinrichtung"). Der Beamte in Missen ergänzt am Rand der Geburtsurkunde lediglich: „Gestorben 5.9.40 Standesamt Brandenburg 1110/1940". Der Ortspfarrer notiert im Kirchenbuch „in verschämter Kurzschrift" (Mader/Knab) Todestag und -ursache. Für die Familie Lerpscher bedeutet Michaels Schicksal eine schwere Belastung. 1940 ist Adolf Hitler nach seinen Blitzkriegen und -siegen auf dem Höhepunkt seiner Macht und auch in Wilhams haben die Nationalsozialisten das Sagen und geben den Ton an. Abweichler oder gar Verweigerer des Kriegsdienstes gelten aber nicht nur ihnen als „Feiglinge" und „Drückeberger". Es erscheint ratsamer, wenn nicht allzu viel über sie gesprochen und nach der Hinrichtung nur eine stille Messe ohne Namensnennung gelesen wird. Lange hält sich zudem das Gerücht im Dorf, Michael sei erschossen worden.

Einen ersten öffentlichen Hinweis auf die Verweigerer „Bruder Michael" (Lerpscher) und „Bruder Maurus" (Josef Ruf) gibt das 1965 erstmals in deutscher Sprache publizierte Buch des amerikanischen Historikers und Soziologen Gordon C. Zahn.[257] Zahn beruft sich dabei auf Informationen aus der Christkönigsgesellschaft. Über zwanzig Jahre später, 1987, erscheint das schmale, aber gehaltvolle Buch von Mader/Knab über Lerpscher. Die beiden Autoren tragen alle noch verfügbaren Dokumente zusammen und befragen Zeitzeugen.

Ihr genau und einfühlsam geschriebenes Buch, das inzwischen mehrere Auflagen erreicht hat, ist bis heute die beste Darstellung über Lerpscher. Ebenfalls 1987 lässt die Kirchengemeinde – mit ausdrücklicher Zustimmung des Pfarrers von Missen, des Geistlichen Rats Rudolf Kieser – eine Gedenktafel für Lerpscher an der St. Josephs-Kapelle in Wilhams anbringen. Der Text nennt Lerpscher einen „Märtyrer der Gewissenstreue und Gewaltlosigkeit. Offb. 13, 10".[258] Und auch die Wallfahrtsstätte St. Ulrich bei Graz würdigt Ruf und Lerpscher durch eine Gedenktafel mit der Inschrift: „Laienbrüder der Christkönigsgesellschaft/Märtyrer für den Frieden Christi. Matthäus 10, 28".[259]

Das im Auftrag der Deutschen Bischofskonferenz herausgegebene „Deutsche Martyrologium des 20. Jahrhunderts" nimmt die Namen beider Kriegsdienstverweigerer auf.[260] Nach einem Antrag der internationalen katholischen Friedensbewegung pax christi bestätigt die Staatsanwaltschaft Berlin im Oktober 2010, dass das Unrechtsurteil gegen Michael Lerpscher aufgehoben ist. Die Christkönigsgesellschaft und Gemeinde Meitingen ehren im Jahr 2012 die drei Märtyrer Max-Josef Metzger, Michael Lerpscher und Josef Ruf durch sogenannte „Stolpersteine".[261]

In Missen-Wilhams, Michaels Heimatort, bewahren Gebhardine Lerpscher und Hans Konrad die Erinnerung an Michael Lerpscher. Der elterliche Bauernhof existiert heute nicht mehr; in unmittelbarer Nachbarschaft ist eine große Anlage mit Ferienwohnungen entstanden. Familie Lerpscher ließ eine schöne, künstlerisch gestaltete Familienchronik anfertigen, in der sich auch über Michael eine kurze Eintragung befindet.

Spiritualität

Erst im Jahr 2009 taucht als bisher einziges schriftliches Zeugnis, das wir aus der Hand Lerpschers besitzen, ein Brief auf, den er im Juli 1939 an eine Nachbarsfamilie in Wilhams geschrieben hat. Die acht eng beschriebenen Seiten geben Einblick in den Ernst seiner Glaubenshaltung, seiner Gewissenhaftigkeit, seiner Vertrautheit mit der Bibel und zeigen die Motive seines Handelns auf. Lerpscher will darin nur schreiben, was Gott zur Ehre und den Menschen zum Heile dient. Gott zur Ehre hat er auch freiwillige Armut gelobt. Als Ausdruck dafür schreibt er, in karger Weise bedürfnislos, nicht mit Tinte, sondern nur mit Bleistift. Impulse zu seinem Verständnis der Armut erhält Lerpscher neben der Bergpredigt Jesu auch aus dem damals weit verbreiteten Betrachtungsbuch „Die Nachfolge Christi" (erstmals 1418) von Thomas von Kempen (1380-1471). Sein ganzes Streben ist erfüllt von dem Wunsch, um Gottes willen den Menschen aus ganzem Herzen, aus ganzer Seele und mit all seinen Kräften zu dienen. Doch auch dabei möchte er nicht stehen bleiben, sondern die weiter gehende Forde-

Mehrbildkarte von Ulrichsbrunn, 1916

rung Jesu befolgen: Liebt Eure Feinde (vgl. Matthäus 5, 43)! Gerade darin seien wir Menschen „so oft ganz verkehrt". Sind wir aber nicht bereit, unsern Schuldigern zu vergeben, so könnten wir auch nicht das Vaterunser beten. Lerpscher geht auf die Zeitsituation ein, da die Nationalsozialisten 1939 damit beginnen, auch in Graz Häuser katholischer Orden zu beschlagnahmen und die Schwestern und Brüder einfach wegzuschicken. Auch Häuser der Christkönigsgesellschaft sind betroffen. Diese fast vollständige Einschränkung ihres christlichen Dienstes zu erfahren, ist für Lerpscher bitter. Im Gebet sieht er ein letztes Mittel, diese Gefahr für die Christkönigsgesellschaft noch abzuwenden. Sollte es dennoch zur Enteignung kommen, so versteht Lerpscher dies als „Zulassung, Fügung, Wille Gottes", der in allem zu ehren ist. Die Schlussformel des Briefes zeigt nochmals, was für Michael Lerpscher das Wichtigste ist: Treue in der Liebe Christi.

Brief von Michael Lerpscher* an die Nachbarsfamilie Schmelzenbach in Wilhams[262]

Ulrichsbrunn Juli 1939
Liebe Familie Schmelzenbach!
Habe erfahren, daß es auch Euch freuen würde einmal einen Brief von mir zu bekommen und will nun Euren Wunsch erfüllen so gut ich kann.
(unleserliche Zeile) ...
nur zu schreiben was Gott zur Ehre und uns zum Heile dient. Ihr werdet mir zugeben, daß das nicht leicht ist und ich bitte Euch den Brief auch in diesem Geist zu lesen; er soll also nicht so sehr Euch und noch viel weniger mir, sondern Gott zur Ehre und uns allen zum Heile dienen und da müssen wir selbstverständlich mehr an das ewige, als an das vergängliche Heil denken, denn erst dann ist es uns zum wahren Heil. Nun hoffe ich, dass Ihr auch nicht Anstoß nehmt daran, dass ich nur mit Bleistift schreibe, denn ich habe eben keine Tinte und will auch keine; ich habe ja auch zur Ehre Gottes die freiwillige Armut gelobt und ich bin auch glücklich dabei, soweit man auf dieser Welt eben glücklich sein kann. In dem Buch die Nachfolge Christi heißt es auch: das ist der glücklichste Mensch, der mit dem wenigsten (an weltlichen Gütern) zufrieden sein kann, und noch gerne für Gott etwas leidet. Aus diesem Geiste heraus habe ich mir gesagt, ich will nur Gott und den Nächsten um Gottes willen dienen, so gut ich kann, wo es auch sei und dabei vertrauen, dass ich das Meinige bekomme, das tägliche Brot für Leib und Seele; mehr braucht man ja nicht. Darüber gäbe es vieles zu schreiben und zu lesen, aber die Hauptsache ist ja, daß eben jeder das Seinige tut. Für die Ehre Gottes und das Heil der Seelen kann man nicht zuviel tun, denn das Hauptgebot, das alle anderen Gebote und die Propheten in sich enthält heißt ja: Liebe Gott über alles aus ganzem Herzen, ganzer Seele, ganzem Gemüte und aus allen Kräften und deinen Nächsten wie Dich selbst. Im Evangelium heißt es weiter: ihr habt gehört, dass gesagt worden ist: du sollst deinen Nächsten lieben und deinen Feind hassen, ich aber sage euch liebet eure Feinde auf dass ihr Kinder eures Vaters im Himmel seid, der seine Sonne über Gute und Böse aufgehen und über Gewalten und Ungewalten regnen lässt usw.
Nicht jeder hat gleichviel Kräfte (Talente) bekommen, ich denke dabei hauptsächlich an die Gnaden z.B. Demut, Armut usw. Aber jeder hat seine Kräfte bekommen um mit all seinen Kräften zu wirken, solange es Tag (Lebtag) ist.

---

* Frau Gebhardine Lerpscher erhielt den Brief erst nach dem Tod der Nachbarin im September 2009 ausgehändigt und ist hier erstmals veröffentlicht.

Mit dieser Pflicht kann man also nicht fertig werden bis man keine Kräfte mehr hat und sich vollkommen aufgeopfert hat bei der Sterbestunde durch Christus unsern Herrn.

Darum muss ich immer wenn ich an das Hauptgebot denke mich fragen, ob ich nicht mehr tun könnte zur Ehre Gottes und zum Heil der Seelen. Wir Menschen sind so oft ganz verkehrt: wir lieben oft uns selbst über alles und unsere Freunde auch mehr als Gott und unsere Feinde wenn es darauf ankommt oft gar nicht: aber wenigstens vergeben müssen wir unseren Feinden (Schuldigern), sonst können wir kein Vaterunser beten in dem es heißt: vergib uns unsere Schuld wie wir vergeben unseren Schuldigern.

Jetzt etwas, damit ihr seht, wie unser Generalleiter mit seiner Gemeinschaft die Güter besitzt und die Entwürdigung erträgt. Sie hatten zu dem Besitz hier in Ulrichsbrunn in der Stadt Graz noch ein großes Haus. Nun sagte der Staat weil sie hier in Österreich nur als Verein eingeschrieben sind, so ist dieser Verein eben wie viele andere aufgelöst und das Vermögen gehört der N.S.D.A.P. Das ist aber doch nicht mit den anderen Vereinen zu vergleichen, weil diesen Leuten ja Wohnung und Arbeit genommen ist, sie müssen sich halt wieder eine andere suchen. Dieses große Haus in Graz hat die N.S.D.A.P. auch tatsächlich schon weggenommen und die sieben Schwestern mussten gehen, doch sie haben alle schon wieder Wohnung und Arbeit. Wie lange die ebenfalls sieben Schwestern und der Bruder hier in Ulrichsbrunn noch bleiben dürfen, das wissen wir noch nicht. Der Generalleiter hat aber gesagt: Wir haben erfahren, daß man uns hier nicht nur alles nehmen will, sondern uns für überhaupt nicht mehr arbeiten lassen will außer wir würden in ihrem Namen arbeiten. Es ist bitter, wenn man im christlichen Sinn dienen will und man nimmt einem das alles aber wir haben noch ein Mittel, das ist das Gebet; wenn es dann trotzdem so kommt, so ist es eben Zulassung, Fügung, Wille Gottes und wir sagen ja dazu und es wird zu seiner Verherrlichung sein. Dann würden Lieder gesungen Gott zur Ehre, z.B. dein Wille soll der meine werden usw.

Muss nun endlich fertig machen. Es grüße, behüte und belohne euch der liebe Gott für alles Gute ewiglich. Das wünscht Euch Euer in der Liebe Christi treuer Michael

Ihr könnt diesen Brief auch meine Eltern und Geschwister lesen lassen.

Wenn er richtig aufgefasst wird kann es ja nur nützen. Wenigstens sagt ihnen einen Gruß von mir besonders der Mutter ein herzliches Vergeltsgott für den letzten Brief.

Josef Mayr-Nusser (links) – Der nach der Bombardierung wiederhergestellte Nusserhof am Bozener Boden – Familie Mayr-Nusser mit dem Bild des 1915 verstorbenen Vaters. Von links Georg (*1912), Jakob (*1908), die Mutter mit Franz (*1915), Mariedl (*1913), Josef (*1910) und Toni (*1909).

12. Josef Mayr-Nusser (1910-1945) – Zeugnis geben vom Licht

1945. Ein Gefangenentransport von Danzig nach Dachau macht in Erlangen Station. Der schwerkranke Soldat Josef Mayr-Nusser wird zu einem anstrengenden Marsch vom Bahnhof in ein Krankenhaus und wieder zurück gezwungen. Eine ärztliche Behandlung hat nicht stattgefunden. Am folgenden Tag findet man ihn im Waggon. Die näheren Umstände seines Todes sind lange ungewiss. Zeugnis für Christus zu geben im Alltag, in Ehe und Beruf, in der Jugend- und Sozialarbeit und zuletzt als Verweigerer des Dienstes in der SS, das war das innerste Anliegen Mayr-Nussers, der damit seinem Glauben und sich selber treu bleiben wollte. Inzwischen gilt er in Tirol als Symbolfigur des Widerstands gegen das NS-Regime.

Josef Mayr (Nusser ist der Hofname) wird am 27. Dezember 1910 als viertes von sieben Kindern einer Weinbauernfamilie in Bozen geboren.[263] Zwei Geschwister sterben schon früh. Die Familie ist tief im katholischen Glauben verwurzelt und das gemeinsame abendliche Rosenkranzgebet ebenso selbstverständlich wie der regelmäßige Besuch der Gottesdienste. Das Zusammenleben

Theodor Häcker   *Josef Ferrari*

ist gekennzeichnet von Gastfreundschaft und Hilfsbereitschaft, insbesondere ein Anliegen von Mutter Maria, eine geborene Mumelter. In dieser dem Menschen zugewandten Atmosphäre, die für den Nusserhof kennzeichnend ist, wächst Josef, von allen Pepi gerufen, auf. Doch schon mit fünf Jahren verliert er seinen Vater Jakob Mayr. Er musste bei den Kaiserjägern am italienisch-österreichischen Krieg teilnehmen und ist 1915 an der Cholera gestorben. Trotz großer Schwierigkeiten gelingt es der Mutter mit Hilfe von Verwandten, den Hof durchzubringen und die Familie zusammenzuhalten.

Josef ist ein lebhaftes und aufgewecktes Kind mit vielseitigen Interessen und Begabungen. Nach seiner Schulzeit absolviert er eine kaufmännische Lehre, obwohl er lieber studiert hätte. An späteren Arbeitsstellen bringt er es zum allseits geschätzten Buchhalter und Kassierer.

Mit der Zeit wird Josef ruhiger und zieht sich zurück; er liest viel. Zu seiner Lektüre gehören Autoren wie Thomas von Aquin (1225-1274), Thomas Morus (1478-1535), Romano Guardini (1885-1968) und Theodor Häcker (1897-1945).[264] Doch auch mit Adolf Hitlers Buch „Mein Kampf" und Alfred Rosenbergs „Der Mythus des 20. Jahrhunderts" setzt er sich auseinander.

Am 10. April 1931 erstmals zum italienischen Militär eingezogen, erhält Mayr-Nusser eine achtzehnmonatige Ausbildung bei der Gebirgsartillerie im Piemont. Nach seiner Rückkehr widmet er sich mit großer Intensität dem Aufbau der katholischen Jugendarbeit, die sich vor allem auf die jungen Männer im deutschsprachigen Anteil der Erzdiözese Trient erstreckt. Dabei lernt er den wenig älteren Josef Ferrari (1907-1958) kennen, der ihm nicht nur hilfreich zur Seite steht, sondern ihm auch priesterlicher Berater und Freund ist. Mayr-Nusser erklärt sich bereit, im Bozener Vinzenzverein mitzuwirken, ein weiteres und zeitintensives Engagement. Er versucht, Menschen zu helfen, die in soziale und geistig-religiöse Not geraten sind. Außerdem schreibt Mayr-Nusser Artikel für Jugendzeitschriften und Rundbriefe, hält Vorträge und beteiligt sich an der Fortbildungsarbeit. Sein freundliches, zielstrebiges Wesen und seine Hilfsbereitschaft, die nie überheblich oder gar aufdringlich ist, finden Anerkennung und Zuspruch. Sein vom Glauben inspiriertes Engagement kommt am besten in einem Artikel zum Ausdruck, den er am 15. Januar 1938 in der Zeitschrift „Jugendwacht" veröffentlicht und der die Aufgabe jedes Christen benennt:

„Er sollte Zeugnis geben vom Licht.

Wenige Worte. Welche Aufgabe! Zeugnis geben vom Lichte, Christum der Welt künden. Ein mutiges Wagnis ...

Zeugnis geben ist heute unsere einzige schlagkräftigste Waffe. Seltsam genug. Nicht Schwert, nicht Gewalt, nicht Geld, nicht geistiges Können, nichts von all dem ist uns als unerlässlich geboten, um die Herrschaft Christi auf Erden aufzurichten. Etwas ganz Bescheidenes und doch viel Wichtigeres hat uns der Herr geboten: Zeugen zu sein ...

Das Zeugnis ohne Worte, das der lebendige Christ täglich lebt, zu Hause, bei der Arbeit, auf dem Felde, in der Werkstatt, vor den Menschen. Welche Kraft geht von einem jungen Menschen aus, der einfachhin christlich lebt ...

Wir sollen Zeugen sein: Wir wollen vorerst versuchen, ehe wir Künder des Wortes und der Tat werden, junge Christen und es ganz zu sein. Wir werden es am heiligen Quell der Altäre. Auf ihnen liegt Christi Wort und Leib. In ihnen liegen die Gebeine jener, die Zeugen Christi waren bis ins Sterben."[265]

Mehr und mehr wirkt sich die politische Lage auf das Leben von Mayr-Nusser aus. Im Oktober 1939 einigen sich Hitler und Mussolini (1883-1945) auf ein Abkommen zur Lösung der Südtirolfrage. Es sieht vor, dass, wer sich als deutsch versteht, ins Deutsche Reich auswandert – eine Option, für die sich über 80 % der Bevölkerung entscheiden. Sie werden „Optanten" genannt. Die Nusserfamilie dagegen möchte – wie weite kirchliche Kreise und nahezu der gesamte Klerus – ihre Heimat nicht verlassen. Die sogenannten „Dableiber" werden fast vollständig italienisiert. Die von oben herab diktierte „Option" spaltet das Land und sät Zwietracht im Volk. Oft reicht der Riss bis in die einzelnen Familien hinein. In diese Zeit fällt der zweite Militäreinsatz von Mayer-Nusser, der ihn nach Sardinien führt. Nach seiner Rückkehr engagiert er sich erstmals politisch, indem er dem 1939 in Bozen gegründeten Widerstandskreis „Andreas-Hofer-

Hildegard und Josef Mayr-Nusser mit ihrem Sohn Albert, 1943

Bund" beitritt, der sich einerseits besonders für den Schutz der „Dableiber" gegen die Übergriffe der „Optanten" einsetzt, andererseits jedoch versucht, die „Optanten" wieder umzustimmen.

1941 stirbt Josefs Mutter. Am 26. Mai 1942 heiratet er Hildegard Straub (1907-1998) aus Bozen, die er schon aus der Jugendarbeit kennt und die zeitweise im gleichen Betrieb wie er selbst arbeitet. Am 1. August 1943 kommt ihr einziges Kind, der Sohn Albert, zur Welt. Doch das Glück der jungen Familie ist von kurzer Dauer, denn die politischen Umstände verändern sich erneut grundlegend. Nach dem Sturz des italienischen Diktator Benito Mussolini im Juli 1943 wechselt das Land die Fronten und schlägt sich auf die Seite der Alliierten. Daraufhin besetzt die Wehrmacht Italien.

Obwohl Mayr-Nusser als italienischer Staatsbürger gilt, zieht die Waffen-SS ihn wie viele andere Südtiroler – gegen das Völkerrecht – ein. Er ist jedoch entschlossen, nicht mitzumachen, wenn sie von ihm etwas verlangen, das nicht mit seinem Gewissen zu vereinbaren ist. Am 7. September 1944 geht ein Transport mit achtzig Südtirolern auf eine viertägige Reise von Bozen nach Konitz (Westpreußen). Während der Ausbildung wachsen Mayr-Nussers Bedenken gegen die SS, von deren Gräueltaten er gehört hat. Der unversöhnliche Gegensatz zwischen nationalsozialistischer Ideologie und Christentum steht ihm immer deutlicher vor Augen. Seine Entscheidung, den SS-Eid aus Glaubensgründen zu verweigern, gibt er am 4. Oktober seinem Vorgesetzten vor versammelter Mannschaft bekannt und bekräftigt ihn schriftlich. Er wird verhaftet, verhört und steht am 14. November vor dem Untersuchungsrichter in Danzig. Ob es zu einem Prozess und zu einer Verurteilung von Mayr-Nusser gekommen ist, bleibt ungewiss, da Gerichtsunterlagen fehlen. Jedoch gibt es bis Dezember 1944 einen Briefwechsel mit seiner Frau. Es folgen bange Wochen und Monate des Schweigens und Wartens.

Die Front im Osten rückt näher. Im Februar 1945 ist Mayr-Nusser mit einem Gefangenentransport auf dem Weg von Danzig nach Dachau. Der Zug macht u.a. in Buchenwald und Erlangen Station. Fritz Habicher, einst SS-Wachmann, begleitet den Transport und gibt, nachdem er 1980 den Film über Mayr-Nusser im Fernsehen gesehen hat, Auskunft über die letzten Lebenstage von Josef Mayr-Nusser: Die Gefangenen seien in den Waggons ohne Nahrung und Wasser eingepfercht, die hygienischen Bedingungen unerträglich gewesen. Mayr-Nusser habe an starkem Durchfall gelitten. In Erlangen nach strapaziösem Fußmarsch einem Militärarzt vorgestellt, schickte ihn dieser unbehandelt („Ihm fehlt nichts.") zurück. Am nächsten Morgen, dem 24. Februar 1945, findet man ihn tot im Gefangenenwaggon liegen. Ein Neues Testament, ein Gebetbuch und ein Rosenkranz gehören zu seinen letzten Habseligkeiten.

Nachwelt und Wirkungen

Der Leichnam von Mayr-Nusser wird, wie erst viel später zu erfahren ist, am 1. März 1945 auf dem Erlanger Friedhof kirchlich begraben. Am 5. April 1945 erfährt Hildegard Mayr-Nusser, ihr Mann sei in Erlangen an Bronchopneumonie verstorben. Angehörige und Freunde von Mayr-Nusser treffen in Bozen zu einem Sterbegottesdienst zusammen, bei dem der Jugendseelsorger und ehemalige Freund Josef Ferrari die Ansprache hält.

Ein Autopsiebericht, den Frau Mayr-Nusser 1947 erhält, gibt für ihres Mannes „Hauptleiden und Todesursache: Hungerödem" an. Seine sterblichen Überreste überführt man 1958 unter großen Schwierigkeiten von Erlangen nach Bozen, doch lassen sie sich erst 1963 an der Außenmauer der neu erbauten Kirche St. Josef in Lichtenstern am Ritten beisetzen.

1979 gibt Toni Kaser, ein ehemaliger Sekretär der katholischen Jugend der Diözese Trient und Schriftleiter der katholischen Jugendzeitschrift „Die Jugendwacht", ein Interview[266], worin er ausführlich zu Mayr-Nussers Schicksal Stellung nimmt. Er weist darauf hin, dass sein Widerstand keineswegs die Tat eines „einzelnen Dummen" gewesen sei, da Mitte Februar 1945 das gesamte Polizeiregiment „Brixen", in Anwesenheit des Gauleiters von Nordtirol, Franz Hofer (1902-1975), kollektiv den Eid verweigert habe.[267] Empört reagiert Kaser auf

Ivo Muser, Bischof von Bozen-Brixen. Rechts: Dom in Bozen, 1870er Jahre

die Frage, ob Mayer-Nusser nicht unklug, ja dumm gehandelt habe: „Das Ärgste nämlich, was man dem Gedächtnis dieses Helden und Märtyrers antun konnte, war, von einigen Artikeln in den ersten Jahren nach seinem Tode aus der Feder einiger seiner Freunde und manchen Predigten einer ganz kleinen Zahl von Priestern abgesehen, das drei Jahrzehnte lange beharrliche Schweigen in der Öffentlichkeit. Als ob man Angst gehabt hätte, sich für den Bekenner zu bekennen!"[268]

2004 gibt Albert Mayr, als Musiker und Lehrer in Florenz tätig sowie der einzige Sohn der Familie, ein viel beachtetes Interview[269] über seinen Vater und dessen Verweigerung. Dabei geht er auch auf die damalige gesellschaftliche, politische und kirchliche Situation ein.

An verschiedenen Orten seines Wirkens sind inzwischen Straßen nach Mayr-Nusser benannt, ebenso Schulen und soziale Fachakademien. Die Stadt Bozen ernennt ihn 2010, gemeinsam mit Franz Thaler, posthum zu ihrem Ehrenbürger.

Nachdem sich eine „Initiativgruppe zur Seligsprechung von Mayr-Nusser" gebildet hat, beginnt am 24. Februar 2006, dem 61. Todestag, in der Diözese Bozen-Brixen der Seligsprechungsprozess für Mayr-Nusser. Diözesanbischof Wilhelm Egger (1940-2008) führt dabei aus: „Durch seine ganz persönliche Gewissensentscheidung hat Josef Mayr-Nusser ein Zeugnis des Glaubens gegeben." Postulator des Seligsprechungsverfahrens ist Josef Innerhofer. Im Juli 2016 bestätigt Papst Franziskus das Martyrium von Josef Mayr-Nusser und macht damit den Weg frei zur Seligsprechung, die am 18. März 2017 im Bozener Dom erfolgt. Als liturgischer Gedenktag gilt fortan der 3. Oktober. Der heutige Bischof von Bozen-Brixen, Ivo Muser, reagiert erfreut auf die baldige Seligsprechung und bemerkt: „Josef Mayr-Nusser hat uns und unserer Zeit viel zu sagen. Er ist nicht nur derjenige, der den Eid auf Adolf Hitler verweigert hat. Er ist einer, der die christliche Identität gepflegt und gelebt hat. Ich verstehe diese mutige und unbequeme Gestalt, die uns mit einem dunklen und für viele leidvollen Kapitel unserer Geschichte konfrontiert, vor allem als einen glaubwürdigen und konsequenten Zeugen, der dem eigenen Gewissen folgt; einem Gewissen, das sich ausrichtet am Evangelium und an der Lehre der Kirche. Er ist ein Mann, der aus der biblischen Überzeugung handelt, dass man Gott mehr gehorchen muss als den Menschen. Und jetzt dürfen wir mit Überzeugung bekennen: Josef Mayr-Nusser hat im Sinn eines Menschen verachtenden und Menschen vernichtenden Systems verloren, in den Augen Gottes aber hat er gewonnen!

Viele Menschen haben ihren Beitrag geleistet, der jetzt einmündet in die große Freude und Dankbarkeit, dass wir diesen überzeugenden, konsequenten und glaubwürdigen Zeugen als Seligen unserer Kirche verehren dürfen: als Märtyrer, als Vorbild, als Mahner, als Fürsprecher bei Gott. […] Ich hoffe und bete, dass die menschlichen und christlichen Werte, die Josef Mayr-Nusser gelebt hat und für die er gestorben ist, unter uns lebendig werden – gerade heute."[270]

Die Gedenktafel für Josef Mayr-Nusser am Haus Lichtenstern 1-7 auf dem Ritten

Exkurs: Verweigerung des SS-Eides

Der SS-Eid lautet: „Ich schwöre dir, Adolf Hitler, als Führer und Kanzler des Reiches, Treue und Tapferkeit. Ich gelobe dir und den von dir bestimmten Vorgesetzten Gehorsam bis in den Tod, so wahr mir Gott helfe."[271]

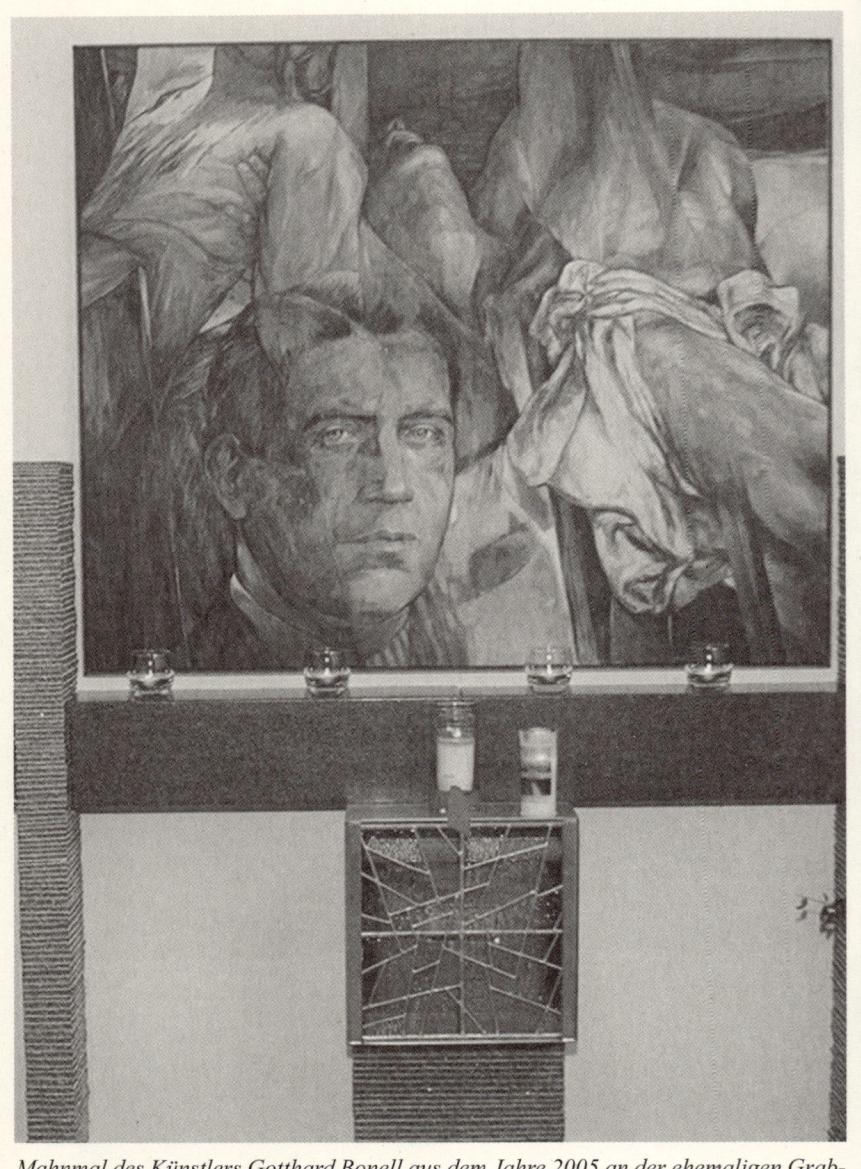

Mahnmal des Künstlers Gotthard Bonell aus dem Jahre 2005 an der ehemaligen Grabstätte von Josef Mayr-Nusser in Lichtenstern

Fahneneid mit Übergabe einer Regimentsfahne mit Eisernem Kreuz als militärisches Abzeichen, umrahmt von vier Hakenkreuzen, am Münchener Königsplatz, um 1937

Josef Mayr-Nusser verweigerte den Eid am 4. Oktober 1944. Welche Motive bestimmten ihn? Immerhin diente er als Soldat des italienischen Militärs und wäre auch zum Fahneneid und Einsatz in Deutschlands Wehrmacht bereit gewesen. Warum also die Verweigerung des SS-Eides? Was war daran anders? – Zur Charakterisierung des SS-Eides schreibt Reinhold Iblacker: „Der SS-Mann band sich in Anlehnung an germanisches Recht an die Person des Führers ... Hervorzuheben ist die bedingungslose Gehorsamsforderung an einen Menschen. Für diese Aussage, die in sich bereits höchst fragwürdig ist, wird, makaber genug, Gott zum Zeugen angerufen."[272] Und in seinen Ausführungen zum christlichen Verständnis des Eides schreibt der Theologe Max Pribilla: „Einen im strengen Sinne unbedingten Gehorsam gegenüber einem Menschen – wer immer es sei – kann und darf es nicht geben. Es gibt unaufhebbar eine Grenze, weil man Gott mehr gehorchen muss als Menschen." (Apostelgeschichte 5, 29)[273] Auf den Führer persönlich einen Eid zu schwören, hätte die Verpflichtung eingeschlossen, die Befehle des Diktators bedingungslos auszuführen und sich auch an den Verbrechen der SS zu beteiligen. Das aber wäre für Mayer-Nusser einer Verleugnung seines christlichen Glaubens gleichgekommen. Mit der Verweigerung legte er ein Zeugnis für Christus ab.

Stenografierter Brief von Josef Mayr-Nusser an seine Frau vom 27. September 1944, wenige Tage vor 4. Oktober 1944 geschrieben

Liebste, beste Hildegard!

Eine Sorge wird wohl auch Dich bedrücken, seit Du weißt, dass ich bei der SS Dienst tue, und der Fall Ernst Haller in der Erinnerung aufgetaucht sein [Haller aus Passeier hatte sich geweigert, den SS-Eid zu leisten. Der verständnisvolle Kompaniechef hat ihn dann zum Heer abgeschoben, Anm. des Verf.]. Wie ich mich im gleichen Umstand verhalten würde, darüber war ich keinen Augenblick im Zweifel und Du wärst nicht meine Frau, wenn Du etwas anderes von mir erwartetest. Dieses Bewusstsein, geliebtes Weib, dieses selbstverständliche Zusammenstimmen in dem, was uns am heiligsten ist, bedeutet für mich einen unsagbaren Trost. Dass ich Dich, treuste Gefährtin, durch mein Bekenntnis im entscheidenden Moment vielleicht auch noch in zeitliches Unglück stürze, das nagt am schwersten an meinem Herzen. Dieses Bekennen müssen wird sicher kommen, es ist unausbleiblich, denn zwei Welten stoßen aufeinander. Zu deutlich haben sich Vorgesetzte als entschiedene Verneiner und Hasser dessen gezeigt, was uns Katholiken heilig und unantastbar ist. Bete für mich, Hildegard, damit ich in der Stunde der Bewährung ohne Furcht und Zögern so handle, wie ich es vor Gott und meinem Gewissen schuldig bin. Dass ich italienischer Staatsbürger bin, ist vielleicht, wenn es einmal so weit ist, in den Augen der Richter ein Milderungsgrund. Jedenfalls wird es gut sein, auf schlimme und schlimmste Möglichkeiten gefasst zu sein. Aber Du bist eine tapfere Frau, eine Christin, und auch persönliche Opfer, die vielleicht von Dir gefordert werden, wären sicher nicht imstande, Dich zur Verurteilung Deines Mannes zu bestimmen, weil er es vorzog, lieber sein Leben zu verlieren, als den Weg der Pflicht zu verlassen. Was auch kommen mag, nun ist mir leichter, denn ich weiß Dich vorbereitet, und Dein Gebet wird mir Kraft geben, in der Stunde der Bewährung nicht zu versagen. Sei mit dem kleinen Albert in aller Liebe gegrüßt und geküsst von

Deinem Mann.[274]

13. Bargil Pixner (1921-2002) – Bekenntnis zu Jesus, dem Juden

Lange Zeit war der ebenfalls aus Südtirol stammende und in Israel/Palästina als Archäologe, Pilgerbegleiter und Buchautor populär gewordene Benediktinerpater nicht als Verweigerer des Fahneneides im Zweiten Weltkrieg bekannt. Erst im Jahr 2003 machte eine Publikation über Franz Reinisch[275] auch auf Bargil Pixner aufmerksam. Die äußeren Umstände seiner Verweigerung sind ebenso ungewöhnlich wie sein reiches und wechselvolles Leben, das ihn durch viele Länder und an zahlreiche Wirkungsstätten führte.[276]

Bargil Pixner

Bargil Pixner ist am 23. März 1921 im Dorf Untermais bei Meran als ältestes von acht Kindern auf die Welt gekommen. Die Eltern betreiben eine Landwirtschaft und sind als Mesner in der örtlichen Kirchengemeinde tätig. Sie lassen ihn auf den Namen des in Südtirol verehrten Tridentiner Bischofs und Märtyrers Virgil oder Vigilius von Trient (4./5. Jahrhundert) taufen. St. Virgil ist zudem Kirchenpatron in Untermais. Das Kind wächst in einer katholischen Fami-

Werbeplakat zum Film „Verkaufte Heimat" von Karin Brandauer, 1989. Rechts: Plakat für den „Endsieg", 1945. Zweifel am „Endsieg" gelten als „Wehrkraftzersetzung".

lie auf und wird besonders von seiner frommen Mutter geprägt. Zeit seines Lebens bleibt Bargil seiner Heimat tief verbunden und kehrt stets gern zurück. Nach der Volksschule besucht er das Erzbischöfliche Gymnasium Johanneum in Tirol. 1940 beginnt er in Brixen ein Theologiestudium und schließt sich ein Jahr später der aus England kommenden Missionsgesellschaft Mill Hill Fathers an, die in Brixen ihre deutschsprachige Hauptniederlassung hat.

Pixners Herkunftsfamilie gehört jener Minderheit unter der deutschsprachigen Bevölkerung Südtirols an, die sowohl den italienischen Faschismus unter Mussolini als auch den deutschen Nationalsozialismus ablehnt. In Tirol regt sich vielfältiger christlich und politisch motivierter Widerstand gegen beide Formen des Faschismus. Ein eindrucksvolles Zeugnis davon gibt Karin Brandauers Dokumentarfilm „Verkaufte Heimat" (1989). Die widerständige Haltung zeigt sich auch darin, dass Kriegsdienstverweigerer Hilfe erhalten und von der Bevölkerung versteckt werden.[277] Als sogenannte „Dableiber" wollen die Pixners sowohl ihrer Heimat als auch ihrem Glauben treu bleiben.

Im Herbst 1944 zieht die Wehrmacht den Priesteramtskandidaten Pixner mit einem letzten Aufgebot ganz junger und älterer Männer, meist „Dableiber", in das vierte Polizeiregiment „Brixen" ein[278]. Nach geltendem Kriegsrecht ist die deutsche Besatzungsmacht befugt, solche Trupps zur Aufrechterhaltung der öffentlichen Ordnung aufzustellen. Ein eklatanter Rechtsbruch liegt aber dann vor, wenn man solche Einheiten außer Landes bringt oder sie mit Kriegsoperationen betraut. Doch genau das beabsichtigt die Wehrmacht und befiehlt das Polizeiregiment daher zur Infanterieausbildung.

Längst ist der Glanz von Hitlers anfänglichen Blitzsiegen verblasst. Die Bevölkerung leidet zunehmend unter den kriegsbedingten Einschränkungen. Jeden Tag treffen Nachrichten über Gefallene und Verwundete ein, die Zeitungen sind voll von Vermissten- und Todesanzeigen. Nicht die wenigen und meist unbekannt gebliebenen Verweigerer, sondern die Ereignisse des Krieges selber haben die „Wehrkraft zersetzt", wie es dem Nazi-Jargon zufolge heißen müsste. Man ist kriegsmüde geworden, und die NS-Propaganda von „Wunderwaffen" und „Endsieg" zieht kaum noch. Viele ahnen oder glauben zu wissen, dass der Krieg nicht mehr zu gewinnen ist. Christen müssen erfahren, wie NS-Größen den „Juden Jesus" öffentlich verhöhnen, dass Priester, die sich regimekritisch äußern, im Gefängnis landen und Drangsalierungen ausgesetzt sind. Kurz: Die Stimmung ist umgeschlagen. So wagt es der 24jährige Theologiestudent Pixner zusammen mit anderen, ein deutliches Zeichen des Widerstandes zu setzen. Im Februar 1945 kommt es in Brixen zu einer dramatischen Szene, die Diözesansekretär Toni Kaser wie folgt beschreibt: „Nach Beendigung der Infanterieausbildung sollten die Männer des Regiments nach vorangegangener kurzer Belehrung Mitte Februar 1945 in Anwesenheit des Gauleiters von Nordtirol, Franz Hofer, im Kasernenhof, wo sie angetreten waren, vereidigt werden.

Zuerst die übliche Ansprache, dann die Aufforderung zur Eidesleistung und als Antwort ein schwaches Murmeln einiger weniger. Zur Rettung der Situation wurde angenommen, dass die ‚dummen Tiroler' im einschlägigen Unterricht nichts verstanden hätten, weshalb der Regimentkommandeur, Polizeioberstleutnant Korn, vom Gauleiter aufgefordert wurde, an Ort und Stelle einen Schnellkurs über das Zeremoniell der Eidesleistung vorzunehmen, was dieser kreidebleich auch tat.

Eine zweite Aufforderung hatte keinen besseren Erfolg, worauf die Männer entwaffnet und mit dem strikten Verbot, die Unterkünfte zu verlassen, in die Kaserne befohlen wurden. Am übernächsten Tage erfolgte die Deportation nach Schlesien an die Front."[279]

Ein ganzes Regiment verweigert den Fahneneid – das ist unerhört und einmalig in der Geschichte der Wehrmacht. Pixner beschreibt, wie es für ihn danach weiterging. Ohne den Eid abgelegt zu haben, muss er wie seine Kameraden Militärdienst leisten und wird zum Sanitätsdienst innerhalb seiner Kompanie an die Ostfront abkommandiert. Hier erhalten die Soldaten bald ihre Waffen zurück.

Bei einem Zusammenstoß mit einem Hauptmann, der ihn wegen seines Glaubens verspottet, legt Pixner ein entschiedenes Bekenntnis zu dem „Juden Jesus" ab, was sein Vorgesetzter für eine ungeheure Provokation hält. Es kommt jedoch zu keinem weiteren Übergriff des Hauptmanns, da ein Pixner offenbar wohl gesonnener SS-Offizier vorschlägt, ihn nur zu degradieren und künftig in der Entlausungsstation zu beschäftigen. Mit knapper Not entgeht Pixner so einer Erschießung.

Nach Kriegsende gelingt ihm aus Schlesien die Rückkehr in seine Heimat. Obwohl ihm eine politische Laufbahn offensteht, entschließt er sich, sein Theologiestudium fortzusetzen. 1946 empfängt er die Priesterweihe. Sein Missionsorden entsendet ihn zunächst auf die Philippinen, wo er auf der Insel Panay sechs Jahre lang eine Leprastation (Santa Barbara in Iloilo) leitet. Danach ist er als Seelsorger für Priester in den USA, Italien und Frankreich tätig.

Kirche Santa Barbara in Iloilo nach der Restaurierung im Jahre 2015

Ein neuer Lebensabschnitt beginnt für Pixner im Jahr 1969 mit der Übersiedlung nach Israel. Er studiert Hebräisch, Biblische Archäologie und Topographie. 1972 tritt er in die auf dem Zionsberg gelegene Benediktiner-Abtei ein, die dem „Heimgang Mariens" (Dormitio Beatae Mariae Virginis) geweiht ist. Im Auftrag seines Abtes Laurentius Klein beschäftigt sich Pixner besonders mit der Erforschung der judenchristlichen Tradition des Zionsberges (Ausgrabung

Dormitio-Abtei auf dem Berg Zion, südlich der Altstadtmauer von Jerusalem

des sogenannten „Essener-Tores", 1977). In den 1980er Jahren hält er sich auch längere Zeit in der Zweigniederlassung Tabgha am See Genezareth auf.

Wie ein Freund Pixners, der evangelische Theologe Rainer Riesner, berichtet, kommt es beim Besuch Pixners an der hebräischen Sprachschule (Ulpan Erzion) zu einer Namenstranskribierung: Aus Virgil wird Bargil, was auf Hebräisch „Sohn der Freude" bedeutet. Der neue Name gefällt Pixner und er nimmt ihn an.

In Israel/Palästina entfaltet er umfangreiche Aktivitäten. Er beteiligt sich an archäologischen Ausgrabungen, engagiert sich für die Zusammenarbeit der verschiedenen christlichen Konfessionen im Heiligen Land, ist Mitbegründer des Friedensdorfes Neve Shalom, wo jüdische und arabische Bürger Modelle eines friedlichen Zusammenlebens in Israel/Palästina entwickeln. Auf Grund seiner

Friedensdorf Neve Shalom in Israel, etwa 2016

Vertrautheit mit der Bibel und einer überragenden Orts- und Geschichtskenntnis führt er mit großer Begeisterung zahlreiche Pilger- und Exkursionsgruppen an biblische Orte und die frühen Stätten der Christenheit, an deren Entdeckung er zum Teil mitgewirkt hat. Die Besucher erwartet ein beeindruckendes geistliches Erlebnis. Seine Kenntnisse veröffentlicht er in zahlreichen Schriften über die Orte des Heiligen Landes, welches er als das „fünfte Evangelium" empfindet, bewundert und liebt. Das wissenschaftliche Werk, insbesondere seine Identifizierung biblischer Orte, findet unterschiedliche Bewertungen, doch gilt er als großer Impulsgeber, dem es gelungen ist, wissenschaftliche Arbeit mit besonderer Spiritualität zu verbinden. In den 1990er Jahren kehrt er in die Dormitio-Abtei zurück, wo er weiterhin tätig ist. Er stirbt am 5. April 2002 im Alter von 81 Jahren und ist auf dem Friedhof der Abtei begraben.

Titelumschlag „Fünftes Evangelium" von Bargil Pixner

Aus Bargil Pixners Darstellung seiner Kriegserlebnisse

Im Herbst 1944, als die Kriegsmaschine Hitlers sich an allen Fronten im Rückzug befand, gab es in Südtirol einige italienische Staatsbürger deutscher Zunge, die noch nicht zum deutschen Militär eingezogen worden waren. Doch im Herbst kamen auch sie als letztes Aufgebot an die Reihe. Auch ich gehörte dazu, als im Herbst 1944 das Brixner Regiment einberufen wurde. Im Januar 1945 sollte die Vereidigung stattfinden, doch unser ganzes Regiment weigerte sich, auf den Führer einen Eid zu leisten. Wir wurden entwaffnet und unter SS-Kontrolle an die Ostfront gesandt. Ich arbeitete als Sanitäter unserer Kompanie. An der schlesischen Front bekamen wir die Gewehre wieder. Viele Kameraden waren schon gefallen, als ich im April den Auftrag erhielt nachzusehen, wer der in der Nacht gefallene Soldat war, der drüben in der Scheune lag.

Als ich die Decke hochhob, erkannte ich mit Schrecken, daß es mein guter Freund, der achtzehnjährige Andreatta aus Kaltern war. In der Stube, wo ich die Meldung abstattete, waren die SS-Offiziere des Regiments versammelt. Sie merkten, wie tief ich vom Tod dieses jungen Freundes betroffen war.

Der Hauptmann, der wusste, dass ich mich zum Priestertum vorbereitete, höhnte: „Jetzt kannst du deine Feinde lieben; ist es nicht das, was euch dieser Jude Jesus gesagt hat?"

„Ja, Jesus war ein Jude, und er war der Sohn Gottes."

„Siehst du nicht, wie dumm das ist? Wie kann der Sohn Gottes zu diesem minderwertigen Volk gehören! Sie sind die Feinde des deutschen Volkes. Sag, liebst du auch die Juden?"

Ich gab ihm die in diesen Umständen schroffe Antwort: „Ja, ich liebe die Juden, sie sind ja Jesu Volk."

Da schrie dieser SS-Mann: „Pixner, verlassen Sie sofort diesen Raum; wer so redet, ist nicht würdig, deutscher Soldat zu sein." Ein mir wohlgesinnter SS-Mann flüsterte mir ins Ohr: „Pixner, das hätten Sie nicht sagen dürfen!" Man hatte in diesen letzten verzweifelten Kriegstagen Menschen wegen weniger erschossen oder aufgehängt. Doch ich spürte keine Angst, denn ich hatte meiner ehrlichen Überzeugung Ausdruck gegeben. Um mich zu retten, schlug dieser SS-Offizier vor, mich degradierend in die Entlausungs-Station zu transferieren, man brauche dort Leute.

Damit war ich aus dem hochgefährlichen Blickfeld jenes Hauptmannes heraus.

Ich hatte das Glück, nach dem Zusammenbruch der Front im Mai wieder heil nach Hause zu kommen, doch nach diesem Erlebnis, das mich an den Rand des Todes gebracht hat, wollte mich der Gedanke „Jesus der Jude" nie mehr loslassen. Bald nach dem Sechs-Tage-Krieg kam ich nach Israel und lebe nun über ein viertel Jahrhundert hier. Mit meinen christlichen Freunden leben wir in einer Situation, die die Kirche seit fast zweitausend Jahren nicht mehr erfahren hat. All diese Jahrhunderte waren wir Christen die Mehrheit, die Juden eine kleine Minderheit; hier ist es anders.[280]

Franz Reinisch

14. Franz Dionysius Reinisch (1903-1942) – diesem Verbrecher keinen Eid, niemals

Als bislang einziger bekannter katholischer Priester verweigerte Franz Reinisch den Fahneneid auf Adolf Hitler. Wie kam es dazu, dass er als Pfarrer eigentlich vom Kriegsdienst befreit, dennoch eingezogen, wegen „Zersetzung der Wehrkraft" zum Tode verurteilt und im Zuchthaus Brandenburg-Görden mit dem Fallbeil hingerichtet worden ist?[281]

Franz Dionysius Reinisch hat am 1. Februar 1903 in Feldkirch-Levis (Vorarlberg/Österreich) das Licht der Welt erblickt. Er ist das zweite von fünf Kindern. Seine Eltern, Hofrat Dr. Franz Reinisch und Maria, geborene Huber, weihen ihn bei seiner Taufe der Gottesmutter Maria. Sie erziehen ihre Kinder im katholischen Glauben und mit einer stark marianisch geprägten Frömmigkeit. Der tägliche Besuch der Heiligen Messe gilt der Familie als selbstverständlich.

Als Beamter wird der Vater oft versetzt. Stationen der Familie sind: Feldkirch, Bozen, Bruneck und Innsbruck. Ihre Verwurzelung im Glauben erklärt auch, warum die Eltern „die Entscheidung ihres Sohnes bejahten und mit tiefem christlichem Gottvertrauen begleiteten".[282]

Franz äußert schon früh den Wunsch, Priester zu werden. Er besucht nach der Volksschule das Gymnasium der Franziskaner in Hall in Tirol, studiert jedoch nach dem Abitur (1922) zunächst Jura in Innsbruck und Kiel, wo er auch eine Vorlesung über Gerichtsmedizin belegt. Er ist gesellig und kontaktfreudig, Mitglied einer Studentenverbindung sowie ein begabter Klavierspieler und Tänzer. Außerdem fällt er durch sein begeisterndes Temperament auf. In Wyhlen bei Basel nimmt er an 30-tägigen Exerzitien teil und wechselt 1922/23 zum Studium der Philosophie und Theologie nach Innsbruck.

1928 zum Priester geweiht, feiert er seine Primiz und begibt sich auf Wallfahrten nach Lourdes und Lisieux. Im selben Jahr seiner Priesterweihe schließt er sich der Gemeinschaft der Pallottiner an und beginnt in Untermerzbach bei Bamberg ein zweijähriges Noviziat. 1934 besucht er erstmals Schönstatt, nachdem er zuvor schon Kontakte zu der dortigen religiösen Erneuerungsbewegung aufgenommen hat. Die Pallottiner setzten ihn jedoch zunächst an verschiedenen Orten ein. Der hochgewachsene und überaus engagierte Priester ist ein beliebter Seelsorger und Prediger.

1938 nach Schönstatt gesandt, befasst er sich mit Aufgaben der Weltmission und widmet sich der Männerseelsorge. Er hält Vorträge, Einkehrtage, Exerzitien, religiöse Wochen und kommt auf seinen Reisen viel in Deutschland herum. In Schönstatt lernt er auch den Gründer der Bewegung, Pater Josef Kentenich[283],

Franz Reinisch, größer als viele andere, in Brixen, März 1927

kennen. Die Begegnung mit dem Ort und Pater prägt fortan seine Tätigkeit und stellt die Weichen für seinen künftigen Lebensweg sowie für die Art und Weise seiner Gewissensentscheidung.

Im Schönstätter Exerzitienhaus äußert Reinisch schon 1939 bei einem Gespräch der Mitbrüder, bei dem es auch um die Haltung der Bischöfe geht, seine Überzeugung: „Den Eid, den Soldateneid auf die nationalsozialistische Fahne, auf den Führer, darf man nicht leisten, das ist sündhaft. Man würde ja einem Verbrecher einen Eid geben ... Unser Gewissen verbietet es uns, einer Obrigkeit zu folgen, die nur Mord und Totschlag in die Welt bringt um der lüsternen Eroberung willen. Man darf diesem Verbrecher keinen Eid leisten!"[284]

Der Gestapo schon länger wegen regimekritischer Äußerungen aufgefallen, verhängt das Reichssicherheitshauptamt in Berlin gegen Reinisch am 12. September 1940 ein Rede- und Predigtverbot mit der Begründung, er habe „im April 1940 bei einem Abendvortrag staatsabträgliche Äußerungen getan".[285] Die Anordnung trifft Reinisch hart, da er ein Mann des Wortes und der Predigt ist. Und sie hat schwere Folgen; fortan ist ihm künftig die Bestellung in eine Pfarrei versagt und ohne das Amt eines Gemeindepfarrers kann er als Priester zur Wehrmacht eingezogen werden.[286]

Am 1. März 1941 erreicht ihn der erste Bereitschaftsbefehl der Wehrmacht. Für Reinisch beginnt eine Zeit inneren Ringens: Welchen Weg soll er gehen? Darf er den Eid in der Wehrmacht Hitlers leisten? Kann es der Wille Gottes sein, als Verweigerer die sichere Todesstrafe auf sich zu nehmen? Eine Entscheidung wird unumgänglich. Am selben Tag noch entschließt sich Reinisch „zur Blankovollmacht"[287], als er „wieder ein[en] Gruß der MTA"[288], der Gottesmutter Maria, empfangen hat.

Am 15. August 1941 erhält er während eines Aufenthaltes in Schönstatt den zweiten Bereitschaftsbefehl. Mit kurzfristigen Versetzungen wird versucht, Reinisch dem Zugriff der Gestapo und der Wehrmacht zu entziehen. Als dennoch am 8. April 1942 für den 14. April der Gestellungsbefehl zur Wehrmacht erfolgt, meldet er sich demonstrativ erst einen Tag später bei einer Sanitätseinheit in Bad Kissingen. Zum Dienst als Sanitäter in der Wehrmacht wäre Reinisch bereit gewesen, auf keinen Fall aber zur Ableistung des Fahneneides auf Hitler, den er für eine Verkörperung des Antichristen und einen Verbrecher hält.

Wappen der Pallottiner mit dem Bekenntnis „Caritas Christi urget nos" – „Die Liebe Christi drängt uns", 2. Korintherbrief des Paulus 5, 14

Selbst nach dem Todesurteil macht er sich nochmals Gedanken über seine Entscheidung: „Ich weiß, dass viele Geistliche anders denken als ich; aber so oft ich auch mein Gewissen überprüfe, ich kann zu keinem anderen Urteil kommen. Und gegen mein Gewissen kann und will ich mit Gottes Gnade nicht handeln. Ich kann als Christ und Österreicher einem Mann wie Hitler niemals den Eid der Treue leisten. Denken Sie, was dieser Mann unserer Kirche und was er Österreich angetan hat. Einem solchen Menschen Treue geloben, das kann ich nicht ... Es muss Menschen geben, die gegen den Missbrauch der Autorität protestieren; und ich fühle mich berufen zu diesem Protest."[289]

Am 14. April, dem Tag seines Dienstbeginns bei der Wehrmacht, wendet sich Reinisch an seinen Oberen Pater Josef Frank mit dem Vorschlag, ihn aus der Gemeinschaft der Pallottiner auszuschließen, wenn ihr seiner Verweigerung wegen Schaden drohen würde. Die Leitung erfindet daraufhin für Reinisch „ein gewagtes Konstrukt"[290]: „Nach außen hin war Reinisch ausgeschlossen, die Militärbehörden führten ihn in ihren Akten ab sofort als ‚Weltpriester'. Auf den eigentlich vorgeschriebenen formellen Ausschlussantrag bei der römischen Generalleitung der Gemeinschaft verzichtete Pater Frank jedoch, so dass Reinisch Pallottiner blieb, ohne dass jemand außer dem Provinzial es wusste, sogar er selbst nicht; das erfuhr er erst nach der Verhängung des Todesurteils. Niemand sollte sich verplappern und den mörderischen Zorn der braunen Christenverfolger erregen können."[291]

In der Kaserne von Bad Kissingen eingetroffen, teilt Reinisch am 15. April 1942 den Militärs seine Verweigerung des Fahneneides mit, weshalb man ihn sogleich verhört und inhaftiert. Am 20. April trifft als Abgesandter der Pallottiner Provinzialrat Pater Franz Nägele bei ihm ein und versucht, ihn umzustimmen. Er möchte das Leben Reinischs retten und ist gleichzeitig bemüht, Schaden von der Gemeinschaft abzuwenden. Doch Reinisch bleibt bei seiner Überzeugung. Als letztes Mittel wird ihm, falls er an seinem Vorhaben festhalte, die sofortige Entlassung aus der Gemeinschaft angedroht.

Da Reinisch an seinem Entschluss nicht rütteln lässt, überstellt man ihn dem Divisionsgericht in Würzburg, wo man ihn erneut verhört. Doch seine Unbeugsamkeit ist ungebrochen, so dass Kriegsgerichtsrat Dr. Georg Oehrlein, der Reinisch ebenfalls gut zuredet, ihn schließlich dem Gefängnis Berlin-Tegel überantwortet. Unter dem 8. Mai, dem Datum des Eintreffens in Berlin, beschreibt Reinisch die religiöse Bedeutung seiner Eidverweigerung folgendermaßen: „Es soll meine Lebenshingabe ein Sühneopfer sein für meine eigene Armseligkeit, ferner aber ein Liebesopfer für das Sch.-Werk. MTA, lass mich in diesen Tagen noch stark reifen, damit ich Deinem großen Zeichen: Licht-, Kampf-, und Siegeszeichen folge in Treue und so erlebe die Wahrheit des Wortes: in hoc signo vincam. Ich selber aber will eine lodernde Liebesflamme, ein bereitwilliges Liebesopfer und ein glühender Liebesapostel werden, damit ich gereiche: in caritate Christi urgente ad infinitam Dei gloriam ad destruendumum peccatum et ad sanandas animas! MHC."[292]

Am 7. Juli 1942 steht Reinisch vor dem Reichskriegsgericht, das ihn, wie zu erwarten, wegen „Zersetzung der Wehrkraft" zum Tod verurteilt. Im Anschluss daran ist ein Priester über die vermeintlich starre und unbelehrbare Haltung Reinischs so empört, dass er ihm die Kommunion verweigert.[293] Mehr Verständnis zeigt dagegen der Berliner Anstaltspfarrer Heinrich Kreutzberg, der Reinisch während seiner Haft in Tegel seelsorglich betreut und ihm die tägliche Kommunion ermöglicht. Kreutzberg ermutigt ihn auch, seine Geschichte aufzuschreiben und die Motive seiner Verweigerung darzulegen.

Drei Tage nach der Verhandlung des Reichskrieggerichts bekommt Reinisch Besuch von seinem Provinzial Josef Frank, der ihm mitteilt, dass er nicht aus der Gemeinschaft ausgeschlossen sei. Wenig später schreibt er Reinisch noch einen

Wehrmachtsuntersuchungsgefängnis Berlin-Tegel

Brief und ersucht ihn, „unter Gehorsamsauftrag" den Eid und den Dienst als Sanitätssoldat zu leisten. Doch Reinisch weicht nicht von seinem eingeschlagenen Weg ab. Das gilt auch für den letzten juristischen Akt. Da das Urteil noch nicht rechtskräftig ist, räumt man Reinisch am 25. Juli ein, sich gegenüber einem Vertreter des Reichskriegsgerichts zu äußern. In seiner „Schlusserklärung"[294] bekräftigt er seine Vorwürfe gegen das NS-Regime. Es sei ihm unmöglich, den Eid zu leisten. Der Nationalsozialismus benutze die Kriegszeit, „um in der Heimat den Glauben an den Gott-Menschen Jesus Christus – wie es unzählige Beispiele beweisen – dem Volke und besonders der Jugend aus dem Herzen zu reißen".[295]

Fünf Tage später ist das Urteil rechtskräftig. In der Einsamkeit seiner Gefängniszelle reflektiert Reinisch nochmals seinen Weg und prüft alle Aspekte seiner Gewissensentscheidung. Die letzte Station seines Martyriums vor Augen, betrachtet er Jesu Leidensweg zum Kreuz, dessen Nachfolge er angetreten hat und bis zum Ende gehen will. Er möchte seinen gewaltsamen Tod als stellvertretendes und sühnendes Opfer zum Ruhme Gottes und zur Rettung der Seelen darbringen.

Am 11. August wird Franz Reinisch in das Zuchthaus Brandenburg-Görden verlegt. In Abwesenheit des Strafanstaltspfarrers Scholz begleitet ihn der Orts-

Findling mit Reinisch-Relief vor dem Reinisch-Haus auf dem Marienberg in Schießlitz bei Bamberg. Rechts: Collage des Franz Reinisch-Forums zum „Vermächtnis" des Ermordeten: „Wenn ich einmal oben bin, werde ich manche Rose auf die Erde werfen."

pfarrer Albrecht Jochmann bis zu seiner Sterbestunde. Auch Jochmann versucht, ihn vor dem Tod zu bewahren, achtet aber ebenso dessen Gewissensentscheidung. Am 21. August 1942, kurz nach Mitternacht, legt Reinisch nochmals die Beichte ab und empfängt die Kommunion. Er schreibt seiner Familie einen Abschiedsbrief. Kurz bevor man ihn zur Hinrichtung abholt, diktiert er nochmals einige Zeilen an seine Eltern, die Pfarrer Jochmann mitstenographiert: „Liebe Eltern! Zuerst ein herzliches Vergelt's Gott für das letzte Päckchen und den Brief. Lieber Papa! Du hast keine Ahnung, wie der Brief Ende Juni mir Kraft und Stärke gab. Gott segne Dich dafür. Und ebenso Dich, liebe Mutter. Mit einem kleinen Sätzchen ‚Franzl, bleibe stark' hast Du mir eine ganz große Freude gemacht. So möchte ich von Euch scheiden mit dem großen Segen! Euer dankbarer Franz."[296]

Am frühen Morgen wird Reinisch zusammen mit sechs weiteren Todeskandidaten, unter ihnen der zwanzig Jahre jüngere Zeuge Jehovas, Bernhard Grimm, hingerichtet. Den Leichnam äschert man am 31. August im Brandenburger Krematorium ein. Die Urne bringt man auf dem Gefängnisfriedhof unter die Erde. Unter dramatischen Umständen gelingt es nach dem Krieg, sie in den Westen zu bringen; am 17. Oktober 1946 setzt man sie neben der Kapelle in Schönstatt bei.

Das zu Unrecht ergangene Urteil gegen Reinisch wird am 13. September 1991 aufgehoben.[297] Die Gemeinschaft der Pallottiner, die Schönstattbewegung und viele Gläubige setzen sich heute für seine Seligsprechung ein. Die Eröffnung des dazu notwendigen kirchlichen Prozesses erfolgt im Bistum Trier am 28. Mai 2013 durch Bischof Stephan Ackermann. Mit einer Festmesse in der Trierer Liebfrauenkirche feierte man am 28. Juni 2019 den Abschluss des diozösanen Seligsprechungsverfahrens.

Exkurs: Nationalsozialismus und christlicher Glaube

Nationalsozialismus und christlicher Glaube sind für Reinisch unversöhnliche Gegensätze. Er hält die gesamte nationalsozialistische Weltanschauung für eine Irrlehre. Die Ermordung von Bundeskanzler Engelbert Dollfuß (1934) durch österreichische Nationalsozialisten, „eine Bluttat ohnegleichen", bestätigt ihm die verbrecherischen Absichten des Dritten Reiches. Der unter Bruch des Völkerrechts von Hitler durchgeführte „Anschluss" Österreichs an das Reich (1938) bezeichnet er als eine „Vergewaltigung Österreichs". Reinisch weiß auch um

Beginn der Okkupation Österreichs, 12. März 1938

Feldgottesdienst in einer Artilleriestellung in Russland, 1943

die vielen Übergriffe, Schikanen und Rechtsbrüche des NS-Regimes gegenüber der katholischen Kirche, sodass er im Nationalsozialismus eine Art „Nationalbolschewismus" erkennt. Kompromisse mit der Regierung oder gar ein Entgegenkommen der Kirche lehnt Reinisch strikt ab. In diesem Zusammenhang fällt jedoch auf, dass er den Abschluss des Konkordats von 1933 nirgends erwähnt.

Reinisch lehnt weder die Wehrpflicht noch die Wehrmacht grundsätzlich ab, verweigert jedoch, seinem Gewissen folgend, den Fahneneid auf Hitler: „Auf das deutsche Volk kann ich den Fahneneid leisten, aber auf einen Mann wie Hitler nie."[298] In seinem Innern hört er auf die Stimme Gottes, die ihm gebietet, dem Nationalsozialismus zu widerstehen, selbst wenn es sein Leben kosten sollte. Er stellt sich damit sowohl gegen die Forderungen seiner Vorgesetzten wie auch der deutschen Bischöfe, die die katholische Soldaten zu Gehorsam, Treue und Opferwilligkeit gegenüber der Obrigkeit auffordern. Einzig in Pater Josef Kentenich findet Reinisch einen verständnisvollen Ratgeber und Unterstützung. Immer wieder sieht er sich daran erinnert, dass er als Christ der Obrigkeit zu gehorchen habe und der Eid nichts Unerlaubtes verlange. Doch solche Vorhaltungen lässt er nicht gelten.

Franz Reinischs Erklärung zum Eid

Hitler erkenne ich nicht als gottgewollte Autorität an. Er ist in Österreich eingebrochen. Ich lebe und sterbe als Österreicher. Diese Regierung ist keine gottgewollte Autorität. Wenn ich an die Kinder und an die Jugend denke, schreit mein Herz auf, dass sie d e n statt Christus am Kreuz anbeten sollen. Man kann mich nur zu einem Fahneneid verpflichten, wenn ich diesen Eid ohne Bedenken und ohne jeden Vorbehalt leisten kann. Niemand kann mich aber zwingen, bei dem Eid einen inneren Vorbehalt zu machen, wenn ich Bedenken habe. Wenn man furchtbare Schwierigkeiten gegen die christliche Religion kommen sieht, muss man beim Eid einen Vorbehalt machen. Diesen Vorbehalt aber will ich nicht machen. Wenn ich einen Eid leisten soll, will ich ihn ganz und ohne alle Bedenken und Vorbehalte leisten können.[299]

Erklärung zum Feld- bzw. Todesurteil von Franz Reinisch

Da es heute im Kampfe gegen den Bolschewismus um die Erhaltung des christlichen Glaubens und der deutschen Heimat geht und, wie in der Hauptverhandlung der Herr Senatspräsident selbst erklärte, auch um die Erhaltung des <u>christlichen</u> Abendlandes, so glaubt der Verurteilte unerschütterlich an seiner bisherigen Beweisführung festhalten zu müssen.

Denn es wird die <u>Kriegszeit</u> vornehmlich dazu benutzt, um in der Heimat den Glauben an den Gott-Menschen Jesus Christus – wie es ungezählte Beispiele beweisen – dem Volke und besonders der Jugend aus dem Herzen zu reißen, wodurch die Soldaten an der Front – durch ihren Urlaub wie durch Briefe ihrer Angehörigen belehrt – in ihrer Wehrkraft gewaltig erschüttert werden. Aus Russland kamen Fronturlauber wie Verwundete, durchweg Familienväter, und erklärten mir: „Was hat unser Kämpfen für einen Sinn? Wir kämpfen gegen den Bolschewismus des Auslandes, <u>für</u> den Bolschewismus in der Heimat", z.B. Entfernung der Cruzifixe aus den Schulen, Aufhebung der Klöster und Schließung derer Kirchen usw. Der Verurteilte ist kein Revolutionär, d.h. Staats- und Volksfeind, der mit der Faust und Gewalt kämpft; er ist ein katholischer Priester, der die Waffen des Geistes und des Glaubens gebraucht. Und er weiß, wofür er kämpft! – Es läge daher nahe, dass man jene Kräfte zuerst unschädlich machen und zum Tod verurteilen müsste, die diese Zersetzung der Wehrkraft vollziehen. Da aber gerade die gegenwärtige Regierung diesen Kräften nicht im geringsten das Handwerk legt, sondern sie sogar begünstigt, so glaubt der Verurteilte durch die Verweigerung des Treueides auf die gegenwärtige Regierung <u>mehr</u> dem deutschen Volke <u>die Treue in seinem Daseinskampfe</u> zu hal-

ten als umgekehrt. Er ist daher gerne bereit, für Christus den König und für die deutsche Heimat sein Leben hinzuopfern, damit Christus der Herr diese antichristlichen-bolschewistischen Kräfte und Mächte des Auslandes wie besonders in der Heimat besiegen möge, auf dass unser Volk wieder werde: ein starkes und freies Gottesvolk inmitten der Völker des Abendlandes.

(gez.) Franz Reinisch
Berlin-Tegel, 25. Juli 1942[300]

Franz und Maria Reinisch, die Eltern des Ermordeten

Abschiedsbrief an die Familie

Liebe Eltern und Geschwister [...]
Wie freue ich mich auf diesen Augenblick, mit Jesus und Maria, ... ja mit dem ganzen himmlischen Chor das ewig neue Lied zu singen ... Noch sechs Stunden trennen mich davon ... Ich bin Euch nahe und bleibe Euch nahe! Denn der Himmel und die Erde sind nicht weit voneinander entfernt! Wir haben ja den Himmel auf Erden, wenn wir in Gott, im Gnadenstand leben ... Gott ist unendlich gut. Der Heiland ist mein König in der Ewigkeit. Maria, meine Königin voll Schönheit und Güte ... Es segnet Euch Euer dankbarer und ewig froher Franz.[301]

Medienhinweis: „Pater Franz Reinisch", DVD (2016); Bezug: Franz Reinisch-Forum, Vallendar. Zum Stand der Seligsprechung siehe www.franz-reinisch.org.

Friedrich Wilhelm Foerster (1869-1966)
Das Christentum im Dienste des Antichrist

Was so viele deutsche und ausländische Christen getäuscht hat, das war eben die Tatsache, dass so viele deutsche und christliche Tugenden dieser undeutschen und antichristlichen Entwicklung dienten, dass so viele gute Eigenschaften eines großangelegten Volkes hier für eine immer erbärmlichere Zielsetzung missbraucht wurden. Denn das ist ja gerade das Tragische der neudeutschen Entwicklung, dass hier das Christentum im Dienste des Antichrist, die Moral im Dienste der tiefsten Unmoral, der Geist im Dienste des Ungeistes, die Ordnung im Dienste der Anarchie, die Organisation im Dienste des desorganisierten Europas steht. Das aber entspricht durchaus den Visionen der Apokalypse, nach denen die Herrschaft des kollektiven Tieres auch die höheren seelischen Kräfte, ja die christlichen Tugenden selber zu betören und vor ihre Ziele zu spannen weiß, und dass der vorübergehende Triumph der niederen Gewalten eben nur durch diesen Riesenbetrug möglich wird. Und die weltgeschichtliche Schuld der deutschen Christen liegt eben darin, dass sie sich zu Hauptträgern dieses großen Betruges gemacht haben, auf Grund jener untergeordneten und ungetauften Liebe zum eigenen Volke und auf Grund der dadurch abgestumpften Kraft der christlichen Unterscheidung zwischen den von oben und den von unten her wirkenden Welten. „Ihr wisset nicht, wes Geistes ihr seid."

Die Tragik des deutschen Christentums, als ein besonderes Kapitel des „Verrats der Geistigen", besteht nicht nur darin, dass es hier die Ausnahmen waren, die nicht mitmachten, sondern gerade auch darin, dass der Nationalismus und Militarismus, dem sie sich so vorbehaltlos ergaben, eine ausgesprochene Verherrlichung des Krieges, doch eine zynische Absage an die moralischen und religiösen Mächte, einen offenen Pakt mit den dämonischen Mächten bedeutete. Und eben diese innerste geistige Aussöhnung mit der politischen Barbarei hat sich so furchtbar gerächt und wird sich noch furchtbarer rächen: die deutschen Christen haben sich ihre Henker selber herangezogen. Und eben darum werden sie auch jetzt nicht die allein siegverleihende Kraft der Konsequenz gegenüber jenen Mächten haben: haben sie doch auch heute noch keine radikale Abrechnung mit dem innersten Wesen ihrer Verirrung gewagt, noch sich die ganze Größe ihres eigenen Abfalls gestanden: hoffen sie doch immer noch auf Schonung, und auf ein letztes, rettendes Konkordat, eben weil sie politisch immer noch tief und wesentlich mit der Welt ihrer Verfolger verbunden sind und sich auf diese Solidarität bis zum letzten Atemzuge berufen werden. Und eben in diesem Geisteszustande liegt der ganze klaffende Unterschied zwischen den deutschen Christen und denjenigen der andern Länder begründet – so wie auch der größte Teil der ausgestoßenen Juden eben deshalb so schwer den geistigen Anschluss an das Ausland findet, weil er in Bezug auf den weltgeschichtlichen Konflikt Deutschlands mit der übrigen Welt noch gar nicht begriffen hat, worum es sich handelt: Er sieht nicht, dass er nicht etwa bloß von Hitler ausgestoßen ist, sondern von dem gesamten Deutschland, das ab 1864 mit jenem siegreichen Preußentum zur Macht gekommen ist und dem er ahnungslos alle seine Kräfte gewidmet und dessen Abfall von Gott und dessen Pakt mit Baal er bei allen entscheidenden Anlässen immer aufs Neue laut bejubelt hat.

Aus: Friedrich Wilhelm Foerster, Die Tragödie der deutschen Christen. In: Emil Julius Gumbel (Hrsg.), Freie Wissenschaft – Ein Sammelbuch aus der deutschen Emigration, Strasbourg 1938, S. 87 f.

15. Richard Reitsamer (1901-1944) –
Mit dem Krieg ist alles zu verlieren.

Mit seinem vor einem Sondergericht abgelegten Bekenntnis – „Als gläubiger Katholik kämpfe ich nicht für Hitler"– fasst der bis heute nahezu unbekannt gebliebene Kriegsdienstverweigerer die religiöse Motivation seines Handelns zusammen. Persönliche Zeugnisse Reitsamers gibt es nicht. Wichtige Informationen über Reitsamer verdanken wir dem Bozener Gefängniskaplan Giovanni Nicolli (1885-1973), der ihn in den letzten Lebensstunden bis zu seiner Erschießung am 11. Juli 1944 in Oberau bei Bozen begleitete. Das „Deutsche Martyrologium des 20. Jahrhunderts" hat Reitsamer in der fünften Auflage gewürdigt (2010).[302]

Richard Leopold Anton Reitsamer kommt am 3. März 1901 in Freiburg im Breisgau zur Welt und wird schon zwei Tage später in der Pfarrkirche St. Martin getauft. Sein Vater Anton Reitsamer ist als Schriftsetzer in der Druckerei des Herder-Verlags tätig. Die Mutter Hedwig, geborene Kramer, kommt aus Donaueschingen. Auf Richard folgen zwölf weitere Geschwister, von denen jedoch sieben im Kindesalter sterben.

Wann Anton Reitsamer, der einer angesehenen Familie aus der Salzburger Gegend entstammt, mit seiner Familie nach Meran umzieht, ist unbekannt. Hier besucht Richard die Bürgerschule. Die Not und Lebensmittelknappheit nach dem Ersten Weltkrieg engen Richards Berufswahl schwer ein, und er muss als Knecht auf Höfen in Mölten arbeiten. Die Bauern muten dem jungen Helfer nicht nur schwere körperliche Arbeit zu, sie behandeln ihn auch wiederholt hart und ungerecht.

1920 stirbt Richards Mutter Hedwig, nachdem sie schon seit fünf Jahren bettlägerig war. Übereinstimmend gilt sie als sehr empfindsame und zeitweilig auch schwermütige Frau. Aus einer Liebesbeziehung Richards geht ein Kind hervor, jedoch bleiben Mutter und Kind namentlich unbekannt. Für eine Heirat ist er zu arm. Um das Jahr 1935 lernt Reitsamer, der sich inzwischen in der Schweiz aufhält, in Schaffhausen einen evangelischen Pastor kennen. Die Begegnung wird

Eintrag im Freiburger Taufbuch[303] *zu Richard Leopold Anton Reitsamer, März 1901*

Richard Reitsamer (zweiter von rechts) mit seinen Geschwistern Leopold, Linda und Mathilde (von links)

für ihn zu einem schicksalhaften Schlüsselerlebnis. Doch auch von dem geistlichen Mentor Reitsamers ist uns der Name unbekannt. Der Pastor führt ihn in eine vertiefte Lektüre der Bibel ein, erörtert mit ihm Fragen des Glaubens und diskutiert das politische Zeitgeschehen. Reitsamer entdeckt neue Interessen und Fragen, insbesondere auch seine religiöse Veranlagung. Er ist sehr intelligent, sensibel und tierlieb, befasst sich mit religiöser Literatur, zieht sich jedoch auch öfter zurück und neigt zu depressiven Stimmungen.

Im Oktober 1939 vereinbaren Hitler und Mussolini zur Lösung der Südtirolfrage die sogenannte Optionslösung.[304] Richard entscheidet sich für die „Dableiber" und wird italienisiert. Sein Vater und alle Geschwister votieren jedoch für die Umsiedlung in das Deutsche Reich.

1940 erhält Reitsamer die Einberufung zum italienischen Militär. Er kommt der Aufforderung nach, doch wegen seines Rückenleidens entlässt man ihn bald wieder. Erneut findet er Arbeit als Knecht, und zwar auf dem Trenkwalderhof bei Meran (Zenoberg).

Nach dem Sturz Mussolinis und dem Waffenstillstand Italiens mit den Alliierten marschiert die Wehrmacht am 3. September 1943 in Südtirol ein. Hitler erklärt das Gebiet zur „Operationszone Alpenvorland", die fortan Gauleiter Franz Hofer unterstellt ist.

Zellentrakt im Bozener Gefängnis

Im Februar 1944 treffen drei Einberufungsbefehle der deutschen Wehrmacht im Trenkwalderhof bei Reitsamer ein, denen er jedoch nicht Folge leistet. Die wiederholte Weigerung, ins Militär einzurücken, führt zu seiner Festnahme am 22. Februar 1944. Man bringt ihn ins Gerichtsgefängnis nach Bozen, wo ein Sondergericht gegen ihn verhandelt. Dem Gefängnispfarrer Giovanni Nicolli berichtet Reitsamer später: „Als die Gendarmen mir ihn [scil. den Einberufungsbefehl, Anm. des Verf.] brachten, habe ich protestiert und habe mich der Musterung nicht unterzogen. Ich sagte, der Papst hat erklärt, mit dem Frieden sei alles zu gewinnen und mit dem Krieg alles zu verlieren, daher will ich mich unter keinen Umständen zum Kriege hergeben, nicht einmal zum Arbeitsdienst. Ich weiß gut, daß der hl. Paulus gesagt hat, jede Macht kommt von Gott. Aber auf Erden steht der hl. Paulus unter dem Papst; denn im christlichen Leben ist es so, daß das Wort des Papstes dem Christen die Richtung weist. Ich habe keine Angst, Soldat zu sein. Ich habe als Soldat gedient. Aber jetzt hat der Papst gesprochen, und das genügt."[305]

Vom Bozener Gefängnis aus setzt sich Reitsamer mit seinem Bruder Leo in Verbindung, der ihn Ostern 1944 besucht und etwas Geld sowie einige persönliche Gegenstände mitbringt. Leo erinnert Richard an seine Soldatenpflicht.

Doch dieser bleibt standhaft und erklärt ihm, wie später auch seinem Verteidiger, Dr. Luis Sand,[306] dass er sich lieber erschießen lasse, als sich dem deutschen Militär zur Verfügung zustellen: „Ich weiß, dass ich mit Sicherheit meine Verurteilung zum Tode zu gewärtigen habe, aber als gläubiger Katholik kämpfe ich nicht für Hitler." Aufgrund seines Rückenleidens wäre er möglicherweise freigestellt worden, doch er erklärt: „Für mich ist das alles eine Gewissensfrage. Deshalb habe ich mich nicht einmal der Musterungskommission gestellt".[307]

Das Sondergericht in Bozen verurteilt Reitsamer zum Tode durch Erschießen. Am Tag nach der Verurteilung kann er nochmals unter Aufsicht

Luis Sand (1909-1981), etwa 1961

mit seinem Bruder Leo sprechen. Dieser schildert seine letzten Eindrücke von Richard in einem Brief an seine Schwestern[308] (vgl. unten). Insgesamt ist Richard von Februar bis Juli 1944 in Haft. Ob es in dieser Zeit weitere Kontakte gegeben oder ob eine betreuende Seelsorge stattgefunden hat, ist nicht überliefert. Am Abend vor der Urteilsvollstreckung jedoch, am 10. Juli 1944, verständigt

Justizgebäude in Bozen

das Sondergericht den Gefängnispfarrer Nicolli, er möge sich um die drei Todeskandidaten kümmern und sich zu deren „Seelentröstung" im alten Rathaus einfinden, das als behelfsmäßiges Gefängnis dient. Nicolli bemüht sich um eine Begnadigung der Verurteilten, die aber angesichts aller bereits getroffenen Vorbereitungen zur Hinrichtung aussichtslos scheint. So begibt er sich um 21 Uhr zu den Todeskandidaten und schildert seine Eindrücke später folgendermaßen: „Die drei Verurteilten sitzen, die Füße mit Ketten gefesselt, um einen großen Tisch. Es sind Richard R., Siegfried Dapunt und Paolo Mischi aus Abtei, auch sie stellungsflüchtig. R. ist so ruhig und heiter, als ginge ihn die Sache überhaupt nichts an. Die anderen zwei haben gerötete, tränenerfüllte Augen und stammeln kaum ein Wort. Ich beginne mit meinem heiklen, schweren Amte, sie auf den großen Schritt vorzubereiten. Ich bleibe bis Mitternacht, dann lasse ich sie allein, während sie einige Briefe an ihre Lieben schreiben."[309]

In der Frühe des folgenden Tages ergibt sich jedoch eine neue Situation: Dapunt und Mischi werden in letzter Minute „begnadigt", sie kommen ins KZ nach Dachau. So bleibt allein Reitsamer zurück, der selber stets eine Begnadigung ablehnte. Nicolli berichtet weiter: „Ich fand R. tief niedergeschlagen, weil er alleine geblieben war und hatte zu tun, ihn wieder etwas aufzurichten. Jedoch er ergibt sich seinem Schicksal und verlässt sich auf Gott... In herzbewegender Erbauung empfängt er die heiligen Sakramente und den päpstlichen Segen mit Generalabsolution. Dann kommt der traurige Augenblick; ich steige mit ihm auf den Todeswagen und unter ständigem Gebete geleite ich ihn zum Hinrichtungsorte, während er sich wie ein Kind mit seinem Körper an den meinen leicht anschmiegt. Am Unheilsorte angelangt, nehmen ihn zwei Soldaten unter dem Arm, um ihn zum Pfahl zu führen und dort anzubinden. Nach zwei, drei Schritten, reißt er sich los, kehrt zu mir zurück, küsst meine Priesterhände und mit einem Lächeln auf den Lippen schickt er sich an, das Opfer zu vollenden. Ich bleibe stehen, empfehle seine Seele Gott. Wenige Augenblicke darauf – salve – die Seele eines neuen Märtyrers steigt zum Himmel".[310]

Der Seelsorger ergänzt, dass Reitsamer vor der Hinrichtung seinen Henkern verziehen und sein Leben in Gottes Hand gelegt habe. Unmittelbar nach der Erschießung wird der Leichnam in den vorbereiteten Sarg gelegt und eine halbe Stunde später auf dem Bozener Friedhof beigesetzt.

Jakob Knab, der schon in den 1980er Jahren mit intensiven Nachforschungen über ehemalige Kriegsdienstverweigerer begonnen und darüber publiziert hat,[311] erhält von der Stadtgemeinde Bozen am 21. September 1987 folgende amtliche Auskunft über Reitsamers Grabstätte:

„Richard Reitsamer, gestorben am 11.7.1944 um 5.30 Uhr, beerdigt am selben Tag um 6 Uhr in der unten angegebenen Position: Feld U Reihe VIII – Grab

Jakob Knab, 2017

Nr. 91/a. Weitere Anmerkung: exhumiert Mai 1956, sterbliche Überreste in das Ossarium Nr. 4 gelegt."[312]

2012 ehrt die Stadt Meran die Namen von Opfern des Nationalsozialismus durch insgesamt 33 sogenannte „Stolpersteine", darunter ist einer für Richard Reitsamer.[313]

Die deutsch-italienische Inschrift lautet:

Hier wohnte / qui abitava
RICHARD REITSAMER
Jg. / nato 1901
Verhaftet / arrestato 1944
Sondergericht Bozen / Bolzano
Zum Tode verurteilt
Condamnato a morte
Ermordet / ucciso
11.7.1944

Bericht von Leo Reitsamer, dem Bruder Richards, aufgezeichnet einen Monat nach seiner letzten Begegnung mit ihm, enthalten in einem Brief an seine Schwestern

Richard erschien eigentümlich. Mir kam er schon vor, wie ich ihn sonst nie gesehen habe. Er kam aufrecht daher, wir grüßten uns. Sonst war er immer so deprimiert, diesmal keine Spur...Ich brachte keine Worte hervor, Richard aber sagte, es läge kein Grund vor zum Weinen... Der Beamte sagte dann zu mir, dass Richard nach der Verhandlung selbst jedes Gnadengesuch abgelehnt hat. Ich fragte ihn, ob ich Grüße an uns Geschwister und Papa ausrichten solle. Er sagte ja, aber seine Gedanken waren nicht mehr bei uns.[314]

16. Theodor Roller (1915-2008) –
Kreuz oder Hakenkreuz

„Ich will Ihnen die Verlogenheit Ihrer Grundlage unbarmherzig aufdecken und nun deutsch mit Ihnen reden: Als Christ nenne ich Sie einen Lügner und als Deutscher den größten Volksschädling, der je deutsche Erde betrat!"[315] *Solch offene und harsche Worte richtet der in Tübingen lebende junge Sparkassenbuchhalter in einem insgesamt zehn Seiten umfassenden Brief am 11. Februar 1939 an Adolf Hitler persönlich. Bereits 1937, als er einen Stellungsbefehl zur Wehrmacht erhält, widersteht der evangelische Christ dem NS-Regime und verweigert aus Gewissensgründen den Fahneneid auf Hitler und damit den Wehrdienst. Wiederholt wird er auf seinen Geisteszustand hin untersucht. Sein unbeugsamer Widerspruch führt schließlich dazu, dass das NS-Regime ihn für „dauernd unschädlich" zu machen versucht und ihn fast sechs Jahre lang in eine geschlossene psychiatrische Anstalt einweist.*[316]

Theodor Roller kommt am 22. Februar 1915 in Zuffenhausen bei Stuttgart zur Welt. Seine Eltern sind der Zeitungsredakteur Robert Roller und dessen Ehefrau Emma. Drei Jahre später trennen sich die Eltern und Emma Roller zieht mit den vier Kindern zu ihrer Mutter Luise Kalbfell, die in Tübingen ein Möbelgeschäft leitet. Theodor Roller leidet unter der Scheidung seiner Eltern: Sie stehe wie „eine Tragödie über meinem ganzen Leben".[317] Lange Jahre hat er keinen Kontakt mehr zu seinem Vater. Als Achtjähriger tritt er der Jungschar im Christlichen Verein Junger Männer (CVJM) bei und erfährt dort eine entscheidende Prägung. Nach der Volks- und Realschule beginnt er eine kaufmännische Ausbildung, die er mit hervorragenden Zeugnissen abschließt. 1934 findet er eine Anstellung als Buchhalter bei der Kreissparkasse Tübingen. Seine Mutter, die sich mühsam genug mit ihren Kindern durchschlagen muss, schließt sich 1930 der NSDAP an. Wie viele Deutsche hofft auch sie, dass es Hitler und seiner „Bewegung" gelingen werde, in den schlimmen Jahren nach der Weltwirtschaftskrise, die besonders den Mittelstand traf, einen neuen Aufschwung herbeizuführen. Die Tagebucheinträge aus dem Jahr 1931 spiegeln ein erschütterndes Bild ihrer Not, aus der sie verzweifelt nach Auswegen sucht.

Im Jahr 1930 tritt Theodor Roller der Hitlerjugend (HJ) bei, bleibt aber weiterhin passives Mitglied beim CVJM. Fünf Jahre lang ist er in der HJ aktiv und steigt zum Scharführer auf. „Ich hatte in der HJ im Glauben an ein besseres, sauberes, soziales Deutschland gekämpft", schreibt er 1949 in einen Fragebogen. Ein weiterer Beweggrund seiner Mitarbeit ist, dass er mithelfen will „im Kampf gegen den bewusst gottlosen Bolschewismus"[318], den Hitler zu führen

Theodor Roller, 2007

versprach. Am 1. November 1935 tritt Roller aus der HJ aus. Ihm ist klar geworden, dass Hitlers Weltanschauung und Rassenlehre nicht mit dem christlichen Glauben vereinbar sind.

Kreuz und Hakenkreuz – das geht für ihn nicht mehr zusammen, es gibt nur ein Entweder – Oder. Nach Rollers Überzeugung müsse dies jeder wirkliche und aufrechte Christ erkennen und sich unmissverständlich gegen den Nationalsozialismus aussprechen. Er ist tief enttäuscht, dass die beiden großen christlichen Konfessionen diese eindeutige Stellungnahme unterlassen.

Roller möchte dem Bibelwort folgen: „So gebt dem Kaiser, was dem Kaiser gehört, und Gott, was Gott gehört" (Matthäus 22, 21) und verpflichtet sich daher 1936 für ein halbes Jahr beim Reichsarbeitsdienst (RAD). Doch auch hier eckt er an, wird gehänselt und beschimpft, weil er z.B. nicht auf seine Bibel und ein Tischgebet verzichten will. Zwischen NS-Ideologie und Christentum, so wird ihm immer deutlicher, vertiefen sich die Gräben weiter und Roller stürzt in eine tiefe Orientierungs- und Sinnkrise. Auch seine Mutter bedrängt ihn, da sie seinen Austritt aus der Bewegung nicht widerspruchslos hinnehmen will.

Um ihr entgegen zu kommen, begeht er eine große „Dummheit", indem er sich im Frühjahr 1937 als Anwärter in eine SA-Standarte eintragen lässt. Doch auch hier gerät er in einen unlösbaren Konflikt: Roller, der sich inzwischen ganz seinem einzigen Herrn Jesus Christus anvertrauen möchte, kann gegenüber Adolf Hitler nicht mehr unbedingten Gehorsam schwören. Nach vier Monaten tritt er wieder aus der SA aus.

1937 erhält er die Einberufung zur Wehrmacht, der er zunächst Folge leistet. In der Kaserne Bad Reichenhall erklärt er sofort, dass er aus Glaubens- und Gewissensgründen den Fahneneid auf Hitler nicht leisten könne. In der Haft attestieren ihm Ärzte eines Standortlazaretts, „höchstwahrscheinlich" an einer schizophrenen Erkrankung zu leiden. Am 6. Dezember 1937 wird er in die Psychiatrische Nervenklinik der Universität München überstellt. Auch hier hält man an der Diagnose Schizophrenie fest, beantragt sogar Rollers Unfruchtbarmachung und besteht weiterhin auf Verwahrung in einer geschlossenen Anstalt.

Roller ist faktisch zum Wehrdienstverweigerer geworden, auch wenn er es so nicht ausdrücken will. Sein „Nein!" zum Fahneneid wird als Ausdruck geistiger Krankheit interpretiert. Ein Militärgericht bescheinigt ihm zudem eine verminderte Zurechnungsfähigkeit, so dass er am 18. Februar 1938 wegen Dienstunfähigkeit aus dem Wehrdienst entlassen wird.

Sein Vater Robert Roller, inzwischen zum Vormund bestellt, schaltet sich ein, um Theodor aus der Psychiatrie freizubekommen. Er macht gegenüber den Behörden deutlich, dass die Verweigerung Folge mangelnder Aufklärung über den Fahneneid gewesen sei. Es gelingt ihm, seinen Sohn so ins Gebet zu nehmen, dass er seinen Widerstand gegen den Eid aufgibt. Am 26. März 1938 kann Theodor Roller wieder heimkehren. Nur knapp ist er einer Zwangssterilisierung entkommen.

Der Verdacht der „Erbkrankverdächtigkeit" lastet schwer auf ihm. Zwar kann er bei seiner alten Arbeitsstelle wieder unterkommen, doch die Auseinandersetzung mit dem Nationalsozialismus lässt ihm keine Ruhe. Ein geplantes Theologiestudium scheitert an mangelnden Finanzen. Er ist enttäuscht, dass seine Kirche nicht deutlich gegen den Fahneneid auf Hitler Stellung bezieht und somit den Verweigerern nicht Genugtuung widerfahren lässt.

1939 schreibt er zwei Briefe an Hitler. Aus dem zweiten stammen die eingangs zitierten Sätze. Roller ist der Auffassung, dass unter Hitler jeder Christ um seines Glaubens willen ein Staatsfeind sein müsse. Hitler sei ein Lügner und Volksschädling, er diene dem Geist der Falschheit und müsse als Antichrist und Wahnsinniger bezeichnet werden. Der Brief ist im heiligen Zorn geschrieben, aber auch nicht frei von antikatholischen und antijudaistischen Stereotypen. Roller ist überzeugt, dass Hitler das deutsche Volk in den Abgrund und dem Bolschewismus in die Arme treibe. Das Original des Briefs ist nicht erhalten, lässt sich jedoch in großen Passagen aus den Akten der Urteilsbegründung des Stuttgarter Sondergerichts rekonstruieren. Die NS-Behörden sehen in Rollers Anschuldigungen gegen Hitler einen Verstoß gegen das sogenannte „Heimtücke-

Nervenklinik in Tübingen

gesetz", weshalb ihn am 18. März 1939 die Gestapo verhaftet und in ein Stuttgarter Polizeigefängnis einsperrt. Ein Schreiben der Kanzlei des Führers vom 10. Oktober 1939 hält „die dauernde Unschädlichmachung des Roller für dringend geboten".[319] Wieder kommt Roller zur Begutachtung seines Geisteszustands in eine Nervenklinik, diesmal nach Tübingen. Hier jedoch findet der Psychiater Dr. Wilhelm Ederle keinerlei Hinweise auf eine geistige Störung und legt dar, dass Roller „in jeder Hinsicht normal" sei und dass § 51 (Unzurechnungsfähigkeit) bei ihm nicht zutreffe.

Am 14. Februar 1940 wird Rollers Fall vor dem Stuttgarter Sondergericht verhandelt, das damals in Tübingen unter Vorsitz von Dr. Alfred Bohn tagt. Nationalsozialistische Sondergerichte waren „ein scharfes Instrument, um die freie Meinungsäußerung – durch die Weimarer Verfassung als Grundrecht verankert – zu unterdrücken".[320] Roller wird zwar freigesprochen „wegen Zurechnungsunfähigkeit", kommt aber nicht frei, sondern ist nach gerichtlicher Anordnung in einer Heil- oder Pflegeanstalt unterzubringen und hat die Kosten des Verfahrens zu tragen."[321]

„Sicherungsverwahrung" kommt er am 11. März 1940 nach Weißenau bei Ravensburg, einem ehemaligen Prämonstratenser-Kloster, seit 180 Zur 3 für weltliche Zwecke genutzt und seit 1892 Domizil der Heilanstalt Weißenau. Hier muss Roller die folgenden Jahre bis Kriegsende verbringen. Erste Gutachten nennen ihn „klar und besonnen" und stets bereit, Arbeiten zu überneh-

161

In Beton gegossenes Denkmal der grauen Omnibusse am alten Portal der Anstalt Ravensburg-Weißenau. In Fahrzeugen dieser Bauart wurden Opfer von Hitlers „Euthanasie-Aktion" in die Tötungsanstalt Grafeneck transportiert. Den Auftrag zum Denkmal gaben das Zentrum für Psychiatrie und die Stadt Ravensburg den Künstlern Horst Hoheisel und Andreas Knitz. © zfp-web.de[322]

men, zunächst in der Landwirtschaft, später im Büro der Küchenverwaltung. Zeitweise hat er „Freigang", kann sich in der Umgebung aufhalten, Kontakte nach außen knüpfen und sogar Obstsendungen nach Tübingen organisieren. Dennoch bedrücken ihn Monotonie und Einsamkeit in der Anstalt. Um ihnen zu entgehen, ist er, entgegen seiner bisherigen Überzeugung, sogar bereit, Wehrdienst zu leisten und den Fahneneid abzulegen. Doch die Briefzensur verhindert, dass Rollers Gesuch die Anstalt verlässt. Seit in Grafeneck auf der Schwäbischen Alb eine erste Tötungsanstalt für Kranke und Behinderte eingerichtet ist, greift Hitlers Euthanasieprogramm T 4 auch in Weißenau. „Mit insgesamt zehn Transporten wurden 677 Patienten nach Grafeneck gebracht und dort ermordet".[323] Roller entgeht dieser Gefahr, sein Name kommt nicht auf die Transportliste. Vielleicht ist es dem Umstand zu verdanken, dass er als tüchtige Arbeitskraft in der Anstalt dringend gebraucht wird.

Mit seiner in Tübingen wohnenden Mutter steht Roller in Briefkontakt, und sie kann ihn auch mehrmals in Weissenau besuchen. Immer wieder kommt es in der Korrespondenz der beiden auch zu politischen Auseinandersetzungen. Am 6. März 1942 schreibt er: „Nun muß ich um der Wahrheit willen folgendes sagen: Ich trat 1935 aus Glaubensgründen aus der HJ aus. Dann habe ich mich glaubensmäßig für Zeit und Ewigkeit entschieden. Man kann, das weiß ich felsenfest, nicht zwei Herren dienen, d.h. heute: Entweder glaube ich an Adolf Hitler oder an Jesus Christus. Entweder bekenne ich mich zum Hakenkreuz oder zum Kreuz! Ich kämpfe und leide nun 7 Jahre für meinen Glauben. Ich bin dem Kreuz verschworen u. kann nicht mehr anders, als es zu bekennen. Ich bin aber innerlich dadurch, das wisse, auch von Dir geschieden. Jede innere Entscheidung bedeutet: Scheidung."[324]

Etwas Trost findet Roller in der Musik, im Spiel mit der Mundharmonika und vor allem in Kirchenliedern aus dem Gesangbuch. Doch der Wunsch frei zu sein, ist so stark, dass ihm Weissenau immer mehr zur „Hölle" wird. Einzig sein Fleiß, ihm von der Anstaltsleitung attestiert, bewahrt ihn vor der Auslieferung in ein Konzentrationslager. Mit der Kriegsdauer wird die Versorgungslage in der Anstalt zunehmend prekärer, es kommt zu Sterbefällen wegen Unterernährung.

Seinen schon 1938 erwogenen Austritt aus der evangelischen Kirche vollzieht er im Juni 1943, wobei er der Kirche mangelnden Mut zu klarer Distanzierung vom NS-Regime, Lauheit und Halbheit vorwirft. Durch ihre kompromisslerische Haltung habe sie große Schuld auf sich geladen.

Am 28. April 1945 erreichen französische Truppen Weißenau. Da Roller auf ordentlichen Entlassungspapieren und Passierscheinen besteht, tritt er seine Heimreise erst Ende August an. Erneut stellt ihm der Tübinger Psychiater Wilhelm Ederle eine Bescheinigung aus, wonach weder damals noch heute „Anhaltspunkte für eine Geisteskrankheit vorlagen bzw. vorliegen". Wegen seiner Mitgliedschaft in der HJ und kurz auch bei der SA gilt er im Entnazifizierungsverfahren zunächst als „Mitläufer", wogegen er Einspruch einlegt. Er bekommt Recht und auch das Urteil des Sondergerichts wird aufgehoben. Seit 1949 kann er sich als Verfolgter des NS-Regimes ausweisen. An seine frühere Arbeitsstätte kehrt er nicht mehr zurück, findet jedoch, nach verschiedenen anderen Beschäftigungen, wieder als Buchhalter eine Anstellung.

1954 heiratet Roller Lina Stahl aus Hengstfeld. Aus der Ehe gehen drei Kinder hervor. Nach über fünfzigjährigem Zusammensein stirbt seine Frau. Im Jahre 2006 entscheidet Roller sich erneut für eine Ehe. Seine Lebensgeschichte vertraut er dem Tübinger Historiker und Journalisten Hans-Joachim Lang an und bittet zugleich darum, aus ihm „keinen Helden" zu machen. Er stirbt am 30. Oktober 2008 während eines Gottesdienstes bei der Hahn'schen Gemeinschaft in Tübingen im Alter von 93 Jahren.

Briefliche Erklärung von Theodor Roller aus dem Jahr 1938

Hitlers Weltanschauung musste zwangsläufig einerseits zum Größenwahn der sie Vertretenden, andererseits zu einem wohl in der bisherigen Weltgeschichte noch nie da gewesenen, abgrundtiefen, blinden und fanatischen Haß gegen die Juden führen. Dieser Haß tobte sich denn dann auch entsetzlich und grauenhaft am jüdischen Volke aus. Dieses in der Weltgeschichte wohl einmalige Geschehen kann, menschlich gesehen, nie wieder ausgelöscht oder wiedergutgemacht werden. Es wird von Generation zu Generation als für unser Volk unbegreifliches Heiden- und Barbarentum den wohl dunkelsten Schatten in unserer deutschen Geschichte darstellen, und die Schuld, die wir als Erwachsene, welche im Dritten Reich lebten, durch Tun oder Nichttun auf uns luden, hängt wie ein Damoklesschwert über Deutschland, soweit sie nicht durch Buße und Umkehr im Glauben an Gottes Sohn, den Juden Jesus Christus, am Kreuz abgeladen wurde. Selbst die nicht beteiligten Generationen unseres Volkes stehen unter dem tragischen göttlichen Gesetz: Die Sünden der Väter werden heimgesucht bis ins dritte und vierte Glied. Auch hier kann Gericht nur durch Buße und Umkehr zu Gott verhindert werden! [325]

Hitler – die Lava aus dem deutschen Volk

Man kann in gewissem Sinne Hitler den legitimen Sohn Hugenbergs nennen: Hugenberg hat das Gift der Lüge in die deutschen Adern geleitet – Hitler ist die Reaktion der Adern, d.h. die Reaktion eines ernsthaften, logischen, sentimentalen Volkes, das nur die unausweichlichen Folgerungen aus dieser Umkehrung aller Sachverhalte gezogen hat ... Da sagen nun friedensbereite französische anciens combattants: „Il faut causer avec Hitler". [„Man muss mit Hitler reden."] Was soll dabei herauskommen? Man plaudert doch nicht mit den Dämonen. Hitler ist der Besessene eines weltgeschichtlichen Wahns, er ist die Lava aus dem deutschen Vulkan, die langsam vorschreitend zu den Dörfern herunterwallt. Wollen Sie, werte Combattants, mit der Lava reden, ob sie nicht besser anhalte und umkehre? Also unterhalten Sie sich über einen vorläufigen modus vivendi oder über Kunst und Wissenschaft, aber erkennen Sie die Illusion einer wirklichen Verständigung in ihrer ganzen gefährlichen Irrealität!

Friedrich Wilhelm Foerster, einer der bedeutendsten Gegner des deutschen Nationalismus und Militarismus, 1933 ausgebürgert und von Hitler zum Staatsfeind Nr. 1 erklärt, in seinem Buch „Europa und die deutsche Frage", Luzern 1937, S. 409

Oskar Stillich (1881-1945)
Zum Verhalten der Evangelischen Kirche auf ihrem Weg ins Dritte Reich

Die evangelische Kirche hat sich nicht nur bereits im alten Deutschland mit dem Machtstaat und seiner Ideologie verbunden, sie hat auch der völkischen Bewegung mit ihrem Rassenhass Vorschub geleistet und gegen den Krieg nicht die Stellung eingenommen, die dem Evangelium entspricht. Sie war davon überzeugt, dass Gott mit Deutschland ist. Es sei trotz der deutschen Kriegserklärungen überfallen worden – das schuldlose Opfer eines Weltkomplotts. Seine Sache sei gerecht. Die Vorstellung von einem nationalen Gott, der den Krieg geschickt habe, der in demselben für ein bestimmtes Volk Partei ergreife, der noch Großes mit dem deutschen Volk „im Sinn" habe usw., bildete den Boden dieses Wahnes. Die völkischen Pastoren haben in ihrem deutschen Gott nie etwas anderes gesehen als einen Parteipolitiker. [...]

Die Kirche ist aber auch auf dem Umweg über das Staatskirchentum zur Heiligsprechung des nationalsozialistischen Machtwillens und zur Billigung, ja Förderung seiner Konsequenzen gelangt. Ihre enge Verkettung mit dem Staat hat die protestantische Kirche dazu geführt, solche Verbrechen des Staates nicht nur zu dulden, sondern auch zu decken, ja sie sogar mit dem göttlichen Willen in Einklang zu bringen. Die Kirche segnete die Waffen, die zum Blutvergießen bestimmt waren. Sie erließ [1914] keinen Protest gegen den völkerrechtswidrigen, auf Vertragsbruch beruhenden und daher unmoralischen Einfall in Belgien, sie geißelte nicht die Verbrechen der Kriegsführung wie [1916] die Torpedierung der Lusitania, ja sie entschuldigte sie. Sie degradierte Gott zum Parteipolitiker, sie verlangte in ihren Gebeten, dass er den Deutschen den Sieg verleihen möge usw. Die Pfarrer, die gleichzeitig Staatsdiener waren, konnten dem Staat, der sich auf Abwegen befand, nicht die Wahrheit sagen.

Da die protestantische Kirche als Ganze den Völkischen näher steht als die katholische, hat sie in Bezug auf ihre Anhängerschaft an Machtzuwachs gewonnen, aber religiös verloren. „Die Verbindung der Kirche mit der konservativ-nationalen Geisteshaltung" (und wir können hinzufügen: mit der völkischen überhaupt) bemerkt Tillich in „Die religiöse Lage der Gegenwart", S. 147) „hat ihr Ansehen in allen Kreisen dieser Richtung außerordentlich gestärkt. Doch muss nachdrücklich gefragt werden, ob dieser kirchenpolitische Gewinn nicht mit einem großen religiösen Verlust erkauft ist."

Jedoch ist das religiöse Leben des Protestantismus nicht einheitlich, anders bei den Orthodoxen als bei den Liberalen und den Pietisten. Von diesen Richtungen steht die erste der bürgerlichen Gesellschaft am schroffsten gegenüber. Die zweite hat mit ihr paktiert und die dritte ist sogar ins völkisch-nationalistische Lager abgeschwenkt. Sie hat sich also ganz nach rechts orientiert. Die protestantische Kirche als Ganze steht auch der demokratischen Staatsform ablehnend gegenüber. „Grundsätzlich", sagt der eben erwähnte Religionsphilosoph, „lehnt sie jede politische Bindung ab. Praktisch aber ist sie durch ihre Geschichte auf ein konservativ-monarchisches, agrarisch-beamtenmäßiges und national-militärisches Ideal festgelegt." (S. 132) Diese Charakteristik trifft gewiss zu. Man kann sie noch durch den Hinweis ergänzen, dass der Protestantismus sogar mit dem Nationalsozialismus paktiert hat, so dass die völkische und zum Teil auch die preußisch-konservative und die christlich-soziale Richtung fast ganz zum Rechtsradikalismus tendierten, während der liberale und sozialistische Protestantismus ihn bekämpften. Die Dialektiker befinden sich in verschiedenen Lagern: Barth und seine Schüler in dem der Religiösen Sozialisten, Gogarten in dem der völkischen Nationalisten. Die Hauptmasse der sich zum Protestantismus bekennenden Christen stehen in einer Front, die von der Lehre des Heilands sehr weit entfernt ist.

Aus: Oskar Stillich, Deutschvölkische Religion [= Ausgewählte Schriften, Bd. 6]. Unveröffentlichtes Manuskript. Publikation geplant unter: oskarstillich.de

Josef Ruf

17. Josef Ruf (1905-1940) –
Dem Willen Gottes gerecht werden

Josef Ruf ist bislang der einzige namentlich bekannte katholische Kriegsdienstverweigerer des Zweiten Weltkriegs, der aus der Diözese Rottenburg stammt. Seine Entscheidung fasst er in die knappen Worte: „Ich kann den Waffendienst mit der Lehre Christi einfach nicht vereinbaren, und fühle mich verpflichtet, unter allen Umständen auch danach zu handeln."[326] *Dieser Überzeugung folgt der Kriegsdienstverweigerer bis zu seiner Hinrichtung am 10. Oktober 1940 im Zuchthaus Brandenburg-Görden.*

Josef Ruf kommt am 15. Dezember 1905 in dem Dorf Hochberg bei Saulgau (heute Bad Saulgau, Baden-Württemberg) als fünftes von sieben Geschwistern zur Welt. Er wächst in geordneten, vom katholischen Glauben geprägten Verhältnissen auf. Der Vater ist Stationsvorsteher des kleinen Bahnhofs von Hochberg, die Mutter stammt aus bäuerlichen Verhältnissen. Schon als Kind leidet Josef oft an heftigen Gelenkschmerzen, welche die schulischen Leistungen des eher musisch begabten Jungen beeinträchtigen. Nach der Volksschule entscheidet er sich für eine Schneiderlehre in Saulgau, die er 1925 mit der Gesellenprüfung abschließt.

Im Alter von neunzehn Jahren tritt Ruf den Franziskanern in Sigmaringen-Gorheim bei und ist danach in verschiedenen Einrichtungen des Ordens tätig: Kloster Hadamar (Bistum Limburg,1926/1927), Kloster Salmünster (Bistum Fulda1927/1928), Kloster Ottbergen (Bistum Hildesheim, 1928). 1930 legt er im Kloster Fulda die sogenannten zeitlichen Gelübde ab und trägt fortan den Namen „Bruder Canisius". Er gilt als zuverlässi-

Josef Ruf als „Bruder Canisius", 1930

ger und freundlicher Ordensmann, der keine Arbeit scheut. Die Jahre 1930-1932 lebt und arbeitet er im „Klösterle" seiner Heimatstadt Saulgau und das letzte Jahr bei den Franziskanern im Kloster Mannheim. Kurz vor den sog. „ewigen Gelübden" (1933) entscheidet er sich, den Franziskanerorden zu ver-

Christkönigshaus Meitingen – Ansichtskarte

lassen, weil sein „etwas aufgeregtes Wesen zuviel Schwierigkeiten bereiten würde".

Doch der Wunsch, sich einer religiösen Gemeinschaft anzuschließen, bleibt bei Josef Ruf bestehen. Nach einem kurzen Aufenthalt bei seinen Eltern tritt er noch im selben Jahr in Meitingen bei Augsburg der Christkönigsgesellschaft bei

In der Christkönigsgesellschaft nimmt Ruf den Namen „Bruder Maurus" an. Er hilft und arbeitet, wo er gebraucht wird: Beim Dienst an der Pforte und der Gartenarbeit, bei der Betreuung von sogenannten Durchwanderern. Nach Aufenthalten in Meitingen und Saarbrücken, meldet sich Ruf 1938 nach Andritz-Ulrichsbrunn bei Graz, wo die Christkönigsgesellschaft eine österreichische Niederlassung hat. Hier ist er in der kleinen Landwirtschaft tätig und hilft in der Wallfahrtskirche St. Ulrich. In Ulrichsbrunn trifft er auf Michael Lerpscher (1905-1940),[327] einen Gleichaltrigen aus Wilhams im Allgäu, der ebenfalls der Christkönigsgesellschaft angehört. Ruf und Lerpscher tauschen sich aus, auch über eine mögliche Verweigerung des Kriegsdienstes in der Wehrmacht, wobei zunächst Lerpscher der klarere und entschiedenere gewesen sein dürfte.

Am 7. Februar 1940 wird Ruf „erfasst" und am 27. Februar in Graz gemustert. Die Ärzte finden einige Schwächen, die jedoch eine „bedingte Tauglichkeit" zulassen und man bescheinigt ihm, „kriegsverwendungsfähig" (k.v.) zu sein. Ruf folgt seiner Einberufung und trifft am 2. März im Ausbildungslager Pinkafeld des Burgenlands ein. Drei Tage später findet seine Einstellungsuntersuchung statt, die das Ergebnis der Musterung weitgehend bestätigt.

Durch die erst 2015 im Nationalarchiv Österreichs aufgefundenen Militärpapiere Rufs – Wehrpass, Gesundheits- und das Wehrstammbuch – ist seine kurze Militärzeit gut dokumentiert.[328] Er absolviert die Grundausbildung und – anders als früher angenommen – ist auch bereit, den Fahneneid abzulegen, wie seine Unterschrift im Wehrstammbuch vom 9. März bestätigt. Ruf hat gehofft, die Militärpflicht „in der Sanität" ableisten zu dürfen, doch findet seine Bitte kein Gehör. Daraufhin muss er seine Verweigerung erklärt haben und wird am 27. April 1940 aus dem aktiven Wehrdienst entlassen. Ins-

In Saarbrücken – Von links nach rechts: Bruder Fidelis (d.i. Arthur von Rheinbaben), Fräulein Jacobs, Bruder Adolf Haug, Bruder Maurus (Josef Ruf), unbekannt

Josef Ruf (dritter von links) bei der Wehrmacht in Pinkafeld, 1940

gesamt ist er 57 Tage Soldat gewesen. Seine Führung gilt als „sehr gut", seine dienstlichen Kenntnisse und Leistungen als „zufriedenstellend". Vom 27. April bis 2. Mai 1940 wird er zunächst zum Reinigungsdienst abkommandiert und am 8. Mai in die Reserve beim Wehrmeldeamt Graz 1 überführt. Danach sperrt man ihn in das Landgerichtsgefängnis Graz von Mai bis August 1940 ein. Am 16. August 1940 kommt er in das Untersuchungsgefängnis Berlin-Moabit.

Die von den NS-Behörden angeordnete lange Haftzeit soll den Verweigerer zum Gesinnungswandel und zur Rücknahme seiner Entscheidung bewegen. Oft ist die Frage gestellt worden, ob man Ruf während der Zeit im Gefängnis bewusst und gezielt den Empfang der Kommunion vorenthalten hat. Für einen religiösen Menschen wie ihn, der als Ordensmann zudem gewohnt war, täglich die Heilige Schrift zu lesen, wäre dies eine zusätzliche harte Strafe gewesen. Waren die Gefängnisgeistlichen von ihren Oberen dazu angewiesen? Oder kam die Anordnung von den Aufsehern und Leitern der Gefängnisse selbst? Bisher gibt es keine Belege für eine derartige Maßnahme, weder von kirchlicher noch von staatlicher Seite. Anlass für die Vermutung ist jedoch eine Bemerkung Rufs in seinem Abschiedsbrief an die Christkönigsgesellschaft vom 9. Oktober 1940. Am Abend vor seiner Hinrichtung schreibt er: „In ein paar Stunden werde ich nun nach fast 5 Monaten wieder die hl. Kommunion empfangen dürfen, zugleich als Wegzehrung für den letzten schweren Schritt."[329]

Rufs Hinweis lässt einen zweifachen Schluss zu: Tatsächlich ist ihm Monate lang die Kommunion verweigert worden. Zumindest aber ist er vor seiner Hinrichtung nicht ohne geistliche Begleitung gewesen, was auch seine Worte im letzten Brief an die Familie bestätigen: „Ein Geistlicher kam noch, mit dem ich mich noch aussprechen konnte. Er wird mir auch den letzten und größten Trost auf den letzten Weg mitgeben, meinen Heiland selber, den wir alle zu sehen hoffen in der ewigen Heimat."[330]

In Briefen an seine Angehörigen und die Christkönigsgesellschaft verdeutlicht Ruf das christliche Grundmotiv seines Handelns „Ich bin klar überzeugt, dass ich so handeln muss, um dem Willen Gottes gerecht zu werden. Wäre ich auch nur im Geringsten im Zweifel über meinen Weg, den ich eingeschlagen habe, so hätte ich mich der Allgemeinheit angepasst".[331]

So eindeutig Ruf seine Verweigerung begründet, so wenig findet er die Zustimmung seiner Familie. Weder sein nationalistisch eingestellter Vater noch sein Bruder Karl – ein damals überzeugter Nationalsozialist – wollen seine Haltung verstehen oder gar billigen. Folglich kommt es innerhalb der Familie zu schweren Auseinandersetzungen. Doch Josef Ruf lenkt nicht ein, da die Stimme seines Gewissens zu übermächtig ist. In einem während der Haftzeit geschriebenen Brief an seine Angehörigen erklärt er: „Wenn es um die Erfüllung

Heinrich Missalla
Bischöfe, haben Sie endlich den Mut zur Wahrheit!

Zwar hat der frühere Vorsitzende der Deutschen Bischofskonferenz, Bischof Dr. Karl Lehmann gefordert, dass die katholische Kirche ihre Rolle in der Zeit des Nationalsozialismus mit „voller Offenheit und Wahrhaftigkeit" aufarbeiten müsse. Es gibt auch in der Tat zahlreiche Dokumentationen und Untersuchungen zu vielen Vorgängen und Einzelproblemen dieser dunklen Periode deutscher katholischer Kirchengeschichte. Dass jedoch bisher keine umfassende Untersuchung zum Verhalten der deutschen katholischen Kirche im Krieg erstellt wurde, ist einigermaßen erstaunlich. Die Unterstützung des Hitler-Krieges durch die deutschen Bischöfe wurde bis heute verschwiegen. Haben Sie zum 80. Jahrestag des Beginns des Zweiten Weltkriegs endlich den Mut zur Ehrlichkeit und zum Aussprechen der Wahrheit. Die katholischen Christen in Deutschland, die Opfer und auch die noch Lebenden von denen, die damals treu und guten Gewissens den bischöflichen Weisungen gefolgt sind und ihre vermeintliche Pflicht in der Wehrmacht erfüllt haben, haben ein Recht darauf.

Aus: Offener Brief des Theologen Heinrich Missalla an die deutschen Bischöfe zum 80. Jahrestag des Kriegsbeginns am 1. September 2019. In: „*Erfüllt eure Pflicht gegen Führer, Volk und Vaterland!" Römisch-katholische Kriegsvoten aus den deutschen Bistümern und der Militärkirche – Arbeitshilfe zum 80. Jahrestag des Überfalls auf Polen.* Redaktion: Peter Bürger [= Digitales Sonderheft der edition pace 2019], Düsseldorf 2019; siehe unter: https://www.lebenshaus-alb.de/magazin/media/pdf/Arbeitshilfe_Bisch%C3%B6fe_und_Hitlerkrieg.pdf

Heinrich Missalla (1926-2018)

---

des Willens Gottes geht, müsse „auch das Liebste zurücktreten, wenn es auch noch so weh tut".[332]

Das Liebste war für Ruf in diesem Fall die Bindung an seine Angehörigen, denen er in großer Liebe und Dankbarkeit verbunden war. Er wusste um den Ernst der Lage, und dass ihm wegen „Wehrkraftzersetzung" der Tod bevorstand. Er wusste, dass er seinen Eltern große Sorge und Leid zufügte. Sie sahen, dass viele katholische Soldaten in Hitlers Kriege zogen und konnten nicht verstehen, dass ausgerechnet ihr Sohn einen anderen Weg einschlug. Er gerät daher auch in Widerspruch zum Votum der deutschen Bischöfe, die am 17. September 1939 in einem Gemeinsamen Wort[333] die katholischen Soldaten zum Gehorsam gegen den Führer, zur Opferwilligkeit – „unter Hingabe ihrer ganzen Persönlichkeit" – und zur Erfüllung ihrer Pflicht aufforderten.

So eilt Bruder Karl Ruf ins Gefängnis, um Josef umzustimmen. Vergeblich, auch jetzt bleibt Josef standhaft. Daraufhin greift die Familie zu einem letzten, fast verzweifelten Mittel: Sie bestellt ein ärztliches Gutachten über den körper-

Haupteingang mit Blick auf das Verwaltungsgebäude des Zuchthauses Brandenburg-Görden, 1932

lichen und geistigen Zustand Josefs in der Hoffnung, es werde vor dem Kriegsgericht entlastende Gründe für Josef liefern. Doch das Dokument spielt in der Gerichtsverhandlung keine Rolle.

Einen Monat nach Rufs Inhaftierung in Moabit verhandelt das Reichskriegsgericht am 14. September 1940 seinen Fall und verurteilt ihn „wegen Zersetzung der Wehrkraft" zum Tode. Außerdem zum Verlust der bürgerlichen Ehrenrechte und der Wehrwürdigkeit. Die Urteilsschrift ist bisher nicht auffindbar gewesen. Das für rechtskräftig erklärte Urteil hat man ihm erst am 5. Oktober 1940 mitgeteilt. Drei Tage später wurde er in das Zuchthaus Brandenburg-Görden überführt und am 10. Oktober hingerichtet. Erst am Vortag erhielt er davon Kenntnis. Am Abend zuvor darf er die Kommunion empfangen. Rufs Familie erfährt erst nach Vollstreckung von dem Urteil. Wenige Stunden vor seinem Tod schreibt er seiner Familie und der Christkönigsgesellschaft. Von beiden Briefen existieren Abschriften. Darin bittet er seine Angehörigen um Verzeihung für das Leid, das er ihnen zufügen musste. Aber bis zuletzt steht er unverbrüchlich zu seiner Überzeugung.

Die sterblichen Überreste werden im Krematorium Brandenburg verbrannt und auf dem Städtischen Friedhof am Marienberg in einem Urnengrab beigesetzt. Da man das gesamte Gräberfeld später einebnet, ist seine Grabstätte nicht erhalten und längst verschwunden.

Späte Würdigungen

In der Nachkriegszeit gerieten Ruf und Lerpscher lange in Vergessenheit, ehe sie der amerikanische Soziologe Gordon C. Zahn (1918-2007) erstmals in einer Veröffentlichung erwähnte.[334] Am 31. Oktober 1990 bringt man in der katholischen Kirche St. Ulrich in Ulrichsbrunn bei Graz eine Gedenktafel mit den Namen von Lerpscher und Ruf an. Hochberg, Rufs Heimatgemeinde, errichtet 1992 einen Gedenkstein zu seinem Gedächtnis mit der Inschrift: „Zum ehrenden Gedenken an Josef Ruf, geb. 15.12.1905. Für Frieden eingetreten, durch Gewalt gest. 10.10.1940." Auch auf einer Tafel in Meitingen ist Rufs Name verzeichnet, allerdings hier unter den Gefallenen des Zweiten Weltkriegs notiert.

Das deutsche Martyrologium des 20. Jahrhunderts nimmt in einem Beitrag von Sabine Düren Josef Ruf als Märtyrer auf.[335] Auf Grund einer persönlichen Initiative des Saulgauer Apothekers Claus-Dieter Reinhardt bescheinigt die Staatsanwaltschaft Berlin am 1. März 2005 die Aufhebung des zu Unrecht ergangenen Urteils gegen Josef Ruf.

Zum 100. Geburtstag und zum 65. Todestag im Jahr 2005 publiziert Pax Christi eine Broschüre mit zahlreichen Dokumenten; sie trägt den Titel „Das Martyrium des Kriegsdienstverweigerers Josef Ruf". In der zweiten Auflage (2008) ist eine Würdigung Rufs durch den Bischof der Diözese Rottenburg-Stuttgart, Dr. Gebhard Fürst, angefügt. Der Bischof hebt darin die Bedeutung von Josef Rufs Lebenszeugnis hervor; es gebe „auch heute Orientierung" und rufe „zum Handeln für den Frieden" auf. Damit hat ein deutscher Bischof zum ersten Mal die Tat und Haltung eines Kriegsdienstverweigerers aus der NS-Zeit gewürdigt.

In Hochberg finden jedes Jahr Gottesdienste im Gedenken an Josef Ruf statt. Auch das Stadtmuseum von Bad Saulgau erinnert an Josef Ruf. Am 12. November 2012 sind auf die Initiative und am Ort des Christkönigs-Instituts

Erste Seite des Briefes von Josef Ruf aus der Untersuchungshaft in Graz an seinen Vater, 26. Juni 1940

173

Gedenkstein bei der Kirche von Bad Saulgau-Hochberg, 1992. Rechts: „Stätte wachen Gewissens", Tafel für Josef Ruf des Denkstättenkuratoriums NS-Dokumentation Oberschwaben – Denkorte an oberschwäbischen Erinnerungswegen im Landkreis Ravensburg. Hier in Bad Saulgau-Hochberg. Die stilisierte Grafik soll an die Widerstandsgruppe „Weiße Rose" erinnern.

und des Marktes Meitingen drei Stolpersteine zur Erinnerung an die Märtyrer Dr. Max Josef Metzger, Michael Lerpscher und Josef Ruf verlegt worden.

Das „Denkstättenkuratorium NS Dokumentation Oberschwaben" nimmt in seiner Broschüre „Denkorte an oberschwäbischen Erinnerungswegen im Landkreis Ravensburg"[336] den Namen von Josef Ruf auf und lässt eine Gedenktafel an der Kirche von Hochberg anbringen (13. Oktober 2013). Die Inschrift lautet: „Stätte wachen Gewissens: Josef Ruf. Denkort am Großen Erinnerungsweg Oberschwaben." Die Neuausgabe des katholischen Gebets- und Gesangbuches „Gotteslob" (Dezember 2013) erwähnt Josef Ruf ebenfalls. In der Ausgabe für die Diözese Rottenburg-Stuttgart ist er unter der Rubrik „Beispielhafte Glaubenszeugen" zwischen Max Josef Metzger und Hans und Sophie Scholl angeführt.[337] Im Herbst 2015 bittet die Friedensorganisation pax christi die Leitung der Diözese Rottenburg-Stuttgart, das Verfahren zur Seligsprechung von Josef Ruf einzuleiten.

Max Josef Metzger mit „Postulanten" (Bewerbern) der Christkönigsgesellschaft im Bruder Gotwills-Saal in Meitingen – Dritter von rechts: Johannes Ruf

Exkurs: Max Josef Metzger und das Christkönigs-Institut

Im Jahr 1919 gründete der Freiburger Diözesanpriester Dr. Max Josef Metzger (1887-1944)[338] in Graz eine religiöse Gemeinschaft mit dem Namen „Missionsgesellschaft vom Weißen Kreuz". Metzger ging es dabei um die Suche nach neuen Formen für ein „gottgeweihtes Leben inmitten der Welt", um eine Neu-Evangelisierung der Gesellschaft und eine Mission im eigenen Land. Das „weiße Kreuz" meint das eingeprägte Kreuz auf den Hostien der katholischen Eucharistiefeiern. Mission im eigenen Land bedeutete für Metzger zunächst soziale Fürsorge für Alkoholabhängige, Waisenkinder und Obdachlose. Über die sozial-karitative Tätigkeit hinaus engagierte er sich für soziale Gerechtigkeit, den Frieden in der Welt und die Einheit der Kirche. Er war maßgeblich beteiligt an der Gründung des Friedensbundes Deutscher Katholiken (1917/1919) sowie an der „Bruderschaft Una Sancta" (1938/39) in Meitingen.

1928 verlegt Metzger den offiziellen Sitz seiner Gemeinschaft nach Meitingen nahe Augsburg. Schon seit 1927 erfolgte eine Namensänderung zu Societas Christi Regis (Christkönigsgesellschaft).[339]

Infolge seiner vielfältigen internationalen Kontakte, seines Pazifismus, seiner zahlreichen Friedensbemühungen gerät Metzger in Konflikt mit den Nationalsozialisten und ist seit 1934 mit seinen Gründungen zunehmend Verfolgungen ausgesetzt. Um sich der ständigen Überwachung zu entziehen, siedelt er 1940 nach Berlin über, wo er u.a. ein Memorandum über die zukünftige Gestaltung Deutschlands verfasst. Eine vermeintliche Freundin der „Bruderschaft Una-Sancta-Bewegung" bietet an, das Memorandum ins Ausland zu bringen. Doch in Wirklichkeit ist sie eine Agentin der Gestapo, und so gelangt es in die Hände der Nationalsozialisten. Metzger wird verhaftet und vom Volksgerichtshof in einem Schauprozess zum Tode verurteilt (1943). Nach sechs Monaten im Zuchthaus Brandenburg-Görden wird er am 17. April 1944 mit dem Fallbeil hingerichtet.[340]

Max Josef Metzger

Über Krieg und Kriegsdienstverweigerung schreibt Metzger am 7. Juli 1933: „Bezüglich Krieg und Kriegsdienstverweigerung Folgendes: Unsere Gesellschaft steht auf dem Boden christlicher Friedensgesinnung ... Sehen wir es als patriotische Pflicht an, für den Frieden zu arbeiten. Wer ... die grundsätzliche Kriegsdienstverweigerung als ein wirksames Mittel zur internationalen Bekämpfung des Krieges ansieht oder sonst aus Gewissensgründen die Kriegsdienstpflicht verweigert, wird in der Freiheit seines Gewissens anerkannt. Die Gesellschaft selbst hat ausdrücklich eine Stellungnahme dazu abgelehnt und lässt den Mitgliedern die Freiheit persönlicher Gewissensentscheidung."[341]

Abschiedsbrief von Josef Ruf an die Christkönigsgesellschaft

Brandenburg, den 9.10.1940

Lieber Vater, liebe Geschwister in Christus!

Der letzte Gruß, den ich Euch nun senden will, soll Euch allen noch einmal meine Liebe und Dankbarkeit Euch gegenüber bekunden. – Zuerst noch kurz, wie alles gekommen ist. Bin zum 14. September in Berlin zum Tod verurteilt worden. Heute abend wurde ich nun benachrichtigt, dass das Urteil morgen früh ausgeführt wird. Am 5. Oktober habe ich das für rechtskräftig erklärte Urteil in die Hand bekommen. Ich war also vorbereitet darauf.

Liebe Geschwister, ich möchte Euch allen danken für die Mühe und das gute Beispiel, überhaupt für alles Gute, das ich von Euch empfangen habe. Doch vor allem für das Gebet und jede andere Hilfe in geistiger Hinsicht. Ich glaube, dass ich auch diesem Umstand viel zu verdanken habe, dass ich in meiner Lage so ruhig und gefasst bin. Ich bin klar überzeugt, dass ich so handeln muß, um dem Willen Gottes gerecht zu werden. Wäre ich auch nur im geringsten im Zweifel über meinen Weg, den ich eingeschlagen habe, so hätte ich mich der Allgemeinheit angepasst. In ein paar Stunden werde ich nun nach fast 5 Monaten wieder die hl. Kommunion empfangen dürfen, zugleich als Wegzehrung für den letzten schweren Schritt. Die paar Stunden, die mir dazu noch zur Verfügung stehen, will ich besonders gut ausnützen in Bezug auf die ewige Seligkeit. Es ist eigentlich eine große Gnade, bewusst und in voller Erkenntnis dieser wichtigen Stunde entgegenzusehen. Gott gebe mir die Gnade, mit einer großen Liebe im Herzen den Tod zu erleiden.

Ja, liebe Geschwister, bis ihr diesen Brief erhaltet, werde ich nicht mehr unter Euch sein. Doch im Geiste sind wir trotzdem miteinander verbunden. Eine Hoffnung beseelt uns ja alle, nämlich, dass wir uns alle einst im Himmel wiedersehen werden, wo es dann keine Trennung mehr gibt, und auch kein Missverständnis mehr. Solange wir auf dieser Erde leben, sind wir dem allen eben unterworfen. Wie freue ich mich doch, dass es mir am Weihnachtsfest noch vergönnt war, mich meinem Herrn und König ganz hinzugeben, den ich nun bald zu schauen bekomme. Ja, wie werde ich wohl dieses Jahr unser Hauptfest des Christkönigs feiern. Auf jeden Fall, liebe Geschwister, wollen wir im Geiste immer miteinander verbunden bleiben, denn auch der Tod kann uns Christen nicht trennen, da wir ja einer Kirche angehören, die eine dreifache ist, – eine Leidende – eine Streitende – und eine Triumphierende. In diesem Sinne werden wir uns alle immer nahe sein und einmal hoffen wir uns alle wiederzusehen in der ewigen Heimat, wo es keine Trennung gibt und keine Schmerzen mehr.

In dieser Hoffnung grüßt Euch alle mit unserm alten und doch ewig neuen Freudengruß ALLELUJA   *Euer Bruder Maurus.*[342]

Vinzenz Schaller

18. Vinzenz Schaller (1907-2003) – „Niemals beugen, lieber sterben"[343]

Im Unterschied zu Franz Jägerstätter ist der Osttiroler Bauer Vinzenz Schaller nahezu unbekannt geblieben. Er verweigert 1940 den Fahneneid, kommt in Haft und in das Wehrmachtsuntersuchungsgefängnis Berlin-Moabit, wo er durch zahlreiche Dauerverhöre und Einschüchterungen mürbe gemacht wird und schließlich sein Einverständnis zum Eid gibt. Nach seinem Dienst in einer Strafkompanie transportiert man ihn wegen einer Wette über das bevorstehende Kriegsende in das KZ Dachau, aus dem ihm Ende April 1945 die Flucht gelingt.

Blick auf das heutige Kalkstein und (Mitte rechts) die Wallfahrtskirche Maria Schnee

Vinzenz Schaller ist am 10. Mai 1907 in dem Weiler Kalkstein in Osttirol, der zu der Gemeinde Innervillgraten gehört, geboren. Kalkstein ist ein Ort mit damals etwa sechzig Einwohnern.[344] Die Eltern sind Kleinbauern, leben in bescheidenen materiellen Verhältnissen und sind monarchistisch gesinnt. Ihr einziges Kind erziehen sie in traditionell katholischer Weise. 1913 bis 1920/21 besucht Vinzenz die einklassige Volksschule. „Als intelligentes Kind begann er schon mit zwölf Jahren, beim Viehhüten Vaters Wochenzeitung zu lesen. Es war der „Tiroler Volksbote", ein beliebtes Blatt und bekannt als das ‚Bötl'. Daneben gab es im Hause noch das kirchliche Groschenblatt, ebenfalls wöchentlich."[345] Nach der Schulzeit ist Vinzenz auf dem elterlichen Bauernhof tätig und besucht Kurse in der Landwirtschaftlichen Fachschule Lienz. Er bemüht sich

Kopf der ersten Ausgabe des Tiroler Volksboten, 22. Dezember 1892

um eine Organisation der Jungbauern, um sie „berufsständisch zu fördern und politisch zu schulen"³⁴⁶. 1937 bestellt ihn seine Heimatgemeinde zum Ortsbauernführer.

Der „Tiroler Volksbote" polemisierte gegen ein republikanisches Staatswesen und den Parlamentarismus. Die vielgelesene Tiroler Bauernzeitung schlug

Kardinal Innitzer bei der „großdeutschen Wahl" in Wien, 10. April 1938

> *Gauleiter Franz Hofer beim Kreisappell in Innsbruck im Juni 1939*
> *Ein sprechendes Bild dieser großen Familie ist dieser Appell. Politische Leiter, SA, SS, NSKK, HJ, BDM [die Sturmabteilung, Schutzstaffel, das Nationalsozialistische Kraftfahrkorps, die Hitler-Jugend, der Bund deutscher Mädel] und alle die Verbände der Partei, dieser Bewegung, die das deutsche Volk repräsentiert, die Männer vom Arbeitsdienst mit den Schützen und Trachten und Musikkapellen, wie sie hier schon seit Andreas Hofers Zeiten beheimatet sind; so ein Bild zeigt, dass die Kraft der dunklen Mächte in diesem Lande gebrochen ist! Wir lassen uns nicht mehr teilen und trennen, wir Tiroler waren seit jeher ein Volk in Waffen und sind es auch heute, bereit, für unseren Führer Adolf Hitler den Teufel aus der Hölle zu holen! ... Mit dreifachem Sieg-Heil!, in das die Volksmenge begeistert einstimmte, grüßte der Gauleiter den Führer.*
> *Aus der Rede F. Hofers zur Vorbereitung des 2. Tiroler Landesschießens am 1./2. Juli 1939. In: Kitzbüheler Nachrichtem, 10. Juni 1939, S. 4*

eine „antidemokratische Richtung"[347] ein. Da auch der Onkel von Vinzenz, der Pfarrer Michael Schaller in Kristein, Gemeinde Aßling, die Bundeskanzler Dr. Seipel und Dr. Dollfuß[348] „hoch verehrte", ist es naheliegend, dass sich Vinzenz später ihrer politischen Richtung anschließt und einen christlichen Ständestaat befürwortet. „Mit der Ständestaatsverfassung vom 1. Mai 1934 sah er das Idealbild eines Gemeinwesens grundgelegt."[349] In diesem Sinne anerkennt Schaller nur die Kanzler Dollfuß und Schuschnigg[350] als rechtmäßige Obrigkeit, niemals aber Hitler, in dem er lediglich einen verbrecherischen Usurpator sieht. Der Innsbrucker Historiker und Politikwissenschaftler Andreas Maislinger verweist darauf, dass damals viele „Zeugen der Zeit ... Anhänger der autoritären österreichischen Regierung" waren und sich dennoch „nach ihrem besten Wissen und Gewissen gegen den Nationalsozialismus zur Wehr gesetzt und dafür viele Opfer gebracht haben. Nicht wenige österreichische Bauern haben in den Nichtdemokraten Dollfuß und Schuschnigg ihre rechtmäßigen Führer gesehen; in Dollfuß, weil er als einziger Regierungs-Chef der Welt im Kampf gegen den Nationalsozialismus ermordet worden ist, in Schuschnigg, weil er bis zur letzten Stunde den Kampf gegen Hitler versucht hat und nicht geflohen ist – wofür er sieben Jahre in Hitlers Haft war."[351]

In einer späteren Aufzeichnung mit dem Titel „Einsamer Weg" (1945) betont Schaller, dass ihn weniger Lektüre, sondern eigenes Nachdenken zum Widerstand gegen Hitler bewegt habe. Schallers Bericht setzt ein mit dem Datum 11./12. März 1938, dem Vorabend von Hitlers Okkupation Österreichs. Er ist gleichermaßen entsetzt von den neuen Unterdrückern, „die allerdings in der Maske der Retter gekommen sind" sowie von dem „kläglichen Nachgeben" seiner Landsleute gegenüber den neuen Machthabern".[352]

Mit seiner Haltung steht Schaller auch im Gegensatz zu den österreichischen Bischöfen – allen voran der Wiener Kardinal Theodor Innitzer[353] –, die in einer

Nazianhänger bei einer „Anschluss-Kundgebung" nach Hitlers Drohrede im Reichstag, 20. Februar 1938

von Gauleiter Josef Bürckel verfassten „feierlichen Erklärung" die Verdienste der NS-Bewegung anerkennen und deren Weg mit besten Segenswünschen begleiten. Zur bevorstehenden Volksabstimmung über den „Anschluss" (10. April 1938) halten sie es für ihre nationale Pflicht, sich als Deutsche zum Dritten Reich zu bekennen und erwarten dies auch von allen gläubigen Christen. Ebenso wie Jägerstätter weiß auch Schaller, dass die Geistlichen „im Gehorsam gebunden gewesen" sind und sich daher nicht mehr frei äußern können.

Schaller selber stimmt bei der Volksabstimmung selbstverständlich mit „Nein", zusammen mit 89 anderen. Da es zudem 36 ungültige Stimmen gab, stellt das Wahlergebnis von Villgraten einen Rekord dar. Aus seiner Haltung gegen die Nationalsozialisten macht er in der Öffentlichkeit keinen Hehl: Er tritt aus der technischen Nothilfe (ehemals freiwillige Feuerwehr) aus und schließt sich nicht der NS-Volkswohlfahrt an. An der Verfassung des österreichischen Ständestaates, auf die er einst ein Gelöbnis abgelegt hatte, hält er ebenso fest wie an seinem Vorbild Kurt Schuschnigg.

Sein „passiver Widerstand" gegen die Gewalt und das NS-Regime ist im Dorf bekannt. Er bespricht sich mit Altersgenossen über die Rechtmäßigkeit der neuen Regierung, die er grundsätzlich in Frage stellt. Auch sucht er den

Kurt Schuschnigg
Bekenntnis und Treue zu Österreich

Die Österreich-Ideologie im Lande zu verwurzeln, ist natürlich – ganz abgesehen von der Hemmungslosigkeit der nationalsozialistischen Agitation – keine ganz einfache Sache. Dies deshalb, weil in den Jahren nach dem Umsturz bis zum Jahr 1932 auf die Pflege des Österreich-Gedankens herzlich wenig Gewicht gelegt wurde und einzelne Rufer in der Wüste, wie z.B. der verstorbene Bundeskanzler [Ignaz] Seipel, durch die politische Kräftelagerung von damals gebundene Hände hatten. Die Folge war, dass die seit jeher auch im alten Österreich nicht zahlenmäßig, aber hinsichtlich ihrer Lautstärke beachtlichen nationalen und im letzten Grund seit je anti-österreichischen Kreise, von Deutschland her materiell und moralisch stets unterstützt, sehr stark in der Vorderhand waren.

Kurt Schuschnigg (1897-1977) bei einer Kundgebung der „Vaterländischen Front", vermutlich bei seiner Proklamation zum „Frontführer", 10. Oktober 1936

Die Bewegung griff tief hinein bis in die Kreise der katholischen Intelligenz, die wiederum in Verbindung mit dem deutschen Zentrum und durch die verschiedensten überparteilichen Organisationen in der Pflege des Anschlussgedankens die Königsidee der Politik sahen. Während nun die alte Generation, die Österreich aus eigenem kannte und verstanden hat, teils abstrakt, teils sich beiseite gedrängt sah, wuchs eine junge Generation heran, der man vom alten Österreich-Gedanken überhaupt nichts gesagt hatte und die daher auch keine innere Beziehung zum neuen Staat finden konnte. Für sie stand das Unrecht der Friedensverträge im Vordergrund des Interesses. All diese Dinge kenne ich aus eigenem Erleben und darf mich zu den ältesten Vertretern des betonten Österreich-Kurses im Nachkriegsösterreich zählen, zumal ich kurz nach Rückkehr aus der Kriegsgefangenschaft, zu einem Zeitpunkt, in dem ich mir noch nicht träumen ließ, einmal in die Kategorie der „Pangermanisten" eingereiht zu werden, den Österreich-Gedanken in jeder Form öffentlich zu vertreten versuchte.

Kurt Schuschnigg in einem Brief an Friedrich Wilhelm Foerster, 19. März 1935. In: Friedrich Wilhelm Foerster-Archiv im Donat Verlag, Bremen

alten Pfarrer von Innervillgraten, Anton Moling,[354] auf, um von ihm zu erfahren, was er zur neuen politischen Situation meine. Moling sagt ihm, man müsse „mit den Wölfen heulen".[355] Schallers Haltung führt am 10. Oktober 1938 zu einem ersten Verlust seiner Freiheit, zu elf Tagen Gestapo-Haft mit mehrstündigem Verhör. Aus dem Ortskirchenrat wird er 1941 „von Staats wegen ausgeschaltet", da seine staatsfeindliche Einstellung bekannt sei.

Doppeladler und Kruckenkreuz am Eingang des Anbetungshauses „Betanien", so der heutige Name der 1995/96 mit dem Pfarrhaus baulich verbundenen Schule, 2018

Am 14. November 1938, wenige Tage wieder auf freiem Fuß, wendet er sich in einem Brief an Johann Trojer, dem Gemeindesekretär in Außervillgraten. Das Schreiben „bietet den Schlüssel zum Verständnis von Schallers Widerstandshaltung in der Hitlerzeit".[356] Es bekundet seine Treue zu Österreich, seine Ablehnung von Unehrlichkeiten und Unwahrhaftigkeiten und seine Einsicht, dass Bekenntnis, Stärke, ja Heroismus gefordert seien. Aus den Zeilen sprechen Schallers Bereitschaft, für Christi Reich streiten zu dürfen sowie die große Zuversicht auf den Sieg des Guten und Gottes Beistand gerade im Leiden.

„Wenn Vinzenz Schaller die staatslegalistische Motivation zum Widerstand gegen das NS-Regime voranstellt, so widerspricht das nicht der Schlussfolgerung, dass seine Widerstandskraft im Letzten religiös begründet war, zumal sein Festhalten am Gedanken des Christlichen Ständestaates damit eng verbunden gewesen ist."[357]

Zunächst „u.k" („unabkömmlich") gestellt, erreicht ihn am 24. Dezember 1939 die erste Einberufung zur Wehrmacht, der er am 5. Januar 1940 nachkommt, jedoch klar zum Ausdruck bringt: „Ich werde nicht Soldat, werde nie den Eid auf Deutschland und seinen Führer leisten. Beweggründe: ‚Ich habe meinem Führer Kurt von Schuschnigg die Treue gelobt. Ich stehe auf dem Boden der österreichischen Verfassung vom 1. Mai 1934 ... Ich erkenne nicht zu

Walter Widemair

Was der Sender Servus TV in seiner Dokumentation „Villgratental: Von Rebellen und Vordenkern" verschwieg

Ich rede in weiterer Folge natürlich auch von den umwälzenden Ereignissen und Hintergründen rund um das an der ehemaligen Kalksteiner Volksschule angebrachte Kruckenkreuz und den Rebellen Vinzenz Schaller: „In der Mitte das Wappen des Ständestaates – der Doppeladler, der die Rückbesinnung auf altösterreichische Traditionen und Tugenden ausdrücken sollte; die Adlerköpfe wurden nimbiert [mit einem Nimbus = Heiligenschein umgeben], um die christlich-katholische Orientierung des ‚Bundesstaates Österreich' zu dokumentieren. Dieser Doppeladler... wurde zum ‚Staatswappen Österreichs' erklärt [Kundmachung am 2. Juli 1934]. Und zu beiden Seiten das Kruckenkreuz als Symbol der Vaterländischen Front (VF). Beide Sinnbilder erinnern an die tragische Geschichte Österreichs im Jahr 1934: Februar-Aufstand des Republikanischen Schutzbundes, Mai-Verfassung (christlich-deutscher Bundesstaat Österreich auf berufsständiger Grundlage), Auflösung aller politischen Parteien, Vaterländische Front, Ermordung von Bundeskanzler Dr. Engelbert Dollfuß am 25. Juli 1934 durch Nationalsozialisten...

Das ehemalige Pfarrhaus (links hinten) und die alte Schule mit dem Kruckenkreuz, 2018

Die VF mit ihrem Kruckenkreuz, das dem Hakenkreuz in den dreißiger Jahren bewusst gegenübergestellt wurde – quasi als Anti-Hakenkreuz – war eine von oben gesteuerte Organisation, aber keine Volksbewegung." (Anton Draxl, Über die Jöcher – Natur und Kultur in Gsies und Villgraten, München 2001, S. 122) „Damals in den dreißiger Jahren war Vinzenz Schaller Ortsvorsteher in Kalkstein, er bemühte sich sehr um eine ‚Notschule', die Kinder sollten vor allem im Winter nicht mehr nach Villgraten hinunter in die Schule müssen. Zum Gedächtnis an den ermordeten Bundeskanzler taufte er diesen Unterrichtsraum ‚Dollfuß-Schule' und ließ von den ‚krahkouflern', die diese ‚Kunst' beherrschten, die Tafel verfertigen. Sie hing aber nicht lange an der Schulwand. Vinzenz Schaller nahm sie am 13. März 1938 ab, er schob die Tafel daheim hinter eine Truhe. Im Juli 1945 befestigte er seine Tafel wieder dort, wo sie gewesen war, nachdem er aus dem Konzentrationslager Dachau am 7. Juli nach Kalkstein heimgekommen war." (A. Draxl, Über die Jöcher, S. 125)

Walter Widemair, Villgraten-Doku mit „Gedächtnislücken" [Aus der Kritik an der Servus TV-Dokumentation vom 17. Januar 2017]. Zitiert nach: steinfeld.news/2018/02/ 18/1065

Recht an, was am 13.3.1938 und am 10.4.1938 geschah. Gesetze kann man leugnen, damit sind sie aber nicht aus der Welt geschafft. Gewalt ersetzt kein Recht. Das ist meine Überzeugung, ich kann nicht dagegen handeln ... Ich war mir der Folgen voll bewusst: die Todesstrafe."[358]

In Haft genommen, muss er einen langen Leidensweg antreten. Er schreibt: „Ich wurde ins Gefängnis abgeführt, viele lange Verhöre folgten, viele Bekehrungsversuche wurden angestellt. Dabei gings von Gefängnis zu Gefängnis, teils gefesselt. Spittal a. d. Drau – Salzburg – Berlin. Meine seelischen und meine Nervenkräfte waren jedoch diesen Anforderungen nicht gewachsen, ich brach zusammen: Verfolgungswahn, begleitet von Zwangsvorstellungen. Nur ein erfahrener Arzt und ein erfahrener Priester können verstehen, was das heißt. In diesem Zustand hat man mir das Ja abgerungen."[359]

Obwohl sich Schaller im Gegensatz zu seinen Landsleuten Franz Reinisch und Franz Jägerstätter sieht und seinen Widerstand gegen den Nationalsozialismus nicht wie sie religiös, sondern vorwiegend politisch begründet, wendet er sich, nachdem man ihm das Ja abgerungen hat, fragend an Gott: „Warum ließ Gott mich zerbrechen? Warum hat er das Opfer des Lebens nicht angenommen? War ihm der Wille hinreichend? Ich weiß es heute nicht. Ich wurde vom Kriegsgericht zu 2 ½ Jahren Gefängnis verurteilt, nach dem Kriege zu verbüßen. Überstellung zur Truppe."[360]

Nach zwei Wochen Erholungsurlaub muss er am 14. Juli 1940 wieder zum Militär nach Villach einrücken, wo man ihn auch vereidigt. Zuerst in einer Strafkompanie an der französischen Ärmelkanalküste eingesetzt, ruft man ihn schon einen Monat später in die Heimat zurück, da sein Jahrgang abgelöst wird. Er ist jetzt, mit Unterbrechungen, „volle 16 Monate beim ,Haufen'", wie er es ausdrückt. Jetzt endlich kann er auch ärztliche Hilfe in Anspruch nehmen, die man ihm zuvor immer verweigerte. Als einzigem Sohn der Familie räumt man ihm wiederholt eine „u.k.-Stellungszeit" von mehreren Monaten ein.

Im Frühjahr 1942, wieder während einer „u.k."-Zeit, wettet er mit einem Kameraden: „Im Herbst ist der Krieg aus." Eher als Witz gedacht, zeitigt seine Äußerung fatale Folgen. Er wird denunziert, und so kommt „die an sich furchtbar harmlose Sache wieder zu Ohren der Gestapo".[361] Man unterstellt ihm, um eine solche Wette abschließen zu können, müsse er „Radio gehorcht haben". Gemeint sind die damals streng verbotenen Auslandssender. Schaller verneint guten Gewissens und ist der Überzeugung, man suche nur erneut einen Anlass, um ihn endlich unschädlich zu machen.

Um die Jahreswende 1943/44 tranportiert man Schaller ins KZ Dachau, wo er beständig Hunger leidet, geschlagen und getreten wird. Hier lernt er auch den ebenfalls internierten Jesuitenpater Johannes Maria Lenz kennen, der ihm die Teilnahme an der (im Lager verbotenen) täglichen Messe ermöglicht. Über seine Zeit in Dachau schreibt Vinzenz Schaller im Oktober 1945: „Was Lager im Dritten Reich bedeutete, braucht man nur die illustrierten Nachrichten, die jedenfalls nicht erfunden sind, durchzugehen. Allerdings können es die Menschen nicht glauben. Die Tyrannen sind stets dieselben geblieben, unmenschlich, grausam. Auch ich wurde wiederholt geschlagen und getreten ohne jeden

Einer der Wachttürme im Konzentrationslager Dachau. Rechts: Häftlingsdenkmal vor dem Krematorium im KZ Dachau

Grund. Wenn es die SS nicht tat, so taten es derselben nahestehende Häftlinge, Berufsverbrecher, denen man mit Vorliebe Kapo-Stellen einräumte. Die Unterkünfte waren menschenunwürdig, die Verpflegung ganz ungenügend, die Arbeitszeit lang. Alles musste arbeiten. Dennoch war die Arbeit ein Segen, die Zeit verging dabei. Seuchen wüteten und rafften die Menschen hinweg wie der Wind im Herbst Laub von den Bäumen. Das Krematorium konnte die Menge oft nicht schlucken. Daß wir jemals, die wir ohne Ausnahme Todeskandidaten waren, die Freiheit wiedererlangt haben, danken wir nächst Gottes auffälligem Schutz denen, die für uns gebetet und uns auch materiell unterstützt haben und wohl auch denen, die von jenseits des Meeres kommen mußten, uns wenigstens von den Sklavenketten der SS zu befreien. Die gesamte Zeit meiner Haft dauerte vom 10.-31.Oktober 1938 in Lienz, vom 6. Jänner-30.Juni 1940 in Spittal, Salzburg, Berlin und vom 8. Dezember 1943-30. April 1945 in Silian, Lienz, Klagenfurt, Dachau. Also 23 Monate."[362]

Bei Kriegsende, am 26. April 1945, marschieren Tausende von Häftlingen bei den sogenannren Todesmärschen in Richtung Alpen. Nach zwei Tagen gelingt es Schaller, inzwischen von den Strapazen des Marsches völlig erschöpft, „zu-

Brief von Pfarrer Klaus L'Hoste an die Familie Schaller in Kalkstein, 23. Mai 1945 [363]

sammen mit einem Innsbrucker Kunstmaler namens Romani"[364] aus der Kolonne zu flüchten und sich in seinen Heimatort durchzuschlagen, wo er aber erst Anfang Juli 1945 eintrifft.[365] Eine Art Geleitbrief vom 23. Mai 1945 an die Schaller-Eltern von Pfarrer Klaus L'Hoste aus Mörtschach/Mölltal, einem ehemaligen Mithäftling in Dachau, ebenfalls wie Schaller am Todesmarsch beteiligt, enthält „die herzliche Bitte um gütige Weiterleitung von Pfarramt zu Pfarramt bis nach Kalkstein bei Villgraten/Osttirol".[366] Der Pfarrer bestätigt den Eltern, dass ihr Sohn lebt und fügt an: „Ich kann Ihnen persönlich gratulieren, dass Sie einen so braven, gut katholischen, sittlich reinen und österreichtreuen Sohn haben."[367]

Auf Anregung von Andreas Maislinger erhält Vinzenz Schaller „am 25. Oktober 1985 das Ehrenzeichen für Verdienste um die Befreiung Österreichs von Bundespräsident Dr. Rudolf Kirchschläger verliehen".[368] Was die Vergangenheit und deren Bewältigung angeht, so folgt Schaller dem Grundsatz: „Verzeihen muß ich als Christ, aber vergessen muss ich nicht. Wenn ich nicht vergesse, bin ich gezwungen, jeden Tag neu zu verzeihen.[369]

„Der Amtskirche wirft er nicht zu Unrecht vor, sie habe in jener Zeit weitgehend versagt."[370] Zum Verhalten der kirchlichen Verantwortlichen bei Hitlers Einmarsch in Österreich und der darauffolgenden Volksabstimmung fordert er: Das ‚mea culpa' in der Angelegenheit vom 11. März 1938 werden aber auch die Vertreter der Kirche in diesem Lande sprechen müssen. Der Judas [Kardinal Innitzer; J.T.] in dieser Sache hat es getreu seinem Vorbild nicht getan."[371] Vinzenz Schaller stirbt am 20. Januar 2003.

Am ehemaligen Schulhaus in Kalkstein, inzwischen baulich mit dem Pfarrhaus verbunden, befindet sich seit 1994 das vom Kalasantinerorden[372] betreute Anbetungshaus „Betanien". Am Eingang sticht die einst von Vinzenz Schaller angebrachte Tafel mit Doppeladler und Kruckenkreuz ins Auge (siehe Seite 185 f.). Es stellt damals zugleich eine Demonstration gegen den Nationalsozialismus dar.[373]

Brief von Vinzenz Schaller an Johann Trojer in Außervillgraten

Poststempel vom 14. November 1938
Der Weg, den andere gegangen sind, ist für uns ungangbar!
Mannhaftigkeit, Wahrhaftigkeit, Ehrlichkeit und Treue sind die Tugenden des Deutschen, des Tirolers und nichts anderes! Was kümmert uns auch das, wenn wir allein sein sollten, wenn uns die Welt als Irren hinstellt? Auch die ersten Christen wurden als Irre und Feinde des Staates usw. hingestellt; wären sie nicht in den Tod gegangen, das Christentum hätte nie so rasch die Welt erobert.

Durch Gebet, Opfer und Leiden wollen wir die Welt bekehren! Stark, Leuchten wollen wir sein! Die Lüge bekämpft und besiegt man durch die Wahrheit, die Ungerechtigkeit durch Gerechtigkeit, den Hass durch die Liebe, die Mutlosigkeit und Verzagtheit mit Mut, grenzenlosem Vertrauen und unverbrüchlicher Treue.– Gott ist ja mit uns und ganz besonders im Leiden, was kann uns dann fehlen? Noch nie war die Sache des Guten so aussichtsreich, noch nie der Sieg so gewiß! Hauptsache aber ist das mit dem Kreuze gekrönte Werk, ob wir dabei fallen ist belanglos. Wir sind doch nur Pilger auf dieser Welt, unsere Heimat ist doch der Himmel, und niemals ein Unglück nennen wir es, dass was uns getroffen, nein, eine große Gnade wurde uns zuteil, da wir gewürdigt wurden, für Christi Reich streiten zu dürfen. Was willst Du noch mehr?

Gott grüße und beschütze Dich! Dein Vinzenz.[374]

Josef Scheuer

19. Josef Scheuer (1900-1982) –
Nur dem Glauben verpflichtet

Josef Scheuer stammt aus dem Saarland. Wegen seiner religiös begründeten Gewissensentscheidung gegen den Dienst mit der Waffe, wird er auf seinen Geisteszustand hin untersucht und kommt vor ein Feld-Kriegsgericht, das ihn zu einer mehrjährigen Gefängnisstrafe verurteilt. Anschließend in das KZ Sachsenhausen überführt, bleibt er bis kurz vor Kriegsende in Haft. In franziskanischer Schlichtheit und Frömmigkeit widersteht er den Irrlehren und Herausforderungen des Nationalsozialismus und führt, unter Verzicht auf finanzielle Entschädigungen, sein Leben in Gottvertrauen und Glaubensgewissheit.[375]

Scheuers Familie siedelt etwa 1869/1870 von Brücken/Pfalz nach St. Ingbert/Saar um und findet hier Arbeitsmöglichkeiten im Bergbau. Aus der Ehe von Bergmann Jakob Scheuer (1870-1909) und seiner Frau Elisabetha, geborene Seiffert (1873-1928), gehen 10 Kinder hervor (1896-1909).[376]

Josef Scheuer kommt am 30. Dezember 1900 in St. Ingbert Schüren/Saar zur Welt. Die Kinder werden streng im christlichen Geist zu großer Genügsamkeit erzogen. Der Vater stirbt bereits 1909 im Alter von 39 Jahren. Die Familie lebt fortan in großer Not und Armut, allein getragen von der Mutter, die jedoch keinerlei öffentliche Unterstützung beantragt. Um die große Familie ernähren zu können, arbeitet sie als Waschfrau. Josefs älterer Bruder Albert (1896-1917) fällt als Infanteriesoldat 1917 in Frankreich.

Nach dem Schulabschluss geht Josef als Sechzehnjähriger in das Eisenwerk St. Ingbert, wo er 21 Jahre lang als Metallarbeiter tätig ist. Seinen religiösen Neigungen folgend, schließt er sich 1924 dem Dritten Orden der Franziskaner[377] an und ist seither auch Mitglied der Katholischen Aktion. Als Nazis deren Leiter Erich Klausener, Ministerialdirektor in Berlin, sowie Adalbert Probst, den Leiter der katholischen Sportorganisation „Deutsche Jugendkraft" (DJK), nach dem sogenannten „Röhm-Putsch" (1934) erschießen, regt sich Widerstand im katholisch geprägten Milieu des Saarlandes, das damals noch unter der Verwaltung des Völkerbundes steht. Doch Vertreter der Kirche halten sich mit öffentlicher Kritik zurück. In zahlreichen Bekenntniskundgebungen und Gottesdiensten beten viele Katholiken aber für die als Blutzeugen gegen das NS-Regime angesehenen beiden Männer. Josef Scheuer dürften diese Ereignisse beeindruckt und seine Widerstandshaltung gestärkt haben.

In einem amtlichen Bericht vom August 1934 über die „Politische Lage und Stimmung im Saargebiet" heißt es: „Immerhin bieten etwa 30 % der katholi-

Saarländer vor „Anschluss"-Plakaten der Nazivereinigung „Deutsche Front", 1935

schen Geistlichkeit des Saargebietes durch ihre scharfe und oft verallgemeinernde Kritik an einzelnen kulturpolitischen Vorgängen im Reich und an der angeblichen Grundhaltung des Nationalsozialismus und durch ihre bedauerliche Zurückhaltung gegenüber der deutschen Front tatsächlich den Gegnern Unterstützung und ein schlechtes Beispiel."[378]

Flüchtende Saarländer vor dem NS-Terror nach dem Anschluss, 1935

Einmarsch der faschistischen Schutzpolizei in Saarbrücken, 1. März 1935

Gemäß den Bestimmungen des Versailler Vertrags kommt es im Januar 1935 zur Volksabstimmung über die künftige politische Zugehörigkeit des Saargebietes. Es geht darum, ob es zu Frankreich oder zu Deutschland gehören oder den Status quo behalten soll. Am 26. Dezember 1934 ergreifen die Bischöfe von Speyer und Trier Partei für Deutschland und rufen die „katholischen Volksgenossen" im Saarland auf: „Katholische Volksgenossen. Deine Glaubensbrüder im großen Vaterland brauchen Dich. Erkämpfe Dir den Weg zu ihnen. Deine Parole: Mit Gott für deutsche Ehre und Treue. Deine Waffe: der Stimmzettel."[379]

Josef Scheuer folgt dem Aufruf der Bischöfe nicht und zieht nach der erfolgten „Heimkehr" und Gleichschaltung der Presse, des Rundfunks, aller Vereine und Organisationen persönliche Konsequenzen. Aus den Vereinen, denen er bisher angehörte, tritt er aus, bestellt die Zeitung ab und meidet alle Versammlungen und Demonstrationen der neuen Machthaber. Es sei nicht zu erwarten, dass christliche Grundsätze dort noch Achtung finden.

Als schon die Gewerkschaften aufgelöst und alle Arbeiter der Deutschen Arbeitsfront eingegliedert sind, verweigert sich Josef Scheuer der neuen NS-Zwangsmaßnahme, was 1937 zu seiner Entlassung aus dem Eisenwerk führt. Fortan muss er sich mit kleinen, schlecht bezahlten Gelegenheitsarbeiten durchschlagen. In der erhalten gebliebenen Urteilsschrift gegen Josef Scheuer vom 10. Mai 1940 heißt es: „Sein Verdienst als Gelegenheitsarbeiter war sehr bescheiden, öfter am Tage nur 1 RM bis 3 RM. Am liebsten beschäftigte er sich mit religiösen Schriften, bei denen er auf einer Seite stundenlang lesen und darüber nachdenken konnte."[380]

Schon um 1937 lehnt Scheuer den Waffendienst ab und gerät in das Visier der Militärbehörden. 1940 zieht die Wehrmacht gleich drei Söhne der Familie ein: Josef, Jakob und Alois. Der Jüngste, Alois (1909-1942), fällt zwei Jahre später in Russland, Jakob überlebt den Krieg und die amerikanische Kriegsgefangenschaft und ist danach wieder als Gärtner tätig.

Josef jedoch verweigert den Dienst an der Waffe, nachdem ihn am 4. Februar 1940[381] der Gestellungsbefehl zum Bau-Ersatz-Bataillon in Worms erreicht. Da er sich nicht meldet, holt ihn die politische Polizei ab und führt ihn seiner Truppe in Worms zu. Am 18. März erklärt er dem Standortarzt: „Sein Gewissen verbiete ihm, zu den Waffen zu greifen. Es handle sich hier um Dinge, die man nicht mit dem Verstand erfassen könne, sondern nur mit seinem Gewissen abzumachen habe."[382]

Die Militärbehörden haben keinerlei Verständnis, halten ein derartiges Argument für abwegig und ordnen die Untersuchung seines Geisteszustandes an, was im Reservelazarett Heidelberg geschieht. Das medizinische Gutachten bescheinigt Scheuer neben gravierenden körperlichen Mängeln einen „Schwachsinn mittleren Grades und schwere degenerative Psychopathie, weshalb ihm der § 51 Abs. Reichsstrafgesetzbuch (RStGB) zuzubilligen ... und er dienstuntauglich sei".[383] So falsch und verletzend dieses Gutachten ist – es bewahrt ihn vor dem Schlimmsten. Sonst wäre seine Überstellung an das Reichskriegsgericht unvermeidbar gewesen, das in den allermeisten Fällen die Todesstrafe verhängt hat.

Mit dem Befund der Dienstuntauglichkeit hätte eigentlich der „Fall Scheuer" abgeschlossen sein können. Dennoch kommt es zu einer Verhandlung vor dem Feld-Kriegsgericht, das am 10. Mai 1940 in Wiesbaden tagt. In den Vernehmungen gibt Scheuer an: „Ihn verpflichte aber nicht Vernunft und Verstandeserkenntnis, sondern nur der Glaube an Gott und der Gehorsam zur römisch-katholischen Kirche, da er sich durch sein Profeßversprechen als Ordensperson in besonderer Weise verpflichtet habe. In der Glaubens- und Sittenlehre, wie sie vom Heiligen Stuhl in Rom verkündet würde, sei sein Gewissen verankert. Stünde sein Gewissen nicht im Einklang mit dieser Lehre so wäre er bereit, seine Haltung als verkehrt zu bezeichnen und sich umzustellen."

Auf den Einwand, dass die katholische Kirche ihren Angehörigen doch nicht den Wehrdienst verbiete und Tausende auch strenger Katholiken in der deutschen Wehrmacht Wehrdienst leisten, erwiderte er, „die katholische Kirche befehle aber ihren Angehörigen auch nicht den Wehrdienst. Wenn es nicht geboten sei, müsse man von der Gewalt abstehen. Es gebe gute und unrechte Gesetze. Einem unrechten Gesetz brauche man nicht zu folgen. Zwar habe er als Laie kein Urteil darüber, was ein gutes und was ein unrechtes Gesetz sei, aber seinem Gewissen und seiner Idee von der wahren Glaubenslehre widerspreche es, Wehrdienst zu leisten."[384]

Das Gericht entscheidet unter Berücksichtigung des ärztlichen Gutachtens und „wegen seines degenerativen körperlichen Erschöpfungszustandes" auf einen minder schweren Fall von „Zersetzung der Wehrkraft", sieht daher von einer Zuchthausstrafe ab und verurteilt Scheuer zu vier Jahren Gefängnis. Während dieser Zeit ist er im Strafgefängnis Frankfurt-Preungesheim inhaftiert, das während des Dritten Reiches auch als Hinrichtungsstätte für politische Oppositionelle dient.

Gedenktafel für die Opfer des Nationalsozialismus am Fankfurter Strafgefängnis im Stadtteil Preungesheim, 2006

Im Juli 1940 beträgt sein Körpergewicht nur noch 46,5 kg! Auch arbeitet er als „Flickschneider". Josefs Geschwister sind sehr besorgt um ihn und versuchen Kontakt mit dem Bruder zu halten. Doch ihre Briefe fängt die Zensur zumeist ab. Ebenso hält sie seine Schreiben zurück, so auch das vom 4. Oktober 1940 (siehe nächste Seite). Im selben Monat wendet sich Josefs Schwester Maria an die Gefängnisleitung: „Unser Bruder hat sich ja nichts zuschulden kommen lassen. Seine Vorgesetzten waren in über 20jähriger Tätigkeit immer sehr zufrieden mit ihm, hätten ihn auch gern wieder in Arbeit genommen ...Wir möchten ihm ab und zu ein kleines Päckchen zukommen lassen zur Kräftigung seiner schwachen Gesundheit." Die Leitung des Gefängnisses lehnt jedoch das Ansinnen ab und teilt den Schwestern mit, „dass die Zusendung von Päckchen, da unzulässig, nicht gestattet wird."[385]

Ein Jahr später, im November 1941, wenden sie sich erneut an die Gefängnisleitung: „Sie können sich denken, dass es für uns schwer ist, wenn zwei Brüder im Felde stehen und ein Bruder 1917 im Weltkrieg schon gefallen ist ...

195

Sklavenarbeit im KZ Sachsenhausen

Möchten Sie deshalb so gütig sein, dass wir ihm zu Weihnachten etwas schicken dürfen." Erneut lautet die Antwort: „Das Einsenden oder Einbringen von Weihnachtspaketen ist nicht zulässig."[386]

Nach seiner Haftstrafe kommt Josef Scheuer nicht frei. Er wird in das KZ Sachsenhausen überstellt (1944), wo er bis kurz vor Kriegsende inhaftiert bleibt. Er überlebt das KZ, kommt jedoch als kranker Mann mit bleibenden Gesundheitsschäden heim. In St. Ingbert lebt er mit seinen beiden Schwestern Maria und Kätchen und mit seinem Bruder Jakob in einem Haushalt zusammen. Jakob stellt für seinen Bruder einen Antrag auf Wiedergutmachung. Josef jedoch unterschreibt nicht: Er wolle für seine Haltung zwischen 1935 und 1945 „kein Geld haben". So wird er zwar als „Opfer des Nationalsozialismus" anerkannt, erhält aber keine finanzielle Entschädigung. Nach kurzer, schwerer Krankheit stirbt Josef Scheuer im Alter von 81 Jahren im September 1982. Er ist auf dem Waldfriedhof seiner Heimatgemeinde St. Ingbert beigesetzt.

Brief von Josef Scheuer an seine Geschwister

Ffm. Preungesheim, den 4.10.42
Meine Lieben!

Heute ist wieder ein Tag, den ich gerne zu Hause zubringen möchte, denn es ist ja heute das Fest unseres hl. Ordensvaters, des hl. Franziskus und das Fest des hl. Rosenkranzes und Herz-Jesu-Sonntag. Da wäre das Kloster und die Pfarrkirche mein Aufenthalt für heute. Ja, ein Gebetssonntag sollte es sein, ein Ringen und Kämpfen um den Geist des Gebetes, den Geist der Sammlung, den

Geist der Andacht, denn ohne diesen Geist ist es ja unmöglich, Gott, dem Herrn, in der rechten Art und Weise zu dienen, wie es ja auch St. Augustin sagt: ‚Wer recht zu beten weiß, der weiß auch recht zu leben'. Dies ist dauernd mein größtes Herzensanliegen. Alles andere ist ja doch Eitelkeit und Vergänglichkeit, außer Gott lieben und ihm dienen zu seiner Ehre, in der ja auch allein der Friede und das Heil der Menschen liegt, jener Friede, den die Welt nicht geben kann. Mögen wir doch jenen Frieden mit Gottes Hilfe erringen, dann fällt uns alles andere leicht, denn nichts vermag die äußere Bedrängnis gegen die innere Kraft, die allein aus dem Gebete fließt und zwar, wie gesagt, aus dem rechten Gebete. Das soll dann immer unser Hauptbemühen sein, den inneren Gebetsgeist zu erringen und zu erhalten.

Sonst weiß ich eigentlich für heute nichts Zweckmäßiges zu schreiben, denn dass mir Euer Wohl ja auch immer am Herzen liegt, das brauche ich wohl nicht mehr eigens zu sagen und alle Einzelheiten von hier zu berichten, hat ja keinen Wert für uns. Auch sehe und höre ich sehr wenig, was draußen vorfällt, ich habe auch wenig Interesse daran. Ich sehe und höre schon genug, was hier im Hause ist, denn hier sind, wie ich euch ja schon geschrieben habe, über 500 Gefangene, auch viele ausländische Zivilgefangene, Polen, Holländer, Belgier, Franzosen, die fern von ihrer Heimat und Familie ihre Jahre zubringen müssen. So ist z.B. 3 Zellen von mir ein 60-jähriger Franzose, der acht Jahre Gefängnis hat, der wird erst 1949 frei. Dann sind auch ganz junge Franzosen, Polen usw. hier, die teilweise 4 Jahre wie ich und noch länger Gefängnis haben. Jeden Tag werden hier Gefangene frei und neue wieder hergebracht. Außerdem werden hier auch, was ich Euch ja noch nicht geschrieben habe, Hinrichtungen der zum Tode Verurteilten vollbracht. Für dieses Jahr sind schon 39 Hinrichtungen hier vollstreckt worden, davon im letzten Monat allein 13. Diese sind dauernd in Ketten, bis ihr letzter Tag gekommen ist, was als noch mehrere Wochen dauert, bis die Hinrichtung erfolgt. Unter diesen Todeskandidaten ist zur Zeit auch ein evangelischer Pfarrer und zwar wegen Auslandssender hören. Ich schreibe Euch dieses nur, damit Ihr nicht bei Euren kleinen Bedrängnissen, die gewiss auch immer schwer sind im Einzelfall, meint, nur Euch treffe das Schwere, wie eine Frau (Frau Peter Scheuer, Alte Bahnhofstr.) ihrem Mann hier, der bis Juli 1943 noch sitzen muss, geschrieben hat, es sei bald zum Verrücktwerden.

Darum verzaget nicht und tut mutig und unverdrossen Eure Pflicht, Gott und den Menschen gegenüber. Und denkt bei allem Schweren, dass kein Geschöpf vor dem Schöpfer sagen kann, es leide zu Unrecht. In allen Menschen liegt ja das Schuldbewusstsein und gesühnt muss alles werden, darum wollen wir auch diesen Krieg mit allen seinen Folgen und Leiden aufnehmen als eine gerechte

Sühne für alle menschlichen Vergehen im Leben der Einzelmenschen, wie auch der Völker. Gottes Mühlen mahlen langsam, aber sicher. Heilige Furcht möge uns durchdringen, Weltgeschichte ist zugleich auch Gottes Gericht, aber auch Glaube und Vertrauen in seine Barmherzigkeit mit wahrer Herzensbelehrung möge uns erfüllen [...]

Die herzlichsten Grüße und alles Gute
Euer Bruder Joseph[387]

Bernhard Lesch, ein Verwandter[388], Günter Scheuer und Karsten Bredemeier über Josef Scheuer

Er hat spartanisch gelebt. Er gab sich mit dem Wenigen zufrieden und war der Ansicht, alles, was nicht lebensnotwendig sei, brauche man nicht [...] Das große Vorbild seines Lebens blieb der hl. Franziskus. Er liebte die Natur, Tiere, ernährte sich wenn möglich von Beeren und Früchten. Bei Wanderungen genügte ihm ein Apfel und ein Stück trockenes Brot. Gelegentlich machte er zu Fuß eine Wallfahrt nach Trier, übernachtete unterwegs in Klöstern und lief dann täglich 30-40 Kilometer.[389] (B. Lesch in einem Brief vom 25. Mai 1988)

Er beobachtete jetzt auch gern nachts die Sternenwelt, nachdem ein Freund eine kleine, einfache Sternwarte gebaut hatte."[390] (G. Scheuer)

„Josef war kein bequemer Mensch, kein Jasager – auch in Gegenwart von Theologen nicht. Er kritisierte als tiefgläubiger Christ Papst und Kirche ... 1935 war Josef (obwohl ungelernt) [...] Vorarbeiter in der Schmelz. Nachdem man von seinem Lohn den Beitrag zur Arbeitsfront einbehalten hatte, protestierte er so nachhaltig, dass er – obwohl er Meister werden sollte – entlassen wurde ... Josef Scheuer bemühte sich um eine Aufnahme in ein Kloster, wurde aber abgewiesen und fand bei seiner Einstellung [zum Nationalsozialismus] keine Anstellung mehr ... Wenn er an etwas glaubte, wäre er dafür gestorben, er ließ sich aber vom Gegenteil überzeugen, wenn die Argumente ihn überzeugten. Er war ein Original, hat alles vor seinem Gewissen geprüft, ließ sich nicht führen, war für sich selbst verantwortlich, hilfsbereit. 1942 wurde er zur Musterung bestellt, weigerte sich strikt, sich vor anderen Menschen auszuziehen (Widerspruch gegen Sitte und Moral). Der Musterungskommandant war ein ev. Pfarrer. Man legte ihm nahe, sich auszuziehen, da er vielleicht nicht tauglich sei („Nein!"). Er fragte den Kommandanten: „Kennen Sie die Gebote? – Du sollst nicht töten!" Daraufhin wurde er abgeführt.[391] (K. Bredemeier)

20. Hermann Stöhr (1898-1940) – „Gottes Geist Gehorsam geschworen"

„Den Dienst mit der Waffe muß ich aus Gewissensgründen ablehnen. Mir wie meinem Volk sagt Christus: ‚Wer das Schwert nimmt, soll durchs Schwert umkommen.' (Matthäus 26, 53) So halte ich die Waffenrüstungen meines Volkes nicht für einen Schutz, sondern für eine Gefahr. Was meinem Volk gefährlich und verderblich ist, daran vermag ich mich nicht zu beteiligen".[392] Diese Worte, gerichtet am 2. März 1939 an eine Stettiner Militärbehörde, kennzeichnen die Haltung des evangelischen Christen, Pazifisten und promovierten Staatswissenschaftlers. Stöhr ist der einzige namentlich bekannte evangelische Kriegsdienstverweigerer, der während des Zweiten Weltkriegs vom Reichskriegsgericht zum Tode verurteilt und auf dem Schafott hingerichtet worden ist. Stöhrs Biograf Eberhard Röhm stellt fest: *„Zum ersten Mal in der vierhundertjährigen Geschichte der lutherischen Großkirchen hatte damit eines ihrer Mitglieder aus religiösen Gründen den Kriegsdienst verweigert."*[393]

Hermann Stöhr wird am 4. Januar 1898 als jüngstes von vier Kindern in Stettin geboren. Sein Vater ist Zollsekretär in Stettin, und die Familie lebt in „einfachen bürgerlichen Verhältnissen".[394] Stöhrs älterer Bruder Alfred bringt es später zum Bankrat in Berlin. Mit seiner sieben Jahre älteren Schwester Gertrud versteht sich Hermann besonders gut. Er besucht das „Schiller-Realgymnasium", wo er die Reifeprüfung ablegt. Noch nicht siebzehnjährig, meldet er sich als Freiwilliger im Ersten Weltkrieg zur Kriegsmarine, in der er den Posten eines Zahlmeisters übernimmt. Das Erlebnis des Krieges ebnet den Weg zu seiner pazifistischen Einstellung.

Seit 1919 studiert Stöhr in Kiel und Berlin Volkswirtschaft, öffentliches Recht und Sozialwissenschaft und schließt sein Studium in Rostock (1922) mit einer staatswissenschaftlichen Promotion zu dem Thema „Die Auslandshilfe 1919-1921" ab. In der Arbeit, die sich auf die von Deutschland erfahrene Hilfe

Hermann Stöhr als Marinezahlmeister im Ersten Weltkrieg

Friedrich Siegmund-Schultze, 1929, mit (rechts) der von ihm „mit zahlreichen Mitarbeitern" herausgegebenen ökumenischen Vierteljahrsschrift „Die Eiche" von Oktober 1925, die sich vor allem mit der Ökumenischen Konferenz von Stockholm befasst

nach dem Krieg bezieht, klingt schon sein späteres Lebensthema an: die Verständigung und Versöhnung der Völker untereinander und die gegenseitige Hilfe.

Stöhr begibt sich wieder nach Berlin, wo er auf den evangelischen Theologen, Sozialethiker und Pazifisten Friedrich Siegmund-Schultze (1885-1969) trifft, der Stöhrs Leben und Arbeiten in den folgenden Jahren fortan maßgeblich beeinflusst. Im Umfeld von Pfarrer Siegmund-Schultze, einem Pionier der Friedensbewegung und der Ökumene, stellt sich Stöhr als Mitarbeiter zur Verfügung und betätigt sich in verschiedenen Sozial- und Friedensorganisationen. Er wird Geschäftsführer bei der einzigen deutschsprachigen ökumenischen Zeitschrift „Die Eiche" und ist gleichzeitig hauptamtlich tätig für den „Internationalen Versöhnungsbund Deutscher Zweig" (1923-1926). Außerdem engagiert er sich bei der ebenfalls von Siegmund-Schultze gegründeten „Sozialen Arbeitsgemeinschaft" in Berlin-Ost, wo er u.a. Sprachkurse für arbeitslose Jugendliche gibt. Von 1926 bis 1928 bekleidet er eine wissenschaftliche Hilfsstelle für die Innere Mission in Berlin und ist als Dozent an der Wohlfahrtsschule des Evangelischen Johannesstifts in Berlin-Spandau tätig. Im Jahre 1930 hält er sich zu Studien längere Zeit in den USA auf, wo er Materialien sammelt für sein 1936 erscheinendes Buch „Die Auslandshilfe der Vereinigten Staaten 1812-1930".[395]

Im Dachverband der pazifistischen Organisationen in der Weimarer Republik, dem „Deútschen Friedenskartell" (1922-1929), vertritt Stöhr die protestantische Seite. Doch sein Vertrag beim „Zentral-Ausschuß für Innere Mission" wird 1929 nicht mehr verlängert, als er sich publizistisch für eine Aussöhnung mit Frankreich, vor allem aber auch mit Polen engagiert. Wie katholisch orientierte Kreise der Friedensbewegung wegen der von Hermann Hoffmann in der „Menschheit", einer eng mit Friedrich Wilhelm Foerster liierten Wochenzeitung, 1926 erhobenen Forderung „Ein Ost-Locarno ist christliche Gewissenspflicht" – also die

Hermann Stöhrs erstes, im eigenen Verlag erschienenes Buch, 1936

Anerkennung der polnischen Westgrenze – in Schwierigkeiten geraten, so ist auch Stöhrs Bemühen für eine Anerkennung deutscher Schuld an Polen heftigen Anfeindungen ausgesetzt. Vertreter des nach 1918 weiterhin dominierenden Nationalprotestantismus der Amtskirche entfachen eine Pressekampagne gegen ihn und bezichtigen ihn eines „unverbesserlichen Pazifismus". Doch der politisch Verfolgte lässt sich nicht beirren und erklärt 1929 in der Zeitschrift „Mut und Kraft" (Nr. 9, S. 4): „Ungesühnt ist der große deutsche Schuldanteil an den vier Teilungen Polens ... Für diese Schuld hat weder die Kirche noch unser Volk Buße getan. Und doch hätten wir allen Grund, mit Augustin und Luther zu bekennen: Mein ist die größte Schuld. Weil wir Deutsche diese unvergebene Schuld mit uns herumtragen, haben wir während des vergangenen Jahrhunderts nicht in ein rechtes Verhältnis mit unseren östlichen Nachbarn kommen können."

Infolge seiner klaren und kompromisslosen Haltung wenden sich viele von Stöhr ab. Selbst der pazifistisch gesinnte Theologe Martin Rade (1857-1940), Herausgeber der „Christlichen Welt", geht auf Distanz. Und auch Dietrich Bonhoeffer (1906-1945) glaubt eine Zeitlang, vor Stöhr und seinem ökumenischen

Hermann Stöhr, etwa 1937/1938

Kreis warnen zu müssen. Auf ebenso wenig Gegenliebe in kirchlichen Kreisen stößt Stöhrs Plädoyer für eine radikale Kriegsdienstverweigerung. Die große Mehrheit folgt lieber den Darlegungen von Otto Dibelius (1880-1967), 1925-1933 Generalsuperintendent der Kurmark in der Evangelischen Kirche der Altpreußischen Union. Er lehnt, obwohl sich zunächst abstrakt dafür aussprechend, jedwede Unterstützung für ausländische oder christliche Kriegsdienstverweigerer ab. Zwar widerspricht er in seinem Buch „Friede auf Erden" (1930) der üblichen evangelischen Interpretation vom Krieg als gottgewollt und erklärt ihn als von Menschen gemacht, doch lehnt er den entschiedenen Pazifismus eines Leo Toilstoi (1828-1910) ab und fordert von den Christen, im Falle eines Krieges das „Vaterland" mit der Waffe in der Hand zu verteidigen. Gegen die Phalanx solcher „Opferbereitschaft" hat Stöhr mit seinem Widerspruch gegen das mörderische Soldatentum keine Chance.

Seit 1929 „freier Schriftsteller" und ohne feste Anstellung, wird seine Lage immer prekärer. Zunehmende Vereinsamung mildern Familienangehörige und Freunde. 1931 kehrt er nach Stettin zurück und bezieht mit Mutter und Schwester eine gemeinsame Wohnung. Die spärlichen Einkünfte aus seinen Artikeln und Büchern, die er im „Ökumenischen Verlag Stettin", einem Selbstverlag, herausgibt, reichen nicht für seinen Lebensunterhalt, so dass er auf die Unterstützung seiner Familie angewiesen bleibt. Sein Verlag trägt im Signet die Bitte Jesu um die Einheit aller Glaubenden „Ut omnes unum sint" (Johannes 17, 21), womit zugleich ein Leitwort der Ökumenischen Bewegung aufgenommen ist.[396]

Hitler und dem Nationalsozialismus misstraut Stöhr von Anfang an. Der wieder aufkommende Imperialismus und Hitlers Aufrüstungspläne, der neu erwachende Revanchismus gegenüber Frankreich und die propagandistisch vorbereitete Kriegsbereitschaft fordern Stöhrs Widerspruch heraus und laufen all seinen bisherigen Bemühungen um Frieden, Ökumene und Völkerverständigung zuwider. Auch will er zu den zahlreichen Gewaltakten und Menschenrechtsverletzungen des Regimes, insbesondere gegen die Juden, nicht schweigen.

Nach dem Boykott jüdischer Geschäfte am 1. Mai 1933 schreibt Stöhr, gemeinsam mit zwei weiteren Christen, einen Brief an den Stettiner Rabbiner Dr. Max Meir Elk (1898-1984), worin er das unchristliche Verhalten „weiter Bevölkerungskreise" verurteilt und gleichzeitig hofft, „dass die betroffenen Juden nicht in Verbitterung verfallen". Man müsse es als „Gebot unseres gemeinsamen Vaters" erkennen, „dass zwischen Juden und Christen Verträglichkeit und Frieden, Freundlichkeit und Liebe herrschen". Der Versuch, den Brief von den Stettiner Kanzeln verlesen zu lassen, scheitert am Widerstand des Stettiner Stadtsuperintendenten.[397] Dennoch tritt Stöhr weiterhin publizistisch entschieden für die Versöhnung mit den Juden ein. Doch nicht nur in der Sache der verfolgten

Dietrich Bonhoeffer, Sommer 1944

Juden redet er den Verantwortlichen seiner Kirche eindringlich ins Gewissen, da er befürchtet, sie verhalte sich auch sonst allzu anpasserisch, ja zustimmend, gegenüber der neuen Regierung. Auf keinen Fall dürfe die Kirche ihre wertvolle Überparteilichkeit aufgeben und Hitlers Politik weiterhin so aktiv unterstützen wie bei den Wahlen zum Reichstag am 12. November 1933.

Im Einzelnen wendet sich Stöhr beispielsweise gegen die von staatlicher Seite erwünschte Beflaggung der Kirchen bei angeordneten Feiertagen wie dem sogenannten „Schlagetertag" (26. Mai 1933), und er ersucht die Kirchenleitung, in das gottesdienstliche Fürbittgebet auch die 18 000 Volksgenossen in den Konzentrationslagern – Sozialisten, Kommunisten, Pazifisten sowie für Christen *und* Juden – aufzunehmen. Auch dürfe die Kirche zum Austritt Deutschlands aus dem Völkerbund (1935), die den deutschen Revanchismus fördere, nicht schweigen. Doch der Oberkirchenrat entspricht seinen Anregungen nicht. Stattdessen bescheinigt er Stöhr „religiöse Pathologie"[398].

1935 führt Hitler unter Bruch des Versailler Vertrags wieder die Allgemeine Wehrpflicht in Deutschland ein, ohne dass die großen Kirchen protestiert hätten. Stöhr muss zudem fürchten, dass sie sich auch nicht für künftige Kriegsdienstverweigerer einsetzen würden. Durch seine vielfältigen internationalen Kontakte weiß er inzwischen gut Bescheid über Regelungen anderer europäischer Staaten in Bezug auf die Anerkennung von Kriegsdienstverweigerern und mögliche Ersatzdienste.

Stöhrs existentielle Betroffenheit von der Botschaft der Bibel, insbesondere von Jesu Bergpredigt, sein Erlebnis des Ersten Weltkrieges, seine schon vor 1933 eingenommene kritische Haltung zur deutschen Innen- und Außenpolitik sowie viele Gespräche mit Quäkern führen ebenso „logisch" wie „zwangsläufig" zu seinem Entschluss, den Kriegsdienst in Hitlers Wehrmacht zu verweigern. Interessant ist in diesem Zusammenhang ein vergleichender Hinweis

Warschauer Bürger auf der Flucht vor Bombenhagel und Artilleriebeschuß, 1939

auf den bereits erwähnten evangelischen Theologen Dietrich Bonhoeffer.[399] Auch er bekennt, dass er durch die Bibel und die Bergpredigt Jesu seine Anschauungen über den Krieg völlig gewandelt habe (um 1930/31): „Der Pazifismus, den ich noch kurz vorher... leidenschaftlich bekämpft hatte, ging mir auf einmal als Selbstverständlichkeit auf. Und so ging es weiter. Schritt für Schritt."

Beide, Stöhr und Bonhoeffer, sind schon vor 1933 entschiedene Gegner von Hitler, seinem Antisemitismus und Eroberungsprogramm. Doch beschreiten sie ganz unterschiedliche Wege: Während Stöhr den Kriegsdienst verweigert und hingerichtet wird, geht Bonhoeffer den Weg in den Widerstand, um den nationalsozialistischen Verbrechen ein Ende zu machen. Kurz vor Kriegsende, am 9. April 1945, wird Bonhoeffer im KZ Flossenbürg auf persönliche Anordnung Hitlers, gemeinsam mit anderen Verschwörern des 20. Juli 1944, durch den Strang hingerichtet.

Als Hitler am 1. September 1939 mit dem Überfall auf Polen den Zweiten Weltkrieg entfesselt, gibt es keinen Protest der Verantwortlichen in den katho-

> ### Aus der Kanzelabkündigung der Deutschen Evangelischen Kirche zum Erntedankfest 1939
>
> *Aber der Gott, der die Geschichte der Völker lenkt, hat unser deutsches Volk in diesem Jahr noch mit einer anderen, nicht weniger reichen Ernte gesegnet. Der Kampf auf den polnischen Schlachtfeldern ist, wie unsere Herresberichte in diesen Tagen mit Stolz feststellen konnten, beendet; unsere deutschen Brüder und Schwestern in Polen sind von allen Schrecken und Bedrängnissen Leibes und der Seele erlöst, die sie lange Jahre hindurch und besonders in den letzten Monaten ertragen mussten. Wie könnten wir Gott dafür genugsam danken!*
>
> Gesetzblatt der Deutschen Evangelischen Kirche, Nr. 22, S. 109, 28. September 1939

lischen und evangelischen Kirchen, kein klares Wort gegen den Krieg. Für sie ist der von der legalen Obrigkeit befohlene Krieg gerechtfertigt; die Gläubigen werden folglich zu Gehorsam, Opferbereitschaft und treuer Pflichterfüllung gegenüber „Führer, Volk und Vaterland" aufgerufen. Ein Verständnis für Kriegsdienstverweigerer oder gar deren Unterstützung ist von dieser Seite also nicht zu erwarten. Katholische wie evangelische Verweigerer müssen daher einen einsamen Weg zwischen staatlicher Verfolgung und kirchlicher Ablehnung gehen.

Weil Stöhr im Jahr 1939 einer wiederholten Einberufung nicht folgt, verurteilt ihn ein Marinefeldkriegsgericht in Kiel zunächst wegen „Fahnenflucht" zu einem Jahr Gefängnis. Ein Formfehler des Gerichts führt zur Wiederholung des Prozesses. Stöhr, der sich schon früh ersatzweise zu einem Arbeitsdienst, ja zur „Zwangsarbeit", bereiterklärt, findet kein Gehör und tritt die Haft im Wehrmachtgefängnis Torgau an. Es ist bekannt, dass dort insgesamt über 1 000 Todesurteile verhängt und vollstreckt worden sind. Schon 1939 erklärt Stöhr, dass ihm „sein christlicher Glaube verbietet, Soldat zu sein", und er verweigert konsequent auch den Fahneneid: „Ich habe Gottes Geist Gehorsam geschworen. Daneben verliert eine zusätzliche Eidesleistung unbedingten Gehorsams gegenüber einer Obrigkeit für mich jeden Sinn. So verbietet sich mir auch der übliche Eid, entsprechend den Weisungen des Neuen Testamentes." (Matthäus 5, 34, und Jakobus 5, 12).[400]

Nach der Kriegssonderstrafrechtsverordnung, die am 1. September 1939 in Kraft tritt, gilt seine Verweigerung als „Wehrkraftzersetzung". Er kommt vor das Reichskriegsgericht in Berlin, das ihn am 16. März 1940 zum Tod verurteilt. Die Gerichtsakten sind bis heute nicht aufzufinden.

Freunde bestürmen Stöhr, seine Meinung zu ändern. Auch berichtet man, wohlmeinende Offiziere hätten rettende Kompromisse angeboten. Doch Stöhr bleibt seiner Überzeugung treu. Harald Poelchau, Gefängnispfarrer in Berlin,

Harald Poelchau im Gefängnis in Plötzensee

unternimmt einen letzten Rettungsversuch, indem er sich an August Marahrens (1875-1950), den Landesbischof von Hannover, mit der Bitte wendet, das Gnadengesuch für Hermann Stöhr zu unterstützen. In seinen Lebenserinnerungen schreibt Poelchau dazu nicht ohne Bitterkeit: „Seine Kirche aber schwieg und ließ ihn im Stich. Diese Not der Bedrängten wollte sie nicht auf sich nehmen. Ich suchte ihren damaligen höchsten Geistlichen auf, um seine Stimme für Stöhr zu gewinnen, aber D. Marahrens berief sich auf ein Rechtsgutachten eines Kirchenjuristen und schwieg."[401]

In den letzten Wochen seiner Haft schreibt Stöhr ein „Laien-Pfingstspiel" mit dem Titel „Lasset uns mit Jesu ziehen"[402]. Darin legt der tiefgläubige Christ Rechenschaft ab von seinem Glauben, seinen Hoffnungen und Ängsten, seiner Trauer und seiner Freude. Als einzige Hilfsmittel stehen ihm dabei seine Lutherbibel und das Pommersche Gesangbuch zur Verfügung.

Am 17. Juni 1940 wird Stöhr vom Gefängnis Tegel nach Plötzensee gebracht, und am 20. Juni eröffnet man ihm, dass der Führer von seinem Begnadigungsrecht keinen Gebrauch gemacht hätte – wann hätte er das je gegenüber einem Kriegsdienstverweigerer getan! Die Hinrichtung ist auf den folgenden Tag festgesetzt. Harald Poelchau, wie Stöhr Mitglied des Versöhnungsbundes, hält bei seinem Freund Nachtwache und feiert mit ihm das Abendmahl. Stöhr schreibt letzte Briefe an den Bruder, die Schwägerin, seine Schwester und an einen na-

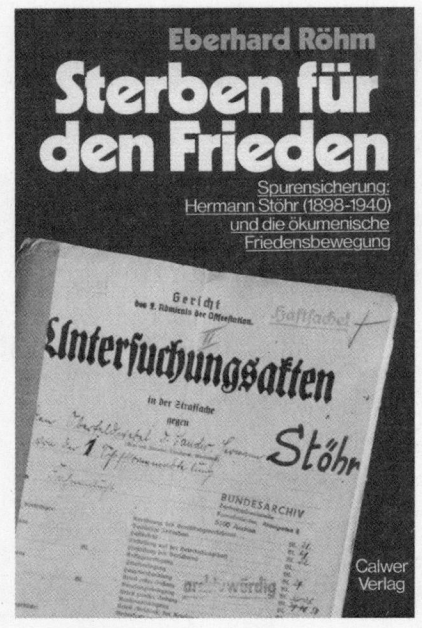

Umschlagtitel des Buches von Eberhard Röhm über Hermann Stöhr, 1985. – Rechts: Grab von H. Stöhr auf dem St. Johannis-Kirchfriedhof im Wedding, 1978 aufgegeben und eingeebnet für den Bau einer Autobahn

mentlich nicht bekannten Pastor, der ihn öfter besucht und für ihn Fürbitte gehalten hat. Bis heute bleibt eindrucksvoll, wie Stöhr in diesen letzten Briefen aus tiefer Glaubenszuversicht Trost zu spenden vermag. Seine Entscheidung gegen den Kriegsdienst sieht er ebenso wie die Vollstreckung des Urteils als Ausdruck des Willens Gottes – „Gottes guter und gnädiger Wille"[403].

In der Morgenfrühe des 21. Juni 1940 landet Stöhr auf dem Schafott. Pastor Poelchau gelingt es, ausnahmsweise zu erreichen, dass der Leichnam auf dem nahe gelegenen evangelischen Friedhof der St. Johannesgemeinde an der Seestraße im Wedding seine letzte Ruhestätte findet. Eine Ansprache wird von den Gestapobeamten, die in Zivil an der Beisetzung teilnehmen, untersagt.

1997 wird das Urteil gegen Stöhr als eines der ersten Einzelurteile gegen Kriegsdienstverweigerer vom Landgericht Berlin aufgehoben. In der Nähe seiner ehemaligen Berliner Wohnung am Ostbahnhof ist eine Grünanlage nach ihm benannt und dort befindet sich auch eine Erinnerungstafel. Ein evangelisches Gemeindezentrum in Berlin-Charlottenburg trägt den Namen „Hermann-Stöhr-Haus" (seit 1985).

Letzter Brief Hermann Stöhrs an seine Schwester Gertrud

20. Juni 1940

Heute abend 8 Uhr wurde mir mitgeteilt, daß mein Gnadengesuch abschlägig beschieden ist, und morgen, also am 21. Juni gegen 6 Uhr früh, wird das Urteil vollstreckt sein. – Das ist somit der Wille Gottes, der uns alle liebt, und uns, die wir ihn wieder lieben, muss auch dies zum Besten dienen. Es dient uns zum Besten. Und soweit es Dir oder einem anderen zunächst unverständlich zu sein scheint, bitten wir den Herrn, dass er es uns bald offenbare. – Für mich wie auch für andere gilt, dass Christus uns von der Furcht des Todes erlöst hat, und dass die völlige Liebe die Furcht austreibt. Die völlige Liebe, das ist Er. Und er möge uns alle hineinziehen in diese Liebe. Und wenn wir darin stehen. muß uns alles Leid schwinden, dann wird uns große Freude zuteil ... Dr. Poelchau wird die letzte Nacht bei mir sein, mir auch das Abendmahl reichen; so gestärkt werde ich meinen letzten Gang antreten. – Was wir uns untereinander vorzuwerfen haben, wollen wir uns restlos vergeben mit der Bitte des Vaterunsers: Vater, vergib uns unsere Schuld, wie auch wir vergeben unsern Schuldigern. – Und so wollen wir dem Tag entgegengehen, der uns alle in der Ewigkeit vereint.[404]

Aus der Gedächtnisrede von Harald Poelchau am Grab H. Stöhrs am Todestag 1947

Doppelt bedeutungsvoll ist uns diese Stätte. Das Leben und Sterben Hermann Stöhrs hat uns Folgendes deutlich gemacht: Rationale Überlegungen führen die Menschheit nicht zum Frieden, vernünftige Erwägungen, dass Krieg nur Unglück und nur Leid und nur Unrecht bringt, nicht zu den Konsequenzen. Die Entscheidung kann nur aus der Gesinnung heraus kommen, die hier formuliert ist, aus der Liebe, wie sie sich im Leben und Tod Christi offenbart und ausdrückt. Es steht der geschlossene Kreis auf diesem Grabstein mit dem Wort: Ut omnes unum sint – dem Wort aus dem Neuen Testament, dem Wort Christi, ‚auf dass sie alle eins seien‘, wie Luther übersetzt. Das ist das Prinzip seines Lebens und seines Todes, das ist das eigentliche Motiv, das uns wirklich das Pathos und Ethos seiner Bemühungen um den Frieden begreiflich macht. Und das ist nichts Weichliches, das ist eine sehr männliche und stark kämpferische Haltung.[405]

Ernst Volkmann, etwa 1930

21. Ernst Volkmann (1902-1941) – „Unerschütterlich in seiner Überzeugung"

Gleich dreimal wird der Bregenzer Instrumentenbauer Ernst Volkmann durch gerichtliche Anordnung wegen der Verweigerung des Kriegsdienstes auf seinen Geisteszustand hin untersucht. Die Ärzte kommen jedes Mal zu einem negativen Befund: Zwar sei er „abnormal, aber nicht geisteskrank". Ein Oberfeldarzt bescheinigt ihm unmissverständlich, „dass die Voraussetzungen des § 51 Abs. 1 oder 2 StGB bei ihm nicht vorliegen."[406] So wird der katholische Kriegsdienstverweigerer mehrfach inhaftiert, vom Reichskriegsgericht zum Tod verurteilt und schließlich im Zuchthaus Brandenburg-Görden hingerichtet. Pfarrer Albrecht Jochmann[407], der Volkmann seelsorglich beisteht und ihn bis zu seiner Hinrichtung begleitet, ist überzeugt: Volkmann stirbt als „Märtyrer den Tod eines Heiligen"; „bescheiden und still, aber unerschütterlich in seiner Überzeugung."[408]

Ernst Volkmann kommt am 3. März 1902 in der böhmischen Kleinstadt Schönbach bei Eger (Sudetenland, heute Luby) zur Welt. Der Ort gilt als Zentrum des europäischen Musikinstrumentenbaus. Etwa 1500 Menschen sind in dieser Branche beschäftigt.[409] Auch Volkmann erlernt den Beruf eines Instrumentenbauers und begibt sich nach der Gesellenzeit nach Augsburg und Bregenz, wo er eine Gewerbeberechtigung als selbständiger Gitarrenbauer 1927 erlangt. Konkurrenten aber schwärzen ihn an, weil er seine Instrumente oft zu billig verkaufe. Österreicher zu werden, bleibt ihm verwehrt, da er die erforderlichen Gebühren nicht aufbringen kann.

1929 heiratet er Maria Handle aus Bregenz. Aus der Ehe gehen zwischen 1931 und 1934 drei Kinder hervor. Die Familie wohnt Kirchplatz 5, die Werkstatt mit dem Verkaufsraum befindet sich in der Deuringstraße 13.

Nach der Okkupation Österreichs im März 1938 – von den Deutschen verharmlosend „Heimholung in das Reich" oder „Anschluss" genannt – äu-

Wahlplakat für die Volksabstimmung am 10. April 1938

Engelbert Dollfuß (1892-1934)

ßert Volkmann offen seine Überzeugung, es handle sich um einen eklatanten Rechtsbruch und Hitler sei ein Mörder. Als ihn 1939 ein Gestellungsbefehl der Wehrmacht erreicht, weigert er sich, diesem Folge zu leisten. Auch einer zweiten Aufforderung kommt er nicht nach. Man sperrt ihn 1940 in das Landesgefängnis Feldkirch ein und leitet gegen ihn wegen „Heimtücke" ein Strafverfahren ein. Die erste psychiatrische Untersuchung führt zu dem bereits oben genannten Ergebnis. Volkmann erklärt bei den Vernehmungen, „er könne einem Staat nicht dienen, der an der Ermordung von Dollfuß schuldig sei, und sein Gewissen lasse es nicht zu, einer Regierung zu dienen, die die Selbständigkeit Österreichs garantiert, aber ihr Wort nicht gehalten habe."[410] Die Familie erkennt die Gefahr, in die sich Ernst Volkmann mit seiner Weigerung begibt, so dass Freunde immer wieder, auch Verwandte und Geistliche, versuchen, ihn umzustimmen.

Während seiner Haftzeit setzt die Gestapo den Entzug seiner Gewerbeerlaubnis durch, so dass er seiner materiellen Existenzgrundlage beraubt ist. Jedoch stellt der Richter am 23. September 1940 das Verfahren gegen ihn ein und Volkmann kommt am 19. Oktober 1940 wieder auf freien Fuß.

Doch seine Situation hat sich inzwischen grundlegend geändert. Ohne Einkünfte und getrennt von seiner Familie, geht er gleichwohl seinen Weg unbeirrt weiter. Ähnlich wie der österreichische Kriegsdienstverweigerer Franz Jägerstätter, zwei Jahre später zum Tode verurteilt und hingerichtet, hat auch Volkmann eine schwere Entscheidung zu treffen: seinem Gewissen und der Verweigerung treu zu bleiben oder um der Familie willen schließlich Fahneneid und Kriegsdienst zu leisten. Über die zeitweilige Trennung der Ehegatten Volkmann liegen keine gesicherten Berichte vor; die einzig vorfindbare Notiz eines städtischen Beamten lautet lakonisch: „[Volkmann] schläft derzeit in Werkstatt."[411] Die nahe liegende Vermutung ist, dass Volkmann seine Familie nicht durch seine Verweigerung des Kriegsdienstes belasten will, da die Nationalsozialisten häufig die Angehörigen eines Beschuldigten mit in die Verantwortung nehmen (sogenannte „Sippenhaft").

Ehepaar Maria und Ernst Volkmann vor dem Haus in Bregenz, Kirchplatz 5

Am 14. Februar 1941 erneut verhaftet und zum Dienstantritt in die Kaserne Lienz zwangsüberstellt, bleibt Volkmann weiterhin seinem Entschluss treu. Eine erneute Untersuchung auf seinen Geisteszustand im Reserve-Lazarett Graz bescheinigt ihm, „dass die Voraussetzungen des § 51 Abs. 1 und 2 StGB nicht vorliegen".[412] Er erklärt seinem militärischen Vorgesetzten, „dass er den Eid auf den Führer verweigere, weil seine streng religiöse katholische Anschauung sich nicht mit der des Nationalsozialismus vereinbaren lasse. Er wurde daraufhin festgenommen."[413]

Nach dem Gefängnisaufenthalt in Graz setzt sich Volkmanns Haft in Salzburg fort. Er kommt erneut vor ein Gericht der 188. Division, lässt aber keinen Zweifel daran, dass er „weder den Eid auf den Führer noch Wehrdienst leisten [könne], weil er den Nationalsozialismus nicht anerkennen könne, da die Nationalsozialisten Dollfuß ermordet hätten. Er sehe in der Wehrdienstleistung eine Vergewaltigung seiner sittlichen Freiheit zur Verteidigung des Nationalsozialismus."[414]

Der Instanzenweg der Militärjustiz führt schließlich vor das Reichskriegsgericht in Berlin. Eine zwischenzeitliche Anfrage von Maria Volkmann nach dem Aufenthaltsort ihres Mannes beantwortet der Oberreichskriegsanwalt am 20. Mai 1941 mit dem Hinweis, der „Schütze" Volkmann befinde sich inzwischen als Untersuchungsgefangener in Berlin-Moabit. Ein Oberfeldarzt im Reserve-Lazarett Berlin-Tempelhof untersucht ihn nunmehr zum dritten Mal auf seinen Geisteszustand und stellt fest, „dass die Voraussetzungen des § 51 Abs. 1 oder 2 bei ihm nicht vorliegen. Nach alledem hat sich der Beschuldigte eines Verbrechens gegen § 5 Abs. 1 Ziff. 3 KSSVO schuldig gemacht."[415]

Für die Hauptverhandlung am 7. Juli 1941 bestellt das Reichskriegsgericht formal einen Verteidiger für Volkmann, doch steht das Urteil von vornherein fest: Todesstrafe wegen „Zersetzung der Wehrkraft". Ein Gnadengesuch der Ehefrau läuft ins Leere. Ihr Mann erfährt am 31. Juli 1941, dass sein Tod bereits am 26. Juli rechtskräftig beschlossen worden ist. Wenige Tage später landet er im Zuchthaus Brandenburg-Görden, wo er in den frühen Morgenstunden des 9. August 1941, auf den Tag genau zwei Jahre vor Franz Jägerstätter, mit dem Fallbeils hingerichtet wird. Eine Nachricht des Oberreichskriegsanwalts von der Vollstreckung des Urteils geht mit demselben Datum an Maria Volkmann.

„An der Beisetzung durfte ein Geistlicher nicht teilnehmen", schreibt Pfarrer Jochmann (1891-1960), der als Vertreter des Anstaltsgeistlichen dem Verurteilten in dessen letzten Lebensstunden seelsorglich beistand. Gegen Mitternacht beichtet Volkmann nochmals und empfängt „in größter Andacht und Innigkeit"[416] die Heilige Kommunion. Ein Gebetbuch oder die Lektüre des Neuen Testaments weist er in seinen letzten Lebensstunden zurück – das störe ihn nur „in seiner Art, in der Gegenwart Gottes zu leben". Auch berichtet Jochmann, dass Volkmanns letzte Sorge seiner Frau und den drei kleinen Kindern gegolten habe. Gott werde für sie sorgen – so sein unerschütterliches Vertrauen. Knapp fünf Jahre später, am 9. Januar 1946, stellt das Standesamt Brandenburg (Havel) eine Sterbeurkunde für Ernst Volkmann aus und dokumentiert: „Todesursache: Hinrichtung".[417]

Religiöse Haltung und Motivation

Da weder eigenhändige Aufzeichnungen Volkmanns noch ein Briefwechsel mit seiner Frau vorhanden bzw. veröffentlicht sind, kommen als wichtigste Quel-

Pfarrer Albrecht Jochmann, etwa 1922

len für Volkmanns Haltung vor allem die Briefe von Pfarrer Jochmann in Betracht, die er in der Zeit von der Hinrichtung bis zum Jahr 1947 an Maria Volkmann richtete.[418] Offenbar war sie zunächst in großer Sorge darüber, dass ihr Mann bei seiner Hinrichtung noch viele Schmerzen zu erleiden hatte, so dass Jochmann auf die näheren Umstände der Hinrichtung eingegangen ist. Er schreibt, die Begegnung mit Volkmann habe ihn tief beeindruckt; er sei ein guter und charaktervoller Mensch gewesen, „ein Mensch von ganz eigenem Innenleben, jedenfalls von einer seltenen Tiefe und Lauterkeit"[419]. Auf intensive Weise habe er in der Gegenwart Gottes gelebt: „Er machte nichts von sich her; bescheiden und still, aber unerschütterlich in seiner Überzeugung."[420] Ohne Überheblichkeit und in tiefem Gottvertrauen habe er seine Entscheidung getroffen und sie in standhafter Gewissenstreue und tiefem Gottvertrauen bis zuletzt durchgehalten. Jochmann ist überzeugt, dass Herr Volkmann „als Märtyrer den Tod eines Heiligen gestorben ist".[421] Seine Kinder könnten stolz auf ihn sein und sich ihren Vater als Vorbild und Leitziel nehmen: „Treu bis in den Tod!" Volkmanns Haltung sei von tiefer Religiosität geprägt gewesen. Einmal habe er ihm anvertraut: Da er lange Zeit jeden Morgen um fünf Uhr früh zu den Kapuzinern zur Heiligen Kommunion gegangen sei, „könne er einem Mann wie Hitler nach allem was er der Kirche und Österreich angetan habe, nicht den Eid der Treue leisten."[422] Im Hinblick auf Volkmanns Kriegsdienstverweigerung wirkt Pfarrer Jochmanns Haltung ambivalent: Einerseits bewundert er dessen große Standhaftigkeit und Treue zu seiner Nächstenliebe, andrerseits ist er vom „Irrigen einiger Ansichten"[423] Volkmanns überzeugt. „Als Christ und Katholik" hätte er „den Eid doch leisten"[424] können. Umso mehr versucht der Pfarrer, Volkmann noch umzustimmen.

Auch zu dessen Haltung in der Nacht vor seiner Hinrichtung sind die Aussagen des Pfarrers an einem Punkt widersprüchlich. Er berichtet, die Todeskandidaten hätten noch zwei Briefe schreiben dürfen. Er habe Volkmann gebeten, an seine Frau letzte Worte zu richten. Doch dieser habe „innere Hemmungen" gezeigt und nicht geschrieben; und er habe ihn, Jochmann, gebeten, es für

> ## Ein später Akt der Menschlichkeit
>
> **Dem 1941 hingerichteten Vorarlberger Kriegsdienstverweigerer wurde am Samstag eine Gedenkstätte errichtet.**
>
> BREGENZ. Der überzeugte Katholik Ernst Volkmann hatte den Kriegsdienst verweigert und war deshalb zum Tod verurteilt worden. Jahrelang war sein Name bei einem Denkmal für die Opfer der beiden Weltkriege bei der Bregenzer St.-Gallus-Kirche.
>
> Der aus Böhmen stammende Gitarrenbauer verneinte standhaft, den Fahneneid auf Adolf Hitler zu leisten und für das nationalsozialistische Regime in den Krieg zu ziehen. Beides könne er als Österreicher und Katholik unmöglich mit seinem Gewissen vereinbaren. Nach einem Kriegsgerichtsprozess wurde der Bregenzer im August 1941 in Berlin durch das Fallbeil hingerichtet.
>
> **Verdrängungsmechanismen**
> Bei der Enthüllung der Gedenkstelle erinnerte der Historiker Meinrad Pichler an Volkmanns Schicksal und die Art, wie seiner nach dem Krieg gedacht wurde: „Was die Nationalsozialisten mit Drohungen, Existenzvernichtung, Haft und Hinrichtung nicht geschafft hatten, nämlich aus Ernst Volkmann einen deutschen Soldaten zu machen, schafften posthum die soldatischen Traditionsverwalter: Volkmann figuriert bis zum heutigen Tag auf dem Bregenzer Kriegerdenkmal unter den gefallenen Soldaten des Kriegsjahres 1941."
>
> Dieses Bild soll mit der von dem Dornbirner Künstler Georg Vith gestalteten Stele neben dem Gefallenen-Denkmal korrigiert werden. Die im Sujet einer Bushaltestelle gehaltene Arbeit soll laut dem Künstler den Alltag der Passanten vermitteln und mit den statt Abfahrtszeiten angegebenen biografischen Angaben Denkanstöße liefern.
>
> **Kirche agierte fragwürdig**
> Mit der Gedenkstätte wird Volkmann nun als einer der wenigen standhaften Katholiken gewürdigt, der sich bis zur letzten Konsequenz weigerte, in den Krieg zu ziehen. Die offizielle Kirche bot diesen Verweigerern während der Naziherrschaft wenig Unterstützung, wie Pichler bei der Enthüllung vermerkte. Er zitierte den damaligen päpstlichen Nuntius Cesare Orsenigo, der die Kriegsdienstverweigerer unter Adolf Hitler als „Märtyrer ihrer eigenen Dummheit" bezeichnete.
>
> Der Historiker Meinrad Pichler hatte vor knapp 30 Jahren den ersten Artikel über Ernst Volkmann verfasst und auf die fragwürdige Gedenkkultur hingewiesen. Erst im Jahr 2007 errichtete die Stadt Bregenz eine Gedenktafel an der Außenmauer der Pfarrkirche. Zudem gibt es eine Ernst-Volkmann-Stiege, die zum Thalbachkloster hinunterführt. VN
>
> > „Die offizielle Kirche bot den katholischen Kriegsdienstverweigerern während der Naziherrschaft wenig Unterstützung."
> > HISTORIKER MEINRAD PICHLER
>
> *Gedenkstätte für den Vorarlberger Kriegsdienstverweigerer Ernst Volkmann in Bregenz.* FOTO: VN/STIPLOVSEK
>
> **STICHWORT**
> **Ernst Volkmann**
> Ernst Volkmann wurde 1902 in Schönbach (Böhmen) geboren. Er ließ sich 1927 in Bregenz als Gitarrenbauer nieder. Mehrmals unterließ er es, der Aufforderung zur Wehrerfassung nachzukommen, sodass im Frühjahr 1940 eine Anzeige erfolgte. Obwohl ihm Zurechnungsfähigkeit beschieden wurde, ließ der zuständige Richter das darauf folgende Verfahren einstellen. Im Februar 1941 wurde er zur Wehrmacht nach Lienz eingezogen und ließ dem Kompanieführer wissen, „er könne einem Mann wie Hitler nach allem, was dieser der Kirche und Österreich angetan habe, nicht den Eid der Treue leisten". Der Fall gelangte an das Salzburger Divisionsgericht und danach an das Reichskriegsgericht in Berlin. Bei der Hauptverhandlung wurde Volkmann bedroht und erniedrigt, bewies erneut Charakterstärke und erklärte, dass die Ableistung des Fahneneides eine Vergewaltigung der sittlichen Freiheit sei. Am 9. August wurde er hingerichtet, ein Gnadengesuch seiner Frau wurde abgelehnt.

Artikel in den „Vorarlberger Nachrichten" (Schwarzach) mit einem Bild von Dietmar Stiplovsek, 15. November 2010 (Rechts das Bregenzer Kriegerdenkmal)

ihn zu tun. Fünf Jahre später hingegen berichtet er: „Jeder Gefangene durfte in der Nacht zwei Briefe schreiben, was Herr Volkmann auch getan hat".[425]

Im Brief vom 7. August 1947 teilt Jochmann Maria Volkmann mit, dass noch immer keine Grabstätte ihres Mannes gefunden sei. Wiederholt erkundigt er sich bei ihr nach den wirtschaftlichen Verhältnissen in der Annahme, dass sie nach dem Tod ihres Mannes mit ihren drei kleinen Kindern in großer materieller und geistiger Not leben müsse. Auf die Situation während der Trennungszeit des Ehepaars im letzten Lebensjahr von Ernst Volkmann geht Jochmann nicht ein. Er versichert ihr jedoch, ihr Mann habe stets nur gut von ihr gesprochen.

Gedenken

Eine Inschrift des in Bregenz errichteten Kriegerdenkmals reiht Ernst Volkmann zunächst sachwidrig unter die gefallenen Soldaten des Jahres 1941 ein. Nach einer langen Zeit des Schweigens veröffentlicht der Bregenzer Schulleiter und Historiker Meinrad Pichler 1983 einen ersten würdigenden Artikel über Ernst Volkmann. Schon zuvor, im Jahr 1978, verleiht der österreichische Bundespräsident dem Kriegsdienstverweigerer posthum das „Ehrenzeichen für die Verdienste um die Befreiung Österreichs". Die Stadt Bregenz benennt 1988 den kurzen Weg vom Kirchplatz zum Kloster Thalbach hinunter, den Volkmann oft gegangen ist, als „Ernst-Volkmann-Stiege". Am 10. November 2005 findet in der Bregenzer Seekapelle eine „Mahnwache" für Ernst Volkmann statt. Zugleich geben Susanne Emerich und Walter Buder eine Broschüre heraus mit wichtigen Beiträgen und Dokumenten.[426] Die seitherige kleine Messingtafel (2007) an der St. Gallus-Kirche in Bregenz, die an Volkmann erinnerte, ist am 14. November 2010 durch eine Gedenkstele des Künstlers Georg Vith ersetzt worden. Die Anregung dazu gab die „Gedenkgruppe Bregenz".

Gedenkstele des Künstlers Georg Vith für Ernst Volkmann auf dem Vorplatz der Stadtpfarrkirche St. Gallus in Bregenz

Walter Schmolly (Pastoralamtsleiter, Katholische Kirche Vorarlberg)

Gewaltlosigkeit, „Reinigung des Gedächtnisses" und Wachsamkeit

Die Stele ist ein sehr stimmiges Zeichen dieses Erinnerns. In der Form einer Bushaltestelle vergegenwärtigt sie den äußeren Alltag. Dort wo man die Abfahrtszeiten der Busse erwartet, begegnen dann aber die Lebensdaten von Ernst Volkmann und das Faksimile der Sterbeurkunde. Dadurch wird die Stele zu einer Unterbrechung, die den Blick ins Innere führen.

Das Innere des Ernst Volkmann, das auch der Gewalt seiner Henker nicht gewichen ist, war eine große Freiheit, Klarheit und Gewaltlosigkeit, „eine seltene Innerlichkeit", wie der Gefängnisgeistliche Pfr. Jochmann in einem Brief an Frau Volkmann schrieb, eine intensive Art, „in der Gegenwart Gottes zu leben". Das war seine Identität, und nicht die durch die Nationalsozialisten gewalttätig und entfremdend zugeschriebene Identität eines Wehrkraft-Zersetzers. Und diese wahre Identität des Ernst Volkmann als Christ und Mystiker, der seinen Tod nicht nur erlitten, sondern in einer namenlosen Größe und inneren Freiheit auch getan hat, soll – so lese ich die Botschaft dieser Stele – die Erinnerung an ihn bestimmen. Er steht damit in einer Reihe mit vielen Großen, unter ihnen auch Provikar Carl Lampert und P. Franz Reinisch. Das Erinnerungszeichen ermöglicht es uns, uns heute an ihm aufzurichten als Menschen der Freiheit, des Gewissens und der Gewaltlosigkeit.

Aus der Ansprache anlässlich der Enthüllung der Gedenkstele für Ernst Volkmann am 14. November 2010 in Bregenz. Veröffentlicht von Walter Buder am 15. November 2010 unter: https://www.kath-kirche-vorarlberg.at/organisation/carl-lampertforum/artikel/gewaltlosigkeit-reinigung-des-gedaechtnisses-und-wachsamkeit

Pfarrer Albrecht Jochmann am 9. August 1941 an Maria Volkmann

Sehr geehrte Frau Volkmann!

Schmerzbewegt muss ich Ihnen heute die Mitteilung vom Tode Ihres Mannes machen. Heute früh um 5.05 Uhr ist das Todesurteil vollstreckt worden. Sie wissen wohl, dass Ihr Mann den Fahneneid nicht leisten wollte. Im Prozess wurde er wegen Zersetzung der Wehrkraft zum Tode verurteilt. Ich habe als Vertreter des hiesigen Anstaltsgeistlichen Ihren Mann am Donnerstag früh zum 1. Mal besucht, er war auch erst vor wenigen Tagen hierher überführt worden. Ich versuchte alles, was in meinen Kräften stand, um Ihren Mann zu überzeugen, dass er als Christ und Katholik den Eid leisten könne; aber alle Bemühungen blieben erfolglos. Ich habe das sehr schmerzlich bedauert, umso mehr als ich in Ihrem Mann einen Christen von seltener Innerlichkeit erkannte. Ich bin dann die letzte Nacht bei ihm geblieben; er hat mit vorbildlicher An-

```
Der Oberreichskriegsanwalt                    20. Aug. 1941
St.P.L.(RKA) III 173/41              Berlin-Charlottenburg 5, den  9. 8.    1941
                                     Witzlebenstraße 4-10
                                     Fernruf: 30 06 81

        An
            Frau Maria  V o l k m a n n
                   in  B r e g e n z (Vorarlberg),
                       Kirchplatz 5.

            Ihr Ehemann, der Schütze Ernst  V o l k m a n n, ist
        durch Feldurteil des Reichskriegsgerichts vom 7.7.1941, be-
        stätigt am 26.7.1941, wegen Zersetzung der Wehrkraft zum Tode
        verurteilt worden.
            Das Urteil wurde heute vollstreckt.

                                     Im Auftrage
                                     [Unterschrift]
```

Amtliche Mitteilung der Urteilsvollstreckung an Maria Volkmann, ausgestellt am 9. August 1941, durch den Oberreichskriegsanwalt

dacht gebeichtet und kommuniziert heute früh um 3.00 Uhr; er blieb ruhig und gefasst bis zuletzt unerschütterlich in seinem Gottvertrauen, auch dass Gott für Sie und die Kinder sorgen werde. Mehrfach legte ich ihm nahe, doch an Sie noch ein paar Zeilen zu schreiben. Aber er kam auch in dieser Hinsicht nicht über innere Hemmungen, die er als verbindlich, ja wie eine Offenbarung des göttlichen Willens ansah, nicht hinweg. Er war eben ein Mensch von ganz eigenem Innenleben, jedenfalls von einer seltenen Tiefe und Lauterkeit; es ist zu schade, dass es nicht gelang, ihn von dem Irrigen einiger Ansichten zu überzeugen. – Es sind noch einige Außenstände vorhanden, die Sie in dem kleinen Buch verzeichnet finden; doch bittet er Sie, diese nicht mit Gewalt, also nicht durch einen Prozess beizutreiben; er meinte, das sei mit dem Geist des Evangeliums nicht vereinbar. Und ich halte mich für verpflichtet, Ihnen seine letzten Wünsche so zu übermitteln, wie er sie mir gesagt hat.

Es sind auch noch einige Schulden da, über deren Regelung bittet er Sie, sich mit seinem Bruder Hans in Verbindung zu setzen. Seinen Brüdern bittet er herzlich zu danken für die Unterstützung im Geschäft. Sie alle lässt er bitten um Ihr Gebet für seine Seele. Gott tröste und stärke Sie und Ihre Kinder!
In der Liebe Christi A. Jochmann, Pfr.[427]

22. Leander Josef Zrenner (1905-1941) –
Sterben für die Wahrheit

Gleich zweimal ist Leander Zrenner als Soldat angeklagt worden, weil er – als überzeugter Reformadventist – am Sabbat (Samstag) den Dienst verweigerte. Als er zudem bekannte, bei Kriegseinsätzen keinen Gegner zu töten, galt er den Behörden der Wehrmacht als Verbrecher, der wegen „Zersetzung der Wehrkraft" zu bestrafen war. Das Reichskriegsgericht verurteilte ihn am 7. Juli 1941 zum Tode. Drei Wochen später bestätigte Admiral Max Bastian den Richterspruch und ordnete an, ihn zu vollstrecken. Zrenner wurde am 9. August 1941 in Brandenburg-Görden durch das Fallbeil hingerichtet.[428]

Leander Josef Zrenner kommt am 21. Januar 1905 in Regensburg zur Welt. Seine Mutter ist Köchin in einem Hotel, der Vater Maler. Schon im Alter von drei Jahren geben sie ihren Sohn ins Waisenhaus. Er besucht die Volksschule und nach dem Abschluss arbeitet er in der Landwirtschaft. Ab dem 18. Lebensjahr ist er in der Metallbranche tätig und danach Hilfsarbeiter auf dem Bau. Im Alter von 27 Jahren lernt er seine spätere Frau, Anna Lehner aus Murnau am Staffelsee, kennen. Das Paar heiratet Ende Dezember 1932 in München. Aus der Ehe gehen fünf Söhne hervor: Leander (1933), Kurt (1934), Werner (1937), Johann (1938) und Martin (1940). Ebenfalls im Jahr 1932 tritt Leander Zrenner aus der katholischen Kirche aus, hört Vorträge der Siebenten-Tags-Adventisten Reformationsbewegung und schließt sich ihr an (heute: Internationale Missionsgesellschaft der Siebenten-Tags-Adventisten, Reformationsbewegung).

Obwohl von der NS-Regierung im Jahr 1936 verboten, bleibt Zrenner Mitglied der religiösen Gemeinschaft. Wegen „Weiterführung" seiner Aktivitäten zweimal angeklagt und verurteilt, wird seine Gefängnisstrafe jedoch später zur Bewährung ausgesetzt.

In dieser Zeit arbeitet Zrenner auf dem Münchner Großmarkt, wobei er oft Obst und Gemüse mit nach Hause nehmen darf, was der Familie zustattenkommt. Es hilft ihr, sich über Wasser zu halten. Zudem gelangt sie in den Genuss, sich ganz vegetarisch zu ernähren. Leander selbst stellt vegetarischen Brotaufstrich her, den er auch verkauft. Überliefert ist zudem, dass er vom Glauben an Jesus so begeistert ist, dass er im Garten oder auf der Straße laut und fröhlich geistliche Lieder singt.

Zum 25. November 1940 erfolgt Zrenners Einzug zum Bau-Ersatzbataillon 7. Zwar tritt er zur Vereidigung an, doch spricht er die Formel nicht mit und hebt auch nicht die Hand. Man bedeutet ihm, dass die Vereidigung auch für ihn gelte. Prompt beginnen für ihn die Schwierigkeiten. Gemäß seinem Glauben verweigert er am Sabbat/Samstag jedwede Arbeit. Am 7. Dezember deshalb festgenommen, verurteilt ihn ein Feldkriegsgericht zu zwei Monaten Gefängnis. Als er sich danach erneut dem Dienst am Samstag entzieht, erlässt das Gericht der 157. Division in München einen Haftbefehl gegen ihn mit dem Vorwurf, er habe sich der „Zersetzung der Wehrkraft" schuldig gemacht. Nach vier Wochen Haft bekräftigt er bei einer richterlichen Vernehmung seine Weigerung, am Samstag Dienst zu tun. Zudem erklärt er, „dass er bei einem etwaigen Einsatz gegen den Feind aus religiöser Überzeugung nicht in der Lage wäre, einen Gegner zu töten".[429]

Mit seiner pazifistischen Haltung stellt sich Zrenner unmissverständlich gegen die Wehrmacht, deren Ziele Kampf, Gewalt und nicht zuletzt, im Krieg gegen Russland, die Vernichtung des Gegners sind. Infolge seiner

Anna Zrenner (1905-1977), etwa 1960

Aussage wird sein Fall der „Arbeitsverweigerung" zu einem der „Kriegsdienstverweigerung". Zrenner, zunächst in Berlin-Moabit inhaftiert, steht das Reichskriegsgericht bevor. Die am 11. Juni 1941 ausgestellte umfangreiche Anklageverfügung (130 Seiten) ist leider verschollen. Am 3. Juli 1941 erfährt Zrenner von Oberreichsgerichtsanwalt Dr. Walter Rehdans, dass sein Prozess am 7. Juli 1941 stattfinden soll. Auf die Rückseite der Ankündigung schreibt er in kleiner

Als Nr. 316 geführt: „Zrenner, Soldat, geb. 1905, verh. (5) – 3. Senat – v. 7.7.41 – Wehrdienstverweigerung – Antrag: (Beringer) – Urteil: Todesstrafe" – Aus dem Buch der Urteile über Hingerichtete im Militärhistorischen Archiv Prag

Leander Josef Zrenners letztes Lied, in dem es u.a. heißt: „All ihr Gottesknechte höret; sucht den Herrn in eurer Not: Wer zu andern hin sich kehret, als zu ihm, dem wahren Gott. Der verscherzt sein eigen Glück, gehet Der (? – unleserlich) u. fällt zurück. 6. Die nur die dem Herrn vertrauen, gehen auf der rechten Bahn. Die in Angst, in Furcht u. Grauen; ihn nur einzig rufen an. Denen wird allein bekannt, Gottes Herrlichkeit und Hand. 7. Drum ihr Gottesknechte kommet, kommt erlebet seinen Ruhm."

Schrift sein letztes Lied. Das einzigartige Dokument bezeugt den tiefen Glauben und das Gottvertrauen, das ihn auch in den letzten Tagen vor der Verhandlung nicht verlassen hat. Am 7. Juli 1941 kommt das Reichskriegsgericht zu dem erwarteten Ergebnis: Todesstrafe. Admiral Max Bastian bestätigt das Urteil am 21. Juli 1941 und ordnet dessen Vollstreckung an.[430]

Vor Gericht hat Zrenner mutig seinen Glauben bekannt, was an den Mitgliedern des Gerichts nicht spurlos vorübergegangen ist. In der Urteilsbegründung heißt es: „Zwar hat der Angeklagte nicht aus unehrenhafter Gesinnung gehandelt ... Er hat als Mensch auf den Senat auch einen günstigen Eindruck gemacht."[431]

Blick auf die Fahrzeughalle des Zuchthauses Brandenburg-Görden vor Einrichtung der Hinrichtungsstätte, 1937

Leander Zrenner unterrichtet seine Frau in München, woraufhin sie mit dem vierjährigen Sohn Werner sofort nach Berlin reist, um ihren Mann noch einmal zu sehen. Doch die Verwaltung in Moabit teilt ihr lapidar mit, er sei bereits nicht mehr da. Wohin man ihn verlegt hat, sagt man ihr nicht. So muss Anna Zrenner, ohne ihren Mann noch einmal gesprochen zu haben, wieder die beschwerliche und auch gefährliche Rückreise nach München antreten. Gefährlich deshalb, weil die Alliierten inzwischen dazu übergegangen sind, deutsche Großstädte und Bahnlinien zu bombardieren.

Wie die meisten anderen Kriegsdienstverweigerer vor und nach ihm kommt Zrenner in das Zuchthaus Brandenburg-Görden, wo er am 9. August 1941 mit

Handfesseln, von den zum Tode Verurteilten vor ihrer Hinrichtung Tag und Nacht zu tragen, heute ausgestellt in der Gedenkstätte des Zuchthauses Brandenburg-Görden

dem Fallbeil hingerichtet wird. Wenige Stunden zuvor konnte er noch – allerdings mit gefesselten Händen – einen Brief an seine Familie schreiben. Darin zeigt er sich überzeugt, dass er „im Namen des Herrn sterben" darf und daher sein Schicksal „als Erlösung vom Elend dieser Welt" empfindet. Seinen Tod versteht er als „Opfer", für das er Gott dankbar ist; sein Sterben geschieht um der Gebote Gottes willen. Seine Haltung – dessen ist er sich bewusst – entspricht der Sicht eines Gläubigen und ist „dem natürlichen Menschen nicht fassbar". „Vor den Menschen in der Welt" haben die Gläubigen lediglich „Spott, Hohn, Zwang und Not" zu erwarten. „Es müssen eben auch heute noch etliche sterben für die Wahrheit ... um des Zeugnisses und Wortes Gottes Willen."[432]

Nach dem Tod ihres Mannes blieb Frau Anna Zrenner ohne jegliche Unterstützung. Nur unter großen Anstrengungen gelang es ihr, die Familie mit den fünf Kindern durchzubringen. Gelegenheitsarbeiten in einer Gärtnerei und aushilfsweise in Restaurants und Hotels, wo man ihr immer wieder Lebensmittel schenkte, hielten sie über Wasser. Nachbarn feindeten sie als Frau eines hingerichteten Verbrechers an. Der Familie drohte die Einweisung in ein KZ. Lediglich der Einmarsch der Alliierten im Frühjahr 1945 bewahrte sie davor.

Sechzehn Jahre nach dem Tod seines Vaters, 1957, sollte auch Sohn Werner Zrenner der neugegründeten deutschen Bundeswehr als Rekrut dienen. In Erinnerung an den gewaltsamen Tod seines Vaters hat er sich gründlich mit dessen Motiven zur Kriegsdienstverweigerung auseinandergesetzt und entschied sich, ebenfalls den Kriegsdienst abzulehnen. Und so machte er vor dem Prüfungsausschuss des Kreiswehrersatzamtes München I geltend, dass ihm das Leben heilig sei; niemals werde er eine Waffe gegen einen Menschen richten, um ihn zu töten. Insbesondere „Kindern gegenüber [könne er] nicht verantworten, dass ihnen das gleiche Schicksal wie ihm widerfahre, nämlich, dass ihnen der Vater genommen wird."[433]

Zusammen mit seinem Bruder Johannes verfasste Werner ein sehr persönlich gehaltenes Dankschreiben an den Vater zu dessen 70. Todestag. Darin heißt es u.a.: „Trotz Androhung der Todesstrafe hast Du Dich an das Gebot – Du sollst nicht töten – gehalten. So wie Gott es will, wolltest Du leben."[434]

Brief der Söhne Johann und Werner Zrenner an ihren Vater, ohne Datum

Exkurs: Siebenten-Tags-Adventisten-Reformationsbewegung

Heute bekannt als Freikirche der Internationalen Missionsgesellschaft der Siebenten-Tags-Adventisten, Reformationsbewegung, Deutsche Union e.V.

Die Adventisten verstehen sich in der Tradition der Reformation. Ihre historischen Wurzeln liegen im 19. Jahrhundert in den Vereinigten Staaten von Amerika. Der baptistische Pfarrer und Prediger William Miller (1782-1849) sagte, sich dabei auf Bibelstudien berufend, eine Wiederkunft Christi (Parusie) für die Jahre 1843/1844 vorher. Er war ein begnadeter Redner, und seine Predigten verschafften ihm eine re-

Logo der Siebenten-Tags-Adventisten-Reformbewegung, 2020

lativ große Anhängerschaft aus allen Kirchen. Als das Ereignis nicht eintraf, zerstreute sich die Bewegung wieder, doch blieb der Parusiegedanke lebendig und schlug sich fortan in mehreren theologischen Richtungen sowie Gruppierungen nieder. Beispielsweise entstanden die Siebenten-Tags-Adventisten (1863) ebenso wie die Bibelforscherbewegung – 1881 durch Charles Taze Russell aus der Taufe gehoben und seit 1931 unter dem Namen Zeugen Jehovas bekannt. Die Mitgliederzahl der Adventisten beträgt weltweit heute 17 Millionen.[435] In Deutschland sind es etwa 35 000. Zu den Gründern zählen Ellen Gould White und ihr Ehemann James Springer White. Nach wie vor haben deren Schriften große Bedeutung.

Umschlagtitel der von den „Reform-Adventisten herausgebrachten und im Naumburger Edelstein Verlag publizierten Schrift „Nur dem Gewissen verpflichtet", 2019 *

Die Adventisten erwarten die baldige Wiederkunft Christi. Sie beziehen sich ausschließlich auf die Lehren der Bibel, mit deren Inhalt sie sehr gut vertraut sind; historisch-kritische Zugänge lehnen sie ab. Sie halten an der Sieben-Tage-Schöpfung fest und begehen den Sabbat/Samstag als göttlichen Ruhetag. Sie erstreben eine gesunde, oft dem Vegetarismus verpflichtete Lebensweise. Mit Drogen, Tabak und Alkohol wollen sie zumeist nichts zu tun haben.

Während des Ersten Weltkriegs kam es in Deutschland über der Frage des Kriegsdienstes zur Spaltung unter den Adventisten: Ein Teil wollte den Kriegsdienst auch am Sabbat leisten, ein anderer Teil, daraufhin ausgeschlossen, hielt an den Grundsätzen des Sabbatgebotes und der Kriegsdienstverweigerung fest.

---

* Die sehr verdienstvolle Veröffentlichung enthält einen Beitrag von Helmut Welker über Leander Zrenner, auf dem die hier gegebene Darstellung beruht. Des Weiteren würdigt er die in Brandenburg-Görden hingerichteten Kriegsdienstverweigerer Willy Thaumann († 4. November 1941) und Ludwig Pfältzer († 1. September 1942). Zu den weiteren Ermordeten aus dem Kreis der Adventisten gehören zudem Richard Schreiber († 21. August 1940), Franz Nakat († 29. November 1941), Julius Ranacher († 14. Mai 1942), Anton Brugger († 3. April 1943) und Viktor Pacha († 6. Mai 1943).

Die „Internationale Missionsgesellschaft der Siebenten-Tags-Adventisten Reformationsbewegung" ist 1925 aus der Taufe gehoben worden. Elf Jahre später, 1936, verboten die Nationalsozialisten die als „Sekte" bezeichnete Gesellschaft und lösten sie auf, weil sie Ziele verfolge, die der Weltanschauung des Nationalsozialismus zuwiderliefen. Ihre Anhänger, so die Auffassung der Nationalsozialisten, verweigerten nicht nur den „Deutschen Gruß", sondern auch den Wehrdienst. Die Missionsgesellschaft errege Verwirrung unter der Bevölkerung. Mitglieder, die sich dennoch trafen oder im Untergrund tätig waren, wurden streng verfolgt und in Schutzhaft oder gar KZ-Haft genommen. Bis 1945 bestand eine verfolgte Untergrundgemeinde.

Die Lebensgeschichten der verhältnismäßig zahlreichen Kriegsdienstverweigerer unter den Reformadventisten sind sorgfältig erforscht und dokumentiert.[436] Als Märtyrer der Glaubenstreue sind sie im Andenken der Bewegung lebendig und erfahren eindrucksvolle Würdigung.

Abschiedsbrief von Leander Zrenner an seine Familie, geschrieben am 9. August 1941

Brandenburg, den 9. August 1941

Liebe Frau und meine Kinder!

Will Euch, vor meinem Wegnehmen von dieser Welt, noch etwas von mir hören lassen. Es ist ja alles eitel, spricht der weise Salomo und es hat alles seine Zeit. Säen und Ernten; Sommer und Winter; Leben und Sterben. Ob jemand weise ist oder nicht, so muss er doch von dieser Erde, wie das Vieh auch. Aber es ist ein Unterschied im Namen des Herrn zu sterben, oder ohne den Herrn, unseren Gott; weil für diejenigen, die im Herrn sterben, ja das als eine Erlösung vom Elend dieser Welt geschieht, was dem natürlichen Menschen nicht fassbar ist; denn der Glaube ist nicht jedermanns Sache; spricht der Apostel Paulus.

Darum bitte ich Dich, mache Dir deswegen keine großen Schmerzen und Gedanken und im Leben. Denn Gott hat verheißen nach Hebräer – 13. Kapitel, 5. Vers. Ich will dich nicht verlassen noch versäumen: und bedenke meine liebe Frau, wenn ich in dieser Hinsicht in den Tod gehe und euch des Ernährers beraube, dass das nicht ich tue, sondern der Herr spricht in Matthäus – 10. Kapitel, 37. Vers.

Wer Vater, Mutter, Weib und Kinder mehr liebt denn mich, der ist meiner nicht wert.

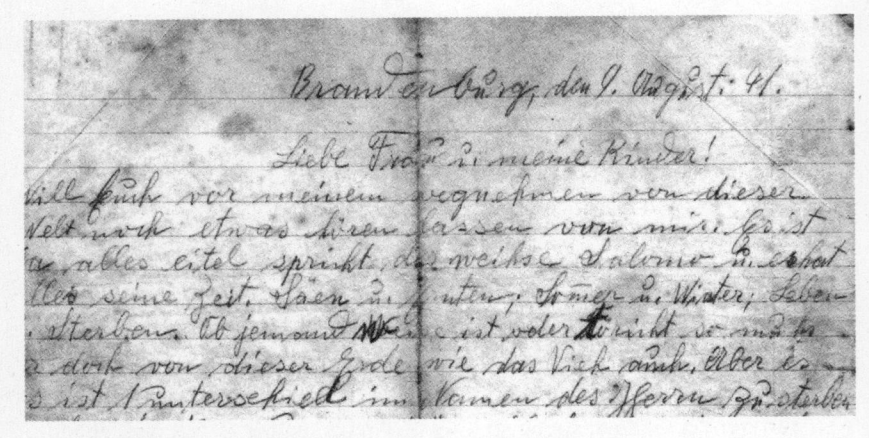

Abschiedsbrief von Leander Zrenner an seine Frau und Kinder am Tag seiner Hinrichtung mit gefesselten Händen geschrieben, 9. August 1941

Darum sollen wir uns nicht fürchten vor denen, die den Leib töten und die Seele nicht, sondern vor dem, der Leib und Seele verderben kann in der Hölle. (Matthäus – Kapitel 10, Vers 28) Deshalb will ich Gott Lob und Preis und Dank darbringen mit meinem Opfer, indem ich mich um seiner Gebote willen töten lasse. Ich bete immer so wie der Wille des Herrn ist, so geschehe es und ist es jetzt also geschehen, dass ich dahin bin, so ist es also sein Wille gewesen und werde mit am Gericht über die Welt teilnehmen, wie die Offenbarung – 20. Kapitel, 4. Vers zeigt.

Darum sei getrost in Gott bleibend und Du wirst nicht zu Schanden werden. Vor den Menschen in der Welt, solange wir im wahren Glauben an Gott hier leben, wie sein Wort es uns befiehlt, haben wir Spott, Hohn, Zwang, Angst und Not, aber aus allen hilft uns der Herr, so wir in aufrichtigem Glaubensgebet zu ihm kommen und treu sind bis in den Tod.

Tue Deine Pflicht in der Kindererziehung und Gott tut dann auch das Seine. Es müssen eben auch heute noch etliche sterben für die Wahrheit, auf dass vollends dazukämen die noch getötet sollen werden, gleich wie die welche schon getötet worden sind um des Zeugnisses und Wortes Gottes Willen.

Wenn es mich trifft, warum soll ich mich weigern, Gott weiß mich auf andere Art und Weise auch zu finden, darum ist es besser im Glauben auf ihn schauend und ausharrend bis in den Tod, wie Er es will sich zu schicken. (Offenbarung – 6. Kapitel, 9.-11. Vers)

Lieber Leander [sein ältester Sohn trug den gleichen Namen], ich bitte Dich, bete Du auch viel und fromm und oft zu Gott und lerne recht gern aus dem

Wort, auf dass Du weise würdest und Glück habest so lange Du auch noch hier auf dieser Erde bist.

Der Herr segne Dich, liebe Frau mit
Seiner Macht, Kraft, Liebe und
Barmherzigkeit,
dass Dir's wohl gehe und wir uns dereinst in
der Ewigkeit wiedersehen dürfen
mit den Kindern
[Unterschrift. Zrenner J. Leander][437]

Aus Leander Zrenners letzter Liedsammlung

Hoch aus den himmlischen Höhen, lächelt ein Auge so sehr,
hast Du dies Lächeln gesehen; Seele, was willst Du noch mehr?
/: Jesus wird nie besiegt, nein, nie besiegt :/
Weinst Du? Er stillet die Tränen, klagst Du, Er schenkt Dir Gehör,
flehst Du, Er erhört Dein Schreien; Seele, was willst Du noch mehr?
/: Jesus wird nie besiegt, nein, nie besiegt :/
Wird in verlassenen Stunden oftmals das Harren auch schwer,
alles wird herrlich sich wenden; Seele, was willst Du noch mehr?
/: Jesus wird nie besiegt, nein, nie besiegt :/
Weiter schrieb Zrenner das nächste Lied mit allen Versen auf:
Wenn mein Auge schaut den Heiland, und sieht sein holdes Angesicht,
welch herrliches Entzücken, ihn zu schau'n in seinem Licht.

Es folgen noch vier Strophen des bekannten
Liedes „So nimm denn meine Hände".

Zerstörtes Warschau am Ende des Krieges, 1945

Teil 3 – Nach Kriegsende: Unterwegs zum gerechten Frieden

Kapitel I – Stationen eines „exemplarischen Meinungswandels"

„[Es] ist allerdings auch daran zu erinnern," so der Historiker Wolfram Wette, „dass die nationalsozialistische Zeit keineswegs nur aus Krieg und Massenverbrechen bestanden hat. Es gab auch Menschen, die Widerstand geleistet, nicht mitgejubelt und sich human verhalten haben, angefangen vom Hitler-Attentäter Georg Elser über die Studenten der ‚Weißen Rose' und die Angehörigen der Berliner Widerstandsgruppe ‚Rote Kapelle', die Offiziere des 20. Juli 1944, die Soldaten, die sich dem Vernichtungskrieg verweigerten und als Wehrkraftzersetzer und Deserteure und Kriegsverräter verfolgt wurden, die Helfer und Retter von Juden und anderen Stigmatisierten. Unter dem großen Schutthaufen der deutschen Geschichte in der Zeit des Nationalsozialismus blitzen diese widerständigen Menschen wie Edelsteine in dem Trümmerhaufen der deutschen Geschichte in unserer Gegenwart auf. Sie bieten positive Anknüpfungspunkte im Sinne einer ‚Erinnerung des Guten'. Sie lehren uns, dass es für mutige Menschen mit Anstand selbst in der NS-Zeit Spielräume für humanes Handeln gegeben hat, also die Möglichkeit, sich anders zu entscheiden als es die damaligen Machthaber erwarteten und es den Menschen nach 1949 eingeredet worden ist."[438] Zu den „Edelsteinen", die unter den Trümmern der Geschichte des Nationalsozialismus liegen und die es zu entdecken gilt, gehören auch die Deserteure und Kriegsdienstverweigerer des Zweiten Weltkriegs. Mit dem von Helmut Donat gewählten und von Wolfram Wette bekräftigten Bild ist auch die Absicht dieses Buches umschrieben. Es will an die widerständigen Menschen erinnern, ihre Lebensgeschichten und ihre Schicksale aufzei-

Hans Koschnick bei der Einweihung des Georg-Elser-Weges in Bremen, 2003

gen, um Handlungsimpulse für die Gegenwart und Zukunft zu gewinnen. Eine lückenlose Geschichte der Kriegsdienstverweigerung ist jedoch nicht intendiert, vielmehr geht es darum, bedeutende Ereignisse und herausragende Personen zu würdigen, die in der jetzt mehr als siebzigjährigen Nachkriegsgeschichte mit zentralen Stationen und Weichenstellungen verbunden sind und im Rahmen der Erinnerungskultur einen wichtigen Platz einnehmen sollten. Durch den Schutz, den das Grundgesetz seit dem Jahr 1949 in Artikel 4 (3) verfassungsrechtlich verbrieft und garantiert, bahnte sich eine neue Wertschätzung der Kriegsdienstverweigerung als achtens- und schützenswerte Haltung an. Eine wichtige Rolle nahmen dabei die ersten Veröffentlichungen über Kriegsdienstverweigerer und – in besonderem Maße – die grundlegenden Forschungen zur deutschen Militärjustiz ein, die in einem bis dato unbekannten Ausmaß Todesurteile fällte. Auch unterschiedliche Beiträge aus Theologie und Kirchen oder von Einzelnen trugen zu einem neuen Verständnis von Krieg und Kriegsdienstverweigerung bei. Sie sprachen sich oft für eine vollständige Abkehr von einstigen Positionen aus. Allzu lange verzögerten Parteien, Organisationen, Vereinigungen, Verbände und Orden im Verbund mit zahlreichen Ewiggestrigen in der Bundesrepublik Deutschland eine Reihe von Amnestiegesetzen für die Opfer der Militärjustiz. Sie erfolgten erst gegen Ende des 20. und zu Beginn des 21. Jahrhunderts, so dass viele der damals Betroffenen und ihre Angehörigen sie leider nicht mehr erlebten. Seit Beginn des 21. Jahrhunderts werden inzwischen einzelne religiöse Kriegsdienstverweigerer in den Kirchen als Märtyrer und Selige einer ungeteilten Christenheit angesehen und verehrt. Auf diese Weise sind sie auch für persönliche Glaubenshaltungen bedeutsam. Den Abschluss bilden daher Überlegungen zu möglichen Lern- und Handlungsimpulsen aus den Lebenszeugnissen der Verweigerer für Gegenwart und Zukunft.

1. Gesetzlicher Schutz für Kriegsdienstverweigerer[439]

Schon wenige Jahre nach Ende des Zweiten Weltkriegs nahmen einige der neugebildeten deutschen Länder in ihre Verfassungen den Passus auf, dass niemand gegen seinen Willen Militärdienst leisten müsse.[440] So heißt es in der Landesverfassung von Württemberg-Baden vom 22. April 1948: „Niemand darf zum Kriegsdienst mit der Waffe gezwungen werden."

Die Gesetze kamen zweifellos unter dem Eindruck des verlorenen Krieges, aber auch im Hinblick auf die zahlreichen hingerichteten Deserteure und Kriegsdienstverweigerer zustande. Nachdem in mehreren Landesverfassungen vorgearbeitet worden war, forderte die SPD im Parlamentarischen Rat 1948 die Aufnahme einer ähnlichen Bestimmung in das Grundgesetz. Nach heftigen Diskus-

Konrad Adenauer
Deutschland neutralisieren

„*Wir sind einverstanden, dass wir völlig abgerüstet werden, dass unsere reine Kriegsindustrie zerstört wird, daß wir nach beiden Richtungen hin einer langen Kontrolle unterworfen werden. Ja, ich will noch weitergehen: Ich glaube, dass die Mehrheit des deutschen Volkes einverstanden wäre, wenn wir wie die Schweiz völkerrechtlich neutralisiert würden."*

Rheinische Post, 30. Dezember 1946, zitiert nach Gesamtdeutsche Rundschau. 6. Januar 1956

Theodor Heuß
Eine Armee nicht von Vorteil

„*Die Demokratie in Deutschland ist gesichert", erklärte Bundespräsident Dr. Heuß dem AP-Korrespondenten George S. Martin. Dr. Heuß warnte das Ausland, allzu viel von der deutschen Wiederaufrüstung zu sprechen, und betonte, er sei „absolut gegen eine deutsche Wehrmacht, auch wenn die Aliiierten sie vorschlagen sollten". Durch die Aufrüstungsgespräche könne eine psychologische Lage geschaffen werden, in der man die Errichtung einer deutschen Wehrmacht freundlicher aufnehmen könnte, als zumindest er es wünsche. „Es wäre nicht vernünftig für Deutschland, heute eine Armee zu haben", sagte Dr. Heuß. „Es wäre nicht zu unserem Vorteil. Auch erlaubt uns unsere Verfassung keine allgemeine Wehrpflicht. Jeder Deutsche hat das Recht, den Dienst in einer bewaffneten Macht zu verweigern. Deshalb könnte eine neue deutsche Wehrmacht nur aus Söldnern bestehen, da man nicht genug Freiwillige finden würde."*

Westdeutsche Allgemeine, 9. Dezember, 1949

sionen und Auseinandersetzungen stimmten zwei Drittel der beteiligten Länder dem Artikel 4 (3) GG zu: „Niemand darf gegen sein Gewissen zum Kriegsdienst mit der Waffe gezwungen werden. Das Nähere regelt ein Bundesgesetz."[441]

Damit war die Bundesrepublik Deutschland der erste Staat der Welt, der dem Recht auf Verweigerung des Kriegsdienstes Verfassungsrang einräumte. Das in den vorbereitenden Gesprächen sehr umstrittene Grundrecht stellt ein Novum in der deutschen Rechtsgeschichte dar. Der neue Passus ist eingefügt in die Grundrechte der Glaubens-, Gewissens- und Bekenntnisfreiheit und somit ebenfalls ein Grundrecht, das heißt es darf „in keinem Fall ... in seinem Wesensgehalt angetastet werden".[442] Infolge geänderter politischer und gesellschaftlicher Verhältnisse und Einstellungen gab es jedoch zahlreiche Ergänzungen und Änderungen des Grundgesetzes. Einen sehr bedeutenden Einschnitt stellte die unter der Regierung von Konrad Adenauer eingeführte deutsche Wiederbewaff-

Typisch für die 1950er Jahre und den Umgang mit Kriegsdienstverweigerern: In Düsseldorf hieß es „Beratungsstelle für Wehrdienstverweigerer", 1954

nung sowie Gründung der Bundeswehr 1955 dar. Notwendige Folge war ein neues Wehrpflichtgesetz, das die Verweigerer u.a. verpflichtete, einen Zivildienst abzuleisten, der allerdings erst im Jahre 1961 bundesweit eingeführt worden ist. Im Laufe der Zeit gewannen die Kriegsdienstverweigerer, vielfach als „Drückeberger" bezeichnet und oft schief angesehen oder als Außenseiter behandelt, gerade durch ihren Zivildienst neues Ansehen in der Gesellschaft. Was von den Schöpfern des Zivildienstes offenbar eher als Strafe gedacht war, verkehrte sich ins Gegenteil. Ihr vielfältiges Engagement z.B. in sozialen Einrichtungen wie Alters- und Pflegeheimen, Krankenhäusern und kirchlichen Institutionen fand große Wertschätzung und Anerkennung. Offenbar erkannten immer mehr Menschen, dass es mindestens ebenso sinnvoll ist, anderen Menschen zu helfen, als sich aufs Töten vorbereiten zu lassen.

Das Grundgesetz ist davon durchdrungen, dass niemand gegen sein Gewissen zum *Kriegsdienst mit der Waffe* gezwungen werden darf. Doch gilt das auch für den Wehrdienst? Hierzu fällte das Bundesverfassungsgericht 1960 folgendes Urteil: „Es ist bezweifelt worden, ob angesichts dieses Wortlauts [GG Art.

4 (3), H.K.] der Dienst mit der Waffe im Frieden, die Ausbildung mit der Waffe, verweigert werden dürfe. Die Frage ist zu bejahen."[443]

Der Schutz der Kriegsdienstgegner durch das Grundgesetz hebt ihre Gewissensentscheidung in den Stand einer legitimen, achtenswerten und unantastbaren Haltung. Andererseits ist gerade der Begriff des Gewissens immer wieder Anlass zu Auseinandersetzungen gewesen. Denn wie ist es zu definieren und lässt sich eine Gewissensentscheidung wirklich überprüfen? Zwanzig Jahre lang, von 1956 bis 1976, mussten alle Verweigerer schriftlich und mündlich vor Ausschüssen, denen Vertreter des Militärs vorstanden, die Ernsthaftigkeit ihrer Verweigerung darlegen, was oft an eine Verhandlung inquisitorischer Art erinnerte.

Auf die in den Prüfungsausschüssen zutage getretenen Probleme einer Gewissensprüfung soll hier ebenso wenig eingegangen werden wie auf die Anerkennungsgründe. Auch ist es nicht möglich, die Entwicklung der KDV-Anträge im Einzelnen nachzuzeichnen. Erwähnt sei lediglich, dass die Anzahl der Verweigerer im Jahr 1977 mit 69 969 sogenannten „Postkartenanträgen" einen ersten Höhepunkt erreichte. 1990 waren es 74 569 Anträge und ein Jahr später, während des Zweiten Golfkriegs, sogar doppelt so viele, nämlich 151 212. Kriegsdienstverweigerung war ein „gesellschaftlich anerkanntes Verhalten", ein unspektakuläres „Massenphänomen"[444] geworden. Zugleich zeigte sich eine grundlegende Änderung in der Motivation: Religiöse Motive traten ganz in den Hintergrund, die meisten Verweigerer betrachteten ihre Entscheidung als Ausdruck einer politischen Haltung.

Den geschichtlich mühsamen Weg, wie aus einstmals verschwiegenen und verfemten Deserteuren und Verweigerern, lange als „Feiglinge, Drückeberger und Vaterlandsverräter" verunglimpft, zunächst „Opfer" und schließlich sogar „Hoffnungsträger" geworden sind, hat der Waldkircher Historiker Wolfram Wette eindrucksvoll verdeutlicht. Er konstatiert, dass es zu einem „exemplarischen Meinungswandel"[445] in Deutschland gekommen sei. Zahlreiche historische Forschungen sowie gesellschaftliche und politische Initiativen markieren die einzelnen Schritte dieses Weges, wobei manche „Legende" zu zerstören war und Tabus gebrochen werden mussten. Verbunden damit bleibt jedoch die Frage, warum es siebzig Jahre und länger dauerte, bis auch diese Menschen des Widerstands rehabilitiert wurden. Für die Betroffenen selbst, insbesondere für die Verweigerer und Deserteure, die Verurteilung und Krieg überleben konnten, kam die Aufhebung der Unrechtsurteile viel zu spät, sie erlebten sie nicht mehr. Zu fragen ist auch, in welchem Ausmaß die Rehabilitierung und ihr Sinn die Bevölkerung erreicht und sich ihrem Gedächtnis eingeprägt hat. Die Entscheidungen von Gerichten und Parlamenten sind die eine Sache, ob und in welcher Weise sie von einer Mehrheit des Volkes wirklich als eine beherzigenswerte und zukunftsweisende Perspektive verstanden und angenommen worden ist, steht auf einem anderen Blatt.

Seit der Aussetzung der Wehrpflicht im Jahr 2011 ist die Bundeswehr eine Berufsarmee. Zugleich entfiel die Zivildienstpflicht für anerkannte Verweigerer. Zeit- oder Berufssoldaten der Bundeswehr sind jedoch weiterhin berechtigt, das Grundrecht auf Kriegsdienstverweigerung in Anspruch zu nehmen.[446]

2. Nach langem Verschweigen: Erste Nachrichten über Kriegsdienstverweigerer

Nach Kriegsende setzte sich, abgesehen von der Zeit von 1945 bis 1947/48, das bereits von den Nazis angeordnete Schweigen über die einstigen Kriegsdienstverweigerer über viele Jahre lang fort. An vielen Orten mag es noch heute so sein. Die ehemaligen Militärjuristen der Wehrmacht sorgten dafür, dass Nachrichten über die Verurteilten nicht an die Öffentlichkeit gelangten. Den meisten schriftlichen Urteilen war am Ende mit auf den Weg gegeben: „Nicht zur Veröffentlichung bestimmt!" Das NS-Regime fürchtete einen propagandistischen Effekt, sollten Nachrichten über Deserteure oder Verweigerer publik werden. Exemplarisch für viele andere steht die Anweisung des früheren NS-Oberstabsrichters Werner Treichel an die Mutter des wegen Fahnenflucht zum Tode verurteilten Schützen Richard Kaszemeik. Treichel forderte: „Todesanzeigen oder Nachrufe in Zeitungen, Zeitschriften und dgl. sind verboten!"[447]

Solcher Vorschriften hätte es allerdings in den meisten Fällen nicht bedurft. Die Angehörigen der Opfer, die den Verlust ihres Sohnes, Bruders oder Vaters beklagen mussten, hielten sich selber aus Betroffenheit, Schmerz oder Scham zurück. Ihnen war ja höchstrichterlich bescheinigt worden, dass die Verurteilung und Hinrichtung der Verweigerer zu Recht erfolgt seien. Durch ihr Verhalten hätten sie sich des schweren Verbrechens der „Wehrkraftzersetzung" schuldig gemacht. Auch wurde den Hinterbliebenen lange ein Anspruch auf Versorgungsleistungen verweigert. Viele Frauen und Kinder verloren durch die Ermordung ihres Mannes und Vaters zugleich den Ernährer der Familie. Außerdem wurde nicht selten über sie hinterrücks getuschelt oder mit dem Finger auf sie gezeigt.[448]

Lenkt man den Blick von den Opfern auf die Täter, so wird schnell deutlich, dass diese nicht an irgendwelchen Veröffentlichungen interessiert waren. Das erschreckende Ausmaß von 30 000 verhängten Todesurteilen der Militärrichter, von denen ca. 20 000[449] vollstreckt worden sind, blieb lange unbekannt. Außerdem gelang es den Richtern, den Schein der Rechtmäßigkeit ihres Tuns, selbst bei den Alliierten, aufrecht zu erhalten. Zudem sind die meisten der einst in der Wehrmacht tätigen Kriegsrichter problemlos in den Justizdienst der Bundesrepublik zurückgekehrt. Nicht einer von ihnen ist wegen seiner Aktivitäten als Kriegsrichter in „Mordkommisionen" zur Rechenschaft gezogen worden.[450] Einige stiegen sogar in politische Ämter auf oder schlugen eine universitäre Laufbahn ein.

3. Der „Fall Filbinger" und die Folgen[451]

Im Jahre 1978 publizierte der Schriftsteller und Autor Rolf Hochhuth – weltweit durch sein Drama „Der Stellvertreter" bekannt geworden – seine Erzählung mit dem Titel „Eine Liebe in Deutschland".[452] Sie handelt von der

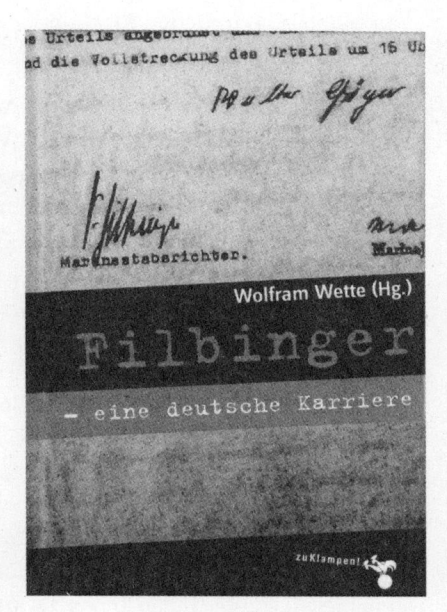

Titelumschlag des von Wolfram Wette herausgegebenen Buches „Filbinger – eine deutsche Karriere", 2006

Liebesbeziehung eines polnischen Kriegsgefangenen mit einer deutschen Gemüsehändlerin in einem badischen Dorf. In die Erzählung eingeblendet sind zahlreiche Recherchen und Überlegungen des Autors über beteiligte Zeitzeugen sowie über Figuren der Zeitgeschichte und die politische Situation im Kriegsjahr 1941. Durch Vorabdruck eines Kapitels in der Wochenzeitschrift DIE ZEIT wurden auch Hochhuths Äußerungen über Hans Karl Filbinger (1913-2007), 1966-78 baden-württembergischer Ministerpräsident, bekannt. Hochhuth bezeichnete Filbinger als Hitlers Marinerichter und als einen „furchtbaren Richter", der sogar nach Hitlers Tod noch einen deutschen Matrosen mit Nazi-Gesetzen verfolgt habe und an Todesurteilen beteiligt gewesen sei.[453]

Das Buch zog eine große öffentliche Debatte nicht nur über Filbingers Vergangenheit, sondern auch über die damalige Militärjustiz und ihre Vertreter nach sich. Filbinger klagte gegen den Autor und Verlag auf Unterlassung der Äußerungen. Weitere Aktenfunde belegten jedoch, dass Filbinger wie viele andere Militärrichter auch an Todesurteilen gegen Wehrmachtssoldaten beteiligt gewesen ist. Da Filbinger weder Reue noch ein Unrechtsbewusstsein über sein damaliges Verhalten erkennen ließ, rückte die Öffentlichkeit und seine Partei, die CDU, von ihm ab. Am 7. August 1978 erklärte Filbinger seinen Rücktritt vom

Amt des Ministerpräsidenten von Baden-Württemberg. Das Nachrichtenmagazin „Der SPIEGEL" zitierte ihn mit der Äußerung: „Was damals rechtens war, kann heute nicht Unrecht sein." An seiner makabren Auffassung festhaltend, dass von Staats wegen befohlene Verbrechen nicht in Frage zu stellen seien, zeigte sich Filbinger bis zuletzt um seine Rehabilitation bemüht.

Eine Folge der Affäre war, dass die bis dahin wenig beachtete Militärjustiz der Wehrmacht stärker ins öffentliche Bewusstsein trat. Einer wollte es genau wissen und begann, sich mit dem Thema zu befassen. Zunächst griff der ehemalige Versicherungsdirektor Fritz Wüllner, von dem hier die Rede ist, zu dem sogenannten Standardwerk von Schwinge/Schweling über die deutsche Militärjustiz[454] – und war entsetzt und zugleich erzürnt über die verfälschende Darstellung der historischen Wirklichkeit. Wüllners Empörung hallt nach, wenn er schreibt: „Ich las das Buch, 2. Auflage 1978, in wenigen Tagen durch, war erschrocken, schockiert, angewidert, verletzt, verwirrt. Ein Buch wie dieses hatte ich noch nie in Händen gehabt, ein Buch, bei dem man, auch ohne spezieller Kenner des verarbeiteten Materials und der geschichtlichen Bezüge sein zu müssen, fast Seite für Seite mit den Händen greifen konnte, dass beschönigt, weggelassen, verbogen und verzerrt wurde, dass historische Geschehnisse nach Lust und Laune, nach der jeweiligen Manipulationsabsicht des Verfassers in falsche Zusammenhänge gestellt, bewusst zu Geschichtsklitterung benutzt wurden."[455] Wüllners Abscheu über das Werk von Schwinge/Schweling war auch deshalb so groß, weil die Autoren – beide ehemalige Militärrichter – durchgehend versuchten, ein positives und beschönigendes Bild der Wehrmachtjustiz zu zeichnen. Damit war er nicht einverstanden, zumal die „Geschichtsschreibung" es bis dahin nicht vermocht hatte, diese falsche Sichtweise zu korrigieren.

So machte sich Wüllner selber ans Werk, suchte Archiv um Archiv auf, studierte Berge von Akten und sah erstmals auch die in der Bundesrepublik bis dahin unbeachteten Militärgerichtsakten des Wiener Kriegsarchivs ein. Gestützt auf dieses umfangreiche Material, entlarvte er die Darstellung von Schwinge/ Schweling in zentralen Punkten als Geschichtsfälschung. Aus der ursprünglich von Wüllner geplanten bloßen Widerlegung des Werkes von Schwinge und Schweling wurde so – und weit darüber hinausgehend – eine umfassende Darstellung der Militärjustiz im Dritten Reich.

Wenigstens kurz ist hier auf Rolle und Bedeutung des ehemaligen Militärrichters Erich Schwinge (1903-1994) einzugehen, der als wichtigster Wortführer der Militärjuristen – nicht erst nach dem Krieg – betrachtet werden darf. Aus seiner Feder stammte schon der maßgebende Kommentar zum Militärstrafrecht im Zweiten Weltkrieg (sechs überarbeitete Auflagen). Seit 1941 war Schwinge selber als Militärrichter, vor allem in Wien, tätig und wirkte an mehreren To-

Erster, schon bald vergessener bzw. vergessen gemachter Versuch einer kritischen Auseinandersetzung mit der Wehrmachtsjustiz von Oberstrichter a.D. Freiherr von Dörnberg, 1948. Rechts: Manfred Messerschmidt, 2016

desurteilen mit. 1946/47 erneut Professor an der juristischen Fakultät der Universität Marburg sowie dort zeitweise auch Dekan und Rektor, trat er zudem als Verteidiger und Gutachter in zahlreichen Prozessen gegen NS-Täter auf, so dass sein Einfluss auf die deutsche Rechtsprechung bis in die 1990er Jahre anhielt. Der Historiker und Leiter der KZ-Gedenkstätte Neuengamme, Detlef Garbe, schreibt über die Bedeutung von Erich Schwinge: „Wenn wir heute resümieren müssen, dass die militärjuristische Schreckensbilanz des ‚Dritten Reiches' folgenlos, dass 30 000 von Kriegsgerichten wegen Desertion, ‚Zersetzung der Wehrkraft' und Kriegsverrat verhängte Todesurteile, die nun endlich ausnahmslos vom Deutschen Bundestag als Unrecht bezeichnet und aufgehoben worden sind, ungesühnt blieben, dass die Hinrichtung von 20 000 deutschen Soldaten unbestraft ist, weil kein einziger ehemaliger Kriegsrichter dafür zur Rechenschaft gezogen worden ist, dann ist dies zu einem erheblichen Teil auch auf Erich Schwinge zurückzuführen."[456]

Die verfälschende Darstellung der Wehrmachtjustiz von Schwinge/Schweling ist allerdings schon 1987 durch eine Veröffentlichung bewiesen worden, die Fritz Wüllner gemeinsam mit dem Freiburger Militärhistoriker Manfred Messerschmidt herausbrachte. Sie trägt den Titel „Die Wehrmachtjustiz im Dienste des Nationalsozialismus – Zerstörung einer Legende".[457] Wüllners Mitautor Manfred Messerschmidt[458] darf als Begründer einer kritischen Militärgeschichte gel-

Umschlagtitel des Buches von Fritz Wüllner über die NS-Militärjustiz, 1996

ten. Der 1926 geborene Jurist und Militärhistoriker war von 1970 bis 1988 am Militärgeschichtlichen Forschungsamt in Freiburg im Breisgau tätig, wo er noch heute, inzwischen hochbetagt, lebt.

Einen Großteil seiner Forschungsergebnisse veröffentlichte Wüllner in einem 870 Seiten starken Band mit dem Titel „Die NS-Militärjustiz und das Elend der Geschichtsschreibung."[459] Seinen Plan, dabei ausgewählte vollständige Urteilstexte von Opfern der NS-Militärjustiz zu veröffentlichen, konnte er leider nicht mehr verwirklichen. Doch nach seinem Tod setzte seine Frau, Hermine Wüllner, die Arbeit ihres Mannes fort und publizierte die um einige weitere Fälle vermehrten Dokumente.[460] Besonders hilfreich für das Verständnis der Gerichtsakten ist, dass Hermine Wüllner jedem der 28 Urteile eine einführende Skizze zum besseren Verständnis dieser besonderen Justizopfer voranstellt. Ihr als „Lesebuch" bezeichnetes und anzusehendes Werk stellt uns eine große Bandbreite von Todesurteilen der NS-Militärgerichte vor Augen. Die bewegenden Dokumente über Soldaten und Zivilpersonen offenbaren, mit welch grausamer Routine und Härte die Militärrichter zumeist gegen ihre Opfer vorgegangen sind.

Ebenfalls am Freiburger Militärgeschichtlichen Forschungsamt arbeitete der Historiker und Friedensforscher Wolfram Wette (1971-1995),[461] seit 1998 auch als außerplanmäßiger Professor für Neueste Geschichte am Historischen Seminar der Universität Freiburg im Breisgau tätig. Er veröffentlichte u.a. Biographien über „Retter in Uniform"[462], „Deserteure der Wehrmacht"[463] und gab mit Joachim Perels den bereits erwähnten Band „Mit reinem Gewissen"[464] heraus.

Die grundlegenden Arbeiten der genannten Forscher brachen das allzu lange Schweigen über die Militärjustiz. Sie zerstörten zugleich das beschönigende Bild einer insgesamt „sauber" gebliebenen Militärjustiz. Damit schufen sie Voraussetzungen für immer dringlicher werdende Entscheidungen in Rechtsprechung und Politik. Eine neue Sichtweise bezeugt das Urteil des Bundesgerichtshofs Berlin vom 16. November 1995, woran Wolfram Wette in seiner Rede zum

Wolfram Wette. Rechts: Titelumschlag des Buches „Retter in Uniform" mit einem Porträt von Heinz Drossel, 2002

Volkstrauertag 2015 nochmals erinnert hat.[465] Demnach stellte der Bundesgerichtshof (BGH) fest, die Kriegsrichter hätten die Todesstrafe missbraucht; ja sie hätten als „Terrorjustiz" gehandelt. Richter, die in der NS-Militärjustiz tätig gewesen waren und hernach in der Bundesrepublik ihre Laufbahn fortsetzten, stufte der BGH als „Blutrichter" ein, die sich eigentlich „wegen Rechtsbeugung in Tateinheit mit Kapitalverbrechen hätten verantworten müssen"[466].

Da gerade das höchste deutsche Gericht die Strafverfolgung von Juristen der NS-Zeit lange Zeit weitgehend verhindert hat, macht das von Wette erwähnte Urteil des BGH die Abkehr von bisherigen Auffassungen besonders deutlich. Beide Urteile, das des Bundessozialgerichts von 1991 und das des BGH von 1995, lassen keinen Zweifel daran, dass die alten Funktionseliten, die nicht nur während des Krieges, sondern noch lange danach die Deutungshoheit über die NS-Militärjustiz ausübten, inzwischen abgetreten waren und einer neuen Generation von Juristen Platz gemacht haben.

Bei „den Todesurteilen der Wehrmachtjustiz ist grundsätzlich von ‚offensichtlichem Unrecht' auszugehen"[467], wie das Bundessozialgericht 1991 erklärte. Doch zur historischen Wahrheit über die NS-Militärjustiz gehört andererseits, dass es einzelne Kriegsrichter gegeben hat, die Ermessensspielräume genutzt haben und die dabei rechtsstaatliche und humane Grundsätze anzuwenden versuchten.[468] Doch ist der ehemaligen Bundesjustizministerin Brigitte Zypries zuzustimmen, wenn sie feststellte: „Die nationalsozialistische Strafjustiz diente nicht der Gerechtigkeit. Sie war eine Waffe zur Vernichtung politischer Gegner. Und die Militärjustiz war ein Instrument, um einen verbrecherischen Angriffskrieg möglichst lange führen zu können ... Dass sich all dies mehr oder weniger in den Formen des Rechts abspielte, war Ausdruck einer perfiden Legalitätstaktik. Sie verleitete die Zweifler zum Mitmachen und unterdrückte bei vielen Tätern die Skrupel. Dabei lag für diejenigen Juristen, die sehen wollten, die Pervertierung des Rechts klar vor Augen. Der Bruch mit allen Prinzipien des Rechtsstaates war offenkundig: Keine Unabhängigkeit der Richter, unpräzise Tatbestände, die von der völkischen Ideologie der Nazis geprägt waren – etwa die sogenannte Wehrkraftzersetzung –, und ein Strafmaß, das im krassen Missverhältnis zur Schwere der Schuld stand."[469]

Die neue Haltung gegenüber der Militärjustiz stimmt optimistisch, doch wäre es falsch, sich damit zufrieden zu geben. Es ist nicht zu verkennen, dass sehr viele Deutsche sich von „Auschwitz" abgewandt haben, nichts mit den Verbrechen und Grausamkeiten des NS-Regimes und den daran Beteiligten zu tun haben wollen und damit jener Schlussstrich-Mentalität anhängen oder ihr das Wort reden, wie es von den Vertretern der Militärjustiz des Dritten Reiches nach 1945 eingefordert worden ist. Das Recht und die Würde des Menschen zu achten, bleibt ein Aufruf, den es gerade im Alltag zu beherzigen und zu verwirklichen gilt. Sonntagsreden helfen da wenig weiter.

4. Durchbruch in der Rechtsprechung: Anerkennung für die Opfer der Militärjustiz

Besondere Hervorhebung verdient das bereits zitierte Grundsatzurteil des Bundessozialgerichts vom 11. September 1991, da es nichts weniger als einen Durchbruch in der Rechtsprechung bedeutet.[470] Die Witwe eines hingerichteten Wehrmachtdeserteurs hatte geklagt und Recht bekommen, was zugleich eine Hinterbliebenenversorgung gewährleistete. In seiner Begründung berief sich das Gericht ausdrücklich auf die Forschungen von Messerschmidt/Wüllner und verdeutlichte, dass damals „in einem großen Ausmaß Todesurteile ergangen seien, die rechtsstaatlichen Anforderungen nicht genügen. Die nationalsozialistische Herrschaftsordnung war ... ein politisches Terrorsystem ... Im Bereich der Wehr-

„Angstmacher, Friedenshetzer, Pazifisten" – Linolschnitt des Bremer Künstlers Erhart Mitzlaff gegen die auf deutschnationaler Tradition fußende Verächtlichmachung der Friedensbewegung, 1971

macht hat es ... keine unabhängige Justiz gegeben ... Der nationalsozialistische Unrechtsstaat [hat] einen völkerrechtswidrigen Krieg geführt ... In diesem Krieg sei es auch zu einer rechtsstaatswidrigen Entartung der Todesurteilspraxis von Seiten der Militärjustiz, einer ‚Terrorjustiz', gekommen."[471] Der Tenor des Urteils, das an Deutlichkeit nichts zu wünschen übrig ließ, korrigierte nicht nur schiefe oder gar verfälschende Geschichtsbilder, sondern führte auch zu einer neuen Urteilspraxis der Sozialgerichte.

5. Die Amnestiegesetze des Deutschen Bundestags

Die Bewertung des Kriegsdienstes wie auch dessen Verweigerung hängen aufs Engste mit der Beurteilung des Krieges zusammen. Die hier vorgestellten Persönlichkeiten waren sämtlich überzeugt, dass Hitlers Kriege verbrecherische Angriffskriege waren, an denen sie sich auf keinen Fall beteiligen durften. Verstand und Gewissen sagten ein eindeutiges Nein, ohne dass sie dabei ein Urteil über die kämpfenden Soldaten sprechen wollten. Eine derart unmissverständ-

Was manche schon vor über achtzig Jahren klar erkannten: Reichsbischof Müller stützt Hitler, Terror und Krieg – Karikatur von Heinrich Vogeler, 1937/38

liche Ablehnung ließen die großen christlichen Kirchen während der NS-Zeit vermissen, wie z.B. im Jahr 1996 die 8. Synode der Evangelischen Kirche Deutschlands (EKD) bekundete: „Der Zweite Weltkrieg war ein Angriffs- und Vernichtungskrieg, ein von dem nationalsozialistischen Deutschland verschuldetes Verbrechen. Auch die Kirche, die das seinerzeit nicht erkannt hat, muss das heute erkennen. Wer sich weigert, sich an einem Verbrechen zu beteiligen, verdient Respekt. Schuldsprüche aufrecht zu erhalten, die wegen solcher Verweigerung gefällt wurden, ist, seit der verbrecherische Charakter der nationalsozialistischen Diktatur und ihrer Kriegführung feststeht, absurd."[472] Den Worten der Synode schloss sich der Deutsche Bundestag am 15. Mai 1997 mit einer fast gleichlautenden Entschließung an: „Der Zweite Weltkrieg war ein Angriffs- und Vernichtungskrieg, ein vom nationalsozialistischen Deutschland verschuldetes Verbrechen."[473]

Der Zweite Weltkrieg ein von Deutschland verschuldetes Verbrechen! Und die ihn unterstützende NS-Militärjustiz eine das Unrecht fördernde „Blutjustiz"! Vor solchem Hintergrund wurde es höchste Zeit für eine neue Sicht auf jene Minderheit, die sich dem Krieg verweigert hatte. Sind nicht alle Entscheidungen, sich einem verbrecherischen Krieg zu versagen, als höchst achtenswerte Handlungen zu betrachten? Und ist es nicht geradezu zwingend, die Urteile gegen ehemalige Kriegsdienstverweigerer, Deserteure und sogenannte „Wehrkraftzersetzer" in ihrer Gesamtheit aufzuheben? Entsprechende parlamentarische Initiativen, vor allem aus dem linken und grünen Parteienspektrum, hatte es bereits seit den 1980er Jahren in der Bundesrepublik gegeben, doch waren sie stets von den regierenden Parteien abgelehnt worden. Sie fürchteten, bei einer pauschalen Aufhebung der Urteile gegen Deserteure und Kriegsdienstverweigerer, würden alle übrigen Soldaten der Wehrmacht moralisch disqualifiziert und auch die Militärrichter pauschal verurteilt. Auch glaubte man, die ohnehin nicht besonders beliebte Bundeswehr könne Schaden leiden.

Viel zu spät, aber endlich, nach vielen Widerständen und Diskussionen folgte am 25. August 1998 ein erster Schritt – mehr als 50 Jahre nach dem Zweiten Weltkrieg. Der Deutsche Bundestag beschloss das „Gesetz zur Aufhebung nationalsozialistischer Unrechtsurteile in der Strafrechtspflege" (NS-AufhG).[474] Es trat eine Woche später, am 1. September 1998 in Kraft trat und hob zunächst die Urteile des Volksgerichtshofs und der Standgerichte auf.[475] Zwar waren auch die Militärgerichte angeführt, doch hat man sie in der letzten Lesung gestrichen. Es heißt: „Durch dieses Gesetz werden verurteilende strafgerichtliche Entscheidungen, die unter Verstoß gegen elementare Gedanken der Gerechtigkeit nach dem 30. Januar 1933 zur Durchsetzung oder Aufrechterhaltung des nationalsozialistischen Unrechtsregimes aus politischen, militärischen, rassischen, religiösen oder weltanschaulichen Gründen ergangen sind, aufgehoben. Die den Entscheidungen zugrundeliegenden Verfahren werden eingestellt."[476]

Da die Militärgerichte ausgespart geblieben waren, musste eine Änderung bzw. Erweiterung des Gesetzes zwangsläufig folgen, was vier Jahre später, am 17. Mai 2002, geschah. Nun wurden auch die Urteile gegen Personengruppen wie Homosexuelle, Deserteure, Wehrdienstverweigerer oder sogenannte Wehrkraftzersetzer ausdrücklich einbezogen, alle Verurteilungen pauschal aufgehoben und die Opfer dadurch rehabilitiert. Die 1998 noch geforderte Einzelfallprüfung entfiel; das Gesetz trat am 27. Juli 2002 in Kraft.[477]

Nicht berücksichtigt war zu diesem Zeitpunkt eine letzte Opfergruppe, die sogenannten Kriegsverräter. Die ihnen vorgeworfenen Vergehen betrafen verschiedene Formen des politischen Widerstandes gegen das NS-Regime oder die

„Die Gegenwart hat eine lange Vergangenheit. Wider die Rechtskatastrophe von 1933 bis 1945 sowie gegen deren Vor- und Nachgeschichte" – Plakat der Vereinigung des „Forums Justizgeschichte e.V.", 1998

Fahnenflucht und Feigheit vor dem Feind

Furchtbare Richter der Nazizeit haben es in der Bundesrepublik bis zum Gerichts- und Ministerpräsidenten gebracht: die „Fahnenflüchtigen" und „Vaterlandsverräter", die sie noch in den letzten Tagen des Dritten Reichs unter die Erde brachten, waren einer Fortsetzung der Karriere nicht im Wege. Die Mentalität der Tötungsgehilfen von Hitler & Co. wurde im März 1945 einem jungen Offizier zum Verhängnis und brachte, ausnahmsweise, auch die Richter später, und nicht einmal folgenlos, vor Gericht.

Das Leben des Leutnants H. endete in den letzten Kriegswochen durch den Strang. Das Bild der Leiche (unten) hatten wir in der Feuilleton-Beilage vom 16. Mai dieses Jahres einem Gespräch zwischen Peter Brückner und Hansferdinand Döbler beigegeben. Die beiden Autoren unterhielten sich, ihre jüngst erschienenen autobiographischen Bücher vor Augen, zumal über Anpassung und Widerstand während der Nazidiktatur. Das großformatig reproduzierte Foto löste bei Lesern der Seite starke Empfindungen aus, und Döbler selbst ging der Geschichte des Getöteten nach, über die die Bildlegende keinen näheren Aufschluss gab. Eine genaue Darstellung der Ereignisse fand sich bei Alois Stadtmüller: „Aschaffenburg im Zweiten Weltkrieg".

Der am 28. März 1945 am damaligen Café Höfling Erhängte ist ein – namentlich bekannter – Leutnant. 1919 in Königstein im Taunus geboren, kam er etwa zwölfjährig nach Aschaffenburg und dort, nach Abitur und Arbeitsdienst, zur Wehrmacht. Im Krieg hörte er während eines Studienurlaubs in Frankfurt ein Semester Rechtswissenschaft. März 1945 wurde er verwundet in Aschaffenburg ins Lazarett eingeliefert, am 23. März heiratete er. Er soll zweimal der Aufforderung, sich beim Kampfkommandanten zu melden, nicht gefolgt „und auch durch sein sonstiges Verhalten aufgefallen sein", zugleich wurde ihm „allseits ein guter Leumund bescheinigt" (Stadtmüller). Der Festgenommene vertrat die Auffassung, dem Chefarzt des Lazaretts zu unterstehen und nur dessen Weisungen befolgen zu müssen.

Ein vom Kampfkommandanten Major L. auf wiederholten Befehl des Stellvertretenden Kommandierenden Generals errichtetes Standgericht – das über etwa 40 Fälle zu befinden hatte – verurteilte den jungen Leutnant „wegen Fahnenflucht und Feigheit vor dem Feind" zum Tod. Dem Major wurde später vorgeworfen, dass er die Verhandlung habe verzögern können, wenn er ein Gnadenverfahren eingeleitet hätte. Vor der Hinrichtung und angesichts einer, größeren Menschenmenge riss L. dem Verurteilten die Schulterstücke und das Eiserne Kreuz 1. Klasse ab und warf sie ihm vor die Füße. „Diese Degradierung hätte nicht öffentlich erfolgen dürfen" (Stadtmüller). Während der Verhandlung hatte H. sich weder zu den Vorwürfen geäußert noch anderweitig verteidigt, auch die Hinrichtung ließ er widerstandslos mit sich geschehen.

L. wurde Ende 1949 aufgrund des Falles H. und eines weiteren wegen Totschlags mit der Begründung, „vorsätzlich einen Menschen getötet zu haben, ohne Mörder zu sein", zu vier Jahren Gefängnis abzüglich 17 Monate Untersuchungshaft verurteilt. Das Gericht machte L. unter anderem den Vorwurf, die Hinrichtung nicht bis zum Einmarsch der Ameikaner (von denen die Leiche geborgen wurde; rechtes Foto) hinausgezögert zu haben. „1962 starb er verbittert." HB

Aus: Frankfurter Rundschau vom 5.12.1981, Wochenendbeilage S. II. Abgedruckt in: Klaus Bergmann/Gerhard Schneider, Gegen den Krieg. Bd. 2: Nie wieder Krieg, Düsseldorf 1982, S. 208 f.

Titelumschlag des von Jan Korte und Dominic Heilig herausgegebenen Buches „Kriegsverrat", 2011 – Rechts: Umschlagtitel des Bandes „Das letzte Tabu", 2007.

Wehrmacht wie z.B. das Überlaufen zu Partisanen und die Unterstützung von Kriegsgefangenen sowie Hilfeleistungen für Juden. Erneut gingen der beabsichtigten Gesetzesänderung jahrelange Auseinandersetzungen der im Bundestag vertretenen Fraktionen voraus. Dennoch beschloss das Parlament – in seltener Einstimmigkeit – am 24. September 2009, sämtliche Verurteilungen wegen Kriegsverrats pauschal aufzuheben. Einzelfallprüfungen waren nicht mehr erforderlich.

An dem „letzten Tabu"[478] war bislang nicht gerührt worden. Die von W. Wette und D. Vogel herausgegebene gleichnamige Dokumentation, ausdrücklich als Appell an den Gesetzgeber zu verstehen, hat unmittelbar dazu beigetragen, dass 2009 auch die Urteile gegen die „Kriegsverräter" ihre Geltung verloren. Doch auch das letzte, viel zu spät verabschiedete Aufhebungsgesetz erreichte die meisten der damals Verurteilten nicht mehr. Dennoch bedeutete die längst überfällige Amnestierung einen wichtigen Beitrag zur Wiederherstellung der Moral und des Rechtes, wie es die damalige Justizministerin Brigitte Zypries zum Ausdruck gebracht hat: „Mit der pauschalen Rehabilitierung sogenannter Kriegsverräter stellen wir die Ehre und Würde einer lange vergessenen Gruppe von Opfern der NS-Justiz wieder her. Das ist auch für die Hinterbliebenen ein wichtiges Zeichen. Wir erkennen damit den Widerstand der einfachen Soldaten an."[479]

Die deutsche Sektion von pax christi forderte in einer Erklärung des Geschäftsführenden Vorstands vom 27. Mai 2009 alle Fraktionen des Bundestags auf, dem Gesetz zur Rehabilitierung der sogenannten „Kriegsverräter" zuzustimmen. pax christi machte geltend, dass „jedes Bestreben, in dieser Kriegssituation etwas für in ihrem Leben Bedrohte oder für die Beendigung des Krieges zu tun, Anerkennung verdiene". Außerdem sei kein Fall von „Kriegsverrat" bekannt, wodurch der eigenen Truppe ein Schaden zugefügt worden wäre.[480]

Kapitel II – Beiträge aus Kirchen und Theologie

1. Impulse aus der Evangelischen Kirche[481]

In der Evangelischen Kirche der Bundesrepublik Deutschland setzte nach dem Zweiten Weltkrieg die friedensethische Diskussion um Krieg und Frieden, Wehrpflicht und Kriegsdienstverweigerung früher und intensiver ein als in der Katholischen Kirche. Sie war auch vielstimmiger und führte oft zu einer Zerreißprobe, welche die kirchliche Einheit zu sprengen drohte. Im Rahmen der vorliegenden Veröffentlichung ist es nicht möglich, die anzuführenden Stimmen, Ereignisse und kirchenpolitischen Entscheidungen auch nur zu nennen. Exemplarisch herausgegriffen seien lediglich drei inhaltlich gewichtige neue Positionen der Evangelischen Kirche: a) Die Ächtung des Krieges und ein neues Verständnis für die Kriegsdienstverweigerer, b) die komplementäre Haltung eines „Friedensdienstes mit und ohne Waffen" und c) die Erarbeitung des neuen Leitbildes eines „gerechten Friedens".

a) Die Ächtung des Krieges und ein neues Verständnis für die Kriegsdienstverweigerer

„Nie wieder Krieg!" – so die vielfach geäußerte Überzeugung der Menschen nach den beiden Weltkriegen des 20. Jahrhunderts. Millionen von Toten, zahlreiche zerstörte Städte und Landstriche, die großen Flüchtlingsströme der aus ihrer Heimat Vertriebenen sprachen eine allzu deutliche Sprache der Not und des Elends. Noch ganz unter den Erfahrungen des Zweiten Weltkriegs stehend, bekannte und formulierte die erste Ökumenische Weltkonferenz in Amsterdam 1948, zugleich Gründungsversammlung des Ökumenischen Weltrats der Kirchen (ÖRK), die feste Überzeugung: „Krieg soll nach Gottes Willen nicht sein."[482]

Kriege sind nicht nur zerstörerisch und letztlich sinnlos, sie widersprechen auch dem Willen Gottes. Die religiöse Ächtung des Krieges bedeutete zugleich eine Absage an die traditionelle Lehre vom gerechten Krieg. Nach ihr hatte man

Ulrich Frey, langjähriger Geschäftsführer der „Aktionsgemeinschaft Dienst für den Frieden", 2017

geglaubt, für eine gerechte Sache dürfe man auch einen gerechten Krieg führen, und wer dies leugne, sei zu verurteilen. In dem berühmten Artikel 16 der Confessio Augustana (CA, 1530/40) – eine grundlegende Bekenntnisschrift des Protestantismus – ist Christen das Recht zugestanden, „rechtmäßig Kriege führen, in ihnen mitstreiten ... [zu] können".[483]

Doch was hat den Ökumenischen Weltrat der Kirchen zu dieser grundsätzlichen Ächtung des Krieges bewogen? Die Antwort lautet: „Die herkömmliche Annahme, dass man für eine gerechte Sache einen gerechten Krieg mit rechten Waffen führen könne, ist unter solchen Umständen nicht mehr aufrecht zu erhalten."[484] Der Autor Ulrich Frey (*1937) verweist in diesem Zusammenhang auf die Charta der Vereinten Nationen (VN), die 1945 in der Präambel folgende Absage an Krieg und Gewaltanwendung enthält: „Wir, die Völker der Vereinten Nationen – fest entschlossen, künftige Geschlechter vor der Geißel des Krieges zu bewahren, die zweimal zu unseren Lebzeiten unsagbares Leid über die Menschen gebracht hat... Daher gilt ein allgemeines völkerrechtliches Gewaltverbot: Alle Mitglieder unterlassen in ihren internationalen Beziehungen jede gegen die territoriale Unversehrtheit oder die politische Unabhängigkeit eines Staates gerichtete oder sonst mit den Zielen der Vereinten Nationen unvereinbare Androhung oder Anwendung von Gewalt. (Artikel 2, Absatz 4)."[485]

Gelten Krieg und Gewalt als verwerflich, so sind sie zu ächten und sie entsprechen nicht mehr Gottes Willen. Zwangsläufig erscheint dann die Verweigerung des Kriegsdienstes in neuem Licht. Staat und Kirchen haben ihre bisherige Haltung zu korrigieren und die Aufkündigung des Kriegsdienstes als eine achtenswerte Handlung anzuerkennen, die als ernstzunehmende Gewissensentscheidung zu schützen ist. Mit dieser Frage beschäftigte sich die erste Synode der Evangelischen Kirche in Deutschland (EKD) nach dem Zweiten Weltkrieg. Sie tagte vom 23. bis zum 27. April 1950 in Berlin-Weißensee und befasste sich mit dem Thema: Was kann die Kirche für den Frieden tun? Der Beschluss der Synode lautete: „Wir beschwören die Regierungen und die Vertretungen unseres Volkes, sich durch keine Macht der Welt in den Wahn treiben zu lassen, als ob ein Krieg eine Lösung und Wende unserer Not bringen könnte. Wir begrü-

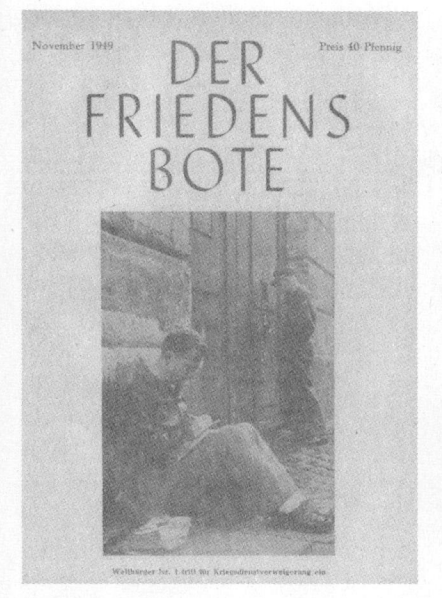

Titelblatt „Der Friedensbote – Monatsschrift der Internationale der Kriegsdienstgegner" (IdK) mit dem Satz unter dem Bild: „Weltbürger Nr. 1 tritt für Kriegsdienstverweigerung ein", November 1949. – Rechts: „Dr. Adenauer der beste Schüler der amerikanischen ‚Europaklasse.'" – Umschlag von „Die Friedensrundschau. Monatschrift der IdK und des Internationalen Versöhnungsbundes" wider die Remilitarisierung mit einer Karikatur aus der liberalen englischen Zeitung „New Chronicle", März 1953

ßen es dankbar und voller Hoffnung, dass Regierungen durch ihre Verfassungen denjenigen schützen, der um seines Gewissens willen den Kriegsdienst verweigert. Wir bitten alle Regierungen der Welt, diesen Schutz zu gewähren. Wer um des Gewissens willen den Kriegsdienst verweigert, soll der Fürsprache und der Fürbitte der Kirche gewiss sein."[486]

Es fällt auf, dass aus den Formulierungen nur indirekt eine positive Wertung der Verweigerer des Kriegsdienstes abzulesen ist. Vor allem geht es um den Schutz ihrer Gewissensentscheidung. Etwas deutlicher wurden die Kirchlichen Bruderschaften im Rheinland im Jahr 1952. Damals hegte das Kabinett von Bundeskanzler Adenauer bereits Pläne zur Wiederbewaffnung Deutschlands. Daher, so die Unterzeichner der Bruderschaften, könne die Kriegsdienstverweigerung „eine im Gehorsam gegen Gott vollzogene Entscheidung sein".[487] „Das war vor dem Hintergrund der ÖRK-Dokumente von 1948 geschehen und tatsächlich etwas revolutionär Neues für die evangelische Kirche in Deutschland."[488] Bis sich „Fürsprache und Fürbitte der Kirche" für die Verweigerer beispielswei-

Titelumschlag der Publikation der Zentralstelle KDV zu ihrem 25-jährigen Bestehen, 1983. – Rechts: Umschlagtitel der Biographie von Ulrich Finckh, 2019

se in den kirchlichen Beratungsdiensten durchsetzten, sollten jedoch noch etliche Jahre vergehen. Aber ein Grundstein war gelegt, eine Richtung vorgegeben. Eine neue Sicht auf die Verweigerer und ihre Gewissensentscheidung bahnte sich an.

Hier ist ein Hinweis auf eine Persönlichkeit angebracht, die wie keine zweite sich für die Kriegsdienstverweigerer und den Schutz ihrer Rechte eingesetzt hat. Die Rede ist von dem evangelischen Pfarrer Ulrich Finckh (1927-2019),[489] der über Jahrzehnte neben seinen Ämtern als Studenten- und Gemeindepfarrer zahlreiche Aufgaben für die Wehrdienstverweigerer wie die Zivildienstleistenden übernahm. Der aus Heilbronn/Württemberg stammende Theologe war Berater und Beistand für die Verweigerer und lernte die oft unerträglichen Prüfungsverfahren kennen. Er gehörte der Evangelischen Arbeitsgemeinschaft zur Betreuung der Kriegsdienstverweigerer (EAK) an, war landeskirchlicher Beauftragter der Kriegsdienstverweigerer und von 1971 bis 2003 Vorsitzender der Zentralstelle für Recht und Schutz der Kriegsdienstverweigerer aus Gewissensgründen (Zentralstelle KDV).[490] Wehrverfassung und Wehrpflichtgesetz der Bundesrepublik aus dem Jahr 1955 wertete er als Verfassungsbruch, da sie

„aus dem Grundrecht der Kriegsdienstverweigerung ein Antragsrecht (machten), dessen Gewährung von einschränkenden staatlichen Vorgaben, staatlicher Prüfung und Verleihung abhängig wurde".[491] Allerdings habe dies das Bundesverfassungsgericht damals „gebilligt".[492] So seien bei den Wehrpflichtigen gleich mehrere der in der Verfassung garantierten Grundrechte verletzt, „vor allem Artikel 2 GG, der das Leben und die körperliche Unversehrtheit garantiert". [493] Als Autor zahlreicher Artikel und Handreichungen für Kriegsdienstverweigerer kämpfte Finckh auch dafür, dass aus dem „zivilen Ersatzdienst" ein Zivildienst und schließlich ein „Sozialer Friedensdienst" wurde, ohne den Makel des „Ersatzes". Der ständigen Benachteiligung der Verweigerer und Zivildienstleistenden durch Gesetzgebung, Rechtsprechung und Militärbürokratie, aber auch durch unterschiedliche Ämter – was sich nicht zuletzt in längeren Dienstzeiten für Verweigerer manifestierte – wirkte Finckh entschieden entgegen. Dabei konnte er u.a. statistische Betrügereien bis hinauf in die Ränge des Verteidigungsministeriums zugunsten des Militärs aufdecken, wodurch er jeden Respekt vor diesem Ministerium verlor. Nach dem 11. September 2001, dem islamistischen Terror-Angriff auf das World Trade Center, bekam die Kriegsführung eine neue Qualität als „War on Terror", worauf die NATO den Verteidigungsfall feststellte. Und auch Deutschland „mischt inzwischen aktiv mit und entsendet mehr denn je Truppen in andere neue Kriege".[494] Finckh sieht heute die Gefahr, dass das einst von Gustav Heinemann verkündete Programm vom „Ernstfall Frieden" erneut gefährdet ist durch den „Schwertglauben", der wieder militärische Gewalt zur Konfliktlösung bevorzugt, so dass der Krieg zum „Ernstfall" wird. 1984 erhielt Finckh den Fritz-Bauer-Preis der Humanistischen Union, in der er ebenfalls engagiert mitwirkt. Der Einsatz für die Würde des Menschen, so seine Grundüberzeugung, für die individuellen und sozialen Grundrechte sowie das Völkerrecht bleibt eine stets dringliche und nie abzuschließende Aufgabe.

b) Das komplementäre Verständnis eines „Friedensdienstes mit und ohne Waffen"

Die 1950er Jahre waren in der Bundesrepublik Deutschland gekennzeichnet durch eine Reihe schwerwiegender politischer Entscheidungen wie der Wiederbewaffnung und Gründung der Bundeswehr (1954), die Integration der Bundeswehr in das westliche Militärbündnis (NATO) mit der möglichen Teilhabe an der atomaren Bewaffnung, die Einfügung der Wehrverfassung in das Grundgesetz (1956)[495] sowie der Militärseelsorgevertrag (1957). Ebenfalls heftig umstritten waren die Notstandsgesetze (1968). Besonders die deutsche Wiederbewaffnung nur wenige Jahre nach dem Zweiten Weltkrieg führte zu leidenschaft-

> *Kampf dem Atomtod*
>
> *Das deutsche Volk diesseits und jenseits der Zonengrenze ist im Falle eines Krieges zwischen Ost und West dem sicheren Atomtod ausgeliefert. Einen Schutz dagegen gibt es nicht. Beteiligung am atomaren Wettrüsten und die Bereitstellung deutschen Gebietes für Abschussbasen von Atomwaffen können diese Bedrohung nur erhöhen. Ziel einer deutschen Politik muss deshalb die Entspannung zwischen Ost und West sein. Nur eine solche Politik dient der Sicherheit des deutschen Volkes und der nationalen Existenz eines freiheitlich-demokratischen Deutschlands.*
>
> *Wir fordern Bundestag und Bundesregierung auf, den Rüstungswettlauf mit atomaren Waffen nicht mitzumachen, sondern als Beitrag zur Entspannung alle Bemühungen um eine atomwaffenfreie Zone in Europa zu unterstützen.*
>
> *Wir rufen das gersamte Deutsche Volk ohne Unterschied des Standes, der Konfession oder der Partei auf, sich einer lebensbedrohenden Rüstungspolitik zu widersetzen und stattdessen eine Politik der friedlichen Entwicklung zu fördern. Wir werden nicht Ruhe geben, solange der Atomtod unser Volk bedroht.*
>
> *Aufruf des Arbeitsausschusses „Kampf dem Atomtod", Februar/März 1958. In: Kampf dem Atomtod, Stuttgart 1958, S. 6*

lich geführten Debatten in Kirche und Gesellschaft. Zu den prominentesten Gegnern der Remilitarisierung gehörten Pastor und Kirchenpräsident Martin Niemöller (1892-1965)[496] und Gustav Heinemann (1899-1976), der als Innenminister im Kabinett Adenauer wegen dessen Wiederbewaffnungsplänen zurücktrat (1950).

Die Frage nach dem Nutzen von Atomwaffen ging erneut mit schweren Auseinandersetzungen einher. Dazu veröffentlichte die Synode der EKD 1958 eine Stellungnahme, die das christliche Dilemma kennzeichnete: „Die unter uns bestehenden Gegensätze in der Beurteilung der atomaren Waffen sind tief. Sie reichen von der Überzeugung, dass schon die Herstellung und Bereithaltung von Massenvernichtungsmitteln aller Art Sünde vor Gott ist, bis zur Überzeugung, dass Situationen denkbar sind, in denen in der Pflicht zur Verteidigung der Widerstand mit gleichwertigen Waffen vor Gott verantwortet werden kann. Wir bleiben unter dem Evangelium zusammen und mühen uns um die Überwindung dieser Gegensätze."[497]

Die später als „Ohnmachtsformel" bezeichnete Erklärung brachte die Ambivalenz der EKD zur Frage der Atomrüstung zum Ausdruck. Wegen der Unvereinbarkeit der Positionen drohte sogar die Gefahr einer Kirchenspaltung. In den Auseinandersetzungen um die atomare Bewaffnung gab der evangelische Militärbischof Hermann Kunst (1907-1999) der Forschungsstätte der Evangelischen Studiengemeinschaft (FEST) in Heidelberg den Auftrag, einen Beitrag

Titelumschlag einer Publikation von Walter Dignath, vom evangelischen Verlag Herbert Reich in Hamburg wie folgt angekündigt: „Endlich ein Buch, das die Wehr- + Kriegsfreudigen entwaffnet! Ein Buch für Christen in der Verantwortung, Kriegsdienstgegner, Methodisten, Quäker, Bruderhöfe. Menschen, die ehrlich um den Frieden ringen", 1958. Rechts: Kundgebung des Arbeitsausschusses „Kampf dem Atomtod in der Frankfurter Kongresshalle, 23. März 1958

zur Klärung der friedensethischen Diskussion zu erarbeiten. Die Kommission veröffentlichte 1959 die sogenannten Heidelberger Thesen, die der Physiker Carl Friedrich von Weizsäcker (1912-2007) abschließend formuliert hat. Sie lauten: „These I: Der Weltfriede wird zur Lebensbedingung des technischen Zeitalters.

These II: Der Christ muss von sich einen besonderen Beitrag zur Herstellung des Friedens verlangen.

These III: Der Krieg muss in einer andauernden und fortschreitenden Anstrengung abgeschafft werden

These IV: Die tätige Teilnahme an dieser Arbeit für den Frieden ist unsere einfachste und selbstverständlichste Pflicht.

These V: Der Weg zum Weltfrieden führt durch eine Zone der Gefährdung des Rechts und der Freiheit, denn die klassische Rechtfertigung des Krieges versagt.

These VI: Wir müssen versuchen, die verschiedenen im Dilemma der Atomwaffen getroffenen Gewissensentscheidungen als komplementäres Handeln zu verstehen."

Titelumschlag der Friedens-Denkschrift der Evangelischen Kirche in Deutschland, u.a. mit den „Heidelberger Thesen" von 1959 im Anhang, 1981. Rechts: Broschüre des Bremer Stadtjugendringes in Kooperation mit der Bremer Ortsgruppe der „Deutschen Friedengesellschaft – Vereinigte Kriegsdienstgegner", 1982

Die beiden Grundhaltungen fanden Ausdruck in den folgenden Formulierungen:
„These VII: Die Kirche muss den Waffenverzicht als eine christliche Handlungsweise anerkennen.

These VIII: Die Kirche muss die Beteiligung an dem Versuch, durch das Dasein von Atomwaffen einen Frieden in Freiheit zu sichern, als eine heute noch mögliche christliche Handlungsweise anerkennen."[498]

Das hier verwendete Denkmuster der Komplementarität ist den Naturwissenschaften[499] entnommen. Die Übertragung auf den ethischen Bereich ist nach Kritikern wie Martin Niemöller nicht statthaft. Die evangelische Kirche in Deutschland hat die Heidelberger Thesen offiziell nie beschlossen, doch haben sie sich lange Zeit als „Kompromissformel" etabliert.

Oberstes Ziel aller christlichen Bemühungen hat demnach der Friede zu sein. Doch ist zu akzeptieren, dass es dahin unterschiedliche Wege und Gewissensentscheidungen gibt. Sie können voneinander abweichen und sind doch einem gemeinsamen Ziel untergeordnet. Nach These acht ist die atomare Bewaffnung und Bedrohung „noch" akzeptierbar. Doch deutet sie auch eine Befristung an, was zugleich den vorläufigen und fragmentarischen Charakter der Thesenreihe anzeigt. Weitere Anstrengungen auf dem Weg des Friedens sollten sich als zwingend erforderlich erweisen. Die Komplementarität ist des weiteren auf das Verhältnis von Kriegsdienstverweigerung (bzw. Zivildienst) und Wehrdienst übertragen worden, und so stellte die auf dem Kirchentag in Hannover im Jahre 1967 geprägte Formel vom „Friedensdienst mit und ohne Waffen" fortan ein griffiges Motto dar.

Die Auseinandersetzung über die Heidelberger Thesen sensibilisierte die christliche Öffentlichkeit auch für die Kriegsdienstverweigerung. Vor allem die lange vernachlässigten kirchlichen Beratungs- und Betreuungsdienste für die Betroffenen wurden intensiviert und ausgebaut. Alsbald stellten sich so beispielsweise in den 1960er Jahren in Württemberg zahlreiche Pfarrer für entsprechende Dienste zur Verfügung.[500]

„Hier werden für ihre Tätigkeit bei den Verbänden die Zivildienstleistenden ausgebildet. Der Verteidigungsminister" – Karikatur in der Schrift „Informationen über Kriegsdienstverweigerung", an den Versuch erinnernd, militärische Strukturen (Kasernierung, heimatferne Einberufung) auf den Zivildienst zu übertragen, 1982

Die Zahl der Kriegsdienstverweigerer, von der Einführung der Wehrpflicht (1956) an bis 1967 sehr niedrig geblieben, verdoppelte sich im Jahr 1967 von 5 963 auf 11 963 im Jahr 1968 und erreichte im Jahr 1991 einen Höhepunkt mit insgesamt 151 212 Anträgen[501]. Kriegsdienstverweigerung war in den Rang eines „Massenphänomens" aufgestiegen.

c) Das neue Leitbild vom „gerechten Frieden"

Wichtige Impulse zur Friedensethik kamen aus der Evangelischen Kirche der DDR. In einem Staat, der eine Alleinvertretung in Sachen Frieden propagierte, gab es keine Möglichkeit der Kriegsdienstverweigerung. Erst ab 1964 konnten Verweigerer einen waffenlosen Militärdienst in Baueinheiten der Nationalen Volksarmee ableisten. Zum Verhalten der Verweigerer in der DDR nahm die

Kirchenleitung 1982 in anerkennender Weise Stellung: „Vielmehr geben die Verweigerer, die im Straflager für ihren Gehorsam mit persönlichem Freiheitsverlust leidend bezahlen und auch die Bausoldaten, welche die Last nicht abreißender Gewissensfragen und Situationsentscheidungen übernehmen, ein deutlicheres Zeugnis des gegenwärtigen Friedensgebotes unseres Herrn. Aus ihrem Tun redet die Freiheit der Christen von den politischen Zwängen. Es bezeugt den wirklichen und wirksamen Friedensbund Gottes mitten unter uns."[502]

Die Kompromissformel ist ebenso aufgegeben wie die Vorstellung der Komplementarität. Nicht militärischer „Friedendienst", sondern die Verweigerung ist das „deutlichere Zeugnis". Doch nicht nur in der Frage der Kriegsdienstverweigerung ging die Kirche in der DDR voran. Sie votierte auch für den Vorrang eines nicht militärisch gesicherten Friedens und drängte auf den Abschied von „Geist, Logik und Praxis der Abschreckung" (1983), so auch im selben Jahr die Absicht der Vollversammlung des ÖRK in Vancouver, als sie einen Prozess für Gerechtigkeit, Frieden und Bewahrung der Schöpfung ausrief.

„Schwerter zu Pflugscharen" (Micha 4, 3), Symbol der Friedensbewegung in der DDR, auf einer Demonstration gegen ein geplantes Atommüll-Lager in Gorleben, 1984

Das hierbei von einer Delegation des Bundes der Evangelischen Kirchen in der DDR eingebrachte neue Leitbild eines „gerechten Friedens" bedeutete zugleich den Abschied vom Gedanken der Komplementarität der Gewissensentscheidungen wie von den gegensätzlichen „Friedensdiensten". Auf eine knappe Formel gebracht, lautete das neue Paradigma: „Wenn du den Frieden willst, bereite den Frieden vor!" Die bereits 1948 von der Ökumene ausgesprochene Ächtung des Krieges fand jetzt ihre Fortsetzung, indem man den Einsatz gewaltfreier Konfliktlösungen vor allen kriegerischen Auseinandersetzungen betonte. Bedeutsam war, dass das neue Motto ökumenische Zustimmung erfuhr und sowohl in der evangelischen als auch in der katholischen Kirche Wertschätzung und Verbreitung fand.[503] Welche Konsequenzen sich daraus für den „gerechten Frieden" ergaben, sollte sich bei der Ökumenischen Versammlung von Dresden-Magdeburg-Dresden 1989 erweisen, indem sie erklärte: „Mit der notwendigen Überwindung der Institution des Krieges kommt auch die Lehre vom gerechten Krieg, durch welche die Kirchen den Krieg zu humanisieren hofften, an ein Ende. Daher muss schon jetzt eine Lehre vom gerechten Frieden entwickelt werden, die zugleich theologisch begründet und dialogoffen auf allgemeinmenschliche Werte bezogen ist. Dies im Dialog mit Andersglaubenden und Nichtglaubenden zu erarbeiten, ist eine langfristige ökumenische Aufgabe der Kirchen."[504]

Ulrich Frey fasst die Botschaft des gerechten Friedens treffend zusammen: „Der gerechte Friede kann nicht als die bloße Abwesenheit von Krieg verstanden werden, sondern als ein umfassendes konstruktives Programm zur Durchsetzung der vorrangigen Optionen zugunsten der Armen, der Gewaltfreiheit und der Förderung und des Schutzes des Lebens.

Der gerechte Friede ist ein offener, geschichtlich-dynamischer Veränderungsprozess mit immer neuen Anstrengungen zur Verminderung oder gar Überwindung der sich wandelnden Ursachen von Unfrieden, welche sind: Not, Gewalt, Unfreiheit und destruktive Aggressivität aus Angst.

Leitlinien dieses Prozesses sind weltweit geltende Normen und Werte wie Demokratie und Menschenrechte sowie die Forderung nach einer Weltinnen- und Weltordnungspolitik.

Das Leitbild des gerechten Friedens zielt darauf, kriegerischer Gewalt überhaupt die Legitimität zu entziehen, also dass Krieg führen moralisch zu ächten, politisch überflüssig zu machen und von Rechts wegen zu verbieten."[505]

2. Aufbrüche in der Katholischen Kirche

a) Kriegsdienstverweigerer im II. Vatikanischen Konzil (1962-1965)

Die Frage der Kriegsdienstverweigerung aus Gewissensgründen ist – trotz vieler Widerstände – auf dem Zweiten Vatikanischen Konzil erörtert und in die verbindlichen Texte aufgenommen worden. Das Thema war eingebettet in die „Pastorale Konstitution ‚Die Kirche in der Welt von heute – Gaudium et spes'"[506]. Gerade in dieser Erklärung trat die Absicht des Konzils besonders deutlich hervor, den binnenkirchlichen Raum zu öffnen und in einen Dialog mit der modernen Welt und ihren Fragen einzutreten. Dabei war den Verantwortlichen bewusst, dass sie nicht für alle Probleme eine Lösung hatten und sich viele ihrer „Äußerungen nur in vorläufiger Form"[507] vortragen ließen. Das fünfte Kapitel der Konzilserklärung widmet sich der „Förderung des Friedens und dem Aufbau der Völkergemeinschaften" (Artikel 77-90). Noch von der Erinnerung an die beiden Weltkriege geprägt, aber auch angesichts drohender neuer Gewaltanwendung heißt es in dem Abschnitt: „Darum möchte das Konzil den wahren und hohen Begriff des Friedens klarlegen, die Unmenschlichkeit des Krieges verurteilen und mit allem Ernst einen Aufruf an alle Christen richten, mit Hilfe Christi, in dem der Friede gründet, mit allen Menschen zusammenzuarbeiten, um untereinander in Gerechtigkeit und Liebe den Frieden zu festigen und all das bereitzustellen, was dem Frieden dient."[508]

Zu den zentralen Positionen der Begründung gehören u.a. die Verurteilung des totalen Krieges sowie die ausdrückliche Hervorhebung des Prinzips der Gewaltlosigkeit. Auch wollte man nicht mehr mit der traditionellen Lehre vom „gerechten Krieg" argumentieren. Die entsprechende Verlautbarung des Konzils schließt auch die Verweigerer des Kriegsdienstes ein, ohne dass es an dieser Stelle gesagt wäre: „Vom gleichen Geist [Jesu, ergänzt H.K.] bewegt, können wir denen unsere Anerkennung nicht versagen, die bei Wahrung ihrer Rechte darauf verzichten, Gewalt anzuwenden, sich vielmehr auf Verteidigungsmittel beschränken, so wie sie auch den Schwächeren zur Verfügung stehen, vorausgesetzt, dass dies ohne Verletzung der Rechte und Pflichten anderer oder der Gemeinschaft möglich ist."[509]

Eine absolute Ächtung jeglicher kriegerischen Handlung spricht das Konzil nicht aus, da es am Recht auf Notwehr im privaten wie staatlichen Bereich festhält. Jedoch überwiegt die Hoffnung auf eine Überwindung des Krieges, was künftig aufgrund internationaler Übereinkunft möglich sei, wenn man entsprechende Anstrengungen unternehme: „Es ist also deutlich, dass wir mit all unseren Kräften jene Zeit vorbereiten müssen, in der auf der Basis einer Übereinkunft zwischen allen Nationen jeglicher Krieg absolut geächtet werden kann."[510]

Im fünften Abschnitt bekennt sich das Konzil zur Lehre der Gewaltlosigkeit. In einer offiziellen Textausgabe bemerkt René Coste (1922-2018), Toulouse, dazu in einem Kommentar: „Man muss die Leichtfertigkeit, mit der die Christen diese Lehre Christi allzu oft jahrhundertelang und auch noch in unseren Tagen verkannt haben, als einen Skandal anklagen. Wir müssen Männern wie Mahatma Gandhi und Pastor Martin Luther King dankbar sein, weil sie uns durch ihre Lehre und durch die Beispiele gezwungen haben, das Feuer der Worte des Evangeliums aufzudecken, das wir niedergehalten haben aus Angst, es könne uns verschlingen. Notwendig ist eine eindeutige Entscheidung für Gewaltlosigkeit bis an die Grenze des Möglichen... Wir müssen dem Konzil dankbar sein, der Gewaltlosigkeit, die bis dahin vielen verdächtig gewesen war, offiziell Heimatrecht in der Kirche verschafft zu haben."[511]

René Coste auf dem Weg in die Kathedrale von Santiago de Compostela, 1965

Zur Frage der Kriegsdienstverweigerung findet sich in dem Konzilstext ein einziger Satz, der von den Regierungen gesetzliche Schutzmaßnahmen für die Betroffenen verlangt: „Ferner scheint es angebracht, dass Gesetze für die in humaner Weise Vorsorge treffen, die aus Gewissensgründen den Wehrdienst verweigern, vorausgesetzt, dass sie zu einer anderen Form des Dienstes an der menschlichen Gemeinschaft bereit sind."[512]

Der Satz wirkt kühl und distanziert. Offensichtlich ist er, nach vielen Streichungen, rumpfartig stehen geblieben. Vielleicht ist er dem einstigen Erzbischof von Bombay, Thomas Roberts S.J. (1893-1976), zu verdanken, der sich auf dem Konzil für den Frieden und die Zusammenarbeit der Nationen ebenso engagierte wie für die Kriegsdienstverweigerer aus Gewissensgründen.[513]

Auf eine wie immer geartete ethische Bewertung der Kriegsdienstverweigerung verzichtet das Konzil. Auch konnte und wollte man nicht so weit gehen, sie den Christen zu empfehlen. Dagegen standen immer wieder das Recht und sogar die Pflicht der Regierungen, sich für ethisch erlaubte Verteidigung gegen Angriffe zu rüsten. Und so heißt es: „Wer als Soldat im Dienst des Vaterlandes steht, betrachte sich als Diener der Sicherheit und Freiheit der Völker. Indem er diese Aufgabe recht erfüllt, trägt er wahrhaft zur Festigung des Friedens bei."[514]

Eine vergleichbare Wertschätzung der Kriegsdienstverweigerer unterbleibt. Dass auch sie zum Frieden beitragen, findet nirgends Beachtung. Der Eindruck, dass das Konzil nur mit großer Zurückhaltung auf die Kriegsdienstverweigerer eingeht, verstärkt sich, wenn man sich die Konzildiskussion vor Augen führt. Zum Beispiel argumentierte Msgr. L. Carli, Segni (Italien), auch im Atomzeitalter seien „gerechte Kriege" möglich, weshalb der Militärdienst legitim und geboten sei. Eine Verweigerung aus Gewissensgründen müsse daher als moralisch unerlaubt gelten, auch im Frieden. Am besten, so Carli, sei es, den ganzen Abschnitt über die Kriegsdienstverweigerung zu streichen. Andere Stimmen hingegen hoben hervor, gerade sie entspräche dem Friedensgeist des Evangeliums. Auch Kardinal Paul-Emile Léger (1904-1991), Erzbischof von Montreal, betonte, das Konzil solle deutlich sagen, dass eine „Kriegsdienstverweigerung aus Gewissensgründen aus der Liebe und aus dem Friedensgeist des Evangeliums entspringen kann".[515] Ihn unterstützte der englische Abt C. Butler OSB ganz im Sinne alter britischer Tradition: „Unter uns können Wehrdienstverweigerer prophetischer Art sein, die eine Moral rein nach dem Evangelium leben."[516]

Titelumschlag des vom Referat Zivildienstseelsorge der „Zentralstelle Pastoral" der Deutschen Bischofskonferenz herausgegebenen Broschüre zur „Kriegsdienstverweigerung im Dritten Reich, 1987

Doch solche Äußerungen fanden keinen Eingang in den Konzilstext. Das Recht auf Kriegsdienstverweigerung wurde nicht ausdrücklich anerkannt. Immer wieder stand die Inanspruchnahme von individueller und kollektiver Gewaltanwendung gegen Angriffe dagegen. Man war überzeugt, einer Regierung könne man, „wenn alle Möglichkeiten einer friedlichen Regelung erschöpft sind, … das Recht auf sittlich erlaubte Verteidigung nicht absprechen."[517]

Konzilskommentator Coste bedauert, „dass das Konzil nicht stärker den tragischen Charakter einer solchen Notwendigkeit hervorgehoben hat" und ergänzt kritisch, es sei „skandalös, dass in der Vergangenheit so viele Kriege von Menschen, die sich Jünger Christi nannten, mit so viel gutem Gewissen und sogar mit Leichtfertigkeit akzeptiert wurden. Welch schlechtes Beispiel hat Europa, das in der großen Mehrheit seiner Bewohner christlich ist, der Welt durch die Auslösung zweier Weltkriege gegeben, die zuerst europäische Kriege waren."[518]

Coste, der das Recht auf legitime Verteidigung anerkennt, ist zugleich davon überzeugt, dass es persönliche Berufungen prophetischer Art zur absoluten Gewaltlosigkeit geben kann, deren Echtheit garantiert wird durch Intensität ihrer Liebe im alltäglichen Leben und ihren Willen zum Dialog, durch ihre Bescheidenheit, ihre Geduld und durch ihre Uneigennützigkeit. Solche Männer und Frauen zeigen ihren Brüdern im Stillen den Weg, um den auch sie sich bemühen müssen. In gemeinsamem Zeugnis der Liebe sind sie mit denen verbunden, die von Gott berufen sind, in vollkommener Ehelosigkeit zu leben. Es kann kein Zweifel sein, dass unsere Zeit es nötig hat, auf einen solchen Ruf zu hören. Das Konzil geht in seinen Äußerungen nicht so weit, aber sichert die Berechtigung zu einer solchen Schau der Dinge zu.[519]

In diesem Zusammenhang überrascht es, dass Coste, der das Beispiel des Verweigerers Franz Reinisch kennt, nicht auch auf Franz Jägerstätter eingeht. Denn dessen Person war Anlass einer Initiative, die wiederum Bischof Thomas Roberts dem Konzil nahelegte. Seine schriftliche „Stellungnahme" an das Konzil skizzierte die Verweigerung des Kriegsdienstes durch Franz Jägerstätter und bezeichnete dessen Lebenszeugnis – bedauernd und mit kritischem Unterton gegen damalige Verantwortliche der Kirche – als „Zeugnis eines Alleinstehenden":

Stellungnahme im Konzil über das Thema

Die Kirche in der Welt von heute, Kapitel V, Sektion 101

Die Objektion des Gewissens, von T.D. Roberts
[...]
„Dieser junge Mann, dieser Ehemann und Familienvater, wurde berufen, aufzuzeigen, dass ein Christ nicht in einem Kriege, welchen er als ungerecht empfindet, Dienst leisten darf, soll es auch sein Leben kosten, wenn das Gesetz, von Gott in seinem Herzen geschrieben, mit den Befehlen von irdischer Macht in Konflikt geraten soll.

Das Zeugnis von Franz Jägerstätter war ‚Zeugnis eines Alleinstehenden', denn alle katholischen Kameraden seines kleinen Dorfes, wie auch die Priester, an welche er sich als Leiter des Gewissens wandte, und sogar sein Bischof sagten ihm, dass es seine Aufgabe sei zu tun, was man ihm befehle, und nicht zu urteilen, ob der Krieg seiner Nation gerecht oder ungerecht sei.

Nichtsdestoweniger, sein Gewissen sagte ihm immer wieder, dass nicht die Zivilen Vorgesetzten ihm erklären können, was seine moralische Verpflichtung sei. Er war überzeugt, dass dieser Krieg ungerecht war, und dass er eine Sünde beginge, wenn er in diesem Krieg Dienst leisten würde [...]

Jägerstätter wusste von Anfang an, dass seine Weigerung, zu welcher ihn sein Gewissen verpflichtete, seinen Tod bedeutete, und er war darauf vorberei-

Erinnerung der „Friedens-Rundschau" am 10. Jahrestag der Hinrichtung Franz Jägerstätters, August 1953

tet. Doch in den letzten Wochen vor seinem Tode, welche er im Gefängnis verbrachte, war er stets etwas beunruhigt, dass er eine Sünde begehen könnte, indem er nicht dem Rat folgte, den ihm die kirchlichen Leiter seines Gewissens gegeben hatten.

Es ist also nötig, dass wir in diesem Schreiben bekanntgeben, dass die Kirche die Rechte des einzelnen Gewissens bestätigt, einen ungerechten militärischen Dienst zu verweigern. Anderseits ist es nötig, dass wir den Gläubigen, welche für ihren Glauben zeugen, versichern, dass sie immer ganz und gar von der Kirche unterstützt werden. MAERTYRER WIE JAEGERSTAETTER sollen nie das Gefühl haben, dass sie allein sind. Ich lade die Väter ein, diesen Mann und sein Opfer in einem Geiste von Dankbarkeit zu betrachten, damit sein Beispiel unsere Beschlüsse inspiriere."[520]

Zu ergänzen bleibt, dass sich Roberts schon früher über die Reserviertheit und Herzenshärte von Vertretern der Kirche gegenüber den Märtyrern des Gewissens beklagt und geäußert hat:[521]

Eine für die Art katholischen Denkens nur allzu typische Strenge widerfährt den Märtyrern des Gewissens – ich sage dies ganz bewusst – wie der österreichische Bauer Franz Jägerstätter. Die von den Erwählten Christi irgendeine moralische Unterstützung weder erhalten noch erhalten haben.

Und in einer weiteren Eingabe von Roberts an das Konzil heißt es: „Mit welcher Nachlässigkeit, welcher Herzenshärte haben Katholiken zumeist auf jene gesehen, die man bewusst Märtyrer des Gewissens nennen darf; unter ihnen erwähne ich ehrenhalber jenen österreichischen Bauern Franz Jägerstätter, der unter dem Tyrannen Hitler einen höchst grausamen Tod auf sich genommen hat, um nicht Befehlen gehorchen zu müssen, die, wie er ganz richtig urteilte, für ihn eine Sünde gewesen wären. Wie oft haben solche Märtyrer, früher wie heute, von jenen, die Christi Stelle vertreten, vergebens auf ein Wort des Trostes oder der Ermutigung gehofft."[522] – Fazit: Das Zweite Vatikanische Konzil gab dem Prinzip der Gewaltlosigkeit ein Heimatrecht in der Kirche. Die Verweigerung des Kriegsdienstes aus Gewissensgründen wurde auf dem Konzil erörtert, in die Dokumente aufgenommen und damit anerkannt. Allerdings unterblieb ihre sittliche Bewertung. Die Initiative des Bischofs T. Roberts machte Franz Jägerstätter weit über die Grenzen seiner Heimat hinaus bekannt. Es war nun die Aufgabe nationaler Bischofskonferenzen, praktische Konsequenzen aus den Impulsen des Konzils abzuleiten.

b) Die Würzburger Synode (1971-75)

Um die Beschlüsse des Zweiten Vatikanischen Konzils und deren Verwirklichung zu beraten, trafen sich die Vertreter der deutschen Diözesen zu einer Gemeinsamen Synode in Würzburg, eingeladen vom Sprecher der Deutschen Bischofskonferenz Julius Kardinal Döpfner (1913-1976), zugleich Präsident der Synode. Im Hinblick auf die Kriegsdienstverweigerung sind drei Ergebnisse bedeutsam: Über das Konzil hinausgehend, wertet die Synode die Verweigerung des Kriegsdienstes als Beitrag zum Frieden, spricht sich für eine angemessene Beratung und Betreuung der Verweigerer aus und kritisiert die Verfahren auf Anerkennung der Verweigerer.[523]

Versammlung der Würzburger Synode, 1975

Zu ergänzen ist, dass die deutschen Diözesen bereits vor der Synode Beratungsstellen für Wehrpflichtige und Kriegsdienstverweigerer in Deutschland eingerichtet hatten (1968). Auch bemühte sich die katholische Kirche zunehmend, in ihren Einrichtungen Stellen für Zivildienstleistende zu schaffen.[524] Mit ihrer neuen Wertschätzung der Kriegsdienstverweigerung und des Zivildienstes, ihrer Beratungsarbeit sowie der Einrichtung von Stellen für Zivildienstleistende trug die Kirche dazu bei, das Ansehen der Kriegsdienstverweigerer in der Öffentlichkeit zu fördern und zu stärken.

Transparent während der Aktionswoche „Für militärfreie Bildung" bei der Kundgebung auf dem Wittenbergplatz in Berlin, daneben ein Plakat mit dem Slogan „Übung macht den Mörder", u.a. an die Opfer des Luftangriffs auf einen Tanklastwagen in der Nähe von Kundus erinnernd, 28. September 2012

Die Aussetzung der Wehrpflicht unter Verteidigungsminister zu Guttenberg im Jahr 2011 führte zu einer neuen Lage. Auch der Zivildienst für die Verweigerer entfiel. Ebenso kündigten viele Beratungsstellen ihre Arbeit auf. Die Bundeswehr wurde faktisch zu einer Berufsarmee und musste fortan um ihre Soldaten werben, was sie vor allem in Schulen und anderen Bildungseinrichtungen tat. Zu diesem Zweck schloss die Bundeswehr mit acht Bundesländern Kooperationsverträge ab. Viele Friedensorganisationen kritisierten die Vereinbarungen – und sie reagierten auf die „Ausbildungsinitiative" der Bundeswehr mit der Kampagne „Schulfrei für die Bundeswehr – Lernen für den Frieden."[525]

c) Eine neue Initiative für Gewaltlosigkeit und Gerechten Frieden (2016)

Von 11. bis 13. April 2016 veranstaltete der Päpstliche Rat für Gerechtigkeit und Frieden gemeinsam mit pax christi International erstmals eine Konferenz zum Thema „Gewaltfreiheit und Gerechter Friede – Zum katholischen Verständnis von Gewaltfreiheit beitragen". An der Tagung, die in Rom stattfand, nahmen Bischöfe, Priester, Frauen und Männer aus allen Erdteilen teil. Ihr Anliegen war, der Gewaltfreiheit der Bibel wieder einen zentralen Stellenwert im Leben der katholischen Kirche zu verschaffen. Die Lehre vom „gerechten Krieg" sollte überwunden und gewaltfreie Praktiken zum Schutz von bedrohten Menschen vorangebracht werden. „In Rom haben wir unseren Standpunkt klargemacht, dass kein Krieg zu rechtfertigen ist, vor allem nicht angesichts der Gewalttätigkeit aller modernen Kriege."[526] Grund zu großer Hoffnung für gewaltloses Handeln stellten die Ausführungen der US-amerikanischen Friedensforscherinnen Maria J. Stephan und Erica Chenoweth in ihrer 2011 veröffentlichten Studie dar. Dort heißt es u.a.: „Wir kamen zu einem eindeutigen Schluss: Gewaltloser Widerstand gegen einen starken Gegner (es kann auch eine herrschende Militärmacht gemeint sein) erzielte doppelt so häufig Erfolge als bewaffneter Widerstand. Wir untersuchten 323 gewaltsame und gewaltfreie Kampagnen gegen etablierte Regime und Besatzung in der Zeit von 1900 bis 2006. Bei den genannten politischen Zielen stellte sich heraus, dass von den gewaltfreien Kampagnen 54 % erfolgreich waren, aber nur 27 % der gewaltsamen Kampagnen."[527]

Maria J. Stephan bei dem „RESOLVE Network Global Forum" am „U.S. Institute of Peace" in Washington, September 2018

Die Schlusserklärung fasst die Ergebnisse und Forderungen der Konferenz zusammen: „Die Gewaltfreiheit des Evangeliums und den Gerechten Frieden leben. In diesem Geist verpflichten wir uns, das katholische Verständnis und die Praxis gewaltfreien Handelns auf dem Weg zum gerechten Frieden zu fördern. Als vermeintliche Jünger*innen Jesu, die wir durch die Erzählungen von Hoffnung und Mut in diesen Tagen herausgefordert und beseelt sind, fordern wir von der Kirche, die wir lieben:

die katholische Soziallehre über gewaltfreies Handeln weiterzuentwickeln – insbesondere bitten wir Papst Franziskus um eine Enzyklika über Gewaltfreiheit und gerechten Frieden für die Welt;

die Gewaltfreiheit des Evangeliums ins Leben, einschließlich des sakramentalen Lebens, und Wirken der Kirche einzubinden – in den Diözesen, Pfarreien, Kommissionen, Schulen, Universitäten, Priester-Seminaren, Ordensgemeinschaften, gemeinnützigen Organisationen und anderen;

gewaltfreie Methoden und Strategien zu unterstützen (z.B. gewaltfreier Widerstand, wiedergutmachende Justiz, Traumaheilung, Schutz unbewaffneter Zivilisten, Konflikttransformation und Strategien für die aktive Friedensförderung);

einen weltweiten Dialog über Gewaltfreiheit zu initiieren – innerhalb der Kirche, mit Andersgläubigen und mit der Welt insgesamt – um auf die gewaltigen Krisen unserer Zeit durch die Vision und die Strategien von gewaltfreiem Handeln und gerechtem Frieden eine Antwort zu geben;

die ‚Theorie des gerechten Kriegs' nicht mehr zu verwenden oder zu lehren und weiterhin für eine Abschaffung des Kriegs und der Atomwaffen einzutreten;

die prophetische Stimme der Kirche zu erheben, um ungerechte Weltmächte herauszufordern und die gewaltfreien Aktivisten, die durch ihr Engagement für Frieden und Gerechtigkeit ihr Leben aufs Spiel setzen, zu unterstützen und zu verteidigen."[528]

Kapitel III – Kriegsdienstverweigerer als Märtyrer und Selige einer ökumenischen Christenheit

1. Zeugen für Christus – die Märtyrer

Über das historische Interesse hinaus ist nach dem Sinn und der Bedeutung der religiösen Kriegsdienstverweigerer zu fragen. Was haben uns die Menschen zu sagen, die in den Tod gegangen sind, um andere nicht zu töten? War ihre Gewissensentscheidung ein Irrweg, der zwangsläufig zum Scheitern führen musste? Oder handelt es sich um ein sinnstiftendes Handeln, das Achtung verdient auch für Gegenwart und Zukunft wertvolle Impulse zu geben vermag? Unser Blick in die Vergangenheit sollte kein folgenloses Erinnern, sondern ein „Gedenken um der Zukunft willen"[529] sein. Wie können wir diese Menschen charakterisieren, um sie besser zu verstehen? Peter Steinbach, Historiker, Politologe und gemeinsam mit Johannes Tuchel wissenschaftlicher Leiter der Gedenkstätte Deutscher Widerstand, gab in einem Interview, dazu befragt, folgende Erklärung: „Ich denke, es sind Menschen, die eine ganz große Fähigkeit zur Wahrnehmung gesellschaftlicher und politischer Fehlentwicklungen haben. Das ist der erste Schritt. Der zweite Schritt ist: sie müssen sich über Fehlentwicklungen erregen, empören können. Und der dritte Schritt: sie dürfen es nicht bei dieser Empörung belassen, sondern sie müssen die Fähigkeit entwickeln zu handeln. Das ist der dritte Schritt. Und wenn sie diese Schritte absolviert haben, dann müssen sie die Entscheidung fällen, ob sie die Konsequenzen aus Wahrnehmung, Empörung und Handeln im Hinblick auf die eigene Person und auf die Menschen, die ihnen viel bedeuten – die Kinder, die Frauen, die Angehörigen – ob sie diese Entscheidung zu tragen bereit sind. Und wenn sie diese vier Punkte bewältigt haben, dann haben sie eine gute Chance, dem Gegner entgegenzutreten. Und sie müssen das tun, obwohl sie genau wissen, dass sie scheitern werden. Also es gehört auch eine Energie dazu, die sich nicht auf den Erfolg konzentriert, sondern die sich in dem Wunsch bündelt, dem Gegner die Wahrheit zu sagen, weil man als Regimegegner – und das hat mal Vaclav Havel gesagt – weil man eben in der Wahrheit leben will."[530]

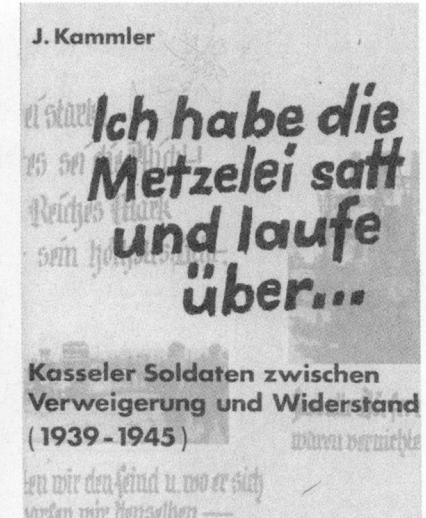

"Politisch hat Deutschland den Krieg verloren..." – Antikriegsrelief des Bildhauers Kurt Schumacher (1905-1942), wegen seines Widerstandes gegen das NS-Regime in Plötzensee hingerichtet, 1942. – Rechts: Umschlagtitel von Jörg Kammlers wichtiges Buch über verfolgte Soldaten der Wehrmacht, deren Andenken – ebenso wie das der religiösen Kriegsdienstverweigerer – aus dem öffentliches Gedächtnis gelöscht werden sollte, 1985

In der Wahrheit leben wollen – dies könnte das Lebensmotto der ehemaligen Kriegsdienstverweigerern gewesen sein. Doch was war für sie die Wahrheit? Die in diesem Buch charakterisierten Personen traten ein für die Wahrheit des Evangeliums von Jesus Christus, für die Wahrhaftigkeit ihres christlichen Glaubens, wie sie ihn erfahren und gelebt und für den sie am Ende ihr eigenes Leben hingegeben haben.

Im Vertrauen auf die Wahrheit

Der Mensch unterscheidet sich vom Tier dadurch, dass er denken und danach handeln kann mit eigenem Wollen. Furchtbar das Los einer meschlichen Hammelherde, die zur Schlachtbank gejagt wird, und weiß nicht wofür.
Gefesselt, unter fast ständiger Beobachtung geschrieben. Ich weiß, dass meine, unsere Weltanschauung siegt, wenn auch wir, die kleine Vorhut, fallen. Wir hätten gern dem deutschen Volk das Härteste erspart. Unsere kleine Schar hat aufrecht und tapfer gekämpft. Wir konnten nicht feige sein.
Letzte Notizen von Kurt Schumacher. In: Gerald Wiemers, Zum 25. Jahrestag der Ermordung von Adam Kuckhoff, Berlin o.J., S. 81.

Fotos von der Bronzetafel für Franz Jägerstätter und von der Gedenktafel auf dem Gehweg vor dem einstigen Reichskriegsgericht, aufgehängt im Rahmen des Protestes „Kein Werben für das Sterben", einem Aufruf des Bündnisses „Schule ohne Militär" im Vorfeld der Münchener „Sicherheitskonferenz" vor dem „Showraum" der Bundeswehr in Berlin, 8. Februar 2016. Die Texte lauten: „In diesem Gebäude wurde der österreichische Bauer Franz Jägerstätter (1907-1943) vom ehemaligen Reichskriegsgericht wegen seiner Gewissensentscheidung gegen eine Kriegsteilnahme am 6. Juli 1943 zum Tode verurteilt. Mit ihm gedenken wir all jener, die wegen einer Gewissensentscheidung Opfer von Kriegsgerichten wurden." – „Zum Gedenken. In diesem Hause, Witzlebenstraße 4-12, befand sich von 1936 bis 1943 das Reichskriegsgericht. Die höchste Instanz der Wehrmachtsjustiz verurteilte hier 260 Kriegsdienstverweigerer und zahllose Frauen und Männer des Widerstands wegen ihrer Haltung gegen Nationalsozialismus und Krieg zum Tode und ließ sie hinrichten." Eine 1989 angebrachte provisorische Gedenktafel aus Holz ließ ein Kammerrichter entfernen und zerstören. Im selben Jahr ist aber zum 50. Jahrestag des Kriegsbeginns vor dem Gebäude eine metallene Gedenktafel aufgestellt worden. Die Erinnerung an Franz Jägerstätter existiert erst seit 1997.

Bei ihrer Suche nach Aufrichtigkeit und Geradheit stand die Frage im Mittelpunkt: Was wünscht Gott in dieser Situation von mir, was kann ich tun, um nach seinem Willen zu handeln? Als Leitfaden diente ihnen die Botschaft der Bibel. Hier fanden sie die Weisungen Gottes im Tötungsverbot des Dekalogs klar ausgerückt: „Du sollst nicht morden!" (Buch Exodus 20, 13)

Das Gebot verstanden viele Kriegsdienstverweigerer in einer absoluten Weise und brachten es stets vor, wenn sie nach den Gründen ihrer Verweigerung gefragt wurden.[531] Eine Verschärfung des Gebots sowie das Gebot des Gewaltverzichts fanden sie in den Worten Jesu in der Bergpredigt:

„Ihr habt gehört, dass zu den Alten gesagt worden ist: Du sollst nicht töten; wer aber jemand tötet, soll dem Gericht verfallen sein.

Ich aber sage euch: Jeder, der seinem Bruder auch nur zürnt, soll dem Gericht verfallen sein; und wer zu seinem Bruder sagt: Du Dummkopf! soll dem Spruch des Hohen Rates verfallen sein; wer aber zu ihm sagt: Du (gottloser) Narr!, soll dem Feuer der Hölle verfallen sein.

Ihr habt gehört, dass gesagt worden ist: Auge für Auge und Zahn für Zahn. Ich aber sage euch: Leistet dem, der euch etwas Böses antut, keinen Widerstand, sondern wenn dich einer auf die rechte Wange schlägt, dann halt ihm auch die andere hin.

Ihr habt gehört, dass gesagt worden ist: Du sollst deinen Nächsten lieben und deinen Feind hassen. Ich aber sage euch: Liebt eure Feinde und betet für die, die euch verfolgen." (Matthäus 5, 21-44, Auszüge).

Indem sich religiöse Verweigerer, so beispielsweise Franz Jägerstätter und Josef Ruf, auf die biblischen Aussagen beriefen, waren sie zugleich davon überzeugt, dass sie nicht für Hitler in den Krieg ziehen durften und ihre Ablehnung des Kriegsdienstes im Einklang mit dem Willen Gottes stand. Josef Ruf schreibt: „Ich bin klar überzeugt, dass ich so handeln muss, um dem Willen Gottes gerecht zu werden. Wäre ich auch nur im geringsten im Zweifel über meinen Weg, den ich eingeschlagen habe, so hätte ich mich der Allgemeinheit angepasst."[532]

Doch letztlich ist es nicht allein die Orientierung an Gottes Willen und seinen Geboten, die Ruf zu seinem Schritt bewegt, sondern seine Liebe zu Christus. Im Abschiedsbrief an die Eltern und Schwestern heißt es: „Nur noch eine kurze Weile, dann werde ich zum letzten Mal nach langer Entbehrung die hl. Kommunion empfangen, und werde dann meine letzten Lebensstunden ganz besonders dazu benützen, um den letzten Weg mit einer großen Liebe im Herzen zu Christus meinem Herrn zu gehen."[533]

Die religiösen Verweigerer lebten in einer von tiefem Glauben erfüllten Wahrheit, die sich aus ihrer Liebe zu Gott und Christus und zu ihren Nächsten speiste. Dafür traten sie ein mit ihrem Leben, dafür legten sie mit ihrem freiwilligen Sterben ein unwiderrufliches Zeugnis ab.

Die christliche Tradition bezeichnet solche Menschen als Märtyrer, ihre Zeugenschaft für die Wahrheit des Evangeliums als Martyrium.[534] Der aus der Verfolgungszeit der frühen Christenheit (um 160 n. Chr.) stammende Begriff bildete sich als Bezeichnung für verfolgte und hingerichtete Christen heraus, hat aber schon ältere Wurzeln im Spätjudentum.[535] Der eigentliche Kern des christlichen Verständnisses des Martyriums liegt in der Beziehung eines solchen „Blutzeugnisses" zu Person und Werk Jesu. Nicht jedes Opfer von Gewalt ist ein Märtyrer, sondern entscheidend sind der Grund und eine gerechte Sache, für die der

Tod als Folge angenommen wird. Das Martyrium darf nicht gesucht werden, sondern ist letztlich ein Werk der Gnade Gottes. Christus allein gibt die Kraft zum Martyrium, zum Bezwingen widergöttlicher Mächte. Das hohe Ansehen und die Verehrung, die den Märtyrern von Anfang an in der Kirche entgegengebracht worden ist, liegen darin begründet, dass man im Zeugnis der Märtyrer und in ihrem gewaltsamen Tod die intensivste Form der Gemeinschaft mit Christus sah. In ihrem Leben und Sterben vollziehen sie das Schicksal Jesu nach und erfahren so eine Art Gleichzeitigkeit, einen existentiellen Anschluss an seine Person.

Das Martyrium zahlreicher Männer und Frauen in der Verfolgungszeit erlebten die Christen nicht als Scheitern oder Widerlegung ihres Glaubens, sondern sie waren davon durchdrungen, dass durch Taten und überzeugende Beispiele der Märtyrer die Gemeinden bestärkt und ihnen neue Gläubige zugeführt würden. So hielt der erste lateinisch schreibende Kirchenvater Tertullian (ca.150-220) in seinem Apologeticum (um 197) den Gegnern des Glaubens die später häufig zitierten Worte entgegen: „Und doch, die ausgesuchteste Grausamkeit von eurer Seite nützt nichts; sie ist eher ein Verbreitungsmittel unserer Genossenschaft. Wir werden jedes Mal zahlreicher, so oft wir von euch niedergemäht werden; ein Same ist das Blut der Christen (*semen est sanguis Christianorum*)."[536]

Jedoch wäre es falsch zu denken, christliches Martyrium habe es nur in den ersten Jahrhunderten während der Verfolgungszeit gegeben, vielmehr sind in allen Jahrhunderten Märtyrer zu verzeichnen. So verweist Schockenhoff beispielsweise darauf, dass allein in Korea seit der dortigen Christianisierung über 100 000 Gläubige wegen ihres Glaubens ums Leben gekommen sind. Eine Übersicht der vatikanischen „Kommission neue Märtyrer", verzeichnet „im 20. Jahrhundert die Lebensgeschichten von 12 692 Märtyrern, darunter 8670 aus Europa (ohne die ehemalige Sowjetunion) und 1706 aus Asien".[537]

In seinem Apostolischen Schreiben „Tertio Millenio Adveniente",[538] das der geistlichen Vorbereitung der Jahrtausendwende diente, äußerte sich Papst Johannes Paul II. auch zur Bedeutung der Märtyrer in der Gegenwart und erinnerte zugleich daran: „Die Kirche des ersten Jahrtausends ist aus dem Blut der Märtyrer entstanden: ‚Sanguis martyrum – semen christianorum'... Am Ende des zweiten Jahrtausends ist die Kirche erneut zur Märtyrerkirche geworden. Die Verfolgung von Gläubigen – Priestern, Ordensleuten und Laien – hat in verschiedenen Teilen der Welt eine reiche Saat von Märtyrern bewirkt. Das Zeugnis für Christus bis hin zum Blutvergießen ist zum gemeinsamen Erbe von Katholiken, Orthodoxen, Anglikanern und Protestanten geworden ... Das ist ein Zeugnis, das nicht vergessen werden darf ... In unserem Jahrhundert sind die Märtyrer zurückgekehrt, häufig unbekannt, gleichsam ‚unbekannte Solda-

Steinigung des Heiligen Stephanus – Gemälde (Tempera auf Holz) von Bernardo Daddi, um 1345. Stephanus (1-ca. 40 n.Chr.), im Neuen Testament ein Diakon der Jerusalemer Urgemeinde (siehe Apostelgeschichte, 6 und 7), erster Märtyrer des Christentums, wegen seines Bekenntnisses zu Jesus vor den Toren der Stadt zu Tode gesteinigt, die Figur links stellt Saulus, den späteren Paulus, dar. Aufbewahrungsort des Bildes: Rom (Vatikan), Pinacoteca, Inv. 40148

ten' der großen Sache Gottes. Soweit als möglich dürfen ihre Zeugnisse in der Kirche nicht verlorengehen ... Dies sollte auch einen ökumenisch beredten Zug haben. Der Ökumenismus der Heiligen, der Märtyrer, ist vielleicht am überzeugendsten. Die communio sanctorum, Gemeinschaft der Heiligen, spricht mit lauterer Stimme als die Urheber von Spaltungen. Das Martyrologium der ersten Jahrhunderte stellte die Grundlage für die Heiligenverehrung dar. Durch die Verkündigung und Verehrung der Heiligkeit ihrer Söhne und Töchter erwies die Kirche Gott selbst die höchste Ehre; in den Märtyrern verehrte sie Christus, den Ursprung ihres Martyriums und ihrer Heiligkeit."[539]

Im Rahmen dieses Buches ist es nicht möglich, den vielen Wandlungen nachzugehen, die das Martyrium im Laufe der Geschichte erfahren hat. Doch seien

Jesuiten-Pater Alfred Delp, dem Widerstand des Kreisauer Kreises um Helmuth James Garf von Moltke angehörend, vor dem Volksgerichtshof, 1944

einige Aspekte genannt, die das heutige Verständnis des Martyriums charakterisieren.[540] Kennzeichnend ist zunächst, dass viele der modernen Märtyrer nicht nur wegen ihres Bekenntnisses zu Jesus und zum Evangelium starben, „sondern wegen der Konsequenzen, die das Christsein für sie im öffentlichen Raum hatte. Sie starben als Märtyrer des Friedens und der Gerechtigkeit, als Märtyrer der Nächstenliebe und der Solidarität mit den Armen und Unterdrückten."[541] So erfolgte eine „Schwerpunktverlagerung vom rein religiösen Bezirk des Lebens hin zum sozialethischen Bereich", eine „Einbeziehung des öffentlich-politischen Raumes"[542]. Daher sind, neben vielen anderen, Personen wie der Jesuit Alfred Delp (1907-1945) und der ehemalige württembergische Staatspräsident Eugen Bolz (1881-1945) zu den Märtyrern des 20. Jahrhunderts zu zählen. Beide wandten sich aufgrund ihres Glaubens gegen die nationalsozialistische Diktatur.

Geschichtliche Erfahrungen im 20. und 21. Jahrhundert zeigen, dass es im Kampf vieler Märtyrer gegen Unrecht und Verachtung der Menschenwürde keine engen konfessionellen Grenzen gibt; es entstand eine „Una Sancta in vinculis"[543], was zu einem erweiterten Verständnis des Martyriums geführt hat. Persönlichkeiten wie beispielsweise Alfred Delp oder Dietrich Bonhoeffer gelten heute „als Glaubenszeugen der einen, ungeteilten Christenheit".[544] Auch weiterbestehende konfessionelle Differenzen werden nicht mehr als kirchentrennend betrachtet, da das gemeinsame Eintreten für den Menschen die Vision einer ökumenischen Einheit vorwegnimmt. Ihr Einsatz für die Würde und Rechte des Menschen machte viele Frauen und Männer zu Opfern nationalsozialistischer sowie kommunistischer Gewalt. In der Konsequenz haben „die christlichen Kirchen ... ihre jeweiligen Märtyrer längst gegenseitig anerkannt".[545]

Helmut Moll, der wichtige Herausgeber des deutschen Martyrologiums „Zeugen für Christus", hat Protestanten (Beispiele: Dietrich Bonhoeffer sowie Hans und Sophie Scholl) in sein Werk als Märtyrer aufgenommen. Zugleich würdigt er den „Bekennermut und die Tapferkeit der Zeugen Jehovas, von denen viele wegen der Verweigerung der Eidesleistung und des Kriegsdienstes hingerichtet wurden."[546] Anerkennung wegen ihrer Standfestigkeit finden auch Angehörige zahlenmäßig kleinerer Glaubensgemeinschaften wie Mennoniten, Baptisten und Methodisten.

„Eugen Bolz Württemberg Staatspräsident NS Widerstandskämpfer – Relief von Alfred Neukamm in Oberkochen, 2015

Neuere theologische Überlegungen[547] erweitern den Begriff des Martyriums um außerchristliche oder gar außerreligiöse Aspekte. Sie spielen dann eine Rolle, wenn Menschen wegen ihres Einsatzes gegen Hunger und Armut oder wegen ihrer Bemühungen für Frieden und Gerechtigkeit den Tod erleiden. Auch bei Nichtchristen, die sich in Treue zu ihrem Gewissen für Gerechtigkeit, Arme und Unterdrückte oder für politisch Verfolgte engagieren und dabei ihr Leben verlieren, darf zu Recht von Martyrium gesprochen werden. Ein Missbrauch des Begriffs liegt allerdings vor, wenn wir es mit fanatischem Eifer, Intoleranz, Gewalt oder gar Selbstmordattentaten zu tun haben. Nicht allein das Sterben, sondern der Grund und das Motiv des Todes sind entscheidend.

Zum neuen Bild der Märtyrer im 20. und 21. Jahrhundert trägt außerdem das von einem Partner solidarisch mitgetragene Martyrium bei. Als Beispiele sind zu nennen: Franz und Franziska Jägerstätter, Josef Mayr-Nusser und des-

Helmuth James und Freya von Moltke

sen Frau Hildegard[548], Dietrich Bonhoeffer und Maria von Wedemeyer sowie Helmuth James und Freya von Moltke.

Von den in diesem Buch vorgestellten Kriegsdienstverweigerern sind inzwischen acht in das Martyrologium „Zeugen für Christus"[549] aufgenommen (Wilhelm Gleßner, Alfred Andreas Heiß, Paul Wilhelm Kempa, Michael Lerpscher, Franz Reinisch, Richard Reitsamer, Josef Ruf, Ernst Volkmann).[550] Erwähnt sind des Weiteren: Franz Jägerstätter, Josef Mayr-Nusser und Josef Fleischer. Als evangelische Märtyrer werden erinnert: Martin Gauger, Hermann Stöhr, Hans und Sophie Scholl, Pastor Karl Friedrich Stellbrink sowie Dietrich Bonhoeffer. Im evangelischen Werk „Ihr Ende schaut an" finden wir drei Namen: Martin Gauger, Alfred Herbst und Hermann Stöhr.

Widerspiegelungen des Geistes Gottes – die Seligen

Unabhängig von der Sprache amtlicher Verkündigung und theologischer Reflexion hat die Verehrung von Heiligen und Seligen ihren angestammten Platz in der traditionellen katholischen Volksfrömmigkeit. Der Theologe Ottmar Fuchs erklärt dazu Erhellendes: „In der Volksfrömmigkeit wurde nicht selten gerettet, was die offizielle Verkündigung vonseiten Gottes dem Volk vorenthalten hat, nämlich angesichts des eigenen Leidens zu weinen und zu klagen, alles sagen zu dürfen, ohne Angst zu haben, als unbotmäßig weggeschickt zu werden ... Die Volksfrömmigkeit hat die Heiligen nicht mit Gott verwechselt, aber sie hat sie als jene verehrt, in denen sich etwas Spezifisches vom Geist Gottes widerspiegelt und dadurch annähernd erlebbar wird. So kämpft die Volksfrömmigkeit immer gegen die Abstrahierung Gottes von ihrem Leben und gegen die Rationalisierung Gottes weg von ihren Gefühlen."[551]

In der Verehrung von Heiligen und Seligen äußert sich der christliche Glaube an die Auferstehung in besonderer Weise und bekennt zugleich, dass die Verstorbenen nicht tot und verloren sind, sondern bei Gott leben. „Schon in den ersten Jahrhunderten der jungen Kirche herrschte mit der anwachsenden Verehrung der Märtyrer und Märtyrerinnen die Vorstellung, dass diese von Gott her wirksam sein können ... Damit ist schon sehr früh, gewissermaßen von Anfang an, die Grundstruktur katholischer Heiligenverehrung gegeben: die aus der Vergangenheit erinnerte Begegnung mit dem Vorbild und die Begegnung mit den bei Gott lebenden Heiligen in der Hoffnung auf ihre Wegbegleitung und auf ihren Schutz."[552]

Als erster der hier genannten Kriegsdienstverweigerer des Zweiten Weltkriegs wurde Franz Jägerstätter von der Kirche seliggesprochen – am 26. Oktober 2007 im Linzer Mariendom.[553] Von besonderer Bedeutung war dabei die Anwesenheit von Frau Franziska Jägerstätter, die an der Proklamation mit inniger Freude teilnahm. Die Mitfeiernden begrüßten sie mit großem Beifall. So wird gerade bei dieser Seligsprechung ein neuer Aspekt des Martyriums deutlich: die besondere Berücksichtigung der Lebensumstände eines verheirateten oder partnerschaftlich lebenden Märtyrers. In der Begleitung ihres Mannes durch alle Not hat Frau Jägerstätter einen bedeutenden Anteil an seiner Gewissensentscheidung, die sie bis zum Ende und gegen viele äußere Widerstände mitgetragen hat, so dass von einem „solidarisch mitgetragenen Martyrium"[554] zu sprechen ist.

In welcher Weise inzwischen der Kriegsdienstverweigerer und Märtyrer Franz Jägerstätter angerufen und geehrt wird, zeigt der folgende, mit kirchlicher Druckerlaubnis herausgegebene Fürbitte-Text:

Gebet um Fürsprache

Guter Gott,
du hast den Seligen Märtyrer
und Familienvater Franz Jägerstätter
mit großer Liebe zu dir,
zu seiner Familie
und zu allen Menschen erfüllt.

> In einer Zeit menschenverachtender Politik
> und Gewalt hat er sich ein unbestechliches
> und klares Urteil gebildet.
> Du hast ihm die Gnade geschenkt,
> dem Bösen zu widerstehen.
> Aus der Verbundenheit mit deinem Sohn
> und in der Treue zu seinem Gewissen
> Hat er entschieden nein gesagt
> zur Verleugnung deiner Gegenwart,
> zur Missachtung der menschlichen Würde
> und zum ungerechten Krieg.
> Im Vertrauen auf dich
> hat er sein Leben hingegeben,
> weil er dich über alles liebte.
> Mit der Kraft deines Geistes
> und auf seine Fürsprache stärke in uns
> die Liebe zu dir und den Mitmenschen.
> Hilf uns einzutreten für Gerechtigkeit,
> Frieden und Menschenwürde
> durch Christus, unseren Herrn. Amen[555]

Auch eine der jüngsten Seligsprechungen zeichnet einen ehemaligen Eidverweigerer aus der NS-Zeit aus: Josef Mayr-Nusser.[556] Die Feierlichkeiten fanden am 18. März 2017 an seinem Geburtsort statt – im Bozener Dom. Geleitet von Kardinal Angelo Amato, dem Präfekten der Kongregation für Selig- und Heiligsprechungsprozesse, bekannte sich der Südtiroler Bischof Ivo Muser, Bischof von Bozen-Brixen, zu einem „Tag der Freude und des Glücks", wie er nur wenigen anderen Ortskirchen zuteilwerde. In seinen Ausführungen ging er besonders auf die politische Bedeutung des Seligen ein:

„Joseph Mayr-Nusser wäre nicht einverstanden mit einem Credo, das heute von vielen vertreten wird: Glaube ist Privatangelegenheit. Joseph Mayr-Nusser war nicht der Überzeugung, der Glaube gehört nur in die eigenen vier Wände hinein oder in die Sakristei: der Glaube muss sich zeigen, der Glaube muss sich auswirken. Deswegen redet er so oft in seinen Briefen oder auch in seinen Vorträgen an die Jugendlichen, es geht um das Zeugnis geben, es geht dafür, dass der Christ einsteht für das, was er vom Evangelium erkannt hat, und genau darin liegt seine Aktualität – Glaube ist nicht etwas Privates, Glaube ist in diesem Sinne tatsächlich immer auch politisch … Der Glaube ist zutiefst politisch. Es geht darum, dass gläubige Menschen versuchen von ihrer Haltung, von ihrer Einstellung her die Gesellschaft mitzugestalten, hoffentlich so mitzugestalten, dass ein doppeltes Ja, das für Joseph Mayr-Nusser fundamental war, deutlich wird, ein entschiedenes Ja zu Gott, und aus diesem entschiedenen Ja zu Gott heraus ein entschiedenes Ja für den Menschen, vor Allem auch für jene Menschen, die nicht auf der Sonnenseite des Lebens stehen und die oft keine Stimme in unserer Gesellschaft und auch in unserer Politik haben."[557]

Zur Seligsprechung Josef Mayr-Nussers ist ein ansprechend gestaltetes Buch über den neuen Märtyrer und Seligen aus der Feder des Journalisten und Kirchenhistorikers Josef Innerhofer erschienen, seit 2003 Postulator für die Seligsprechung von Mayr-Nusser.[558] Der reich bebilderte Band enthält neben einer detaillierten Biographie auch zahlreiche Zeugnisse von Freunden und Bekannten sowie Briefe von Mayr-Nussers Frau Hildegard. Nicht ausgespart bleibt, dass viele Südtiroler bis heute Josef Mayr-Nussers Entscheidung ablehnen. Und selbst während des Seligsprechungsprozesses nahmen sie kein Blatt vor den Mund und erklärten: „Wir haben die Strapazen des Krieges auf uns genommen, er hat sich feige gedrückt. Er hat auch seine Familie im Stich gelassen – Im Grunde war er ein Spinner!!!"[559]

Die alten Stereotype des Verweigerers als eines Feiglings und Drückebergers sind zurückgekehrt bzw. noch immer da. Umso wichtiger ist die Mahnung von Bischof Muser, sich mit dem Martyrium des Ermordeten und Seliggesprochenen zu beschäftigen: „Das ist meine große Hoffnung, dass die Auseinandersetzung mit Joseph Mayr-Nusser nicht auf zwei Tage beschränkt bleibt ... Entscheidend wäre es – und das ist für mich auch eine pastorale Priorität – dass wir uns mit dieser Gestalt auseinandersetzen. Ich sage es auch bewusst so, dass wir uns von dieser Gestalt herausfordern und provozieren lassen, weil diese Gestalt hat uns Entscheidendes zu sagen über unsere Einstellung zum Leben und wie sehr der eigene Glaube sich hineinsagen muss in unsere Beziehungen, in unsere Arbeit, auch in unsere politischen Entscheidungen."[560]

2. Wozu Kriegsdienstverweigerer?

Welchen Sinn macht die Beschäftigung mit religiösen Kriegsdienstverweigerern des Zweiten Weltkriegs? Welche Bedeutung haben sie für die Nachwelt? Welche Initiativen und Handlungsimpulse können oder sollten von ihnen ausgehen?[561]

Ihre Entscheidung, sich dem Trend zu versagen, zeigt eine bedeutende und wichtige Handlungsperspektive auf. Gerade in Kriegszeiten, wenn der Kaiser, „das Vaterland" oder ein Diktator zu den Waffen rufen, ist es besonders schwer, sich dem Mainstream zu widersetzen. Wenn überhaupt, gelingt es besser, so man auf Personen und Beispiele zurückgreifen kann, die ihren Widerstand mit ihrem ganzen Leben bezeugt und „bezahlt" haben.

Kriegsdienstverweigerer entlarven die Kriegslügen. In Kriegen und Kriegsvorbereitungen stirbt die Wahrheit. Dies gilt nicht nur für die beiden Weltkriege, sondern auch für die modernen Kriege wie in Syrien oder Afghanistan. Die Verweigerer stemmen sich gegen oft verbreitete Lügen, suchen nach weiteren Auskünften und geben damit Impulse zur Suche nach Wahrheit.

Verweigerer stärken den Mut zu eigenständigem Handeln. Dies gilt besonders, wenn es darum geht, den Autoritäten der Gesellschaft oder den höchsten Vertretern von „Thron und Altar" gegenüber deutlich zu machen, dass der Einzelne Widerstand anmelden kann. In den beiden Weltkriegen standen die religiösen Verweigerer meist nicht nur im Widerspruch zu staatlichen Organen, sondern auch wiederholt zu kirchlichen Autoritäten.

Verweigerer mahnen zur Wachsamkeit gegen neue Kriegspläne. Nach 1918 sowie nach 1945 galt einige Jahre lange der Ruf „Nie wieder Krieg"! Heute, über siebzig Jahre nach dem Ende des Zweiten Weltkrieges, scheint die militärische Zurückhaltung immer weniger zu gelten. Die deutsche Politik ist zu Militäreingriffen im Ausland übergegangen. Das Bundesverfassungsgericht hat 1994 durch sein „Out of Area-Urteil" den Einsatz deutscher Streitkräfte im Ausland abgesegnet. Krieg und Gewalt als Mittel der Politik sind offenbar wieder akzeptiert, weil es vor allem darum geht, Deutschland weltweit als machtpolitischen Faktor so weit als möglich ins Spiel zu bringen sowie den Zugang zu Rohstoffen und die Sicherung von Handelswegen zu gewährleisten.

Verweigerer zeigen Wege zu einer künftigen Friedensordnung auf. Es ist vor allem ein Weg des Gewaltverzichts und des Bestehens auf einer nicht-militärischen Konfliktlösung. Verweigerer widerstehen damit dem „Schwertglauben", demzufolge letztlich nur die Waffen in der Lage seien, Streitigkeiten aus der Welt zu schaffen.[562]

Religiöse Verweigerer führen uns die Bedeutung einer wahrhaft christlichen Existenz vor Augen. Die biblisch-christliche Botschaft ist eine Botschaft des Friedens, was auch und gerade dann gilt, wenn sie durch religiös motivierte Kriege oder durch Aufforderungen zur Kriegsbeteiligung immer wieder entstellt wird. Religiöse Verweigerer halten an der Botschaft des Friedens fest.

Anmerkungen

1 Vgl. dazu Eberhard Jäckel, Hitlers Weltanschauung. Entwurf einer Herrschaft, Tübingen 1969; erweiterte Auflage Stuttgart 1991; Sebastian Haffner, Anmerkungen zu Hitler, München 1978.
2 Heinrich Missalla, Gedenken um der Zukunft willen, in: Freckenhorster Kreis – Informationen Nr. 111 (März 2002), S. 12-16, zugänglich im Internet unter http://www.freckenhorsterkreis.de/pdf-fkinfos/FK-Info111.pdf; siehe auch Heinrich Missalla, Erinnern um der Zukunft willen. Wie die katholischen Bischöfe Hitlers Krieg unterstützt haben, Oberursel 2015.
3 Adolf Hitler, Mein Kampf. (Erstausgabe 1925); hier zitiert nach der Kritischen Edition. Im Auftrag des Instituts für Zeitgeschichte München-Berlin 2016, hrsg. von C. Hartmann u.a., 2 Bde., hier: Band 2, S. 1325. Dieser Grundsatz Hitlers wurde im Zweiten Weltkrieg zunehmend zur Maßgabe der deutschen Justiz.
4 Die Religionsgemeinschaft der „Ernsten Bibelforscher" verwendet ab 1931 die Bezeichnung Zeugen Jehovas.
5 Bundesarchiv-Militärarchiv Freiburg (BA-MA) RH 53-6/76, Bl. 168. Der Chef des OKW, Schreiben vom 1.12.1939; zitiert nach Detlef Garbe, Zwischen Widerstand und Martyrium: die Zeugen Jehovas im „Dritten Reich" [= Studien zur Zeitgeschichte, Bd. 42] München ⁴1999, S. 371. In Garbes Werk finden sich auch die einschlägigen Zitate Hitlers.
6 Henry Picker, Hitlers Tischgespräche im Führerhauptquartier. Vollständige überarbeitete und erweiterte Neuausgabe, Stuttgart 1976, 360. Zitiert nach Garbe, Zeugen Jehovas, S. 372.
7 Vgl. ebd.
8 Vgl. zum Ganzen: Manfred Messerschmidt, Das System Wehrmachtjustiz. Aufgaben und Wirken der deutschen Kriegsgerichte. In: Ulrich Baumann/Magnus Koch. Stiftung Denkmal für die ermordeten Juden Europas (Hrsg.), „Was damals Recht war..." Soldaten und Zivilisten vor Gerichten der Wehrmacht (Begleitband zur gleichnamigen Wanderausstellung), Berlin-Brandenburg 2008, S. 27-42, hier: S. 27.
9 Zu den unterschiedlichen Formulierungen des Fahneneids und dessen Unrechtmäßigkeit siehe https://wikipedia.org/wiki/Wehrmacht. Nach heutiger juristischer Einschätzung ist dieser Eid weder rechtmäßig zustande gekommen noch konnte er für den Einzelnen verpflichtend sein.
10 Neues Testament. Apostelgeschichte 5, 29.
11 Militärstrafgesetzbuch, zitiert nach Hermine Wüllner (Hrsg.), „... kann nur der Tod die gerechte Sühne sein". Todesurteile deutscher Wehrmachtgerichte. Eine Dokumentation, Baden-Baden 1997, S. 10 f.
12 Zitiert nach Oliver Thron, Deserteure und „Wehrkraftzersetzer". Ein Gedenkbuch für die Opfer der NS-Militärjustiz in Ulm, Ulm 2011, S. 25.
13 Manfred Messerschmidt, „Zur Aufrechterhaltung der Manneszucht". Historische und ideologische Grundlagen militärischer Disziplin im NS-Staat. In: Norbert Haase/Gerhard Paul (Hrsg.), Die anderen Soldaten. Wehrkraftzersetzung, Gehorsamsverweigerung und Fahnenflucht im Zweiten Weltkrieg. Frankfurt am Main 1995, S. 19-49, hier: S. 35.
14 Zitiert nach Ernst Klee, Das Personenlexikon zum Dritten Reich. Wer war was vor und nach 1945. 2. durchgesehene Auflage, Frankfurt am Main 2003, S. 485.
15 Zitiert nach Messerschmidt, Aufrechterhaltung der Manneszucht, S. 35 f.
16 Ebd.
17 Messerschmidt, System Wehrmachtjustiz, S. 42.
18 Vgl. ebd.
19 Klee, Personenlexikon, S. 30.

20 Jürgen Thomas, „Nur das ist für die Truppe recht, was ihr nützt… „Die Wehrmachtjustiz im Zweiten Weltkrieg. In: Haase/Paul, Die anderen Soldaten, S. 37-49, hier: S. 40.
21 Alexander Kraell war es auch, der, gestützt auf § 5 KSSVO, am 21. September 1943 Anklage gegen den Theologen Dietrich Bonhoeffer erhob wegen „Militärdienstentziehung und des Versuchs, andere von der Erfüllung des Wehrdienstes abzuhalten". Bonhoeffer wurde nach einem Scheinprozess zum Tode verurteilt und auf ausdrücklichen Befehl Hitlers am 9. April 1945 im KZ Flossenbürg ermordet. Vgl. Christoph U. Schminck-Gustavus, Der Tod auf steilem Berge. Die „Standgerichtsprozesse gegen Dietrich Bonhoeffer und Hans von Dohnanyi und die Freisprechung ihrer Mörder, Bremen 2020. Zur Vita Bonhoeffers siehe http://de.wikipedia.org/wiki/Dietrich_Bonhoeffer
22 Zitiert nach Thomas, Wehrmachtjustiz, S. 41.
23 Tabelle aus: Messerschmidt, System Wehrmachtjustiz, S. 32.
24 Thomas, Wehrmachtjustiz, S. 47.
25 Ulrich Luz, Feindesliebe und Gewaltverzicht. Zur Struktur und Problematik neutestamentlicher Friedensideen. In: Andreas Holzem (Hrsg.), Krieg und Christentum. Religiöse Gewalttheorien in der Kriegserfahrung des Westens, Paderborn u.a. 2009, S. 137-149, hier: S. 137.
26 Ebd.
27 Holzem, Krieg und Christentum, S. 32.
28 Hier muss auf die umfangreiche Fachliteratur verwiesen werden. Exemplarisch wird neben dem Forschungsband von A. Holzem ein weiterer Sammelband genannt: Karl Joseph Hummel/Christoph Kösters (Hrsg.), Kirchen im Krieg. Europa 1939-1945. Mit einer Zusammenfassung in englischer Sprache, Paderborn u.a. 2007, sowie Peter Bürger (Hrsg.), „Es droht eine schwarze Wolke". Katholische Kirche und Zweiter Weltkrieg [= Schriftenreihe Geschichte & Frieden, Bd. 39], Bremen 2018.
29 Titel einer Broschüre von Pax Christi, Der Krieg wurde aus der Mitte der Gesellschaft mitgetragen, 2009.
30 Antonia Leugers, Das Ende der „klassischen" Kriegserfahrung. In: Holzem, Krieg und Christentum, S. 777-810, hier: S. 777.
31 Ebd.
32 Heinrich Missalla, Für Gott, Führer und Vaterland. Die Verstrickung der katholischen Seelsorge in Hitlers Krieg, München 1999, S. 222.
33 Vgl. die Darlegungen zu diesem Stichwort bei Wilhelm Damberg, Krieg, Theologie und Kriegserfahrung. In: Hummel/Kösters, Kirchen im Krieg, S. 203-215.
34 Ausführlich dazu die beiden bischöflichen Erklärungen: a) „Gerechtigkeit schafft Frieden" (18. Mai 1983) sowie die Ablösung der Lehre vom gerechten Krieg durch das neue Leitbild in b) „Gerechter Friede" (27. September 2000).
35 Vgl. dazu die kritische Auseinandersetzung mit der traditionellen Lehre vom gerechten Krieg bei Rupert Feneberg, „Gerechtigkeit schafft Frieden." Die katholische Friedensethik im Atomzeitalter, München 1985.
36 Als Ausnahme ist die Haltung des Berliner Bischofs Konrad von Preysing (1880-1950) zu nennen, der Hitlers Krieg für „ungerecht" hielt und deshalb von Anfang an beharrlich dazu schwieg.
37 Der Text der Kundgebung ist u.a. abgedruckt bei Helmut Kurz, Katholische Kirche im Nationalsozialismus, Berlin ²2008, S. 34. Für den Kirchenhistoriker Joachim Köhler ist die Verlautbarung „das verhängnisvollste Dokument kirchlicher Zeitgeschichte, weil es letztlich in einem Kampf, in welchem das Gewissen des einzelnen aktiviert werden sollte, dieses zur Ruhe bringt. Ein unpolitisches Dokument, das enorme politische Auswirkungen gehabt hat. Ein Dokument der Entmündigung der Laien." Zitiert nach Joachim Köhler, Adolf Kardinal Bertram, (1859-1945). In: H.-J. Karp/J. Köhler (Hrsg.), Katholische Kirche unter nationalsozialistischer und kommunistischer Diktatur, 2001, S. 175-193, hier: S. 187.

38 Zitat bei Kurz, Katholische Kirche im Nationalsozialismus, S. 34.
39 Gemeinsames Wort der deutschen Bischöfe vom 17. September 1939. Zitiert nach Hans Prolingheuer/Thomas Breuer, Dem Führer gehorsam: Christen an die Front, Oberursel 2005, S. 185.
40 Neues Testament. Brief an die Römer, Kapitel 13, Verse 1-7.
41 Feneberg, „Gerechtigkeit schafft Frieden", S. 47.
42 Zit. nach: Prolingheuer/Breuer, Dem Führer gehorsam, S. 194.
43 Wilhelm Damberg, Kriegserfahrung und Kriegstheologie 1939-1945. In: Theologische Quartalsschrift 182 (2002), S. 321-341, hier: S. 325.
44 Franz Justus Rarkowski, Hirtenbrief zum Advent 1942. In: Heinrich Missalla, Wie der Krieg zur Schule Gottes wurde. Hitlers Feldbischof Rarkowski. Eine notwendige Erinnerung, Oberursel 1997, S. 83-87, hier: S. 87.
45 Ebd., S. 80.
46 Vgl. Damberg, Kriegserfahrung und Kriegstheologie, S. 341.
47 Antonia Leugers, Das Ende der „klassischen" Kriegserfahrung. In: Andreas Holzem, Krieg und Christentum, S. 777-810, hier: S. 777.
48 Damberg, Kriegserfahrung und Kriegstheologie, S. 341.
49 Dietmar Süß, Christen und nationalsozialistische Gesellschaft im Krieg. In: Hummel/Kösters, Kirchen im Krieg, S. 467-469, hier: S. 465.
50 Annette Mertens, Katholische Kirche und Wehrdienstverweigerung im Zweiten Weltkrieg, in: Christian Th Müller/ Dirk Walter (Hrsg.), Ich dien nicht. Wehrdienstverweigerung in der Geschichte, Berlin 2008, S. 69-84, hier: S. 69.
51 Conrad Gröber, Kirche, Vaterland und Vaterlandsliebe. Zeitgemäße Erwägungen und Erwiderungen, Freiburg 1935, S. 103 f.
52 Matthias Laros, Der Christ und der Krieg. In: Kirche und Kanzel 22 (1939), S. 319-328. Bei seiner entschiedenen Ablehnung des Nationalsozialismus sind Laros Äußerungen zu Hitlers Kriegen als tragische Verirrung zu bezeichnen. Bleibende Verdienste sicherte sich Laros durch seine Forschungen zu dem englischen Theologen John Henry Newman, dessen Werke er auch in Auswahl herausgab.
53 Ebd.
54 Christian Feldmann, Einen Eid auf Hitler? Nie! Franz Reinisch: Ein Leben für die Menschenwürde, Vallendar 2012, S. 127.
55 Vgl. zu diesem Abschnitt die materialreiche Studie von Hans Prolingheuer: Die Christen an die Front. Das evangelische Bekenntnis zu Hitlers Wehr und Waffen. In: Dem Führer gehorsam, S. 13-149; Eberhard Röhm/Jörg Thierfelder: Evangelische Kirche zwischen Kreuz und Hakenkreuz. Bilder und Texte einer Ausstellung. Mit einer Einführung von Klaus Scholder, Stuttgart ⁴1990.
56 Röhm/Thierfelder. Zwischen Kreuz und Hakenkreuz, S. 110.
57 Prolingheuer, Die Christen an die Front, S. 47
58 Faksimile des Aufrufs bei: Röhm/Thierfelder, Zwischen Kreuz und Hakenkreuz, 113. Vgl. auch: Günter Brakelmann (Hrsg.), Kirche im Krieg. Der deutsche Protestantismus am Beginn des II. Weltkriegs, München ²1980, S. 127.
59 Der Aufruf ist datiert vom 8. September 1939. Ein Faksimile ebenfalls bei: Röhm/Thierfelder, Zwischen Kreuz und Hakenkreuz, S. 113.
60 Jochen-Christoph Kaiser, Der Zweite Weltkrieg und der deutsche Protestantismus. In: Hummel/Kösters, Kirchen im Krieg, S. 217-233, hier: S. 223 f.
61 Zum Folgenden siehe Klaus Scholder, Über die Schwierigkeit, die Geschichte der Kirche im Dritten Reich zu verstehen. In: Röhm/Thierfelder, Zwischen Kreuz und Hakenkreuz, S. 5-8.
62 „Deutsche Christen", angeführt von Reichsbischof Ludwig Müller (1883-1945).
63 Hanns Kerrl (1887-1941), von Hitler eingesetzter Reichsminister für kirchliche Angelegen-

heiten; scheiterte jedoch daran, „die ev. Landeskirchen zur Reichskirche gleichzuschalten." (Klee, Personenlexikon, S. 305).
64 Zitiert nach Jochen-Christoph Kaiser, Der Zweite Weltkrieg und der deutsche Protestantismus. Einige Anmerkungen. In: Hummel/Kösters, Kirchen im Krieg, S. 217-233, hier: S. 217.
65 Ebd., S. 218.
66 Zitiert ebd.
67 Jürgen Kampmann, „Kann die Gottesoffenbarung klarer, gebietender, unumstößlicher ins Licht des menschlichen Bewusstseins treten als hier im Kriege?". Nationalistisch-bellizistische und pazifistische Theologie im deutschen Protestantismus zwischen 1918 und 1945. In: Holzem, Krieg und Christentum, S. 752-776, hier: S. 760.
68 Beispiele dafür bei Ernst Sommer (Hrsg.), Christliche Kampflieder der Deutschen. Gesammelt und in Verbindung mit Konrad Ameln und Wilhelm Thomas herausgegeben, Kassel 1933.
69 Benannt nach Joachim Hossenfelder (1899-1976), evangelischer Pfarrer, Mitbegründer der Deutschen Christen und ihr erster Reichsleiter.
70 Zitiert nach J. Kampmann, „Kann die Gottesoffenbarung...", S. 760.
71 Auszüge aus dieser Liturgie bei Röhm/Thierfelder, Zwischen Kreuz und Hakenkreuz, S. 112.
72 Vgl. dazu Gerhard Besier, Die Haltung des Protestantismus zum Krieg in den 1930er,1940er und 1950er Jahren. In: Rottenburger Jahrbuch für Kirchengeschichte 25, 2006, S. 165-177, hier: S. 166.
73 Zitiert ebd., S. 168.
74 Ebd.
75 Britta Baas, Himmelwärts. Theologie entsteht ganz menschlich: Alles Denken über Gott trägt biografische Züge. Nicht jeder gibt das gerne zu. In: Publik Forum, Nr. 11, 14. Juni 2013, S. 19-21, hier: S. 20.
76 Siehe unten S. 31. Zu Ernst Friedrich und seinem Konflikt um die Kriegsdienstverweigerung ausführlich bei Karsten Bredemeier, Kriegsdienstverweigerung im Dritten Reich. Ausgewählte Beispiele, Baden-Baden 1991, S. 168-181.
77 Entscheidung des Landesbruderrates [Hessen und Nassau] zur Kriegsdienstfrage. Zitiert bei Bredemeier, Kriegsdienstverweigerung, S. 170 f.
78 Zitiert ebd., S. 171.
79 Zitiert ebd., S. 174.
80 Zitiert ebd., S. 171.
81 Die von Bredemeier gewählte Formulierung, Friedrich sei „als Sanitäter vereidigt" worden, könnte zu dem Missverständnis führen, als ob es für Sanitäter einen besonderen Eid in der Wehrmacht gegeben hätte. Dies trifft jedoch nicht zu, denn auch die Sanitäter waren Soldaten der Wehrmacht und hatten den üblichen Fahneneid zu leisten.
82 Vgl. dazu Josef Pilvousek, Nation und Reich, Krieg und Frieden. Diskussionsbericht. In: Hummel/Kösters, Kirchen im Krieg, S. 235-242, hier: S. 236.
83 Bredemeier, Kriegsdienstverweigerung, S. 177.
84 Zitiert ebd., S. 168.
85 Georg Schümer gründete 1922 die „Gesellschaft für republikanisch-demokratische Politik", die sich 1924 mit der „Deutschen Liga für Menschenrechte" vereinigte. Vgl. Reinhold Lütgemeier-Davin, Georg Schümer. In: Helmut Donat/Karl Holl (Hrsg.), Die Friedensbewegung. Organisierter Pazifismus in Deutschland, Österreich und in der Schweiz, Düsseldorf 1983, S. 345.
86 Zitiert ebd., S. 184, Anm. 481.
87 Zitiert ebd., S. 191.
88 Zitiert ebd., S. 186.
89 Pilvousek, Diskussionsbericht. In: Hummel/Kösters, Kirchen im Krieg, S. 236.
90 Albrecht Hartmann/Heidi Hartmann, Kriegsdienstverweigerung im Dritten Reich, Frankfurt am Main 1986, S. 4. Vgl. auch Zentralstelle Pastoral der Deutschen Bischofskonferenz – Re-

ferat Zivildienstseelsorge (Hrsg.), KDV im Dritten Reich [= ZDL-Informationen, 2. Quartal 1987], Bonn 1987. Das Heft entält wichtige Hinweise auf bis dahin erschienene Publikationen über die Kriegsdienstverweigerung im Dritten Reich, so auch auf das Buch von Albrecht und Heidi Hartmann, sowie ausführliche Porträts zu Franz Jägerstätter, Franz Reinisch, Max Josef Metzger, Michael Lerpscher, Ernst Volkmann und einem unbekannten, lediglich als „H.K." bezeichneten Katholiken, der 1940 in Frankreich desertierte, dafür einem Strafbataillon zugeteilt, in der Sowjetunion den bewaffneten Einsatz verweigerte und am 13. Juli 1943 in der Nähe von Melitopel in der Ukraine hingerichtet worden ist. Vgl. dazu in dem genannten Heft die Darstellung von Pfarrer Herbert Froehlich sowie den Artikel „Aus dem Bericht des beteiligten Truppenarztes". Ebd., S. 38-43.

91   Bredemeier, Kriegsdienstverweigerung, S. 80, Anm. 143.
92   Garbe, Zwischen Widerstand und Martyrium, S. 355 f., Anm. 138.
93   Günter Fahle, Verweigern – Weglaufen – Zersetzen. Deutsche Militärjustiz und ungehorsame Soldaten 1939-1945. Das Beispiel Ems-Jade, Bremen 1990, S. 29 f.
94   Gerhard Paul, Ungehorsame Soldaten. Dissens, Verweigerung und Widerstand deutscher Soldaten (1939-1945) [= Saarland Bibliothek, Bd. 9], St. Ingbert 1994, S. 34.
95   Ebd.
96   Ebd., S. 34 f., unter Berufung auf Fahle, S. 29 f.
97   Vgl. dazu Kurt Oesterle, Die Erbschaft der Gewalt, Tübingen 2018; Vorabbericht im Schwäbischen Tagblatt, Tübingen, 8. März 2018.
98   Zitiert nach Hans-Joachim Lang, „Als Christ nenne ich Sie einen Lügner". Theodor Rollers Aufbegehren gegen Hitler, Hamburg 2009, S. 40.
99   Gunter Haug, Dieses eine Leben. Aufrecht durch dunkle Zeiten. Tatsachenroman, Rothenburg ob der Tauber 2006.
100 Zur Vita Vorgrimlers siehe http://de.wikipedia.org/wiki/HerbertVorgrimler. Im Folgenden stütze ich mich auf den Artikel von Thomas Seiterich, Versteckt vor Hitler. Die Geschichte des Herbert Vorgrimler, in: Publik Forum, Nr. 5, S. 54 f., 8. März 2013.
101 Zur Vita Brenners siehe http://de.wikipedia.org/wiki/Heinz_Brenner. Die folgende Darstellung orientiert sich an Brenners Schrift: Dagegen: Bericht über den Widerstand von Schülern des Humanistischen Gymnasiums Ulm/Donau gegen die deutsche nationalsozialistische Diktatur, Leutkirch im Allgäu o.J. [1992].
102 Zur Vita Galens siehe http://de.wikipedia.org/wiki/Clemens_August_Graf_von_Galen. Der Münsteraner Bischof wurde vor allem durch seine Predigten im Sommer 1941 bekannt, worin er offen Hitlers Euthanasie-Verbrechen anprangerte.
103 Brenner, Dagegen, 38.
104 Ebd. 39.
105 Ebd.
106 Ebd. Die abenteuerliche Geschichte von Brenners Desertion mit zahlreichen Stationen und Namen von Helfern befindet sich in seiner Schrift auf den Seiten 39-49.
107 Vgl. dazu Johannes Maier, Immanuel Röder 1916-1940. Ein Kriegsdienstverweigerer aus Korntal, Waldkirch 2016 (Eigenverlag). Siehe auch Maiers Beitrag über Röder bei https://www.lebenshaus-alb.de,magazin/009810.html
108 Die bisher umfangreichsten und gründlichsten Nachforschungen über Kriegsdienstverweigerer im Zweiten Weltkrieg veröffentlichte Marcus Herrberger (Hrsg.), Denn es steht geschrieben: „Du sollst nicht töten!" Wien 2005. In dem Band sind neben Zahlenangaben auch Namensverzeichnisse mit genauen Quellen- und Aktenvermerken enthalten. Leserinnen und Leser, die sich umfassend in die Thematik einarbeiten möchten, seien auf diese Veröffentlichung ausdrücklich hingewiesen, da in unserem Zusammenhang nur über eine Auswahl von Personen referiert werden kann. Zu beachten ist allerdings, dass Herrberger nur die kriegsgerichtlich verfolgten Kriegsdienstverweigerer berücksichtigt, wobei sein besonderes Augen-

merk bei den Zeugen Jehovas liegt, die mit weitem Abstand die größte Opfergruppe unter den religiösen Kriegsdienstverweigerern bildeten. Für die Überlassung aktualisierten Zahlenmaterials sowie für zahlreiche Hinweise und persönliche Auskünfte bin ich Marcus Herrberger sehr dankbar. Die Angaben Herrbergers sind im Folgenden ergänzt durch die Veröffentlichungen von Hartmann (1986) und Bredemeier (1991).

109 Statistische Angaben von Marcus Herrberger, Stand: 10. April 2018.
110 Hier handelt es sich im Wesentlichen um Angehörige der Siebenten-Tags-Adventisten Reformgemeinschaft, der katholischen Christkönigsgesellschaft, der Urchristengemeinde Esslingen, der Menschenfreundlichen Versammlung, der Entschiedenen Christen und weiterer nicht genau bezeichneter Freikirchen und religiöser Splittergruppen.
111 Verzeichnis der nachgewiesenen Zeugen Jehovas, die unter der NS-Herrschaft wegen Kriegsdienstverweigerung 1939-1945 zum Tode verurteilt und hingerichtet bei Herrberger, Denn es steht geschrieben, 384-418. Die Opferliste umfasst 271 Personen; zusätzlich gibt es ein namentliches „Verzeichnis der Zeugen Jehovas, die nach einer kriegsgerichtlichen Verurteilung in der Haft oder in einer Strafeinheit ums Leben kamen [Forschungsstand 2004]". Die Liste enthält 37 Namen; ebd., S. 419-423.
112 Da August Dickmann ohne gerichtliches Urteil im KZ Sachsenhausen erschossen worden ist, taucht sein Name in den oben genannten Opferlisten nicht auf. Vgl. dazu das Lebensbild Dickmanns, S. 48-52.
113 Vgl. dazu das Lebensbild von Bernhard Grimm, S. 73-80.
114 Vgl. dazu das Schreiben der Preußischen Geheimen Staatspolizei vom 29. April 1936, Faksimile bei Hartmann/Hartmann, Kriegsdienstverweigerung, S. 43.
115 Ebd.
116 Nach Bredemeier, Kriegsdienstverweigerung, S. 201, Anm. 566, sind Pacha und Pietz auf direkten Befehl Himmlers gemeinsam hingerichtet worden.
117 Vgl. dazu Mertens, Katholische Kirche und Wehrdienstverweigerung, S. 69-84.
118 Vgl. dazu Ernst T. Mader/Jakob Knab, Das Lächeln des Esels. Das Leben und die Hinrichtung des Allgäuer Bauernsohnes Michael Lerpscher (1905-1940). Heimatkunde III. Mit einer Einleitung von Gordon C. Zahn und einem Nachwort von Inge Aicher-Scholl, Blöktach 1987, S. 80, Anm. 1.
119 Vgl. dazu unten das Lebensbild von Richard Reitsamer, S. 152-157.
120 Vgl. zu Dickmann: Günter Morsch/Astrid Ley (Hrsg.), September 1939. Erschießung von August Dickmann, in: Dies., Das Konzentrationslager Sachsenhausen 1936-1945. Ereignisse und Entwicklungen (= Schriftenreihe der Stiftung Brandenburgische Gedenkstätten, Bd. 23), Berlin 2008, S. 66. Günter Morsch (Hrsg.) Stephanie Bohra u.a., „Wehrdienstverweigerung" aus religiösen Motiven: August Dickmann, 15. September 1939, in: Dies., Mord und Massenmord im Konzentrationslager Sachsenhausen 1936-1945. Eine Ausstellung der Gedenkstätte und des Museums Sachsenhausen/Stiftung Brandenburgische Gedenkstätten, Berlin 2005, S. 78-84. Johannes Wrobel, Die öffentliche Hinrichtung des Zeugen Jehovas August Dickmann am 15. September 1939 im KZ Sachsenhausen (Redemanuskript 1999), zugänglich unter: http://www.jwhistory.net/archiv/wrobel/pdf/wrobel-sachsenhausen1999.pdf). Weblink: http://de.wikipedia.org/wiki/August_Dickmann, 1.12.2014. Arnold Eickmann, Der KZ-Gärtner ... vom gesundheitspolitischen Standpunkt ein Staatsfeind. Aufgezeichnet von Karl-Heinz Wegner. Hrsg. und eingeleitet von Andreas Seeger, Bremen 2007.
121 Wrobel, Die öffentliche Hinrichtung Dickmanns, S. 1.
122 Ebd.
123 „Grundlage der ersten Hinrichtung – der Exekution Dickmanns – war ein geheimer Runderlass vom 3. September (1939). Er ermöglichte verfahrenslose Exekutionen. „Das war der letzte Schritt zur Etablierung einer von der Justiz unabhängigen Gerichtsbarkeit der Polizei", erklärt Gedenkstätten-Direktor Morsch. An die Stelle gerichtlicher Todesurteile trat der Be-

fehl des SS-Reichsführers Heinrich Himmler." Zitiert nach Weblink http://www.focus.de/wissen/mensch/geschichte/zweiter-weltkrieg/hinrichtung-vor-aller-augen-bis-heute-unbekannt-so-starb-der-erste-ns-kriegsverweigerer_id_4085051.html, 30.11.2014.
124 Zitiert nach Wrobel, Die öffentliche Hinrichtung, S. 5 f.
125 Zitiert ebd., S. 2.
126 Es ist hier nicht der Ort, auf einzelne Glaubensaussagen oder Lehrinhalte der religiösen Gemeinschaft einzugehen, die sich 1910-1926 als „Ernste Bibelforscher", 1927-1931 als „Bibelforscher" und seither als „Zeugen Jehovas" bezeichnet. Man muss die religiösen Überzeugungen und Praktiken der Zeugen Jehovas nicht teilen, der Mut und die Standhaftigkeit, die sie als Kriegsdienstverweigerer und Widerständler gegen das NS-Regime unter Einsatz ihres Lebens gezeigt haben, verdient unser aller Respekt.
127 Vgl. dazu die Statistik oben, S. 47. Die hohe Zahl der hingerichteten Kriegsdienstverweigerer aus den Zeugen Jehovas ist in der Nachkriegszeit ein wichtiger Grund dafür, in das deutsche Grundgesetz (1949) das Recht der Kriegsdienstverweigerung aus Gewissensgründen aufzunehmen.
128 Verfolgungsschicksale von Jehovas Zeugen in der Zeit des Nationalsozialismus, in: Stolpersteine. Initiative Heidelberg. 3. Stolpersteinverlegung am Donnerstag, 15.11.2012 in Heidelberg, S. 28 f. (Broschüre).
129 Ebd.
130 Zitiert ebd., S. 29.
131 Diese Angaben nach Kurt Willy Triller, in: Niersbote 60, 2011, Nr. 15 vom 14. April 2011, S. 4; dazu auch ein Hinweis auf die rollende Ausstellung „Zug der Erinnerung", die seit 2007 in zahlreichen Bahnhöfen Halt gemacht hat. Herrn Triller danke ich für den Hinweis auf die „Bibelforscherkinder" und für zahlreiche weitere Auskünfte zu den Zeugen Jehovas.
132 Vgl. dazu im Internet: www.dhm.de/lemo/html/.../sachsenhausen/index.html).
133 Ernst T. Mader/Jakob Knab, Das Lächeln des Esels. Das Leben und die Hinrichtung des Allgäuer Bauernsohnes Michael Lerpscher (1905-1940). (Heimatkunde III). Mit einer Einleitung von Gordon C. Zahn und einem Nachwort von Inge Aicher-Scholl, Blöcktach 1987, S. 80 f., Anm. 1.
134 Die von Bernhard Fleischer verfasste und im Selbstverlag herausgebrachte Schrift „Zurück zu Gott oder ein neuer Holocaust?", die vermutlich weitere Auskünfte über den Verfasser enthält, war leider nicht zugänglich.
135 Im Sinn der Fuldaer Bischofskonferenz kann ein Christ den Eid nur dann leisten, wenn darin nichts Gottwidriges enthalten oder gefordert ist. Wird unter Eidesverpflichtung etwas gefordert, was christlicher Lehre widerspricht, ist der Eid nicht mehr bindend. Vor allem gilt der Grundsatz: Man muss Gott mehr gehorchen als den Menschen. Einen derart eingeschränkten Eid akzeptierte das NS-Regime nicht. Vgl. dazu unten die Ausführungen zu Dr. Josef Fleischer.
136 Es soll dabei um die Verminung des Rückzugswegs eigener Leute gegangen sein.
137 Dieses persönliche Dokument, das m.W. hier erstmals veröffentlicht wird, wurde mir von Herrn R. Fleischer übermittelt. Ich danke Herrn R. Fleischer für diese und weitere Auskünfte.
138 Fleischers Brief umfasst 44 eng beschriebene Seiten und ist unveröffentlicht. Ich danke Herrn Professor Dr. Denzler für die Einsichtnahme in dieses persönliche Dokument.
139 Bereits 1947 hatte Johannes Fleischer, ein Bruder von Josef Fleischer, in Zeitungsartikeln auf den „Fall" seines Bruders aufmerksam gemacht. Dies geschah allerdings in anonymisierter Form, so dass aus dem geschilderten Fall eines Rechtsreferendars nicht zu erkennen war, dass es sich dabei um seinen Bruder Josef Fleischer handelte (Joh. Fleischer, Schuldbekenntnis der versäumten Pflichten und Sprache der Tatsachen, in: Tagesspiegel, Berlin, 12.1.1947 und 16.2.1947). Erwähnung fand Fleischer auch bei Gordon C. Zahn, Die deutschen Katholiken und Hitlers Kriege, S. 85, Anm. 6, und S. 200 f., Anm. 5. Ausführlich zu J. Fleischer

und seiner Gewissensentscheidung siehe Bredemeier, Kriegsdienstverweigerung, S. 119-135. Bredemeier hatte Gelegenheit zu mehreren persönlichen Gesprächen mit J. Fleischer.

140 Zitiert nach Bernhard Stasiewski, Akten deutscher Bischöfe über die Lage der Kirche 1933-1945, Band III: 1935-1936 (= Veröffentlichungen der Kommission für Zeitgeschichte, Reihe A: Quellen, Bd. 20), Mainz 1976, S. 355 f.

141 Apostolischer Nuntius in Deutschland von 1930-1945.

142 Dr. Josef Fleischer, Brief an Denzler, 8. Es ist immer noch strittig, ob es sich bei dem Besucher um Feldgeneralvikar Georg Werthmann (1898-1980), Militärbischof Franz Justus Rarkowski (1873-1950) oder um einen anderen Vertreter des Militärbischofs handelte. Vgl. dazu: Josef Fleischer, Damals im Militärgefängnis – Ein Katholik im Widerstreit von Gewissen und Militärseelsorge, in: Peter Bürger (Hrsg.), „Es droht eine schwarze Wolke". Katholische Kirche und Zweiter Weltkrieg, Bremen 2018, S. 224-235. Es handelt sich bei Fleischers Beitrag um einen Wiederabdruck von Artikeln aus: Gesamtdeutsche Rundschau – Wochenzeitung für unabhängige Politik, Kultur und Wirtschaft, 4. Jg., Nr. 41, S. 4, 5. Oktober 1956, S. 4, und Nr. 42; S. 3, 12. Oktober 1956. Vgl. auch die ausführliche Einführung zu diesem Beitrag Fleischers durch den Herausgeber Peter Bürger.

143 J. Fleischer, Brief an Denzler, S. 8.

144 Ebd.

145 Vgl. zu diesem Abschnitt über das Gewissen bei J. Fleischer die Ausführungen von Bredemeier, Kriegsdienstverweigerung, S. 132-135.

146 Fleischer, Brief an Denzler, S. 21.

147 Ebd., S. 9.

148 Nach den Recherchen von Dagmar Pöpping stammt das Gutachten von dem Kapuzinerpater Johannes Chrysostomus Schulte, der als „Pastoralmediziner" an der Philosophisch-Theologischen Hochschule der Kapuziner in Münster tätig war. D. Pöpping, Kriegspfarrer an der Ostfront. Evangelische und katholische Wehrmachtseelsorger im Vernichtungskrieg 1941-1945, Göttingen 2017, S. 138; hier zitiert nach Bürger, Schwarze Wolke, S. 226.

149 Fleischer, Brief an Denzler, S. 9

150 Es handelt sich um die Wittenauer Heilstätten; seit 1957 Karl-Bonhoeffer-Nervenklinik, Berlin.

151 Die von Hitler initiierte Mordserie erhielt in der Verwaltungssprache die Bezeichnung „Aktion T 4" nach dem Sitz der Organisationszentrale in der Berliner Tiergartenstraße 4.

152 Fleischer, Brief an Denzler, S. 21.

153 Die Anträge wurden 1945 und 1950 gestellt. J. Fleischer machte dabei erneut Vorbehalte gegen den auch in der Bundesrepublik geforderten Beamteneid geltend, insofern er auch jetzt nicht die Gesetze und verfassungsrechtlichen Bestimmungen der BRD anerkennen könne, die zum Dekalog bzw. der katholischen Glaubens- und Sittenlehre im Widerspruch stünden.

154 Fleischer, Brief an Denzler, S. 1.

155 Ebd.

156 J. Fleischer, Die Kriegsdienstverweigerung, 1949.

157 Ebd. S. 54.

158 Aus einem Brief von Martin Gauger an seine Mutter vom 2. 9. 1940, zitiert nach Boris Böhm, „Die Entscheidung konnte mir niemand abnehmen…" Dokumente zu Widerstand und Verfolgung des evangelischen Kirchenjuristen Martin Gauger (1905-1941). [Reihe: Lebenszeugnisse – Leidenswege, Heft 5. Stiftung Sächsische Gedenkstätten zur Erinnerung an die Opfer politischer Gewaltherrschaft], Dresden 1997, S. 81. – Vgl. zu Martin Gauger: Annedore Leber, Martin Gauger. In: Dies. (Hrsg.), Das Gewissen steht auf. Lebensbilder aus dem deutschen Widerstand 1933-1945, Berlin/Frankfurt am Main [5]1955, S. 108 ff.; Hartmut Ludwig, Dr. jur. Martin Gauger, in: Harald Schultze/Andreas Kurschat, „Ihr Ende schaut an …". Evangelische Märtyrer des 20. Jahrhunderts, Leipzig 2008, S. 275 ff..

159 Schon als Student arbeitete Martin Gauger an diesen Blättern mit und veröffentlichte darin zahlreiche Aufsätze.
160 Gauger in einem Brief an seinen Bruder Siegfried vom 19. Oktober 1934. In: Böhm, Martin Gauger, S. 57.
161 Leber, Martin Gauger, 108.
162 Harald Poelchau (1903-1972), war evangelischer Pfarrer und religiöser Sozialist. Seit 1933 ist er Gefängnispfarrer in Berlin-Tegel, Plötzensee und Brandenburg. Er war Mitglied der Bekennenden Kirche und des Kreisauer Kreises. Zahlreiche Häftlinge begleitete er in ihren letzten Stunden vor der Hinrichtung und versteckte viele Widerständler des NS-Regimes in seiner Wohnung. 1971 erhielten er und seine Frau Dorothee vom Staat Israel als Auszeichnung die Yad-Vashem Medaille als „Gerechte unter den Völkern".
163 Zitiert nach Leber, Martin Gauger, S. 110.
164 Gauger im Vernehmungsprotokoll vom 29.5.1940 im Gefängnis Düsseldorf-Derendorf; abgedruckt bei Böhm, Martin Gauger, S. 67.
165 Ebd., S. 68.
166 Zitiert nach Leber, Martin Gauger, S. 110.
167 „Im Juli 2006 entschuldigte sich der bayerische Landesbischof Dr. Johannes Friedrich im Namen der kirchlichen Gremien bei der Familie für die Haltung von Bischof Meiser". Zitiert nach Ludwig, Martin Gauger, in: Schultze/Kurschat, „Ihr Ende schaut an…", S. 277.
168 Vgl. unten Gaugers Brief an seine Mutter.
169 Ebd.
170 Die sogenannten Invalidentransporte waren in Wirklichkeit Vernichtungstransporte aus Konzentrationslagern in Tötungsanstalten der Euthanasieaktion T 4. Reichsführer SS Himmler hatte sie 1941 angeordnet, um die Konzentrationslager von „Ballastexistenzen" zu „entlasten". Unter der Bezeichnung „Sonderbehandlung 14f13" wurden neben kranken und gebrechlichen Häftlingen auch „politisch unerwünschte Personen, missliebige Häftlinge und in besonders großem Umfang Häftlinge jüdischer Herkunft" ermordet. Vgl. Böhm, Martin Gauger, S. 45.
171 Im Nürnberger Ärzteprozess am 20. August 1947 zum Tode verurteilt, wird Hoven am 2. Juni 1948 in Landsberg hingerichtet.
172 Vgl. dazu unten das Dokument auf 68.
173 Der Brief ist abgedruckt als Dokument Nr. 18 bei Böhm, Martin Gauger, S. 82 f.
174 Vgl. zu Wilhelm Gleßner: Josef Loris, Der Tod von Wilhelm Gleßner aus Elm, ein Verbrechen der Hitlerzeit. Er verweigert aus Gewissensgründen den Kriegsdienst! In: Die Pfarreien im Bachtal, Band I, (Elm) 1999, S. 294-298; Josef Loris/Ludwig Hellriegel, Wilhelm Gleßner. In: Moll, Zeugen für Christus, Band I, Paderborn ^{7}2019, S. 690-693. Das Foto von Wilhelm Gleßner ist abgedruckt bei Loris, Der Tod von Wilhelm Gleßner, S. 294.
175 Zitiert ebd., S. 295.
176 Der Brief ist abgedruckt bei Loris/Hellriegel, Wilhelm Gleßner, S. 691 f.
177 Zitiert ebd., S. 692.
178 Zitate aus der Urteilsbegründung, erstellt vom Reichskriegsgericht am 14. Juli 1942. Am 31. Juli 1942 hält Admiral Bastian fest: „Ich bestätige das Urteil. Das Urteil ist zu vollstrecken." Die dreiseitige Urteilsschrift befindet sich im Militärhistorischen Archiv der Tschechischen Republik Prag (MHA Prag). Eine Kopie dieses Dokuments verdanke ich Marcus Herrberger.
179 Vgl. zu Bernhard Grimm: Johannes Wrobel, „Auf Wiedersehen!" – Abschiedsbriefe von zum Tode verurteilten Zeugen Jehovas im NS-Regime. In: Herrberger: Denn es steht geschrieben, S. 237-326, hier S. 265-272; Joachim Scherrieble, Reichenbach an der Fils unterm Hakenkreuz – Ein schwäbisches Industriedorf in der Zeit des Nationalsozialismus, Tübingen/Stuttgart 1994; Kurt Willy Triller, Die Bernhard-Grimm-Straße – die unglaubliche Geschichte hinter dem Namen – Straße erinnert an Kriegsdienstverweigerer. In: Der Neckarbote, Ne-

ckargemünd vom 1. März 2001. Herrn Kurt Willy Triller danke ich an dieser Stelle für die zahlreichen Hinweise zu Bernhard Grimm und die überlassenen Materialien; Werner Jentsch, Ernstfälle. Erlebtes und Bedachtes, Moers 1992; Lebensbericht von Magdalene Grimm, Schwetzingen, 17. März 1971. Als Quelle hierzu gibt Wrobel an: Wachtturm-Gesellschaft, Geschichtsarchive, Selters Taunus (WTA), LB/ZZ Grimm. Eine Kopie dieser Schrift verdanke ich Marcus Herrberger.

180 Text aus der Urteilsbegründung.
181 Ebd.
182 Wrobel, Abschiedsbriefe, S. 265.
183 Zitiert ebd.
184 Jentsch, Ernstfälle, S. 184.
185 Grimm, Abschiedsbrief; zitiert bei Wrobel, Abschiedsbriefe, S. 269.
186 Zitiert ebd., S. 270.
187 Das der Apokalyptik entstammende Motiv vom offenen Himmel bzw. vom Sehen des offenen Himmels findet sich wiederholt in der Bibel. So sah der Stammvater Jakob im Traum eine Treppe, die auf der Erde stand und bis zum Himmel reichte. Auf ihr stiegen Engel Gottes auf und nieder (Genesis 28, 12). Bei seiner Taufe im Jordan sah Jesus, dass der Himmel sich öffnete und der Geist wie eine Taube auf ihn herabkam (Markus 1, 10). Auch dem „echten Israeliten" Natanael verheißt Jesus: Ihr werdet den Himmel geöffnet und die Engel Gottes auf- und niedersteigen sehen über dem Menschensohn (Johannes 1,51). Der Märtyrer Stephanus, „erfüllt vom Heiligen Geist, blickte zum Himmel empor, sah die Herrlichkeit Gottes". Vor seiner Steinigung ruft er aus: „Ich sehe den Himmel offen und den Menschensohn zur Rechten Gottes stehen" (Apostelgeschichte 7, 55). Möglicherweise ist es gerade die letzte Bibelstelle, die Grimm vor seiner Hinrichtung vor Augen hat. Sie bezeichnet die besondere Gegenwart Gottes im Augenblick höchster Gefahr.
188 Jentsch, Ernstfälle,185. In abgewandelter Form hat Jentsch früher formuliert: „Er ließ seinen Kopf fallen, nicht nur in einen Sägemehleimer. Der Kopf fiel tiefer, viel tiefer, unendlich tiefer – in die Arme seines Heilands". Werner Jentsch, Christliche Stimmen zur Wehrdienstfrage, Kassel 1952, S. 81 f.
189 Vgl. dazu: Scherrieble, Reichenbach an der Fils, S. 285.
190 Im Original sind noch einige Liedtexte angefügt. Der Brief ist vollständig abgedruckt bei Wrobel, Abschiedsbriefe, S. 267-273. Dort mit Hinweisen auf die Bibelstellen in den Anmerkungen. Hier ist die Rechtschreibung den neuen Regeln angeglichen.
191 Zitiert bei Renate Daum, „...starb mutig und aufrecht als wahrer Märtyrer". Vor 50 Jahren wurde Alfred Andreas Heiß wegen seines Glaubens hingerichtet. In seiner Heimatpfarrei Stadtsteinach ist er umstritten. In: Heinrichsblatt, Kirchenzeitung für das Erzbistum Bamberg, Nr. 38, S. 14, 23. September 1990. Die erste Veröffentlichung über Heiß bei Thomas Breuer, „Der Staatsfeind" steht für seinen Glauben ein. Dem Andenken des katholischen Kriegsdienstverweigerers Alfred Andreas Heiß, † 1940. In: imprimatur, 22 (1989), S. 126 ff.; Alwin Reindl, Alfred Andreas Heiß. Allein gegen den Nationalsozialismus [= Schriftenreihe des Historischen Vereins Bamberg, Bd. 37], Bamberg 2003; ders., Alfred Andreas Heiß. In Moll, Zeugen für Christus, Band 1, S. 101-104.
192 Vgl. Anm. 191.
193 Faksimile bei Reindl, Alfred Andreas Heiß, Allein gegen den Nationalsozialismus, S. 117.
194 Faksimile ebd., S. 116.
195 Vgl. zu Alfred Herbst: Jost Müller-Bohn, Letzte Briefe eines Wehrdienstverweigerers 1943, Lahr-Dinglingen 1984; Hans-Volker Sadlack, Alfred Herbst. In: Schultze/Kurschat, ... ihr Ende schaut an, 2. Aufl. 2008, S. 305 f.; Albrecht Hartmann/Heidi Hartmann, Kriegsdienstverweigerung im Dritten Reich, Frankfurt am Main 1986, S. 8-11. Im Familienbesitz befinden sich auch ein handgeschriebener Lebenslauf von Alfred Herbst sowie Anmerkungen

„Aus dem Leben von Alfred Herbst" von Tochter Sonja Wagner, geborene Herbst. Von Frau Wagner stammen auch persönliche Erinnerungen an ihren Vater unter dem Titel „Letzte Briefe...". Die Familie bewahrte alle Briefe von A. Herbst sorgfältig auf. Das drei Seiten umfassende Feldurteil gegen Alfred Herbst ist erhalten geblieben; eine Kopie befindet sich im Bundesarchiv/Militärarchiv Freiburg: Bestand MF B2/ M 1007/ A 111.

196 Ausführlich zur Gewissensentscheidung von Alfred Herbst: Bredemeier, Kriegsdienstverweigerung, S. 109-119; Herrberger, Denn es steht geschrieben, S. 52 ff.
197 Alfred Herbst übersetzt Baptist mit „gläubig getaufter Christ", vgl. A. Herbst, Lebenslauf.
198 Zur biblischen Fluterzählung vgl. Buch Genesis, Kapitel 7.
199 Zitiert nach A. Herbst, Lebenslauf.
200 S. Wagner, Aus dem Leben von Alfred Herbst.
201 Ebd.
202 S. Wagner, Letzte Briefe.
203 Brief von Alfred Herbst vom 7. April 1943. Zitiert nach: J. Müller-Bohn, Letzte Briefe eines Wehrdienstverweigerers, S. 15.
204 Zitiert ebd.
205 Ebd.
206 Ebd., S. 15 f.
207 Brief vom 8. April 1943; zitiert nach Müller-Bohn, Letzte Briefe, S. 17.
208 Ebd., S. 51.
209 S. Wagner, Aus dem Leben von Alfred Herbst.
210 Vgl. Anm. 197.
211 Zitiert bei Hartmann, Kriegsdienstverweigerung, S. 9.
212 Zitiert ebd.
213 Brief von Alfred Herbst vom 12. Mai 1943; zitiert nach Müller-Bohn, Letzte Briefe eines Wehrdienstverweigerers, S. 38.
214 Beide Abschiedsbriefe von Alfred Herbst bei Müller-Bohn, Letzte Briefe, S. 60 ff.
215 Ebd.
216 Franz Jägerstätter, Betrachtungen der Liebe Gottes zu uns Menschen. Zitiert nach: Erna Putz (Hrsg.), Franz Jägerstätter. Der gesamte Briefwechsel mit Franziska. Aufzeichnungen 1941-1943. Mit einem Geleitwort von Manfred Scheuer, Wien u.a. 2007, S. 209. Vgl. zu Jägerstätter auch den Band Erna Putz, Franz Jägerstätter. „...besser die Hände als der Wille gefesselt..." [Edition Geschichte der Heimat], Neuauflage Grünbach 1997. Das Feldurteil gegen Franz Jägerstätter vom 6. Juli 1943 ist hier abgedruckt, nach S. 290.
217 Franz Jägerstätter, Aufzeichnungen aus der Zeit nach der Verurteilung zum Tode, zitiert nach Putz, Briefwechsel, S. 197.
218 Ebd., S. 9.
219 Gordon C. Zahn, Er folgte seinem Gewissen. Das einsame Zeugnis des Franz Jägerstätter, Graz u.a. 1967 (deutsche Erstausgabe; amerikanisches Original 1964).
220 Rudolf Mayer (1906-1943) stammte aus Raab in Oberösterreich und überlegte mit Jägerstätter zu verweigern, wurde dann jedoch Soldat. E. Putz schreibt, dass Rudolf Mayer zuletzt vor seinem Tod an der Front im August 1943 der Überzeugung war, dass Franz „den besseren Teil" erwählt habe (Putz, Franz Jägerstätter, S. 238).
221 Nach Angaben von Erna Putz wurden in der Diözese Linz „zahlreiche Priester aus den Gemeinden vertrieben, viele inhaftiert, unter ihnen allein 40 in Konzentrationslager gebracht, von denen 11 starben. Am 11. März 1940 wurde in allen Pfarrhäusern und Klöstern der Diözese Linz gleichzeitig eine Hausdurchsuchung gemacht; es wurde nach Briefen von Frontsoldaten an Priester gesucht" (Erna Putz: Franz und Franziska Jägerstätter – Vom Wachsen und Werden einer einsamen Entscheidung. Vortrag am 17. Juni 2009 anlässlich des Studientags von Pax Christi in Fulda. In: Pax-Christi, Deutsche Sektion (Hrsg.), Der Krieg wurde

aus der Mitte der Gesellschaft mitgetragen [Impulse Heft 20], Berlin 2009, S. 32-36, hier S. 35).

222 Zitiert nach Putz, Briefwechsel, S. 228.
223 Nach Jägerstätters Überzeugung versäumte der katholische Klerus Österreichs, sich den Nationalsozialisten bei der Wahl am 10. April „stramm entgegenzustellen" und trug sogar „zu einem fast hundertprozentigen Wahlsieg" bei. Zitiert nach Putz, Briefwechsel, S. 233.
224 Katholische Geistliche, die zur Wehrmacht eingezogen wurden und die bereit waren, den Fahneneid abzulegen, mussten eher selten Waffendienste leisten und waren häufig als Sanitätssoldaten eingesetzt. Manche von ihnen dienten als Wehrmachtsseelsorger. Dieses „Privileg" wurde den Laien nicht gewährt. Auch die Verweigerer Lerpscher und Ruf hatten vergeblich angeboten, Sanitätsdienste in der Wehrmacht zu leisten.
225 Am 7. Mai 1997 hob das Landgericht Berlin das Urteil gegen Jägerstätter auf.
226 Aus dem Brief an Franziska vom 9.8.1943, dem Todestag Jägerstätters. Zitiert nach Putz, Briefwechsel, S. 182.
227 Putz, Franz Jägerstätter, S. 199.
228 Die Frage, ob Bischof Fließer die Haltung Jägerstätters billigte oder nicht billigte, ist deshalb strittig, weil im Durchschlag des ablehnenden Bescheids des Seelsorgeamtes Linz an Pfarrer Karobath, der sich im Diözesanarchiv befindet, handschriftlich das Wort *wenig* eingefügt wurde. Demnach hat Fließer am 7. August 1945 geschrieben: „Übrigens habe ich bei meiner Unterredung mit Jägerstätter ebenso *wenig* wie seine Seelsorger und Angehörigen seine Haltung gebilligt." Die entsprechenden Dokumente befinden sich im Archiv Dr. Erna Putz, Nr. 501a-c. An dieser Stelle danke ich ihr für die freundliche Überlassung von Kopien der Originaldokumente. Zitiert nach: Putz, Franz Jägerstätter, S. 149.
229 Ebd.
230 Zitiert ebd., S. 172.
231 Zitiert ebd.
232 Ebd., S. 170.
233 Ebd., S. 256.
234 Ebd., S. 255.
235 Pfarrer Leopold Arthofer, geboren am 4. Januar 1899, war von 1941 bis 1945 im KZ Dachau inhaftiert. Als Verhaftungsgrund wird angegeben: „Verdacht monarchistischer Gesinnung, Predigten gegen nationalsozialistische Weltanschauung". Diese Angaben nach Eugen Weiler, Die Geistlichen in Dachau, Mödling o.J., 108. Nach Kriegsende veröffentlichte Arthofer über seine Zeit im KZ Dachau einen Bericht unter dem Titel „Als Priester im Konzentrationslager. Meine Erlebnisse in Dachau", Graz und Wien 1947.
236 Leopold Arthofer, Heldenhafte Konsequenz, in: Der Fels – Beilage zur Wiener Kirchenzeitung, 1. Jg., Nr. 16/1946.
237 Arthofers Begleitbrief an die Redaktionen der Kirchenzeitungen in Linz und Wien wurde mir zur Verfügung gestellt von Frau Dr. Erna Putz.
238 Heinrich Kreutzberg, Er verweigerte den Eid. Bauer Franz Jägerstätter aus St. Radegund - Ehemaliger Standortpfarrer berichtet, in: Mann in der Zeit, 1. Jg., (November) 1948, Nr. 8, S. 36. Ausführlich zu Kreutzberg vgl. Johannes Kleinwächter, Oberpfarrer Heinrich Kreutzberg (1898-1968). Sein Wirken als Wehrmachtpfarrer im Zweiten Weltkrieg und im Widerstand gegen die Hitlerdiktatur. In: Brühler Heimatblätter, Januar 2010, S. 67. Im Internet unter: http://www.heimatbundbruehl.de/BHB-1-2010.pdf
239 Gordon G. Zahn, Er folgte seinem Gewissen, Graz u.a. 1967. Erna Putz bedauert vor allem, dass sich Zahn, „der als Soziologe an den Fall heranging nicht mit der Situation von Kirche und) Priestern während des Nationalsozialismus in Linz auseinandergesetzt hat". Putz, Franz Jägerstätter, S. 257.
240 Zitiert bei: Alfons Riedl/Josef Schwabeneder (Hrsg.), Franz Jägerstätter. Christlicher Glaube

und politisches Gewissen, Thaur u.a. 1997, S. 336-339, hier S. 338. In den Anmerkungen wird darauf verwiesen, dass sich Roberts mehrfach sehr kritisch zum Verhalten von kirchlichen Amtsträgern gegenüber Kriegsdienstverweigerern geäußert hat: „Mit welcher Nachlässigkeit, welcher Herzenshärte haben Katholiken zumeist auf jene gesehen, die man bewusst Märtyrer des Gewissens nennen darf; unter ihnen erwähne ich ehrenhalber jenen österreichischen Bauern Franz Jägerstätter, der unter dem Tyrannen Hitler einen höchst grausamen Tod auf sich genommen hat, um nicht Befehlen gehorchen zu müssen, die, wie er ganz richtig urteilt, für ihn eine Sünde gewesen wären. Wie oft haben solche Männer, früher wie heute, von jenen, die Christi Stelle vertreten, vergebens auf ein Wort des Trostes oder der Ermutigung gehofft!" Zitiert ebd., S. 339, Anm. 2.

241 Kommunikationsbüro der Diözese Linz (Hrsg.), Feierheft für die Gemeinde zu Eucharistiefeier und Seligsprechung von Franz Jägerstätter am 26. Oktober 2007 im Mariendom Linz, S. 14.
242 Ebd., S. 13.
243 Paul Gerhard Schoenborn, Alphabete der Nachfolge. Märtyrer des politischen Christus, Wuppertal 1996, S. 45.
244 Ebd., S. 46.
245 Zitiert nach Putz, Briefwechsel, S. 270 f.
246 Zitiert nach Putz, Briefwechsel, S. 182 f.
247 Vgl. dazu H. Moll, Wilhelm Paul Kempa, in: Ders. (Hrsg.), Zeugen für Christus, Band I, S. 218-221; Eduard Werner, Wilhelm Paul Kempa – katholischer Wiederstand unter Hitler, http://blog.forum-deutscher-katholiken.de/?p=5495 (Abruf 22.2.2017).
248 Wilhelm Paul Kempa, Brief an Anton Stelmaszyk, 16.5.940.
249 Kempa, Brief an Anton Stelmaszyk, 29.5.1940. Aus beiden Briefen Kempas wird hier zum ersten Mal zitiert.
250 Ebd.
251 Ebd.
252 Zitiert nach Moll, Wilhelm Paul Kempa, S. 220.
253 Zitiert ebd.
254 Zu M. Lerpscher vgl. Zahn, Deutsche Katholiken und Hitlers Kriege, Graz u.a. 1965, S. 85; Mader/Knab, Das Lächeln des Esels; Sabine Düren, Michael Lerpscher, in: Moll, Zeugen für Christus, Band 1, S. 83-86; Ernst T. Mader, Der einsame Weg, in: ZEITonline.www.zeit.de (24.5.2006).
255 Zitiert nach Mader/Knab, Das Lächeln des Esels, S. 45 f.
256 Diese Dokumente befinden sich heute im Österreichischen Nationalarchiv, Wien, wo sie erstmals durch die Recherchen von Wilhelm Seper, Pinkafeld, aufgefunden und für die Lerpscherforschung zugänglich gemacht wurden.
257 Zahn, Die deutschen Katholiken und Hitlers Kriege, S. 84 f., Anm. 6.
258 Abbildung der Gedenktafel bei Kurz/Turrey, Josef Ruf, S. 29.
259 Abbildung s.u. S. 118.
260 Vgl. Anm. 82.
261 Die Stolpersteine wurden am 12. November 2012 bei der Niederlassung der Christkönigsgesellschaft in Meitingen verlegt. In Ansprachen würdigten Bürgermeister Dr. Higl und Frau Annemarie Bäumler, die derzeitige Leiterin des Christkönigsinstituts, die Lebenszeugnisse der Märtyrer aus der NS-Zeit. Die Ansprachen dieses Tages mit einigen Abbildungen sind enthalten in einer Broschüre zum Weihnachtsfest 2012 (Bestelladresse: Christkönigs-Institut, St.- Wolfgang-Straße 14, 86405 Meitingen).
262 Der Brief besteht aus zwei in der Mitte gefalzten Doppelseiten, die jeweils auf der Vorder- und Rückseite beschrieben sind, und umfasst somit insgesamt 8 Seiten im Format DIN A 5; der Originalumschlag ist nicht mehr vorhanden. Der Brief ist hier in der originalen Schreib-

weise und Interpunktion Lerpschers wiedergegeben. An dieser Stelle danke ich Frau Gebhardine Lerpscher und Hans Konrad in Wilhams für die gewährte Einsicht in diesen Brief, für zahlreiche weitere Auskünfte über Michael Lerpscher sowie für die gastliche Aufnahme bei einem Besuch in Wilhams.

263 Zu Mayer-Nusser vgl. Josef Innerhofer, Südtiroler Blutzeugen zur Zeit des Nationalsozialismus, Bozen 1985; Reinhold Iblacker, Keinen Eid auf diesen Führer. Josef Mayr-Nusser, ein Zeuge der Gewissensfreiheit in der NS-Zeit, Innsbruck u.a. 1979 (Begleitbuch zum gleichnamigen Film); Josef Innerhofer, Treu seinem Gewissen. Das Zeugnis des Josef Mayr-Nusser (1910-1945). Die Biografie zur Seligsprechung, Innsbruck 2016.

264 Am wenigsten bekannt von den genannten Autoren ist heute Theodor Häcker: Philosoph, Kulturkritiker, Publizist und Übersetzer. Als Gegner des Nationalsozialismus stand er dem Münchner Widerstandskreis „Weiße Rose" mit den Geschwistern Hans und Sophie Scholl nahe. Vgl. dazu: Detlef Bald/Jakob Knab (Hrsg.), Die Stärkeren im Geiste, Essen 2012.

265 Zitiert nach Innerhofer, Blutzeugen, S. 121 f.

266 Der Text des Interviews mit Toni Kaser vom 3. Februar 1979 ist abgedruckt bei Iblacker, Keinen Eid auf diesen Führer, S. 139-145.

267 Vgl. dazu unten die Ausführungen zu Bargil Pixner, S. 133-139.

268 Zitiert nach Iblacker, Keinen Eid, S. 144.

269 Albert Mayr, Josef Mayr-Nusser. Mein Vater und seine Verweigerung. Radio-Interview vom Dezember 2004. Vgl. www.we-are-church.org/suedtirol/1-05/13.html

270 Aus dem Vorwort von Ivo Muser, Bischof von Bozen-Brixen, „Er hat uns und unserer Zeit viel zu sagen." In: Innerhofer, Treu seinem Gewissen, S. 10 f.

271 Zitiert nach Iblacker, Keinen Eid, S. 127.

272 Ebd.

273 Max Pribilla, Die Vollmacht des Gewissens, München 1956; hier zitiert nach Iblacker, Keinen Eid, S. 128.

274 Zitiert nach Innerhofer, Treu seinem Gewissen, S. 126 f.

275 Herbert Niederschlag, Prophetischer Protest. Der Entscheidungsweg von P. Franz Reinisch, Vallendar-Schönstatt 2003; der Hinweis auf Pixner hier S. 31.

276 Vgl. zu Pixner: Rainer Riesner (Hrsg.), Bargil Pixner. Wege des Messias und Stätten der Urkirche. Jesus und das Judenchristentum im Licht neuer archäologischer Erkenntnisse, Gießen 1992; Nikodemus C. Schnabel OSB (Hrsg.), Laetare Jerusalem. Festschrift eines 100jährigen Ankommens der Benediktinermönche auf dem Jerusalemer Zionsberg, Münster 2006. Darin ein Beitrag des Beuroner Benediktiners Benedikt Schwank über Bargil Pixner.

277 Zur politischen Situation in Südtirol vgl. auch die Ausführungen bei Josef Mayer-Nusser und Richard Reitsamer.

278 Zu den Polizeiregimentern in Südtirol vgl. Toni Kaser, Interview am 3.2.1979. In: Iblacker, Keinen Eid, S. 139-145. Kaser war Sekretär der männlichen Katholischen Jugend der Diözese Trient. mit Josef Mayr-Nusser (1936-38) und Schriftleiter der katholischen Jugendzeitschrift „Die Jugendwacht". Nach Kaser wird dieses Regiment mit der Bezeichnung und dem Standort „Brixen" am 10. Oktober 1944 aufgestellt.

279 Kaser, Interview, S. 140 f.

280 Bargil Pixner OSB, Mit Jesus in Jerusalem. Seine ersten und letzten Tage in Judäa, Rosh Pina 1996/Corazin 1996, S. 9 f.

281 Eine detailreiche Aufstellung der wichtigsten Ereignisse und Stationen von Reinischs Lebensweg bei Werner Weicht, Pater Reinisch – ein Lebensbild. In: Provinzialat der süddeutschen Pallottinerprovinz (Hrsg.), Widerstand aus dem Glauben. Dokumentation, Vorträge und Gottesdienst zu dem 50. Todestag von Pater Franz Reinisch SAC, Friedberg 1992, S. 11-36; W. Weicht, Pater Franz Reinisch. In: H. Moll (Hrsg.), Zeugen für Christus, Bd. II, S. 1014-1018; vgl. auch Niederschlag, Prophetischer Protest, sowie Christian Feldmann, Einen Eid

auf Hitler? Nie! Franz Reinisch: Ein Leben für die Menschenwürde, Vallendar/Rhein 2012.
282 Zitiert nach P. Klaus Brantzen (Hrsg.), Pater Franz Reinisch. Märtyrer der Gewissenstreue. Band 1: Im Angesicht des Todes. Tagebuch aus dem Gefängnis. Aufzeichnungen des Häftlings Pater Reinisch während seines Aufenthaltes im Wehrmachtsgefängnis Berlin-Tegel vom 25. Juni bis 9. August 1942 und Niederschriften des damaligen katholischen Standortpfarrers Heinrich Kreutzberg über seine Begegnungen mit Franz Reinisch in dessen Gefängniszelle, Vallendar/Schönstatt 1987, S. 16.
283 Josef Kentenich (1885-1968), Gründer der Schönstattbewegung. Wegen seiner ablehnenden Haltung zum Nationalsozialismus inhaftiert im KZ Dachau von 1942-1945. 1975 wird in der Diözese Trier ein Selig- und Heiligsprechungsprozess für ihn eröffnet.
284 Zitiert nach Feldmann, Einen Eid auf Hitler? S. 56; dort ohne Quellenangabe.
285 Aus der Begründung des Feldurteils gegen Reinisch. Die Urteilsschrift gegen Reinisch ist erhalten geblieben und zugänglich im Bundesarchiv/Militärarchiv Freiburg, Bestand: MFB2/M1008/A27.
286 „Nach dem Wehrgesetz (§ 14) waren katholische Priester, die die Subdiakonatsweihe erhalten hatten, vom Wehrdienst befreit. Für den 40jährigen Franz Reinisch, im Juni 1928 zum Priester geweiht, wäre die Frage des Wehrdienstes deshalb bedeutungslos gewesen, hätte das OKW nicht wenige Wochen nach Kriegsausbruch eine Verordnung erlassen, die Geistlichen des römisch-katholischen Bekenntnisses, wenn sie keinen eigenen Seelsorgebezirk hatten, zur Kriegsdienstleistung bzw. zum Sanitätsdienst verpflichtete." Herrberger, Denn es steht geschrieben, S. 59.
287 Vgl. dazu Reinisch, Im Angesicht des Todes, 22, Anm. 9: „Blankovollmacht: Ganzhingabe, vorbehaltlose Übereignung." Reinisch schrieb seine Aufzeichnungen im Gefängnis auf Anregung von Gefängnisseelsorger Heinrich Kreutzberg nieder. Kreutzberg selber ergänzte die Äußerungen Reinischs durch eigene Niederschriften. In dem von Pater Klaus Brantzen herausgegebenen Band sind sowohl die Stellungnahme Reinischs als auch die Kommentare Kreutzbergs enthalten.
288 Zitiert ebd., Anm. 8. „MTA: Mater ter admirabilis = Dreimal wunderbare Mutter (Titel des Gnadenbildes von Schönstatt)."
289 Zitiert nach Heribert Niederschlag SAC, Mut zum Gewissen. Zur Aktualität von P. Franz Reinisch. In: Widerstand aus dem Glauben, S. 59-78, hier S. 63; dort ohne Quellenangabe.
290 Feldmann, Reinisch, S. 71.
291 Ebd.
292 Reinisch, Im Angesicht des Todes, S. 23 f. Anm. 11-13: In hoc signo vincam = In diesem Zeichen werde ich siegen. In caritate Christi urgente ad infinitam Dei gloriam ad destruendum peccatum et ad sanandas animas = Aus der drängenden Liebe Christi zum ewigen Ruhme Gottes und zur Vernichtung der Sünde und zur Rettung der Seelen. MHC = Mater habebit curam = Die Mutter (Maria) wird Sorge tragen.
293 Nach Aussage von Gefängnispfarrer Kreutzberg verweigerte ein Priester schon früher einmal Reinisch die Kommunion. Ein nicht näher bezeichneter „Kriegspfarrer V.", der zeitweise Kreutzberg zur Arbeitsentlastung unterstellt war, soll Reinisch am 26. Mai 1942 im Gefängnis besucht und ihm dabei die Kommunion verweigert haben. Reinisch reagierte bestürzt: „Das war mir furchtbar: Wie dieser Priester das Allerheiligste bei sich hatte und es mir verweigerte." Zur Begründung gab der Priester an, er habe Reinisch dadurch „den Ungehorsam gegen seine Obrigkeit und die Pflicht der Eidesleistung zum Ausdruck" bringen wollen. Auch habe er nur einmal die Kommunion aufschieben und sie nicht dauernd verweigern wollen. Vgl. dazu die Niederschrift Kreutzbergs in Reinisch, Im Angesicht des Todes, S. 25.
294 Siehe unten Dokument c.
295 Zitiert nach Feldmann, Reinisch, S. 88.
296 Reinisch, Im Angesicht des Todes, S. 120.

297 Faksimile dieses Dokuments bei Niederschlag, Prophetischer Protest; S. 74.
298 Mündliche Äußerung Reinischs in einem Freundeskreis, nachdem er am 1. März 1941 den Bereitstellungsbefehl erhalten hatte. Zzitiert nach der Kurzbiographie Reinischs durch Pater Klaus Brantzen. In: Reinisch, Im Angesicht des Todes, S. 13.
299 Zitiert nach Heinrich Kreutzberg, Franz Reinisch, Limburg 1952, S. 90 f.
300 Reinisch, Im Angesicht des Todes, S. 107 f.
301 Zitiert nach Feldmann, Reinisch, S. 99 f.
302 Vgl. zu Reitsamer: Josef Gelmi, Richard Reitsamer, in: Moll (Hrsg.): Zeugen für Christus, Bd, I, S. 303-306; Dr. Luis Sand, „Wahrhaftigkeit über alles – auch heute!". Das erschütternde Beispiel des Südtiroler Blutzeugen Richard Reitsamer, in: Der Volksbote, 20.12.1958; Innerhofer, Südtiroler Blutzeugen; Jakob Knab, Dafür kämpfe ich nicht, in: Christ in der Gegenwart, Nr. 28/1994, S. 231.
303 Auszug aus dem Freiburger Taufbuch St. Martin, S. 13, Nr. 71.
304 Vgl. dazu die Ausführungen bei Mayr-Nusser.
305 Zitiert nach Gelmi, Richard Reitsamer, S. 304.
306 Dr. Luis Sand war der für Reitsamer bestellte Verteidiger und er verfasste einen ersten Artikel über Reitsamer (vgl. Anm. 302).
307 Zitiert nach Sand, Wahrhaftigkeit.
308 Siehe unten S. 157.
309 Zitiert nach Sand, Wahrhaftigkeit, zitiert bei Gelmi, Richard Reitsamer, S 304
310 Zitiert ebd.
311 Vgl. Knab, Unbequeme Märtyrer, in: Publik-Forum Ausgabe Nr. 22/1986, S. 37-40; ders.: Dafür kämpfe ich nicht, in: Christ in der Gegenwart 28/1994.
312 Amtliches Schreiben der Stadtgemeinde Bozen, Friedhofsamt, vom 21.9.1987, Archiv J. Knab.
313 Vgl. zu diesem Anlass das ZETT-Magazin „Chamäleon", Bozen, vom 20. Mai 2012. Darin Berichterstattung, Fotos und ein Interview mit dem Künstler Gunter Demnig von Johannes Votter: „Eine Verneigung vor den Opfern".
314 Zitiert nach Gelmi, Richard Reitsamer, S. 305.
315 Roller in einem Brief an Hitler am 11. Februar 1939. Zitiert nach: Hans- Joachim Lang, „Als Christ nenne ich Sie einen Lügner", Hamburg 2009, S. 63. Roller hat sich mit seiner Lebensgeschichte dem Historiker und Journalisten Dr. Hans-Joachim Lang anvertraut, der daraufhin eine erste ausführliche Schrift über Roller verfasste.
316 Der Text folgt Lang, „Als Christ nenne ich Sie einen Lügner", S. 63; vgl. auch Lang, Der Kampf des Buchhalters, in: einestages. Zeitgeschichten auf spiegel-online 2008.
317 Zitiert bei Lang, Theodor Roller, S. 14.
318 Zitiert ebd., S. 26.
319 Zitiert ebd., S. 87 (dort mit Faksimile des Schreibens auf der gegenüber liegenden Seite).
320 Ebd., S. 84.
321 Zitiert ebd., S. 107.
322 Abb.: Zentrum für Psychiatrie (ZfP) Weissenau
323 Lang, Roller, S. 135.
324 Zitiert ebd., S. 152 f.
325 Zitiert nach Lang, Roller, S. 224.
326 J. Ruf im Brief an seine Schwester Maria vom 7. August 1940. Zitiert nach Kurz/Turrey, Josef Ruf, S. 20. Zu J. Ruf vgl. Sabine Düren, Josef Ruf, in: Moll (Hrsg.) Zeugen für Christus, Band 1, S. 90-93; Helmut Kurz/Christian Turrey, „Um dem Willen Gottes gerecht zu werden". Das Martyrium des Kriegsdienstverweigerers Josef Ruf, Stuttgart 2. Auflage 2008; H. Kurz, Josef Ruf (1905-1940) – katholischer Kriegsdienstverweigerer aus Oberschwaben, in: Mut bewiesen. Widerstandsbiographien aus dem Südwesten, hrsg von Angela Borgstedt, Sibylle Thelen und Reinhold Weber. Schriften zur politischen Landeskunde Baden-Württem-

bergs. Hrsg. von der Landeszentrale für politische Bildung Baden-Württemberg, Bd. 46, Stuttgart 2017, S. 157-164.
327 Vgl. zu Michael Lerpscher oben S. 113-122.
328 Die Erschließung der Militärdokumente Rufs ist Herrn Wilhelm Seper aus Pinkafeld, Burgenland, zu verdanken, der bei seinen Recherchen diese Papiere in Österreichs Nationalarchiv entdeckte.
329 Zitiert nach Kurz/Turrey, Josef Ruf, S. 25.
330 Ebd., S. 24
331 Zitiert ebd.
332 Zitiert ebd., S. 21.
333 Zitiert bei: Hans Prolingheuer/Thomas Breuer, Dem Führer gehorsam: Christen an die Front. Die Verstrickung der beiden Kirchen in den NS-Staat und den Zweiten Weltkrieg. Studie und Dokumentation, Oberursel 2005 ff., S. 185.
334 Gordon C. Zahn, Die deutschen Katholiken und Hitlers Kriege, 1962; deutsche Ausgabe Graz 1965, S. 84 f., Anm. 6. Ruf und Lerpscher werden in dieser Fußnote allerdings unter ihren Ordensnamen Bruder Maurus und Bruder Michael erwähnt.
335 Vgl. Anm. 326.
336 Vgl. dazu: www.dsk-nsdoku-oberschwaben.de. Beauftragter des Kuratoriums für das Denkstättensekretariat ist Prof. Dr. Wolfgang Marcus (+), Weingarten.
337 Gotteslob. Katholisches Gebet- und Gesangbuch. Ausgabe für die Diözese Rottenburg-Stuttgart, Nr. S. 937, 1297 f.
338 Vgl. zu Metzger: Paulus Engelhardt, Max Josef Metzger. Bruder Paulus, Freiburg/Schweiz und Hamburg 1980; Klaus Drobisch, Max Josef Metzger. Vom Streben des Priesters für eine friedfertige und gerechte Welt. In: Olaf Groehler (Hrsg.), Alternativen. Schicksale deutscher Bürger, Berlin (Ost) 1987, S. 197-228; Max Josef Metzger, Christuszeuge in einer zerrissenen Welt. Briefe und Dokumente aus der Gefangenschaft 1934-1944. Neuausgabe hrsg. und eingeleitet von Klaus Kienzler, Freiburg u.a. 1991; Christian Heß, „Ohne Christus, ohne tiefstes Christentum ist Krieg". Die Christkönigsthematik als Leitidee im kirchlich-gesellschaftlichen Engagement Max Josef Metzgers, [Reihe: Konfessionskundliche und kontroverstheologische Studien, Bd. 79], Paderborn 2017. Eine neue Dissertation über Metzger ist in Vorbereitung durch Ludwig Rendle.
339 1969 bestätigte die Diözese Augsburg die Gemeinschaft als „Säkularinstitut diözesanen Rechts", das seither die Bezeichnung „Christkönigs-Institut" führt.
340 Inzwischen wurde die Seligsprechung Metzgers eingeleitet und die Vorarbeiten dazu von Seiten der Erzdiözese Freiburg abgeschlossen.
341 Zitiert nach der im November 2012 in Meitingen vom Christkönigsinstitut herausgegebenen Broschüre (S. 11). Vgl. auch Metzgers Rede beim Internationalen Kriegsdienstgegnertag in Den Haag, Pfingsten 1929, in: Klaus Drobisch, Wider den Krieg. Dokumentarbericht über Leben und Sterben des katholischen Geistlichen Dr. Max Josef Metzger, Berlin (Ost) 1970, S. 96-105.
342 Zitiert nach Kurz/Turrey, Josef Ruf, S. 25 f.
343 Zum Lebensmotto gewordener Vorsatz von Vinzenz Schaller, aus: V. Schaller, Einsamer Weg. Aufzeichnungen vom 22. Oktober 1945. Schaller legt auf diesen wenigen Seiten Rechenschaft und Zeugnis über die schwerste Zeit seines Lebens ab. Der Bericht wurde erstmals veröffentlicht in: Thurntaler (Tiroler Halbjahrsschrift) 8/1984, Heft 11, S. 40-43. Schallers Text ist auch Teil einer Dokumentation von Andreas Maislinger mit dem Titel „Bauern gegen Hitler". Im Internet zugänglich unter: www.hrb.at/bauern-gegen-hitler.pdf . Zitiert wird hier nach der Ausgabe im Internet, 7-11, Zitat 7.
344 Diese und die folgenden Angaben nach Johannes Trojer, Dem Hakenkreuz sich verweigert, in: Thurntaler 11/1987, Heft 17, S. 27- 45. Dieser Aufsatz ist die bisher genaueste und aus-

führlichste Publikation über Schaller. Dass die Öffentlichkeit Kenntnis von Schaller hat, ist dem ehemaligen Schulrektor, Heimatforscher und Publizisten Johannes E. Trojer (1935-1991) aus dem benachbarten Außervillgraten zu verdanken; er war mit Schaller persönlich bekannt. Die Halbjahreszeitschrift „Thurntaler" gab Trojer von 1977 bis 1987 heraus.

345 Ebd.
346 Ebd.
347 Ebd.
348 Dr. Ignaz Seipel (1876-1932), katholischer Theologe und Politiker, war von 1922-1924 und von 1926-1929 österreichischer Bundeskanzler, der einen autoritären Staat befürwortete. Engelbert Dollfuß (1892-1934) amtierte von 1932 bis zu seiner Ermordung 1934 als österreichischer Bundeskanzler. Der bis heute umstrittene Politiker gilt als Begründer eines „austrofaschistischen Ständestaats".
349 Trojer, Dem Hakenkreuz sich verweigert, S. 29.
350 Kurt Schuschnigg (1897-1977) von 1934-1938 österreichischer Bundeskanzler; nach seiner erzwungenen Abdankung 1938 von den Nationalsozialisten zunächst in „Schutzhaft" genommen, dann in den KZs Dachau, Flossenbürg und Sachsenhausen bis 1945 inhaftiert. Gilt neben Dollfuß als Mitbegründer des sogenannten Austrofaschismus.
351 Maislinger, Bauern gegen Hitler (siehe Anm. 341).
352 Schaller, Einsamer Weg, S. 40.
353 Theodor Innitzer (1875- 1955), Erzbischof von Wien (1932) und Kardinal (1933). Die Erklärung der Bischöfe zum „Anschluss" erfolgte unter starkem Druck der Nationalsozialisten. Das Begleitschreiben unterzeichnete Innitzer handschriftlich mit „und Heil Hitler!" Der Vatikan distanzierte sich von dieser Erklärung und veranlasste Innitzer zu einer am 6. April 1938 veröffentlichten Klarstellung.
354 Anton Moling (1865-1944), in Innervillgraten Pfarrer von 1907-1941. Nach Einschätzung Trojers ist Moling „unverdächtig, jemals mit den Nationalsozialisten sympathisiert zu haben. Er hat sich auch nicht zu jenem Maß passiven ‚Wohlverhaltens' bequemt, das ihm den Konflikt mit den Nazis ganz erspart hätte. Über ihn wurde sowohl das sogenannte Schulverbot verfügt als auch später einmal eine zehntägige Schutzhaft." Trojer, Dem Hakenkreuz sich verweigert, S. 28.
355 Zitiert ebd.
356 Ebd., S. 33.
357 Ebd., S. 32. Die Schlusspassage des Briefes ist bei Dokumenten unter 2a abgedruckt.
358 Schaller, Einsamer Weg, S. 8.
359 Ebd.
360 Ebd., S. 8 f.
361 Ebd.
362 Ebd., S. 9 f. Die Schreibweise des Originals ist beibehalten.
363 Abgedruckt bei Maislinger, Bauern gegen Hitler, S. 16.
364 Trojer, Dem Hakenkreuz sich verweigert, S. 41.
365 Zu den einzelnen Stationen seiner Heimkehr siehe ebd., S. 42.
366 Ein Faksimile des Briefes ist abgedruckt bei Maislinger, Bauern gegen Hitler, 16. Vgl. im Anhang Dokument 2c.
367 Zitiert ebd., S. 15.
368 Trojer, Dem Hakenkreuz sich verweigert, S. 44.
369 Zitiert ebd.
370 Ebd.
371 Zitiert ebd.
372 Katholischer Männerorden, 1889 von dem Priester Anton Maria Schwartz gegründet, setzt sich besonders für die Arbeiterschaft ein und ist vorwiegend in Österreich tätig.

373 Vgl. dazu die Beschreibung unter: http://www.innervillgraten.at/religion/kirche/haus_betanien.html
374 Der Brief ist vollständig abgedruckt bei Trojer, Dem Hakenkreuz sich verweigert, S. 33 f.
375 Zu J. Scheuer vgl. Bredemeier, Kriegsdienstverweigerung, S. 202 ff.; Paul, Ungehorsame Soldaten, S. 143-147 (Feldurteil gegen Josef Scheuer vom 10. Mai 1940). Eine Familienchronik mit einigen Abbildungen hat mir dankenswerter Weise Herr Günter Scheuer zugänglich gemacht.
376 Angaben hier und im Folgenden nach G. Scheuer, Chronik.
377 Dem Männerorden der Franziskaner und dem Frauenorden der Franziskanerinnen können sich auch Laien anschließen, die dann den sogenannten Dritten Orden bilden. Sie bleiben meist in ihren Berufen und Lebenszusammenhängen, orientieren sich jedoch in verbindlicher Weise (Versprechen auf Lebenszeit) an franziskanischer Spiritualität und an den Regeln des Ordens.
378 Zitiert nach G. Scheuer, Chronik.
379 Zitiert ebd.
380 Zitiert aus dem Feld-Urteil
381 Bredemeier berichtet, Scheuer habe erst 1943 seinen Einberufungsbefehl erhalten und erwähnt die Gefängnishaft in Frankfurt-Preungesheim nicht. Auch in weiteren Einzelheiten weicht seine knappe Skizze über Scheuer von dem hier vorgestellten Bericht ab. Möglicherweise hängt dies damit zusammen, dass der Autor damals noch keinen Zugang zur Chronik von G. Scheuer und zur Urteilsschrift hatte. Vgl. dazu Bredemeier, Kriegsdienstverweigerung, S. 202 f.
382 Aus der Urteilsschrift s.o.
383 Ebd.
384 Ebd.
385 G. Scheuer, Chronik
386 Ebd.
387 Aus: G. Scheuer, Chronik.
388 Nach Bredemeier, Kriegsdienstverweigerer, S. 202, ist Lesch ein Freund Scheuers.
389 Zitiert nach G. Scheuer, Chronik.-
390 Ebd.
391 Brief von Bernhard Lesch an Bredemeier vom 25. Mai 1988 (Anlage); zitiert nach: Bredemeier, Kriegsdienstverweigerung, S. 203. Bredemeier berichtet, dass Scheuer die Hinrichtung angekündigt worden sei. Gemeinsam hätten sich der damalige Wehrbereichskommandant, ein evg. Pfarrer, und der mit ihm bekannte kath. Pfarrer von St. Ingbert, in einem Schreiben an die vorgesetzte Stelle in Berlin gewandt, in dem hinsichtlich der Persönlichkeit Scheuers von „religiösem Wahn" und „philosophischer Veranlagung" die Rede war, aber auch davon „daß er als Verehrer des Hl. Franziskus sich im Wald hinkniee und mit ‚Bruder Wolf' und ‚Schwester Schwalbe' zu Gott bete. Wider Erwarten befahl die Berliner Dienststelle, ihn freizulassen" (zitiert Bredemeier ebd.).
392 Brief Stöhrs vom 2. März 1939 an das Wehrbezirkskommando Stettin I (Marine). Zitiert nach: Eberhard Röhm, Sterben für den Frieden. Spurensicherung: Hermann Stöhr (1898-1940) und die ökumenische Friedensbewegung. Mit einem Vorwort von Bischof (em.) Kurt Scharf DD Stuttgart 1985, S. 167. Die Darstellung folgt weithin den Ausführungen von Eberhard Röhm. Vgl. auch Helmut Donat, Hermann Stöhr (1898-1940) – Kriegsdienstverweigerer aus Gewissensgründen. In: was uns betrifft – Zeitschrift für Kriegsdienstverweigerer und Zivildienstleistende, 21. Jg., Nr. 3, 2. Quartal 1991, S. 24.
393 Röhm, Stöhr, Hermann, Dr. rel. pol, in: Schultze/Kurschat: Ihr Ende schaut an, S. 483-485, hier S. 485. Vgl. auch Eberhard Röhm/Jörg Thierfelder, Juden – Christen - Deutsche 1933-1945, Band I, Stuttgart ²2004, S. 151-153.

394 Röhm, Stöhr, Hermann, in: Schultze/Kurschat, Ihr Ende schaut an, S. 483.
395 Stöhr, So half Amerika. Die Auslandshilfe der Vereinigten Staaten 1812-1930, Ökumenischer Verlag Stettin 1936.
396 Vgl. dazu die Abbildung auf Stöhrs Grabstein, s.u. 2b
397 Zitate aus dem Brief an Dr. Elk. Der Brief ist im Wortlaut abgedruckt bei Röhm/Tierfelder, Juden – Christen – Deutsche, S. 151.
398 Ebd. S. 152 f.
399 Vgl. dazu die Ausführungen bei Röhm, Sterben für den Frieden, S. 160-165.
400 Zitiert ebd., S. 214.
401 Harald Poelchau. Die Ordnung der Bedrängten, München 1965, S. 75 f.; hier zitiert nach Röhm, Sterben für den Frieden, S. 216. Röhm berichtet hier Poelchau: Marahrens sei zwar der „dienstälteste Landesbischof", aber nicht der „höchste Geistliche" gewesen.
402 In Auszügen abgedruckt bei Röhm, Sterben für den Frieden, S. 226-234.
403 Brief Stöhrs an den Bruder vom 20. Juni 1940; zitiert nach Röhm, Sterben für den Frieden, S. 17.
404 Zitiert ebd., S. 16.
405 Zitiert ebd., S. 22.
406 Aus dem Text der Anklageverfügung, abgedruckt bei: Susanne Emerich, Walter Buder (Hrsg.), Mahnwache. Ernst Volkmann (1902-1941). 2005, S. 14. Neben Beiträgen von Meinrad Pichler, Andreas Eder und Susanne Emerich enthält diese Broschüre Fotos und Faksimiles der Anklageverfügung, der amtlichen Mitteilung der Urteilsvollstreckung, der Sterbeurkunde sowie zwei Briefe des Brandenburger Pfarrers Albrecht Jochmann an Frau Maria Volkmann; H. Moll, Ernst Volkmann, in: Zeugen für Christus, I, S. 868-871. Die Broschüre im Internet: www.kath-kirche-vorarlberg.at ernst-volkmann-broschuere
407 Pfarrer Albrecht Jochmann (1891-1960) war hoch geschätzter Gemeindpfarrer in der Brandenburger Dreifaltigkeitsgemeinde (1937-1960). Den Dienst als Gefangenenseelsorger im Zuchthaus Brandenburg-Görden übernahm er vertretungsweise. Bekannt ist, dass er sich in besonderer Weise um die zum Tod verurteilten Dr. Max Josef Metzger, Franz Jägerstätter und Ernst Volkmann bemühte. Auch nach deren Hinrichtung blieb er mit den Witwen bzw. Angehörigen brieflich in Kontakt.
408 Brief von Pfarrer Albrecht Jochmann, Brandenburg, vom 17.10.1946 an Frau Volkmann, abgedruckt bei Emerich, Buder, Mahnwache, S. 19-21, hier S. 21.
409 Angaben nach dem Artikel von Meinrad Pichler, „Nicht für Hitler". In: Emerich, Buder, Mahnwache, S. 6-10.
410 Zitat aus der Anklageverfügung bei Emerich, Buder, Mahnwache, S. 13.
411 Zitiert bei Pichler, „Nicht für Hitler", S. 8.
412 Vgl. Anm. S. 413.
413 Aus der Anklageverfügung, S. 13.
414 Ebd.
415 Ebd., S. 14.
416 Brief Jochmanns an Maria Volkmann vom 17. Oktober 1946.
417 Unterstreichung im Original; Faksimile der Sterbeurkunde bei Emerich, Buder, Mahnwache, S. 18.
418 In Fotokopie oder maschinenschriftlicher Abschrift liegen für diese Darstellung folgende Briefe Jochmanns vor: 9. August 1941, 15. April 1942, 20. Juni 1942, 28. Dezember 1942, 12. Oktober 1946, 17. Oktober 1946, 7. August 1947, 29. August 1947. Die Briefe sind m.W. bisher nicht veröffentlicht. Herrn Alexander Volkmann, Bregenz, danke ich an dieser Stelle für Überlassung und Zusendung der Briefe und weiterer Unterlagen.
419 Jochmann, Brief an Frau Volkmann vom 9.8.1941, bei Emerich, Buder, Mahnwache, S. 17.
420 Jochmann, Brief an Frau Volkmann vom 17.10.1946, ebd., S. 19.

421 Ebd., S. 21.
422 Ebd., S. 19.
423 Jochmann, Brief an Frau Volkmann vom 9.8.1941, S. 17.
424 Ebd., S. 16.
425 Jochmann, Brief an Frau Volkmann vom 17.10.1946, ebd., S. 20.
426 Die Briefe von Frau Volkmann an Pfarrer Jochmann sind im Archiv des katholischen Pfarramts „Heilige Dreifaltigkeit" in Brandenburg nicht enthalten, wie das Sekretariat am 25. März 2010 mitteilt. Über einen persönlichen Nachlass des Pfarrers liegen keine Auskünfte vor.
427 Zitiert nach Emerich, Buder, Mahnwache, S. 16 f.
428 Als Grundlage für diese Lebensbeschreibung konnte ein bisher unveröffentlichtes Dossier über Zrenner aus der Feder von H. Welker herangezogen werden. Hieraus stammen auch alle Abbildungen und Dokumente dieses Textes. Ich danke Herrn H. Welker für die Überlassung seines Dossiers. Vgl. auch den Eintrag bzw. Artikel von Daniel Heinz über Leander Josef Zrenner in: Harald Schultze/Andreas Kurschat (Hrsg. unter Mitarbeit von Claudia Bendick), „Ihr Ende schaut an..." Evangelische Märtyrer des 20. Jahrhunderts, Leipzig ²2008, S. 515.
429 Zitiert nach Dossier Welker, S. 3.
430 Die fünfseitige Urteilsschrift ist erhalten und zugänglich im Bundesarchiv-Militärarchiv, Bestand: Pers. 15/11314146.
431 Aus der Urteilsbegründung.
432 Alle Zitate aus dem Abschiedsbrief Zrenners.
433 Zitiert bei Welker, Dossier Zrenner.
434 Zitiert ebd.
435 Vgl. wikipedia.org/wiki/Adventisten; Abruf am 12.5.2018.
436 Vgl. dazu die Schriften „Du sammelst meine Tränen. Glaubenszeugen im Nationalsozialismus. Hrsg. von der Internationale Missionsgesellschaft der Siebenten-Tags-Adventisten Reformationsbewegung e.V., Deutsche Union, (Naumburg/Saale) 2014, sowie „Glaubenstreue – würdigen und gedenken. Sonderausgabe des Organs „Der Sabbatwächter", Jahrgang 91. Hrsg. von der Internationalen Missionsgesellschaft (wie oben). Beide Schriften wurden mir dankenswerterweise zur Verfügung gestellt von H. Welker.
437 H. Welker, Dossier Zrenner, S. 8 f. Als Quelle gibt Welker an: Bayerisches Hauptstaatsarchiv München (= BayHStA), Bestand 41347.
438 Wolfram Wette, Ernstfall Frieden. Lehren aus der deutschen Geschichte seit 1914 [= Schriftenreihe Geschichte & Frieden – Bd. 38]. Hrsg. von Dieter Riesenberger und Wolfram Wette], Bremen 2017, S. 556.
439 Vgl. zum Folgenden: wikipedia, Kriegsdienstverweigerung in Deutschland: https://de.wikipedia.org/w/index.php?title=Kriegsdienstverweigerer; Abruf am 19.7.2016, sowie ebd. Kriegsdienstverweigerung.
440 Z.B. Bayern, Berlin, Hessen, Württemberg-Baden.
441 Grundgesetz der Bundesrepublik Deutschland vom 23. Mai 1949, Art. 4 (3) Hier zitiert nach der 41., neubearbeiten Auflage, München 2007, S. 16.
442 GG Artikel 19 (2).
443 BVerfGE 12, 45 (http://www.servat.unibe.ch/dfr/bv012045.html#), 56.
444 Zitiert nach Wikipedia, Kriegsdienstverweigerung in Deutschland, S. 11.
445 Wolfram Wette, Wehrmacht-Deserteure im Wandel der öffentlichen Meinung (1980-1995), in: Ders. (Hrsg.) Deserteure der Wehrmacht. Feiglinge – Opfer – Hoffnungsträger? Dokumentation eines Meinungswandels, Essen 1995, S. 14-27.
446 Schon vor Aussetzung der Wehrpflicht wurde der Fall des ehemaligen Bundeswehrmajors Florian Pfaff bekannt, der eine indirekte Mitwirkung am Irakkrieg erfolgreich verweigerte (2003).
447 Der bewegende Fall des Schützen Richard Kaszemeik, der ein Mitglied der Deutschen Friedensgesellschaft war, ist ausführlich dokumentiert bei Hermine Wüllner, „kann nur der Tod

die gerechte Sühne sein..." Todesurteile deutscher Wehrmachtsgerichte. Eine Dokumentation, Baden-Baden 1997. S. 297-305. Richter Treichel hatte seinem Schreiben an Frau Kaszemeik auch den letzten Brief des verurteilten Sohnes an seine Mutter beigelegt.
448 Über das Leid der Angehörigen berichtet ausführlich Herrberger, Denn es steht geschrieben, S. 176-180.
449 Mit diesen Opferzahlen lag die Wehrmachtjustiz weit über der Bilanz der Sondergerichte und sogar des Volksgerichtshofs. Zum Vergleich: Im Ersten Weltkrieg gab es nur 48 vollstreckte Todesurteile. Auch im internationalen Vergleich wird die unerbittliche Rigorosität der deutschen Wehrmachtjustiz deutlich: Die Vereinigten Staaten verhängten im Zweiten Weltkrieg insgesamt 763 Todesurteile, von denen 146 vollstreckt wurden (davon nur eines wegen Fahnenflucht); England vollstreckte 40 Todesurteile, Frankreich mindestens 102 Todesurteile (Zahlenangaben nach Messerschmidt, Wüllner, Wehrmachtjustiz, S. 12, 29 f.
450 Über die Prozesse an den Mördern von Bonhoeffer und von Dohnanyi vgl. das neue Buch von Christoph Schminck-Gustavus, Der Tod auf steilem Berge (siehe Anmerkung 21).
451 Vgl. dazu: Ulrich Baumann, Magnus Koch (Hrsg.), „Was damals Recht war ..." Soldaten und Zivilisten vor Gerichten der Wehrmacht, (Stiftung Denkmal für die ermordeten Juden Europas; Begleitband zur gleichnamigen Wanderausstellung); Berlin-Brandenburg 2008; vgl. zum Fall Filbinger auch wikipedia: *https://de.wikipedia.org/wiki/Filbinger-Affäre*.
452 Rolf Hochhuth, Eine Liebe in Deutschland, Reinbek bei Hamburg 1978. Das Buch wurde 1983 verfilmt von dem polnischen Regisseur Andrzej Wajda.
453 Vgl. die Ausgabe der Wochenzeitung „DIE ZEIT" vom 17. Februar 1978.
454 Erich Schwinge, Otto Schweling, Die deutsche Militärjustiz in der Zeit des Nationalsozialismus, Marburg ²1978.
455 Fritz Wüllner, Die NS-Militärjustiz und das Elend der Geschichtsschreibung. Ein grundlegender Forschungsbericht, Baden-Baden 1991, S. 17.
456 Detlef Garbe, Prof. Dr. Erich Schwinge. Der ehemalige Kommentator und Vollstrecker nationalsozialistischen Kriegsrechts als Apologet der Wehrmachtjustiz nach 1945, in: Joachim Perels/Wolfram Wette (Hrsg.), Mit reinem Gewissen. Wehrmachtrichter in der Bundesrepublik und ihre Opfer, Berlin 2011, S. 140-155, hier S. 154 f.
457 Baden-Baden 1987.
458 Vgl. zu Messerschmidt https://de.wikipedia.org/wiki/Manfred_Messerschmidt. Neben dem Hinweis auf zahlreiche weitere Publikationen Messerschmidts sei hier nur auf das Standardwerk verwiesen: Die Wehrmachtjustiz 1933-1945, Paderborn u.a. 2005.
459 Wie Anm. 447.
460 Hermine Wüllner, wie Anm. 440.
461 Zu W. Wette vgl. https://de.wikipedia.org/wiki/Wolfram_Wette (Abruf 21.1.2016)
462 Handlungsspielräume im Vernichtungskrieg der Wehrmacht. Mit einem Geleitwort von Fritz Stern, Frankfurt/Main 2002.
463 Feiglinge – Opfer – Hoffnungsträger? Dokumentation eines Meinungswandels, Essen 1995.
464 Vgl. oben Anm. 441.
465 Wolfram Wette, Rede zum Volkstrauertag (15. November 2015) auf dem Friedhof der Stadt Waldkirch anlässlich der Enthüllung von Informationstafeln zu den im „Ehrenhain" des Friedhofs bestatteten Wehrmacht-Deserteuren; zugänglich im Internet unter http://www.stadtwaldkirch.de/site/Waldkirch/get/1035499/Waldkirch_2015.11.2015_20Volkstrauertag_20Rede_20Wette%20_C3%BCber%20Deserteure.doc.docx
466 Ebd.
467 Garbe, Erich Schwinge, S. 155: „Der Bundesgerichtshof hielt 1995 den beteiligten Richtern Rechtsbeugung vor".
468 Vgl. dazu die Beispiele im Bericht des Nachrichtenmagazins „SPIEGEL", Der Kerl gehört gehängt! Die deutschen Militärrichter im Zweiten Weltkrieg, Nr. 28/1978.

469 Rede von Bundesjustizministerin Brigitte Zypries bei der Eröffnung der Ausstellung „Was damals Recht war..." (2007); hier zitiert nach dem Vorwort von Wolfgang Benz in dem gleichnamigen Band, S. 8 f.
470 Der Text des Urteils bei https://www.jurion.de/Urteile/BSG/1991-09-11/9a-RV-11_90 – Inzwischen leider nicht mehr verfügbar.
471 Alle Zitate aus der Urteilsbegründung.
472 Zitiert nach Wette, Letztes Tabu, S. 61.
473 Zitiert ebd.
474 Vgl. dazu: https://www-bgbl.de/banzxaver/bgbl/startxav?startbk=bundesanzeiger_BGBL& jump To=bgbl198s2501.pdf
475 Der Volksgerichtshof verhängte mehr als 5 200 Todesurteile, die 34 Sondergerichte mindestens 11 000 Todesurteile. Genaue Zahlen lassen sich wegen Vernichtung von Unterlagen nicht mehr erheben. Zahlenangaben nach http://wikipedia.org/w/index.php?title=Aufhebung_ von_NS-Un...
476 NS-AufhG, § 1. Bereits am 25. Januar 1985 stellte der Deutsche Bundestag in einer Entschließung fest, dass der Volksgerichtshof ein Terrorinstrument zur Durchsetzung der nationalsozialistischen Willkürherrschaft gewesen sei und den Entscheidungen keine Rechtswirksamkeit zukomme.
477 Aufgrund der jetzt geschaffenen Gesetzesgrundlage bestätigte die Berliner Staatsanwaltschaft, dass auch die Urteile gegen die Kriegsdienstverweigerer Josef Ruf (1. März 2005) und Michael Lerpscher (2010) aufgehoben seien. Anträge dazu hatten der Saulgauer Apotheker Claus-Dieter Reinhardt und die Friedensorganisation Pax Christi der Diözese Rottenburg-Stuttgart gestellt.
478 Titel der Dokumentation von Wolfram Wette, Detlef Vogel (Hrsg.), Das letzte Tabu. NS-Militärjustiz und „Kriegsverrat". Mit einem Vorwort von Manfred Messerschmidt, Berlin/ Bonn 2007 (Lizenzausgabe für die Bundeszentrale für politische Bildung, Bonn).
479 Zitiert nach FrRu NF 1/2010, S. 73.
480 Vgl. dazu http://www.paxchristi.de/meldungen/view/5380058571079680/AlleUnrechtsurteile
481 Vgl. zu diesem Abschnitt: Bernd W. Kubbig, Kirche und Kriegsdienstverweigerung, Stuttgart u.a.1974; Ulrich Frey, Von der Komplementarität zum „gerechten Frieden". Zur Entwicklung kirchlicher Friedensethik in: Wissenschaft Frieden, Nr. 4/ 2006: Zivil-militärische Zusammenarbeit http://www.wissenschaft-und-frieden.de/seite.php?artikelID=0469. Zugriff: 28.3.2017; Ders., Zur Entwicklung friedensethischer Positionen in den evangelischen Kirchen der alten Bundesrepublik und der DDR (Stand 11.4.2014), in: Forschungsjournal Soziale Bewegungen – PLUS, Supplement zu Heft 3/2014, zugänglich unter: http://forschungsjournal.de/sites/default/files/fjsbplus/fjsb-plus_2014-3_frey.pdf Zugriff: 28.3.2017. Ulrich Frey ist tätig bei der Aktionsgemeinschaft Dienst für den Frieden e.V. (AGDF).
482 Zitiert nach Wolfgang Huber, Hans-Georg Reuter, Friedensethik, Stuttgart 1990, S. 161.
483 Zitiert nach Evangelisches Gesangbuch, Ausgabe für die Evangelische Landeskirche in Württemberg, Stuttgart 1996, 1499. Dort allerdings mit einem gegenüber dem Original veränderten Text.
484 Vgl. FN 477. Zu den hier genannten Umständen gehören in erster Linie die Formen und Bedingungen des modernen Krieges einschließlich des Einsatzes von Nuklearwaffen.
485 Charta der VN, 1945, zitiert nach https://www.unric.org/html/german/pdf/charta.pdf. Ausnahmen sind lediglich in Artikel 51 und 42 vorgesehen. Erst 1987 wurde von der UNO das Recht auf Kriegsdienstverweigerung bei nur zwei Gegenstimmen (Irak, Mosambik) als internationales Menschenrecht anerkannt. Dennoch wird es bis heute in vielen Staaten nicht beachtet oder erheblich eingeschränkt. Für die Rechte der Kriegsdienstverweigerer im In- und Ausland engagiert sich der seit 1993 bestehende Verein „Connection e.V. (Internationale Arbeit für Kriegsdienstverweigerer und Deserteure)" mit Sitz in Offenbach.

486 Zitiert nach Kubbig, Kirche und Kriegsdienstverweigerung, S. 18.
487 Zitiert ebd., S. 20.
488 So Hendrik Meyer-Magister als Antwort auf eine schriftliche Anfrage. Angekündigt ist: Hendrik Meyer-Magister, Wehrdienst und Verweigerung als komplementäres Handeln – Individualisierungsprozesse im bundesdeutschen Protestantismus der 1950er Jahre (Religion in der Bundesrepublik Deutschland). Herrn Meyer-Magister danke ich zudem für weitere Auskünfte.
489 Vgl. Ulrich Finckhs Buch mit dem Titel „Pimpf, Pfarrer, Pazifist. Ein kritischer Rückblick (1927-2017)", Bremen 2019.
490 Nach Aussetzung der Wehrpflicht (2011) sah die Zentralstelle ihre Aufgabe als erfüllt an und löste sich 2014 auf; beibehalten ist jedoch eine Internetpräsenz unter http://www.zentralstelle-kdv.de/.
491 Ulrich Finckh, Vom heiligen Krieg zur Feindesliebe Jesu, Stuttgart 2011, S. 8.
492 Finckh, Kritischer Rückblick, S. 161.
493 Ebd.
494 Ebd., S. 243.
495 Mit der Einführung der Wehrverfassung in das Grundgesetz (1955) und dem Aufbau der Bundeswehr wurde auch die „Evangelische Arbeitsgemeinschaft zur Betreuung der Kriegsdienstverweigerer (EAK) im Rahmen der EKD gegründet. Sie hat seit 2009 ihren Sitz in Bonn und ist Beratungsstelle für Kriegsdienstverweigerer; außerdem organisiert die EAK Kurse und Studientage zur gewaltfreien Kommunikation. Organ der EAK ist eine Zeitschrift, die seit 2010 als Internetseite (zivil.de) fortgeführt wird. Zudem erscheinen im Internet ein Rundbrief sowie ein Newsletter.
496 Vgl. zu M. Niemöller den Beitrag von Wolfram Wette, Friedensinitiativen des Kirchenpräsidenten Martin Niemöller (1945-1955), in: Ders., Ernstfall Frieden, S. 358-390.
497 Kirchliches Jahrbuch 1958, S. 66.
498 Heidelberger Thesen 1959. Zitiert nach Frieden wahren, fördern und erneuern. Eine Denkschrift der Evangelischen Kirche in Deutschland, Gütersloh ⁵1982, S. 76-87 (Auszüge).
499 Nach Kubbig wurde der Begriff der Komplementarität von Nils Bohr 1927 in die Atomphysik eingeführt. Vgl. Kubbig, Kirche und Kriegsdienstverweigerung, S. 50.
500 Vgl. dazu den Bericht von Friedrich Eberhardt, Die kirchliche Betreuung der Kriegsdienstverweigerer in Württemberg in den sechziger Jahren, in: http://www.friedenspfarramt.elk-wue.de/fileadmin/mediapool/gemeinden/E_friedenspfarram.
501 Es war die Zeit des Zweiten Golfkriegs und der damit verbundenen Proteste. In der Zeit vom 1. Januar 2002 bis 31. Dezember 2012 sind bei den zuständigen Behörden insgesamt 1 179 691 Anträge auf Anerkennung als KDV eingegangen. Davon waren 31 985 Anträge von Soldatinnen und Soldaten. Zahlenmaterial aus: https://de.wikipedia.org/wiki/Kriegsdienstverweigerung_in_Deutschland, abgerufen am 10. April 2017.
502 Aktion Sühnezeichen/Friedensdienste, 1982, S. 244; hier zitiert nach U. Frey, Komplementarität, S. 3.
503 Vgl. dazu die ausführliche Entfaltung des neuen Leitbildes in der von den katholischen deutschen Bischöfen herausgegeben Schrift „Gerechter Friede" (27. September 2000).
504 Kirchenamt der EKD (Hrsg.), Ökumenische Versammlung für Gerechtigkeit, Frieden und Bewahrung der Schöpfung Dresden – Magdeburg – Dresden. EKD-Texte 38, 1991, S. 32. Bezug: EKD-Kirchenamt, Hannover.
505 Evangelische Kirche im Rheinland, 2005, S. 7. Zitiert nach Frey, Komplementarität, S. 5. – Hinzuweisen ist auf eine der jüngsten friedensethischen Positionsbestimmungen, das „Magdeburger Friedensmanifest 2017. Eine Flugschrift vom Kirchentag auf dem Weg zum Reformationsjubiläum". Manifest entfaltet in neun Thesen die Friedensbotschaft Jesu für unsere Zeit. Zugänglich unter http://www.antikriegshaus.de/pdf/Magdeburger_Friedensmanifest.pdf

506 Im Internet zugänglich unter „Gaudium et spes". Alle Konzilstexte bei Karl Rahner, Herbert Vorgrimler, Kleines Konzilskompendium. Allgemeine Einleitung, 16 spezielle Einführungen, ausführliches Sachregister, Freiburg ^{35}2009.
507 Otto Hermann Pesch, Das Zweite Vatikanische Konzil. Vorgeschichte – Verlauf – Ergebnisse – Wirkungen, Kevelaer ^{3}2011, S. 316.
508 Zitiert nach Rahner, Vorgrimler, Konzilskompendium, S. 536.
509 Zitiert ebd. S. 537.
510 Zitiert ebd. S. 541.
511 René Coste, Kommentar zum V. Kapitel, S. 77-90, in: Lexikon für Theologie und Kirche. Das Zweite Vatikanische Konzil. Dokumente und Kommentare, Teil III, Freiburg i.Br. u.a. 1968, S. 547 f.
512 Aus Artikel 79 der Konzilserklärung; nach Rahner, Vorgrimler, Konzilskompendium, S. 538 f.
513 Vgl. zu Bischof Thomas Roberts (1893-1976) den Artikel in: Orientierung. Katholische Blätter für weltanschauliche Information 37 (1973), Heft 8 vom 30.4.1973, S. 89: „Insbesondere machte er sich zum Anwalt der Kriegsdienstverweigerer aus Gewissensgründen, was in der Pastoralkonstitution *Gaudium et spes* (Nr. 79) seinen Niederschlag gefunden hat."
514 Zitiert nach Rahner, Vorgrimler, Konzilskompendium, S. 539.
515 Zitiert nach dem Kommentarband des Konzils, S. 511.
516 Zitiert ebd., S. 539.
517 Ebd., S. 553.
518 Ebd., Fußnote.
519 Ebd., S. 549.
520 Thomas Roberts, Stellungnahme im Konzil. Der Text zitiert nach Alfons Riedl, Josef Schwabeneder (Hrsg.), Franz Jägerstätter. Christlicher Glaube und politisches Gewissen, Thaur u.a. 1997, S. 337 f. Hier befindet sich auch ein Faksimile des Textes. „Möglicherweise wurde der erweiterte Text vom November 1965 wegen der Überschreitung der Eingabefrist (9. Okt. 1965...) nicht mehr in die publizierte Aktensammlung [des Konzils] aufgenommen.". Ebd, S. 339, Anm. 2. Eine Kopie seiner Stellungnahme sendete Roberts auch an Frau Jägerstätter.
521 Vermutlich hat Roberts durch die erste Jägerstätter-Biographie von Gordon C. Zahn, In solitary witness. The life and death of Franz Jägerstätter, New York 1964. Deutsch: Er folgte seinem Gewissen. Das einsame Zeugnis des Franz Jägerstätter, Graz u.a. 1979, erstmals von Jägerstätter erfahren.
522 Beide Zitate aus den Synodenakten des Konzils; hier zitiert nach Riedl, Schwabeneder, Jägerstätter, S. 339, Anm. 2.
523 In dem Synodenbeschluss „Entwicklung und Frieden" heißt es wertschätzend: „Der Sicherung und Förderung des Friedens dienen auch diejenigen, die eine verantwortete Entscheidung für die Kriegsdienstverweigerung treffen und zum Einsatz in einem Zivildienst bereit sind. Sie haben deshalb Anspruch auf Achtung und Solidarität. Nicht selten gehen gerade von den Zivildienstleistenden und Kriegsdienstverweigerern schöpferische Anstöße zu friedensfördernden Verhaltensweisen aus, etwa durch ihren Dienst für Benachteiligte und soziale Randgruppen." Gemeinsame Synode der Bistümer der Bundesrepublik Deutschland. Offizielle Gesamtausgabe. Neuausgabe der Gesamtausgabe, Freiburg i.Br. 2012, Ziffer 2.2.4.3 Kriegsdienstverweigerung und Zivildienst, S. 502. – In weiteren Punkten heißt es: Die kirchliche pastorale Aufgabe der Information, Beratung und Betreuung von Kriegsdienstverweigerern und Zivildienstleistenden kann jedoch nur dann sachgerecht erfüllt werden, wenn die zuständigen kirchlichen Stellen und Organisationen ausgebaut und ausreichend ausgestattet werden [...] Wehrpflichtige, die noch vor der Entscheidung stehen, haben ein Recht auf gewissenhafte kirchliche Information, Beratung und Betreuung, die alle Aspekte berücksichtigt. Im Rahmen der kirchlichen Jugendarbeit und des Religionsunterrichts sind verstärkt Probleme des Friedens anzusprechen, damit die Jugendlichen auf eine verantwortete Entscheidung zwischen Ableistung des

Wehrdienstes und seiner Verweigerung vorbereitet werden. Vgl. Gemeinsame Synode, S. 502 f. Zum Verfahren der Anerkennung von Verweigerern fordert die Synode, künftig „bessere Wege" zu gehen: „Das bisher angewandte Verfahren auf Anerkennung als Kriegsdienstverweigerer ist meist diskriminierend und darüber hinaus als Gewissensprüfung vom christlichen Verständnis her unzumutbar, die Art des Zivildienstes oft verfehlt und sachlich unzureichend. Die Synode fordert daher die Politiker auf, Vorsorge zu treffen, dass statt der Gewissensprüfung in der bisherigen Form bessere, der personalen Würde angemessene Wege der Anerkennung als Kriegsdienstverweigerer aus Gewissensgründen aufgrund Artikel 4, Absatz 3 des Grundgesetzes der Bundesrepublik Deutschland gefunden werden. Die Synode empfiehlt weiterhin, solche Zivildienstplätze in genügender Zahl zu schaffen und tatsächlich zu nutzen, die ihrerseits einen Beitrag zur Förderung und Sicherung des Friedens darstellen. Die Synode warnt davor, Motivation und Dienst für den Frieden in diesem Bereich zu diskreditieren.… Die Synode spricht sich dafür aus, dass die Kirche stärker solche Anstöße aufnimmt und fördert, damit diese auch für die Gesellschaft insgesamt besser nutzbar gemacht werden." Ebd.

524 Die Evangelische Kirche hat bereits seit 1960 mit dieser Beratungsarbeit begonnen, wenn auch ausgesprochen zögerlich.
525 Vgl. dazu http://www.schulfrei-für-die-bundeswehr.de/
526 Kevin Dowling, Co-Präsident von pax christi International, zitiert nach der von pax phristi herausgegebenen Broschüre "pax christi-Konferenz in Rom. Gewaltlosigkeit und Gerechter Friede, Oktober 2016. Die Broschüre enthält wichtige Grundlagentexte der Konferenz, vier Vorbereitungstexte aus Deutschland und zahlreiche weitere Stellungnahmen, das Grußwort von Papst Franziskus sowie die Abschlusserklärung der Konferenz (Bestellmöglichkeit: pax christi Bewegung – Deutsche Sektion e.V., Hewigskirchgasse 3, 10117 Berlin, Email: sekretariat@paxchristi.de).
527 Maria J. Stephan (U.S. Institute of Peace), Gerechten Frieden fördern mit strategisch geplanter gewaltfreier Aktion, in der genannten Broschüre „pax christi- Konferenz in Rom, 10-17", S. 12. Die Studie trägt den Titel: Erica Chenoweth und Maria J. Stephan, Why Civil Resistence Works: The Strategic Logic of Nonviolent Conflict (Warum ziviler Widerstand funktioniert. Die strategische Logik des gewaltlosen Konflikts), Columbia University Press, 2011. Eine deutsche Übersetzung ist bisher nicht erschienen.
528 Schlusserklärung der römischen Konferenz, zitiert nach der oben genannten Broschüre, S. 7 ff. (Auszüge).
529 Vgl. dazu den Vortrag von Heinrich Missalla, „Gedenken um der Zukunft willen" (Freckenhorster Kreis – Informationen Nr. 111/März 2002; im Internet: www.freckenhorster-kreis.de/pdf-fkinfos/Fk-Info111.pdf; Abruf 10.6.2015. Auch das neue Buch von Heinrich Missalla trägt diesen Titel: Erinnern um der Zukunft willen. Wie die katholischen Bischöfe Hitlers Krieg unterstützt haben, Oberursel 2015.Vgl. auch die Schlussbemerkungen „Wozu Kriegsdienstverweigerer?"
530 Peter Steinbach in einem Interview, zitiert bei Silke Arning, Schwierige Heilige. Der Widerstand gegen den Nationalsozialismus in der Diskussion. Radiovortrag vom 13.7.2014 in swr2 [Reihe: Glauben]; Vortragsmanuskript, S. 6. – Steinbachs Zitat spielt an auf den Essay von Vaclav Havel, Versuch, in der Wahrheit zu leben (1978); veröffentlicht in der Ausgabe des SPIEGEL 3/1980; als Buch bei Rowohlt, Reinbek 1989 ff. Der zunächst als politische Kritik am realen Sozialismus verstandene Essay greift jedoch weiter aus und reflektiert die Krise der menschlichen Identität in einer technisierten Zivilisation und Gesellschaft.
531 Nach Auskunft der Exegese geht es im 5. Gebot des Dekalogs um den Schutz des Lebens. Ursprünglich verurteilte es jedoch nicht, Krieg zu führen und bezog sich nicht auf das (erlaubte) Töten im Krieg. Vgl. dazu Meinrad Limbeck, Aus Liebe zum Leben. Die zehn Gebote als Weisungen für heute, Stuttgart 1981, S. 13-26.
532 Zitiert nach Kurz/Turrey, Josef Ruf, S. 25.

533 Ebd.
534 Zum Begriff des Martyriums im Hinblick auf Kriegsdienstverweigerer vgl. Josef Schwabeneder, Franz Jägerstätter ein ‚politischer Märtyrer', in: A. Riedl/J. Schwabeneder (Hrsg.), Franz Jägerstätter. Christlicher Glaube und politisches Gewissen, Thaur u.a. 1997, S. 277-318; K.-J. Hummel, Glaubenszeugnis und Erinnerung, Verlust und Wiederkehr. Zum Umgang mit Märtyrern in Deutschland 1933-2000, in: K.-J. Hummel/Chr. Kösters (Hrsg.), Kirche, Krieg und Katholiken. Geschichte und Gedächtnis im 20. Jahrhundert, Freiburg i. Br. 2014, S. 114-147; E. Schockenhoff, Entschiedenheit und Widerstand. Das Lebenszeugnis der Märtyrer, Freiburg i.Br. 2015.
535 Vgl. das Martyrium des Eleasar und der sieben Brüder und Mutter, in: 2. Makkabäer, Kap. 6-7.
536 Zitiert nach Schockenhoff, Lebenszeugnis der Märtyrer, S. 80.
537 Ebd., S. 11.
538 Veröffentlicht am 10. November 1994. Text im Internet: http://www.dbk.de/fileadmin/redaktion/veroeffentlichungen/verlautbarungen/VE_119.pdf
539 Ebd.
540 Vgl. zum Folgenden Schockenhoff, Märtyrer, S. 132 ff.
541 Ebd.
542 Ebd.
543 Wortschöpfung von Alfred Delp, deutsch: eine heilige Kirche in Ketten.
544 Schockenhoff, Märtyrer, S. 171.
545 Ebd.
546 Zeugen für Christus, Bd. I, Paderborn ^{7}2019. Zur ökumenischen Dimension, XLIII.
547 Vgl. dazu besonders: Schockenhoff, Märtyrer, S. 175-197.
548 Vgl. dazu besonders den letzten Brief von Josef Mayr-Nusser an seine Frau vom 5. Dezember 1944, ein Faksimile abgedruckt bei Innerhofer, Treu seinem Gewissen, S. 140.
549 Nachweis siehe Anmerkung 540.
550 Als „Pazifist" wird auch der Salvatorianerbruder Johannes (Joseph) Savelsberg (1913-1939) vorgestellt, der bereits 1939 aus seinem Truppenabschnitt flüchtete, vom Reichskriegsgericht zum Tode verurteilt und hingerichtet worden ist.
551 Ottmar Fuchs, Der zerrissene Gott. Das trinitarische Gottesbild in den Brüchen der Welt, Mainz ^{2}2014, S. 129.
552 Ebd., S. 130.
553 Liturgischer Gedenktag ist der 21. Mai, Jägerstätters Tauftag, da man an seinem Todestag, dem 9. August, das Fest der hl. Teresia Benedicta vom Kreuz (Edith Stein) begeht. Bei Jägerstätter zeigte sich außerdem die neu festgelegte Praxis der Kirche, wonach Seligsprechungen nicht mehr in Rom, sondern, wie ursprünglich, in der jeweiligen Heimatdiözese des Seligen stattfinden. Zwischen Heiligen und Seligen besteht dabei kein wesentlicher Unterschied; bei den Seligen ist lediglich die besondere Verehrung vor allem in der jeweiligen Ortskirche betont.
554 Vgl. dazu Schockenhoff, Märtyrer, S. 134.
555 Text des Bischöflichen Ordinariats Linz, herausgegeben anlässlich der Seligsprechung Jägerstätters am 26. Oktober 2007.
556 Vgl. dazu das Lebensbild von Josef Mayr-Nusser auf den Seiten 123-132.
557 Hier zitiert nach radio grünewelle/rv 17.03.2017 mg; veröffentlicht im Internet unter http://de.radiovaticana.va/news/2017/03/17/südtirol_neuer_seliger
558 Innerhofer, Treu seinem Gewissen.
559 Zitiert ebd., S. 174.
560 Bischof Ivo Muser zum Tag der Seligsprechung von Joseph Mayr-Nusser; zitiert nach radio grünewelle/rv, vgl. Anm. 544.
561 Vgl. dazu Missalla, Gedenken um der Zukunft willen, Anm. 515.
562 Dazu besonders Wette, Ernstfall Frieden, S. 483-580.

Dank

Ohne die Auskünfte und vielfache Hilfe von Einzelnen wäre dieses Buch nicht entstanden. Neben den vielen Gesprächspertnern, von denen ich Informationen erhielt, bedanke ich mich insbesondere bei: Jakob Knab, Kaufbeuren, der bereits in den 1970er und 1980er Jahren über Kriegsdienstverweigerer publiziert und mir damit erste Hinweise auf sie gegeben hat. Er war auch stets zu weiteren Auskünften und zur Lektüre des Manuskripts bereit. Wertvolle Mitteilungen, vor allem zu den Zeugen Jehovas unter den Verweigerern, bekam ich von Marcus Herrberger und Kurt Willy Triller. Materialien zu der religiösen Gemeinschaft der Adventisten stellte mir Helmut Welker bereitwillig zur Verfügung. Frau Dr. Erna Putz, die sich vor allem um das Gedächtnis von Franz Jägerstätter und seiner Familie große Verdienste erworben hat, versorgte mich mit Literatur und teilte mir viele persönliche Hintergründe mit.

Herr Wilhelm Seper, Pinkafeld, machte mir erstmals die Militärpapiere der Verweigerer Lerpscher und Ruf zugänglich. Das Archiv des Christkönigs-Instituts mit Frau Rossmann, Meitingen, half mir mit Auskünften sowie der Überlassung von Bildmaterial. Die Familien und Angehörigen von Kriegsdienstverweigerern, die ich während meiner Recherchen kennenlernen durfte, sind in den jeweiligen Lebensbildern genannt. Sie gaben mir wertvolle Informationen, oft auch privates Bildmaterial. Helmut Pflumm (†), ehemals Religionslehrer und Schuldekan in Donaueschingen, Reinhold Gieringer, ehemaliger Vorsitzender von pax-christi Rottenburg-Stuttgart, Christian Turrey, Redakteur in Stuttgart und Albert Gnädinger, Deutsch- und Religionslehrer in Münsingen, begleiteten mein Vorhaben durch kritische Lektüre des Manuskripts und teilten mir zahlreiche weiterführende Hinweise mit. Allen Freundinnen und Freunden von pax christi, Deutsche Sektion, die mich unterstützt haben, reiche ich die Hand. Die Sektion war auch bereit, die Herausgeberschaft für das Buch zu übernehmen. Frau Wiltrud Rösch-Metzger und Reinhold Gieringer trugen ein Vorwort bei.

Frau Susanne Krall, Rottenburg, ließ mich an ihren Computerkenntnissen teilhaben und half beim Erstellen des ersten Schriftsatzes und der Verzeichnisse. Frau Irmgard Deifel und R. Gieringer unterstützten mich beim Lesen der Korrekturen. Nicht zuletzt danke ich dem Verleger, Herrn Helmut Donat, für die Aufnahme des Buches in sein engagiertes und erlesenes Verlagsprogramm sowie für sein überaus sorgfältiges Lektorat, seine aufwendige Bildredaktion und sein Bemühen, durch Einfügung historischer Zwischentexte aufzuzeigen, in welchem Kontext sich die Kriegsdienstverweigerer bewegten.

Rottenburg, im Juli 2019   Helmut Kurz

Häufig benutzte Literatur in Auswahl*

Ulrich Baumann/Magnus Koch, „Was damals Recht war..." Soldaten und Zivilisten vor Gerichten der Wehrmacht, Berlin/Brandenburg 2008
Karsten Bredemeier, Kriegsdienstverweigerung im Dritten Reich. Ausgewählte Beispiele, Baden-Baden 1991
Christian Feldmann, Einen Eid auf Hitler? Nie. Franz Reinisch: Ein Leben für die Menschenwürde, Vallendar/Rhein 2012
Ulrich Finckh, Pimpf, Pfarrer, Pazifist. Ein kritischer Rückblick (1927-2017), Bremen 2019
Norbert Haase und Gerhard Paul (Hrsg.), Die anderen Soldaten. Wehrkraftzersetzung, Gehorsamsverweigerung und Fahnenflucht im Zweiten Weltkrieg, Frankfurt am Main 1995
Marcus Herrberger (Hrsg.), Denn es steht geschrieben: „Du sollst nicht töten!" Die Verfolgung religiöser Kriegsdienstverweigerer unter dem NS-Regime mit besonderer Berücksichtigung der Zeugen Jehovas (1939-1945), Wien 2005
Josef Innerhofer, Treu seinem Gewissen. Das Zeugnis des Josef Mayr-Nusser 1910-1945, Bozen 2016
Ernst T. Mader/Jakob Knab, Das Lächeln des Esels. Das Leben und die Hinrichtung des Allgäuer Bauernsohnes Michael Lerpscher (1905-1940). Heimatkunde III. Mit einer Einleitung von Gordon C. Zahn und einem Nachwort von Inge Aicher-Scholl, Blöcktach 1987
Manfred Messerschmidt/Fritz Wüllner, Die Wehrmachtjustiz im Dienste des Nationalsozialismus. Zerstörung einer Legende, Baden-Baden 1987
Helmut Moll (Hrsg.), Zeugen für Christus, Das deutsche Martyrologium des 20. Jahrhunderts. Hrsg. von Helmut Moll im Auftrag der Deutschen Bischofskonferenz, Band I und II. Siebte, überarbeitete und aktualisierte Auflage, Paderborn 2019
Gerhard Paul, Ungehorsame Soldaten. Dissens, Verweigerung und Widerstand deutscher Soldaten (1939-1945), St. Ingbert 1994
Erna Putz (Hrsg.), Franz Jägerstätter. Der gesamte Briefwechsel mit Franziska. Aufzeichnungen 1941-1943. Mit einem Geleitwort von Manfred Scheuer, Wien/Graz/Klagenfurt 2007
Erna Putz, „...besser die Hände als der Wille gefesselt...", Grünbach 1997
Fritz Wüllner, Die NS-Militärjustiz und das Elend der Geschichtsschreibung. Ein grundlegender Forschungsbericht, Baden-Baden 1991
Hermine Wüllner, (Hrsg.), „ ... kann nur der Tod die gerechte Sühne sein". Todesurteile deutscher Wehrmachtgerichte. Eine Dokumentation, Baden-Baden 1997
Gordon C. Zahn, Er folgte seinem Gewissen. Das einsame Zeugnis des Franz Jägerstätter, Graz/Wien/Köln 1979

* Die vollständigen Literaturangaben befinden sich in den Anmerkungen.

Bildnachweis

Abtei Dormitio, Jerusalem: S. 133 – Aktionsgemeinschaft Dienst für den Frieden e.V., Bonn: S. 250 – Athesia Verlag, Bozen: S. 123 – Bayerisches Hauptstaatsarchiv, Akt Lea 41 347: S. 222 – Karl Barth-Archiv, Basel: S. 31 – Bundesarchiv-Militärarchiv Freiburg i.Br., B Arch MFB 2/M 10C8/A 30: S. 75 – Dr. Magdalena Bußmann, Essen: S. 171 – Christkönigs-Institut, Meitingen: S. 112, 166-169, 173, 175 f. – Denkstättenkuratorium, NS-Dokumentation Oberschwaben: S. 174 links – Diözese Bozen-Brixen: S. 125 – Donat Verlag: S. 19, 50, 53, 55, 63, 99, 114 f., 120, 124, 128 f., 130 (josef-mayr-nusser.it/gedenktaetten/lichtenstern), 134 links (filmarchiv.at/en/bestellen/shop/verkaufte-heimat/), 134 rechts, 136 (jboygonzalessj.com/2015/09/18/stunning-st-barbara-iloilo/), 137 oben (katholisch.de/arti-kel/25640-abt-von-dormitio-werden-dieses-jahr-wie-die-apostel-pfingsten-feiern), 138, 143, 145, 147 f., 154 f., 179 f., 182, 187, 192 f., 195 f., 200 f., 204 f., 207, 208 links, 210 (https://epaper.vn.at/bregenz/2020/06/02/rundgang-widerstand-verfolgung-und-desertion.vn), 211, 212 (https://www.amazon.com/Vintage-Engelbert-Dollfuss-Politician-Austria/dp/B07F951ZPM), 215, 217 (https://de.m.wikipedia.org/wiki/Datei:Bregenz_St_Gallus_Ernst-Volkmann-Stiege.jpg), 230, 234, 237, 239 links, 240, 241 rechts, 243 ff., 248, 251 f., 255-258, 261 f., 262, 264, 269 f., 274, 275 (https://de.wikipedia.org/wiki/Datei: Eugen-bolz-oberkochen.jpg) – Rita Eggstein, Freiburg i.Br.: S. 239 rechts – Frankfurter Rundschau: S. 246 f. – Freikirche der Siebenten-Tags-Adventisten, Hannover: S. 221, 225 f., 228 – Friedensbibliothek Berlin, 4379 K: S. 153, 7061 K: S. 178 – Gedenkstätte Deutscher Widerstand, Berlin: S. 202, 231 – Gedenkstätte Sachsenhausen: S. 50 – Gedenkstätte Zuchthaus Brandenburg-Görden, Brandenburg: S. 117, 172, 223, 224 (Foto: H. Immel) – Gemeinde Innervillgraten: S. 184 – Hauptstaatsarchiv Stuttgart, P 39 Nr. 388: S. 60 – Uwe Hiksch, Berlin: S. 266, 270 – Jehovas Zeugen Archiv Zentraleuropa, Selters i.Ts.: S. 49 – Katholische Nachrichen-Agentur: S. 265 – Wolfgang Knor, Bad Saulgau: S. 174 links – Kommunikationsbüro der Diözese Linz (Sammlung Erna Putz): S. 94, 101, 103 – Jakob Knab, Kaufbeuren: S. 157 – Helmut Kurz, Rottenburg: S. 109 – Landesarchiv Thüringen-Hauptstaatsarchiv Weimar, Konzentrationslager und Haftanstalten Buchenwald, Nr. 9, Bl. 44ar: S. 66 – Paul Lechner, Steinfeld: S. 185 – Thomas Lehenherr, Bad Saulgau: S. 174 links – Josef Loris: S. 69 – Andreas Maislinger, Innsbruck: S. 188 – Verena Massl, Vinschger (barfuss.it/Fotostrecke/verena-massl#): S. 137 unten – Ulrich Metz, Tübingen: S. 159 – Militärhistorisches Archiv Prag: S. 221 unten – Privatarchiv Karl Günthör, Sonthofen: S. 118 – Privatarchiv Prälat

Moll, Köln: S. 100 f. – Privatarchiv Günter Scheuer: S. 190 – Privatarchiv Alexander Volkmann, Bregenz: S. 210, 213 – Privatarchiv Wolfram Wette, Waldkirch: S. 237 links – Privatbesitz: S. 199, 204, 208 rechts – Erna Putz, Ohlsdorf: S. 100 – Reinisch-Forum, Vallendar: S. 140, 142 f., 146, 150 – Joachim Scherrieble, Reichenbach: S. 77 – Staatsarchiv Bamberg, Nachlass A.A. Heiß (M 10/31), Nr. 11: S. 81, (M 10/31), Nr. 7: S. 84 – Stadtarchiv München: S. 131 – United States Institute of Peace, Washington: S. 267 – Vatikan, Rom, Pinacoteca, Inv. 40148: S. 273 (http://www.zeno.org/Kunstwerke/B/Daddi,+Bernardo%3A+Aus+dem+Leben+des+Hl.+Stephanus%3A+Steinigung+des+Heiligen) – VVN-Archiv, Stuttgart, A 151; S. 72 – Vorarlberger Nachrichten, Schwarzach: S. 216 (Foto: Dietmar Stiplovsek) – Sonja Wagner (geb. Herbst), Weinstadt-Endersbach: S. 86, 89 – Walter Widemair, Steinfeld: S. 185 – Zentrum für Psychiatrie, Weißenau: S. 161 f.

Bei allen Leihgebern möchten wir uns an dieser Stelle herzlich für Ihre Mitarbeit und Hilfe bedanken. In einigen Fälle war es nicht möglich, die Rechteinhaber oder deren Adressen zu ermitteln. Wir bitten die in Frage kommenden Personen und Institutionen, sich mit uns in Verbindung zu setzen.

Personenregister

A

Ackermann, Stephan 147
Adenauer, Konrad 233, 251, 254
Adler, Vinzent 47
Andreatta 138
Arthofer, Leopold 101
Auer, Theresia 96
Augustin 201
Augustinus, Aurelius 22 f.
Aquin, Thomas von 23, 124

B

Bachmeier, Franz 95
Balani, Alfons 71
Baranowski, Hermann 49, 50
Barbara 71
Barth, Karl 30 f., 165
Bastian, Max 18 f., 88, 220, 223
Behr, Irmgard 62 f.
Behr, Ursula 63
Benedikt XVI. 102
Bertram, Adolf 23
Biesenbach, Heinrich 67
Bohn, Alfred 161
Bolz, Eugen 274
Bonell, Gotthard 130
Bonhoeffer, Dietrich 201, 205, 274, 276
Brandauer, Karin 134
Brauchitsch, Walther von 17
Bredemeier, Karsten 32 f., 35 f., 89, 198, 285
Brenner, Heinz A. 41 f., 286
Bressler, Herbert 46
Brettle, Emil 119
Breuer, Thomas 83

Brückner, Peter 246
Brugger, Anton 45, 226
Buder, Walter 217 f.
Bürckel, Josef 182
Bürger, Peter 171
Butler, C. 262

C

Carli, Luigi 262
Christus, 271 ff.
Claudius, Matthias 68
Coste, René 260 ff.

D

Damberg, Wilhelm 25
Daniel 79
Dapunt, Siegfried 47, 156
Delp, Alfred 274
Denzler, Georg 54
Dibelius, Otto 203
Dickmann, August 37, 44, 48 ff.
Dickmann, Fritz 48
Dickmann, Heinrich 48, 50
Dignath, Walter 255
Döbler, Hansferdinand 246
Döpfner, Julius 265
Dollfuß, Engelbert 147, 181, 185, 212, 214
Donat, Helmut 231, 319
Dornberg, Freiherr von 239
Drossel, Heinz 241
Düren, Sabine 173

E

Ederle, Wilhelm 161, 163
Egger, Wilhelm 128

Eisele 41
Elk, Max Meir 203
Elser, Georg 231
Emerich, Susanne 217

F
Fahle, Günter 36
Fahsel, Helmut 81
Federspiel, Franz Xaver 70 f.
Feldmann, Christian 27
Feldmann, Friedrich Leo 98
Feneberg, Rupert 24
Ferrari, Josef 125, 127
Filbinger, Hans Karl 237 f.
Finckh, Ulrich 252 f.
Fleischer, Bernhard
37 f., 47, 52, 54
Fleischer, Felix 58
Fleischer, Johannes 54
Fleischer, Josef 33, 37 f.,
52, 54-59, 276
Fleischer, Paul (Vater)
54, 57
Fleischer, Paul (Sohn) 54
Flieger, Emil 27
Fließer, Joseph Calasanz
96, 99 ff., 104
Foerster, Friedrich Wilhelm
151, 164, 183, 201
Frank, Josef 143 ff.
Franziskus (Heiliger) 196, 198
Franziskus I., Papst 267
Freisler, Roland 21
Frey, Ulrich 250, 259
Friedrich, Ernst 31-34, 46
Froehlich, Herbert 286
Fuchs, Ottmar 276 f.
Fürthauer, Ferdinand 98
Fürst, Gebhard 173

G
Gandhi, Mahatma 260
G., Gustav 47
Galen 25
Garbe, Detlef 36, 282
Gauger, Emeline 61, 64 f., 67 f.
Gauger, Gotthard Martin 38, 46, 60-67, 276
Gauger, Joachim 66
Gauger, Joseph 61 f., 65
Gauger, Siegfried 67
Geier, Alfred 47
Gerhardt, Paul 65
Gieringer, Reinhold 9
Gleßner, Ambros 71
Gleßner, Ambrosius 69 ff.
Gleßner, Anna 69 ff.
Gleßner, Jakob 71
Gleßner, Johann 71
Gleßner, Lisbeth 71
Gleßner, Peter 71
Gleßner, Regina 71
Gleßner, Wilhelm 38, 47, 68-71, 83, 276
Goebbels, Joseph 82
Gollwitzer, Helmut 30
Göring, Hermann 38
Gretl 82, 84
Grimm, Bernhard 42, 44, 72-78, 146
Grimm, Karl 73 f., 76, 78, 80
Grimm, Magdalena 73 f., 76
Gröber, Conrad 26
Grüber, Heinrich 63
Grüger 64
Guardini, Romano 124
Gumbel, Emil Julius 151
Guttenberg, Karl-Theodor zu 266

H

Habicher, Fritz 127
Häcker, Theodor 124
Halle, Gerhard 46
Haller, Ernst 132
Handle, Maria siehe
   Volkmann, Maria
Hartmann, Albrecht 35 f., 90, 286
Hartmann, Anton 113
Hartmann, Heidi 35 f., 90, 286
Haug, Adolf 169
Haug, Gunter 40
Hável, Vaclav 268
Heilig, Dominic 248
Heinemann, Gustav 253 f.
Heiß, Alfred Andreas 42, 47,
   81-84, 276
Heiß, Magarete 83 f.
Herbert, D. Karl 33
Herbst, Alfred 42, 46, 85-91
Herbst, Elise 86, 88 f., 91 ff.
Herbst, Joseph 85
Herbst, Mina 85
Herbst, Sonja 86-89, 91 ff.
Herrberger, Marcus 44, 46 f., 286
Herzog, Rudolf 67
Heuß, Theodor 233
Heydrich, Reinhard 49
Hildegard 96
Himmler, Heinrich 37, 49 f.
Hitler, Adolf 10, 12-15, 19-23,
   25, 27, 29 ff., 33, 35, 37 ff., 41 f.,
   50 ff., 54, 57 ff., 62, 64 f., 68 f.,
   71, 73 f., 86, 96, 98, 101, 103,
   113 f., 118, 124 f., 129, 131,
   135, 138, 141 ff., 147 ff.,
   151 ff., 155, 158-164, 171,
   181 f., 184, 189, 203 ff., 207,
   212 f., 215, 231, 237, 243 f., 246

Hochhuth, Rolf 237
Höß, Rudolf 50
Hofer, Franz 127, 135, 153, 181
Hoffmann, Hermann 201
Hoheisel, Horst 162
Holzem, Andreas 21, 284
Hossenfelder, Joachim
   285
Hoven, Waldemar 65
Huber, Elisabeth 95
Huber, Rosalia 95
Hugenberg, Alfred 164
Hummel, Karl Joseph 283

I

Iblacker, Reinhold 131
Innerhofer, Josef 279
Innitzer, Theodor 180 f.

J

Jacobs 169
Jägerstätter, Franz 42, 47,
   95-105, 115, 179, 182, 186,
   212, 214, 263 f., 265, 270 f.,
   275 ff.
Jägerstätter, Franziska 95-98,
   100 ff., 105, 275
Jägerstätter, Heinrich 95
Jehova 80
Jesus Christus 32 ff., 38 f.,
   79 f., 84 f., 87 ff., 91, 93,
   97 f., 104, 107 f., 113, 115,
   119, 122 f., 159, 163 f.,
   199, 209, 229, 272
Jochmann, Albert 97 ff.
Jochmann, Albrecht 146,
   211, 214 ff., 218 f.
Johannes Paul II. (Papst)
   272

K

Kalbfell, Luise 158
Kammler, Jörg 269
Karobath, Josef 97, 99
Kaser, Toni 127, 135
Kaszemeik, Richard Felix 46, 236
Keitel, Wilhelm 19
Kempa, Bertha 108
Kempa, Josef 107
Kempa, Josefa 107 f.
Kempa, Wilhelm Paul 38, 47, 107-111, 276
Kempen, Thomas von 119
Kentenich, Josef 141 f., 148
Kerrl, Hanns 29, 63, 284
Kieser, Rudolf 119
King, Martin Luther 89, 260
Kirchschläger, Rudolf 188, 217
Klausener, Erich 191
Klingler, Fritz 28
Klopf, Ferdinand 81, 83
Knab, Jakob 52, 118, 156
Knitz, Andreas 162
Konrad, Hans 119
Köck, Eduard 70
Köhler, Joachim 283
Kösters, Christoph 283
Korte, Jan 248
Koschnick, Hans 231
Kraell, Alexander 19
Krane, Carl 45
Kreutzberg, Heinrich 97 ff., 101, 144
Kubbig, Bernd W. 303
Kunst, Hermann 254

L

Lampert, Carl 218
Lang, Hans-Joachim 47, 163
Laros, Matthias 26 f., 284
Léger, Paul-Emile 262
Lehmann, Karl 171
Lenz, Johannes Maria 186
Lerpscher, Franz Xaver 113
Lerpscher, Franziska 113
Lerpscher, Gebhardine 119, 121
Lerpscher, Jospha 113
Lerpscher, Michael 32, 42, 47, 83, 108, 113-116, 118-122, 168, 173 f., 276, 286
Lesch, Bernhard 198
Ley, Astrid 287
L'Hoste, Klaus 188
Loris, Josef 70
Luther, Martin 29, 201, 207
Luz, Ulrich 21

M

Mader, Ernst T. 52, 118
Maier, Johannes 286
Maislinger, Andreas 188
Manstein, Erich von 17
Marahrens, August 63 ff., 207
Maria 71, 141, 143
Martin, George S. 233
Mayer, Rudolf 96
Mayr, Albert 128, 132
Mayr-Nusser, Albert 126
Mayr-Nusser, Franz 123
Mayr-Nusser, Georg 123
Mayr-Nusser, Hildegard 126 f., 132, 276
Mayr-Nusser, Jakob (Sohn) 123

Mayr-Nusser, Jakob (Vater) 124
Mayr-Nusser, Josef 38 f., 47, 123 ff., 127-132, 275 ff.
Mayr-Nusser, Maria 124
Mayr-Nusser, Mariedl 123
Mayr-Nusser, Toni 123
Meiser, Hans 65
Mensching, Wilhelm 33
Mertens, Annette 26
Messerschmidt, Manfred 17, 21, 239 f., 242
Metzger, Max Josef 114, 119, 174 ff., 286
Meyer, Gerhard 61
Meyer-Magister, Hendrik 304
Michalski, Willi 50
Miller, William 225
Mischi, Paolo 47, 156
Missalla, Heinrich 23, 171, 282
Mitzlaff, Erhart 243
Moling, Anton 183
Moll, Helmut 70, 109, 275
Moltke, Helmuth von 62, 276
Moltke, Freya von 276
Morsch, Günter 287
Morus, Thomas 124
Müller, Ludwig 29, 62, 244
Müller-Bohn, Jost 91
Münch, Alfred 45
Muser, Ivo 128 f., 279
Mussolini, Benito 125 f., 134, 153

N
Nakat, Franz 45, 226
Negele, Franz 144
Neuroth, Friedrich-Wilhelm 108
Newman, John Henry 284

Nicolli, Giovanni 47, 152, 154, 156
Niemöller, Martin 32, 254, 256

O
Oehrlein, Georg 144
Oncken, Johann Gerhard 89
Orsenigo, Cesare 57

P
Pacha, Viktor 45, 226
Paul, Gerhard 36
Paulus 24, 80, 154, 227
Pawlikowski, Ferdinand 115
Perels, Joachim 240
Pfältzer, Ludwig 45, 226
Pfeiffer, Lothar 38
Pietz, Günter 45
Pichler, Meinrad 217
Pius XII. (Papst) 37, 154
Pixner, Bargil 39, 42, 47, 133-139
Poelchau, Harald 62 ff., 206-209
Poelchau, Joachim 64
Pollatz, Manfred 46
Potempa, Paul 47
Preysing, Konrad von 57
Pribilla, Max 131
Probst, Adalbert 191
Przyembel, Gustav 45
Putz, Erna 100

R
Rade, Martin 201
Ranacher, Julius 45, 226
Rauch, Udo 47
Rarkowski, Franz Justus 25
Rehdans, Walter 221
Reindl, Alwin 83
Reinhardt, Claus-Dieter 173
Reinisch, Franz (Vater) 141, 146, 150

Reinisch, Franz Dionysius
  42, 47, 78, 98, 101, 133,
  140-150, 186, 218, 263, 276
Reinisch, Maria 141, 146, 150
Reitsamer, Anton 152
Reitsamer, Hedwig 152
Reitsamer, Leopold 153 ff., 157
Reitsamer, Linda 153
Reitsamer, Mathilde 153
Reitsamer, Richard 39, 42,
  47, 152-157, 276
Rheinbaben, Arthur 169
Riesner, Rainer 137
Rittau, Martin 19
Robel, Johannes 287
Roberts, Thomas 261, 263 f., 265
Röder, Immanuel 42, 46, 286
Röhm, Eberhard 199, 208
Romani 188
Roller, Emma 158 f., 162
Roller, Robert 158, 160
Roller, Theodor 39, 42,
  46, 158-164
Rösch-Metzler, Wiltrud 9
Rosenberg, Alfred 124
Rosenstock-Huessy, Eugen von 61
Ruf, Johannes 115, 175
Ruf, Josef 32, 42, 47, 83, 115,
  118 f., 167-174, 176, 271, 276
Ruf, Karl 170 f.
Russel, Charles Taze 226

S
Salomo 227
Sand, Luis 155
Sankt Augustin 197
Schaller, Michael 161
Schaller, Vinzenz 47,
  139, 179-189

Scheele, Hans-Karl von 18
Scheuer, Albert 191
Scheuer, Alois 194
Scheuer, Elisabetha 191
Scheuer, Günter 198
Scheuer, Jakob (Vater) 191
Scheuer, Jakob (Sohn)
  194, 196
Scheuer, Josef/ph 40, 42, 47,
  190 f., 193-198
Scheuer, Kätchen 196
Scheuer, Manfred 102
Scheuer, Maria 195 f.
Scheuer, Peter (seine Ehefrau)
  197
Schmelzenbach 121
Schmolly, Walter 218
Schneider, Reinhold 41
Schockenhoff, Eberhard 272
Schoenborn, Paul Gerhard 102
Scholl, Hans 174, 276
Scholl, Sophie 174, 276
Scholz 145
Schreiber, Richard 45, 226
Schumacher, Kurt 269
Schwaninger, Franziska
  siehe Jägerstätter, Franziska
Schweling 239
Schwinge, Erich 238 f.
Schümer, Gerhard 34
Schümer, Georg 33, 285
Schümer, Wilhelm 33 f., 46
Schumacher, Kurt 269
Schuschnigg, Kurt von 181, 183 f.
Seifert, August 47
Seipel, Ignaz 183
Seiterich, Thomas 286
Siegmund-Schultze, Friedrich 200
Stadtmüller, Alois 246 f.

Stahl, Lina 163
Steinbach, Peter 268
Stellbrink, Friedrich 276
Stelmaszyk, Anton 107 ff., 111
Stillich, Oskar 165
Stindt, Karl 110
Stephan, Maria J. 267
Stephanus, Heiliger 273
Stöhr, Alfred 199
Stöhr, Gertrud 199, 209
Stöhr, Hermann 42, 46, 61 f., 199 ff., 203-209, 276
Stiplovsek, Dietmar 216
Straub, Hildegard siehe Mayr-Nusser, Hildegard
Süß, Dietmar 25

T
Tafel, Gustav 47
Tertullian, Quintus Septimius Florens 272
Thaler, Franz 128
Thaumann, Willy 45, 226
Theresia 71
Tillich, Paul 165
Tolstoi, Leo 203

Triller, Kurt Willy 51
Treichel, Werner 236
Trojer, Johann 184, 189
Trotha, Carl-Dietrich von 62 f.
Tuchel, Johannes 268

U
Ude, Johannes 115

V
Vith, Georg 217
Vogel, Detlef 248

Vogeler, Heinrich 244
Volkmann, Ernst 42, 47, 211-219, 276, 286
Volkmann, Hans 219
Volkmann, Maria 211, 214 ff., 218 f.
Voll (Witwe) 41
Voll, August 40 f.
Vorgrimmler, Herbert 41, 286

W
Wauer, Ernst 49
Wedemeyer, Maria von 276
Welker, Helmut 226
Werner, Jentsch 76
Wette, Wolfram 11, 231, 235, 240 f., 248
Weizsäcker, Friedrich v. 255 f.
White, Ellen Gould 226
White, James Springer 226
Widemair, Walter 185
Winkler, Adam 40
Wrobel, J. 74
Wübker, Wilhelm 46
Wüllner, Fritz 238 ff., 242
Wüllner, Hermine 240
Wurm, Theophil 65

Z
Zahn, Gordon C. 95, 102, 118
Zrenner, Anna 220 f., 223 f., 227 ff.
Zrenner, Johann 220, 225, 229
Zrenner, Kurt 220, 227, 229
Zrenner, Leander 220, 227 ff.
Zrenner, Leander Josef 45, 220 ff., 225-229
Zrenner, Martin 220, 227, 229
Zrenner, Werner 220, 223 ff., 227, 229
Zypries, Brigitte 242, 248

Die Autoren

Helmut Kurz, Jg. 1938, Religionslehrer im gymnasialen Schuldienst und Ausbilder/Fachleiter für Studienreferendare mit dem Fach katholische Religionslehre. Nach Grundschule und Gymnasialzeit Abitur in Hechingen 1958. Während der Schulzeit aktiv tätig in der katholischen Jugend (BDKJ). Studium der Fächer katholische Theologie und Germanistik an den Universitäten Tübingen und Würzburg. Erste methodische und religionspädagogische Veröffentlichungen in Fachzeitschriften.

Seit 1983, nach dem sogenannten Nato-Doppelbeschluss und dem Streit um die Nachrüstung, aktives Mitglied bei pax christi, der internationalen katholischen Friedensbewegung. Mitwirkung bei der jährlichen Friedensdekade der örtlichen Kirchengemeinden. 1991 Nierenerkrankung mit Dialysepflicht und Transplantation. Vorzeitige Pensionierung im Jahr 1999. Danach erste Veröffentlichungen über den Kriegsdienstverweigerer Josef Ruf und eines größeren Buchprojekts zur katholischen Kirche im Nationalsozialismus. Ehrenamtliche Tätigkeiten in der Domgemeinde Rottenburg. 2019 Verleihung des Bundesverdienstkreuzes für die religionspädagische Arbeit.

Helmut Donat, Jg. 1947, Bankkaufmann, Lehrer und Historiker, zeitweilig Akademischer Tutor und Lehrbeauftragter der Universität Bremen, inzwischen als Verleger tätig. Mitbegründer des Arbeitskreises Historische Friedensforschung, 1990 ausgezeichnet mit dem „Friedenspreis der Villa Ichon" (Bremen), 1996 mit dem „Carl-von-Ossietzky-Preis" der Stadt Oldenburg sowie 2011 mit dem Plattdeutschen Buch des Jahres für die Publikation der „Briefe aus dem KZ und Zuchthaus von Heinrich Buchholz".

Zahlreiche Veröffentlichungen zur Geschichte des deutschen Pazifismus und Militarismus, zum Kontinuitätsproblem der deutschen Geschichte, den Ursachen und Folgen des Nationalsozialismus, zum Revisionismus in der deutschen Geschichtsschreibung, zur „Preußen-Legende", zum „Historikerstreit" und zur „Wehrmachtsausstellung" sowie zum Völkermord an den Armeniern.

Wolfram Wette (Hrsg.), u. Mitw. von H. Donat

Weiße Raben – Pazifistische Offiziere in Deutschland vor 1933

(= Schriftenreihe Geschichte & Frieden, Bd. 45)
496 S., 115 Abb., 20 zeitgenössische Texte,
29.80 € – ISBN 978-3-943425-85-7

Und es gab sie doch: Deutsche Offiziere, die wie Hans Paasche, Berthold von Deimling, Fritz von Unruh und andere lange vor 1933 Gegner des Krieges wurden und sich für den Frieden engagierten – lange vor jenen sogenannten „einsamen Helden", die sich erst für ein Ende des Mordens einsetzten, als es auf dem „Feld der Ehre" nichts mehr zu gewinnen gab. Nach 1933 und, kurzfristig rehabilitiert, auch nach 1945 vergessen gemacht, spielen sie in der „Erinnerungskultur" von heute keine Rolle, was ein Armutszeugnis. Eine auf gründlichen Recherchen beruhende Wiederentdeckung, die Folgen haben sollte.

Wolfram Wette (Hrsg.)

Ernstfall Frieden – Lehren aus der deutschen Geschichte seit 1914

(= Schriftenreihe Geschichte & Frieden, Bd. 38)
640 S., 504 Abb., viele zeitgenössische Texte,
24.80 € – ISBN 978-3-943425-31-4

Welche Lehren sollten die Deutschen aus den Erfahrungen der beiden Weltkriege ziehen? Welche Gefahren bringt die zunehmende Enttabuisierung des Militärischen für das deutsche Volk mit sich? Indem W. Wettes Antworten zugleich Geschichte durchschaubar machen, wendet er sich sowohl an die Befürworter von „Ernstfall Frieden" als auch an deren Gegner. Das Buch bricht mit wohlbehüteten Tabus, fordert zur Abkehr von Legenden auf und lädt den Leser zu einer neuen Sichtweise auf die deutsche Geschichte und Gegenwart ein. Ein besonderes Werk, das sich gegen jedwede militärisch instrumentierte Machtpolitik ausspricht.

Beachten Sie bitte unsere neue Rubrik „Die Deutschen aus unbekannter Sicht" in der von uns eingerichteten Website www.oskarstillich.de – ein Diskussionsforum für alle, die sich mit den gängigen Anworten auf die Frage nach den Ursachen und Folgen von 1933 nicht abfinden wollen.

www.donat-verlag.de – Bestellungen unter: 0421-1733107 oder: info@donat-verlag.de